Gunilla von Platen
Malin Roos

Die Löwin

Biographie

Hummelshain Verlag

Umschlagfoto: Åsa Tällgård

Aus dem Schwedischen übersetzt von Anna-Louisa Lobergh

ISBN: 978-3-943322-538

www.hummelshain.eu

In Schweden gehört Gunilla von Platen zu den bekanntesten und einflussreichsten Persönlichkeiten der Wirtschaft. Sie wirkte als Investorin bei „Die Höhle der Löwen" mit und inspiriert zahllose Menschen in ihren TV-Beiträgen, Interviews und Videos. In ihrer von Malin Roos aufgeschriebenen Lebensgeschichte berichtet sie, wie aus Günel Anip, dem Flüchtlingsmädchen aus der Türkei, Gunilla von Platen wurde, eine Unternehmerin an der Spitze der Geschäftswelt.

„Die Löwin" ist ein sehr persönlicher Bericht über ihr außergewöhnliches Leben – von ihrer beeindruckenden Karriere bis hin zu den privaten und dunklen Seiten: Die Mutter, die als orthodoxe Christin in der Türkei vor ihren Augen angeschossen wurde, die Flucht und das Aufwachsen in einer schwedischen Vorstadt; die erste Ehe, in der sie in Angst lebte, und der Mord an Veronica, ihrer besten Freundin. Es geht um Macht, den Kampf um Respekt in einer männlich dominierten Welt, ob als Mädchen mit acht Geschwistern in einem streng religiösen Elternhaus oder in der Welt des Business.

Gunilla von Platen ist Unternehmerin, Philanthropin und Kommunikatorin, die bei allem Erfolg nie ihre Herkunft vergisst.

Die Journalistin Malin Roos hat die Biographie gemeinsam mit Gunilla von Platen niedergeschrieben.

Vorwort

„Göra rätt för sig“

Jeder Mensch ist einzigartig und jedes Leben wäre im Grunde eine Biographie wert.

Doch dann gibt es die Lebensgeschichten, die so spannend sind, dass sie wie ein Roman zu lesen sind. So interessant, dass sie als „Lehrbuch“ dienen können. Und so emotional und mitreißend, dass wir nicht aufhören können zu lesen, bevor das Buch zu Ende ist.

„Die Löwin“ ist so ein Buch. Als ich das schwedische Original in die Hände bekam, habe ich es ohne Unterbrechung zu Ende gelesen.

Wir alle haben unterschiedliche Voraussetzungen: Wo wir geboren wurden und aufgewachsen sind, unsere Begabung, Gesundheit und soziales Umfeld sowie die Unterstützung durch Schule und Familie, um nur ein paar zu erwähnen. Wenn wir uns Schweden und die deutschsprachigen Länder anschauen, gibt es sicherlich Einiges, was besser und gerechter sein könnte (was auch immer wir unter *gerecht* verstehen). Allerdings ist es ökonomisch für alle möglich, eine sehr gute Bildung zu bekommen – bis zum Universitätsabschluss, was natürlich nicht immer notwendig ist. Stellen Sie sich vor, was passieren würde, wenn alle Menschen in unseren Ländern einfach das Beste aus ihren Voraussetzungen machen würden.

Gunilla von Platens Lebensgeschichte ist nicht nur eine spannende und berührende Lektüre, sondern vermittelt auch einen guten Einblick in die schwedische Wirtschaft und Gesellschaft. Dazu ist es eine große Inspirationsquelle, das Beste aus seinen Voraussetzungen zu machen. Es geht unter anderem darum, nicht aufzugeben. Gunillas Leben ist geprägt von großen Erfolgen, aber auch von Rückschlägen. Wiederholt steht sie wieder auf und sucht nach Lösungen, um weiterzukommen, sei es im privaten oder geschäftlichen Leben.

Ein sehr wichtiger Aspekt des Buches hat mit etwas zu tun, das wir in Schweden „Göra rätt för sig“ nennen. Etwas, das ich mir persönlich von unserer Gesellschaft, also von uns allen, sehr wünsche. Auf Deutsch bedeutet das in etwa, *seinen Beitrag leisten, nicht auf Kosten anderer leben, das tun, was ich tun kann für mich selbst und auch für andere.* Als Gunillas Familie nach Schweden kam, weigerte sich ihr Vater, Sozialhilfe entgegenzunehmen, forderte aber einen Job, um seine Familie und sich ernähren zu können. Das ist „Göra rätt för sig“. Diese Einstellung hat sicherlich viel für Gunilla bedeutet.

Was mich auch sehr beeindruckt, ist Gunillas Mut. Der Mut, ihren eigenen Weg zu gehen. Ihr Mut, sich von einer destruktiven Ehe und Beziehung zu befreien. Ihr Mut, zeitweise von der eigenen Familie Abstand zu nehmen, um die Freiheit und Selbstständigkeit wahrzunehmen, die jedem in Schweden Lebendem zusteht.

Als ich mit Gunilla über ihr Buch sprach, sagte ich, auch junge Menschen sollten das Buch lesen um inspiriert zu werden, das Beste aus sich zu machen. Sofort kam auch der Gedanke, dass es ja in den deutschsprachigen Ländern nicht so viel anders ist. Ich bin überzeugt: Diese Biographie ist eine spannende, bewegende und inspirierende Geschichte für alle; unabhängig von Alter, Geschlecht, Herkunft oder Lebenssituation.

Ich wünsche Ihnen viel Spaß beim Lesen sowie viel Inspiration.

Ihr

Thomas Ryberg

Präsident der Schwedischen Handelskammer in Deutschland

PROLOG

„Wie wäre es mit einem Toast, bevor wir zum Geschäftlichen kommen?"

Es ist Freitagabend und ein Kundentermin in Stureplan steht an. Wie immer hatte ich den letzten Flug von Skellefteå genommen und wie immer muss ich laufen. Den ganzen Weg auf der Stationsgatan entlang des Parks war ich mir sicher, dass ich es schaffen würde, aber die Haltestelle vor dem Stadshotellet war verlassen und ich versuchte, zur nächsten Haltestelle Best Western Malmia abzukürzen. Ich bog in die Nygatan ein, streifte mir die Schuhe ab und erreichte den Marktplatz mit der Bank und Lilla Kina, sah den Bus aber nur noch davonfahren. Wohl wissend um die Giftpfeile, die von den Sitzen des Busses schießen würden, aber ohne Alternative, wählte ich die Handynummer: „Hallo, hier ist Gunilla, ich bin auf dem Markt, kannst du umkehren?" Das Flugzeug nach Stockholm hebt erst ab, wenn der Flughafenbus eintrifft, und der Fahrer hatte vorher schon Panikanrufe miterlebt. Im Flugzeug hatte ich die ständigen Jobmeetings an Freitagabenden und die endlose Lauferei verflucht, dabei wusste ich, wie es werden würde, als ich beschlossen hatte, mein Unternehmen in Norrland zu gründen. Da ich meine Arbeitswoche nicht aufteilen wollte, wurden die wichtigen Geschäftstreffen in Stockholm oft auf die Wochenenden verlegt und nicht selten in einer Kneipe abgehalten.

Diesmal soll es aber schnell gehen. Es ist ein etablierter Kunde, mit dem ich bereits seit einigen Jahren zusammenarbeite, und die Zusammenarbeit soll durch einen neuen Vertrag verlängert werden. Nur zwei Unterschriften auf einem Stück Papier, easy peasy. Der Mann, der das Unternehmen vertreten wird, heißt Richard und ist der CEO, Amerikaner. Ich habe ihn bisher nur einmal getroffen, als er als neuer Eigentümer vorgestellt wurde, aber ich habe einen professionellen Eindruck gewonnen. Völlig außer Atem komme ich direkt aus dem Arlanda-Express, mit meinem Wochenendgepäck in der Handtasche. Er steht mit zwei Drinks in der grünen Marmorbar des Sturehofs. Mein Mund lächelt, aber die Botschaft ist eindeutig, als ich sage, dass ich rund um die Uhr gearbeitet habe und es wirklich begrüßen würde, wenn wir den Vertrag so schnell wie möglich unterschreiben könnten. Er tut so, als ob ihn das nicht interessiere, und fährt mit den üblichen unsinnigen Fragen über Norrland fort: „Ist es minus 30 Grad? Habe ich Rentiere gesehen? Bin ich schon mal Schneemobil gefahren?“ Dann verschränkt er seine Finger hinter dem Nacken und lehnt sich zurück: „Gunilla, was sind Sie bereit zu tun, damit ich diesen Vertrag unterschreibe?“ Ich verstehe nicht, na ja, genau das tue ich ja, aber ich will es nicht. Also fummle ich. Mein Smartphone liegt auf der Theke und ich überlege; wenn ich so tue, als würde es klingeln, kann ich weggehen und mir ein paar Sekunden verschaffen. Ein neues Verkaufsgesicht aufsetzen, die Kontrolle übernehmen und von vorn beginnen. Stattdessen kommt die Stimme, die ich verabscheue, großspurig und mit einem Ton, der nicht zum Geschäft passt: „Was meinen Sie, Richard, gibt es eine Klausel, die wir uns noch einmal ansehen müssen? Kein Problem, zeigen Sie sie mir einfach!“ Er nickt kurz, zuckt eher, Richtung Straße, und dieses Mal ist die Anspielung unmissverständlich. Der Mann, der der Geschäftsführer ist und Richard heißt, sagt, er wohne dort drüben, im Hotel in Humlegården, dem Scandic Anglais. „Was wären Sie bereit für mich zu tun, wenn ich Ihnen helfe, Gunilla?“

Erst danach beginne ich zu zittern und denke, dass ich einen meiner wichtigsten Kunden verprellt habe. Wie viele werde ich dieses Mal entlassen müssen?

Ich habe jede schwedische Krone in ein Geschäftsmodell investiert, an das niemand geglaubt hat. Ich bin von meiner Familie verstoßen worden, habe meine Freunde verloren und wurde auf der Straße bespuckt. Ich habe kein Netzwerk, keine Kollegen und niemanden mehr, den ich anrufen kann. Ich bin allein in einer männlichen Machtstruktur, die alles tut, um mich zu Fall zu bringen, aber gleichzeitig habe ich aus einer Bananenkiste und zwei leeren Händen ein Unternehmen aufgebaut, das einen Umsatz von mehreren hundert Millionen schwedischen Kronen macht mit mehreren hundert Angestellten in einer Branche, in der andere kaum über die Runden kommen. Ich verdiene Respekt, werde aber wie eine Prostituierte behandelt.

Ich nehme das Glas vor mir und schütte ihm den Inhalt direkt ins Gesicht.

Inhaltsverzeichnis

1. SCHÜSSE IN ZAZ

Ich trug natürlich mein schickes Kleid, das meine Mama genäht hatte, und die unbändigen, lockigen Haare in zwei Zöpfen gefangen. Zu einem Fest gehören immer Zöpfe. *„Ich bin dran!“* Ich schob Jacquline weg und steckte Silvia eine Beere in den Mund. Jetzt war es wieder Jacquline. Die nächste Beere war so saftig, dass sie überlief und zu einem kitzeligen Streifen über ihrem Kinn wurde, Silvia gluckste. *„Ich bin dran!“* Oma Chmouni, die zwar blind war, aber trotzdem alles sah, ließ uns machen. Das Spiel war lustig, Jacquline und ich wetteiferten darum, unsere kleine Schwester mit schwarzen Maulbeeren vollzustopfen. Aber Oma hatte die Aufgabe, uns Mädchen zu beaufsichtigen, und sie wollte nicht, dass es aus dem Ruder lief. Keine Flecken auf den Kleidern, sie hatte Mamas strenge Aufforderung gehört: *„Seid still und ruhig vor Gott, benehmt euch jetzt.“* In der Mitte des Kalkbodens stand eine große Wanne, jetzt waren die Jungen an der Reihe, gewaschen und für das Fest angezogen zu werden. Edip zuerst, er war immer der Erste, auch wenn Aziz dabei war, aber danach ging es nach dem Alter; Samuel nach Edip und zuletzt Munir, aber er war ein Baby und wurde von Mama gebadet. Damals waren wir sieben Geschwister. Ich bin die Nummer fünf im Bunde und würde im Sommer, der bald da war und der schon im Vorfrühling die Sonne heiße Strahlen werfen und die Welt nach erhitzter Erde und Feigenbäumen riechen ließ, vier Jahre alt werden. Sieben Kinder, die ihr Bestes taten, um vor Gott still zu sein, was schwer war mit juckenden Schürfwunden auf den Knien und dem Mund voller Maulbeeren. Die Tochter unseres Onkels, Sikare, unsere Cousine, sollte wegverheiratet werden und es gab viel zu tun. Teigklumpen mussten zu Brot verarbeitet werden, Kichererbsen eingeweicht, Brötchen mit Bulgur und Hackfleisch gefüllt werden. Das Lamm mit Knoblauch musste langsam gebraten, die gefüllten Weinblätter stehend im Topf gekocht und die Reiswürste gestopft werden. Die Frauen arbeiteten Seite an Seite, Maße wurden mit hohlen Handflächen genommen und die Rezepte seit Generationen weitergegeben: *aprach, itch, maldom, kubba, tabbouleh, dobo.* So wie Großmutter gewürzt und gekocht hatte, so kochten Großmutters Mutter und ihre Schwestern. „*Könnte eines der Mädchen Minze holen?*“ Die Frauen standen mit den Händen tief in Töpfen und Waschwasser und hatten sie nicht über das Zwiebelfeld laufen sehen. Die Stängel platt trampeln sehen. Auch die Männer der Familie, die gerade lebhaft über die Ernte und die Politik diskutierten, hatten sie nicht bemerkt; vier Jungen, die jetzt vor dem Haus standen und ihre Waffen zum Himmel erhoben. Ein muslimischer Mann hatte ein Auge auf die schöne zukünftige Braut geworfen und wollte sie für sich haben. Die Jungen waren geschickt worden, um Sikare zu holen. Sie fuchtelten mit ihren Gewehren, und mitten in den Festvorbereitungen brach eine furchterregende, lautlose Kalebasse aus. Keiner rührte sich. Nicht Onkel, nicht Papa, nicht Aziz, der groß genug war, um mit den alten Männern im Schatten unter dem Vordach zu sitzen und sich zu unterhalten. Nur eine. Mama, die Munir im Arm hielt, warf das frisch gebadete, glitschige Baby dem nächsten Verwandten zu und stellte sich wie ein Schutzschild vor ihre Nichte. *Ihr fasst sie nicht an.* Sie zögerten nicht einmal. Fünf Kugeln. Eine in die rechte Schulter, eine in die Brust und eine in den Rücken direkt über der Lunge. Die letzten trafen den Kopf, gingen aber nicht hinein, sondern rissen an der Schläfe zwei Kerben auf. Ein Schäferhund, der zu Hilfe bellte, wurde durch einen Schuss in den Nacken niedergestreckt. Dann hockte sich einer der Jungen neben den leblosen Körper neben der Badewanne und riss den Schmuck aus Mamas Ohr. Als letzten Skalp. Sie bewegte sich nicht. Blut in Pfützen, zerquetschte Maulbeeren und winzige Füße in wilder Glut, die das Schwarz und Rot über den Steinboden vermischten. Schreie des Schreckens und des Entsetzens. Die Großmutter, die im Dorf als Medizinfrau bekannt war, versuchte, das pulsierende Blut zu stoppen, die blinde Oma tastete sich vor, um all die kleinen und mittelgroßen Arme aufzusammeln – und eine vierzehnjährige Braut, ebenfalls noch ein Kind, wurde weggeschleift, um für immer zu verschwinden. Niemand hat unsere Cousine Sikare nach diesem Tag gesehen oder weiß, was mit dem Mädchen geschehen ist.

Papa ging los, um einen Menschenschmuggler zu finden.

In meinem Pass steht der 3. Januar, aber ich wurde im August 1972 als Günel Anip in Zaz im Südosten der Türkei geboren – westlich des Tigris, eine Stunde von der syrischen Grenze entfernt. Mein Volk hatte kein eigenes Land, aber das Bergplateau des Tur Abdin, auch „Berg der Gottesdiener“ genannt, war jahrhundertelang das Kernland der syrisch-orthodoxen Christen. Mor Dimet, die Kirche auf dem Gipfel des Berges mit Blick auf den ovalen Teich in der Mitte des Dorfes, war der natürliche Versammlungsort für alle Familien in Zaz. Wenn die Kirche am Sonntag um sieben Uhr zum Gottesdienst läutete, waren die Kinder bereits gekämmt und herausgeputzt. Wir lebten ein einfaches Leben, aber uns fehlte nichts. Meine Eltern wollten hier leben und sterben, ihre Kinder aufwachsen und auf der roten Erde laufen sehen, so wie sie es getan hatten und vor ihnen schon ihre Vorfahren. Aber jetzt. Eine Frau aus einer christlichen Minderheit konnte sich nicht ungestraft gegen eine Gruppe muslimischer Männer stellen. Fünf Schüsse würden nicht ausreichen, zwei Ohrringe, die im Blut baumelten, waren nicht genug. Sie würden zurückkommen.

Papa bot alles an, was er besaß, und das war nicht viel. Wir lebten wie die meisten anderen von dem, was die Erde hergab, von Gerste, Orangen und Gurken, vier Ziegen, fünf Schafen, zwei Stieren und einem Esel. Das Haus, in dem wir auf dem Dach schliefen, bestand aus klobigen, übereinander gestapelten Steinblöcken mit Fenstern ohne Glas und einer Tür ohne Schloss. Aber es reichte für einen blauen Kleinbus mit einem Fahrer und neun gefälschte Pässe. Wir reisten mit den Kleidern, die wir anhatten, als einzigem Gepäck und einem klopfenden Herzen, das die Ausweise in Papas Innentasche bewachte: Mama Maria, Papa Isa, die achtzehnjährige Nuriya, die mit unserem ältesten Bruder Aziz verheiratet war – und sechs Kinder, von denen sich eines weigerte, die Augen zu schließen. Ich traute mich ein halbes Jahr lang nach den Schüssen bei der Badewanne nicht, die Augen zu schließen, aus Angst, dass meine Mama nicht mehr da sein würde, wenn ich sie wieder öffnete. Ich schlief vor Erschöpfung ein, krampfhaft meine drei Jahre ältere Schwester Jacquline umarmend, und habe nur zwei Erinnerungen an die Flucht aus dem Dorf, in dem ich geboren wurde: ein Fuchs, der hinter dem Bus herlief, und die Blutflecken auf dem Boden im Inneren.

Meine Mama war lebensgefährlich verletzt, aber die Ärzte verlangten Geld, das wir nicht hatten, um die fünf Wunden zu operieren. Erst in Mardin konnte sie Hilfe bekommen. Die Kugeln wurden entfernt und der Arzt sagte: *„Zwei Zentimeter"*. Vom Tod entfernt. Wir reisten weiter. Dreitausend Kilometer über Berge und Meere, durch Länder, von deren Existenz wir keine Ahnung hatten. Aber der Schmuggler, dessen Geschäftsmodell darin bestand, Menschen in Not auf der Strecke Türkei-Deutschland und zurück mit einem leeren Bus zu fahren, rief hinter dem Lenkrad:

Bulgarien!
Serbien!
Ungarn!
Tschechoslowakei!

Wir hatten die strenge Anweisung erhalten, ruhig zu bleiben und den Bus unter keinen Umständen zu verlassen. Wenn wir uns mit Vorräten eindecken mussten, war es der Schmuggler, der Brot und Wasser kaufte. Unsere Bedürfnisse sollten in einem überstürzten Manöver in einem Graben in der Dunkelheit befriedigt werden, und wenn wir uns einem neuen Land näherten, sollten wir uns schlafend stellen. An der Grenze zu Österreich wurde der Bus von einer Grenzbeamtin hereingewunken und der Schmuggler rief: *„Schließt die Augen, schlaft!"* Niemand schloss die Augen und schlief. Munir, der sich bei einem Zwischenstopp in Istanbul mit Masern angesteckt hatte, hatte Fieber und wimmerte, Silvia hatte sich vollgepinkelt und Edip hielt Samuel die Hand fest auf den Mund, damit sein kleiner Bruder aufhörte zu schreien und sich zu übergeben. Auf den Straßen über die Berge war uns schlecht geworden, es stank nach Erbrochenem und Urin, und mittendrin lag eine verletzte Frau in blutigen Verbänden. Die Grenzpolizistin schob die Tür zur Seite und sah die Verzweiflung, roch das Elend. Die Sekunden waren eine Ewigkeit. Sie sagte kein Wort, stand scheinbar ungerührt da, als Papa mit zitternden Händen die Pässe aus der Tasche holte. Dann warf sie einen Blick über die Schulter, um sich zu vergewissern, dass niemand anderes etwas gesehen hatte. Klopfte zweimal auf das Dach des Busses; *good to go.*

Sie hat unserer Mama das Leben gerettet.

Papa hatte einen Zettel mit einer Adresse für die Stadt Herne im damaligen Westdeutschland, nicht weit von Düsseldorf entfernt, wohin eine seiner Schwestern zuvor geflohen war. Es waren vielleicht noch fünfhundert Kilometer und spät am Abend, und der Plan war, den ganzen Weg nach Herne in der Nacht zu fahren, als der Fahrer sich mit dem blauen Bus und uns in München verirrte. Er sei müde und müsse sich ausruhen, sagte er, und parkte das Fahrzeug in einem offenbar weniger gut beleuchteten Viertel der deutschen Metropole. Aber zuerst wollte er sich waschen und sehen, ob er heißes Wasser für einen Tee auftreiben konnte. Wir sollten uns einfach im Bus ruhig verhalten. Eine Stunde verging, zwei und drei vergingen, aber kein Fahrer kam zurück. Es war mitten in der Nacht, als sich mein Papa und Edip auf die Suche machten. Als auch sie nicht zurückkamen, brach im Bus Panik aus. Die achtzehnjährige Nuriya, die einzige zurechnungsfähige Erwachsene im Bus, wurde hysterisch. Sie schrie von Hinterhalten und dass wir alle erschossen würden. Auch ich, die groß war und bald vier Jahre alt wurde, machte mir in die Hose. Erst im Morgengrauen kehrte das Trio mit gesenkten Köpfen und weit aufgerissenen Augen zurück. Auch der Menschenschmuggler hatte ein verlockendes Ziel in der Tasche gehabt, einen Nachtclub mit leicht bekleideten Damen. So etwas hatte Papa noch nie gesehen, geschweige denn sein zehnjähriger Sohn. Im Bus lag Mama, die das Gefühl bis zum Steißbein verloren hatte.

Wir blieben einen Monat lang in Herne, wohnten bei unserer Tante, wo sich Mama erholen und jeden Tag kräftiger werden konnte. Aber Deutschland war nicht das Ziel, wir wollten weiter nach Norden. Der erste Versuch scheiterte. Wir wurden an der Grenze aufgehalten und mussten umkehren, versuchten es aber eine Woche später erneut. Es war der 19. Juni 1976 und wir reisten über Kiel und Malmö in das neue Land ein. Wir hatten keine Ahnung, was an diesem Tag in Schweden geschah. Erst viel später erzählte uns eine Verwandte, was sie auf ihrem Schwarz-Weiß-Fernseher gesehen hatte. Aber bis heute spricht unsere Familie davon, dass wir nach Schweden kamen, weil der König und

Silvia an diesem Tag heirateten und alle so beschäftigt und aufgeregt wegen der Hochzeit waren. Sogar die Grenzbeamten.

Mama entwickelte eine lebenslange Liebe für die schwedische Königsfamilie.

2. DAS NEUE LAND

„Aber wo sollen wir unser Essen kochen und unsere Wäsche waschen?"

Es war später Nachmittag mit einem strömenden Sommerregen und meine Eltern fragten sich, wo in aller Welt wir gelandet waren. In Zaz gab es keine Schule, sowohl Mama als auch Papa waren Analphabeten, sodass sie sich natürlich wunderten, als der Sachbearbeiter die Tür zu dem Zimmer aufschloss, in dem wir untergebracht waren. Unser erstes Zuhause im neuen Land war die Universität Uppsala. Die Studierenden hatten Sommerferien und die weitläufige Schule diente als vorübergehende Flüchtlingsunterkunft. Wir wohnten zwei Monate lang mit anderen Asylbewerbern aus der Türkei und dem Libanon auf dem Studentenflur. Als diese Glanzzeit vorbei war und die Studierenden zurückkehrten, mussten für dreihundertfünfzig Menschen, darunter auch für uns, neue Unterkünfte gefunden werden. Wir wurden nach Loka brunn in Hällefors geschickt, einem klassischen Kurort in der Gemeinde Grythyttan außerhalb von Örebro. Früher bekannt für seinen Heilschlamm und sein heilendes Brunnenwasser. Man erzählte uns, dass vor uns schon Könige und Krieger in den Häusern gelebt hatten, und wir fanden das alles sehr spannend; von Königen und Königinnen, die damals Hilfe für ihre schwache Gesundheit gesucht hatten, und vom Spa-Betrieb, der während des Zweiten Weltkriegs eingestellt werden musste, um internierte amerikanische Piloten in der Einrichtung unterzubringen. Dort sollten wir wohnen, mitten im Wald in Bergslagen zwischen zwei Seen, Södra und Norra Loken. Überall Bäume. Mama fand, dass die Fichten mit ihren spitzen Wipfeln so lustig aussahen, aber noch seltsamer war das Essen. Kartoffeln, Kartoffeln, Kartoffeln. In Zaz hatten wir höchstens alle zwei Monate Kartoffeln bekommen, wenn ein Nachbar in einem größeren Dorf einkaufen gewesen war. *Wo war der Bulgur? Wo war das Lamm?* Eines Tages bremste ein Anhänger vor dem Transitlager, und als meine Mama das geschlachtete Tier auf der Ladefläche sah, stieß sie einen Schrei aus. *Was war das für ein deformiertes Monster?* Beine wie eine Kuh, Ohren wie ein Esel. Sie schloss daraus, dass es sich um einen riesigen Esel handeln musste, und hielt tagelang im Speisesaal den Mund geschlossen. Bis heute fällt es unserer Mama schwer, Elch zu essen. Aber es wurde eine gute Zeit für uns auf Loka brunn. Wir Kinder wurden wie Kälber auf die Wiese gelassen, und Mama durfte einen Kurs belegen und lernen, auf einer Maschine zu nähen, auf der Husqvarna stand. Das war etwas ganz anderes als das Handstricken, wie sie es zu Hause in der Türkei gemacht hatte. Sie nähte Schlafanzüge für mich und meine Schwestern und ein rotes Kleid für ihre Schwiegermutter, die Oma, die bald folgen sollte. Eines Tages wurden wir in einem großen Saal versammelt. Es war Winter geworden, und ein Mann mit Schnauzbart überbrachte uns die Nachricht. Ein halbes Jahr nach dem Hochzeitskuss im Schloss und zehn Monate nach den Schüssen in Zaz hatten wir eine Aufenthaltsgenehmigung erhalten. Wenn wir über den Jahreswechsel blieben, würden wir erfahren, in welcher Stadt wir untergebracht werden würden und so ein Startkapital für das neue Leben von „Socialen" erhalten. *„Socialen?"*, fragte Papa, und was heißt „Geld *bekommen*?" Er wollte kein Geld, und er hatte bereits entschieden, wo wir wohnen würden. Wir sollten nach Västra Frölunda in Göteborg ziehen, wo seine Lieblingsschwester einen Priester geheiratet hatte. Und wohin sein erstgeborener Sohn Aziz schon vorgefahren war.

Und so kam es.

Es gab keine Schule, keine Post und keine Bank in dem Bergdorf, in dem meine Familie seit Generationen jedes Korn verarbeitet hatte. Aber es gab einen Bürgermeister. Den gab es in jeder Gemeinde in der Südtürkei, selbst in winzigen Dörfern wie Zaz. Wenn Wahlen stattfanden oder wichtige Dokumente beglaubigt werden mussten, ging man zum Bürgermeister und setzte seinen Daumenabdruck auf ein Stück Papier. Jetzt reichte ein Daumen nicht mehr aus. *„Sie müssen selbst unterschreiben!"* Der Beamte hinter der Luke auf der Polizeiwache war streng und hielt unsere Papiere fest, während er auf Mama und Papa zeigte. Papa wurde nervös und schickte den Zeigefinger weiter zu Saliba, dem Bonussohn unserer Tante, der uns begleitete und der nach einiger Zeit in Schweden genug gelernt hatte, um einigermaßen Buchstaben zu formen. Saliba schrieb auf ein liniertes Blatt vor;

Maria Maria Maria Maria
Isa Isa Isa

Es sah nach etwas ganz anderem aus, aber Mama versuchte es wenigstens. Papa machte ein Kreuz auf der Linie. Jetzt war Schweden wirklich unser neues Land. Mama war so wütend auf Papa, weil er eine Vermittlung durch die Behörden und das Geld von „Socialen“ abgelehnt hatte. Es war der Tag vor Silvester und wir hatten nichts. Wir zogen zu Saliba in seine Zweizimmerwohnung mit Betten auf Beinen in West Frölunda. Mama knüpfte Seile zwischen den Giebeln, Kopfende – Fußende, aus Angst, dass wir aus den hohen Betten fallen würden und verfluchte und verdammte Papa. Außerdem war sie wieder schwanger.

Im Frühling 1977 wurde Kristian unter Protest im Sahlgrenska-Krankenhaus in Göteborg geboren. Mama, die alle ihre Kinder in der Türkei auf einem Steinboden ohne fließendes Wasser zur Welt gebracht hatte, wollte nicht in einem Krankenhaus entbinden, aber die Sache war nicht verhandelbar. Als die Krankenschwestern mit ihren desinfizierten Händen fragten, wo der werdende Vater sei und „wann kommt Ihr Mann?“ verstand sie die Frage nicht. Sie ließ den Schmerz abklingen und zeigte auf die Tür des Kreißsaals:

„Hier darf kein Mann reinkommen!“

3. KASTANIEN UND BETON

Es war ein Anblick für Götter und Nachbarn, als wir im Mai desselben Jahres am Opaltorget auf Frölunda torg aus der Straßenbahn stiegen und das letzte Stück mit all den Taschen und Bündeln zu Fuß gingen; Mama, Papa und inzwischen acht Kinder folgten der Formel eins, zwei, drei. Aziz – der sich in Schweden direkt in Anders umbenannt hatte, Edip, Jacquline, Samuel, ich, Silvia, Munir und Kristian. Drei Jahre später sollte Markus die Schar komplett machen. Anders und Nuriya sollten in ihrer eigenen Wohnung auf dem Hof nebenan wohnen, aber mit uns zogen auch die Oma und schließlich die Großmutter in die neue Wohnung. Zwölf Personen in einer Vierzimmerwohnung von hundert Quadratmetern.

Grevegårdsvägen 162.

Telefonnummer +46 (0)31 - 29 43 55.

Der Stadtteil Grevegården in Västra Frölunda wurde in den Siebzigerjahren im Rahmen des Millionenprogramms gebaut, allerdings ohne die für das Projekt charakteristischen, bis in die Wolken reichenden Hochhäuser. Unsere Häuser am Grevegårdsvägen waren drei Stockwerke hoch und sahen aus wie eine Tetris-Figur. Graue Blöcke. In der Wohnung vor uns hatte ein Alkoholiker gewohnt, der nicht nur unter dem Ventilator geraucht und in die Toilettenschüssel uriniert hatte, sodass wir neu tapezieren und streichen mussten. Verschiedene Gelbtöne in der Küche und eine grüne Nassraumtapete mit weißen Blumen im Badezimmer. Zwei Toiletten! Korkteppich! *Eine gemalte Weide auf dem Asphalt.* Ich rannte direkt auf den Beton hinaus und saugte all das Neue in mich auf, eilte die Kastanienallee hinauf und hinunter, die den Block von Norden nach Süden verband, und öffnete die Tür zum Freizeitzentrum, ohne anzuklopfen. Ich liebte Schweden. Zu Mittsommer versammelte der Leiter des Freizeitzentrums uns Kinder und fuhr mit uns in den Wald, wo wir Birkenzweige und Blumen für die Mittsommerstange pflücken durften. Ich konnte nicht singen, ich konnte nicht einmal Schwedisch, aber ich sang bei „Små grodorna" und „Jungfru skär" mit und fiel ganz einfühlsam in den Graben, als die kleine Krähe des Pfarrers ausrutschte. Zwischen den Bauernhöfen und eingekeilt wie eine Oase zwischen den Häusern breitete sich ein großer grüner Platz aus, auf dem jeden Donnerstag ein Tanzkapellenabend mit einem richtigen Orchester stattfand. Dann kam ganz Grevegården wie in einer Prozession vom Opalplatz, wo sich das Gesundheitszentrum und die Geschäfte befanden, und tischte Bier und Pain Riche auf karierten Decken auf. Einige tanzten sogar. Mama schaute mit großen Augen auf all das Neue – und rollte einen gemusterten Teppich aus und begann, Nudeln im Gras zu rollen. Da schüttelte Svensson den Kopf.

Im Herbst 2017 wurde Grevegården zusammen mit dem benachbarten Stadtteil Tynnered nach mehreren tödlichen Schießereien und Autobränden auf die polizeiliche Liste der „besonders gefährdeten Gebiete“ gesetzt. 2010 brannte das Sozialamt in Schutt und Asche. Doch in den Siebziger- und Achtzigerjahren, als meine Familie begann, sich in Göteborgs westlichen Vororten ein neues Leben aufzubauen, lebten hier Schweden und Einwanderer Seite an Seite. Bei den Tanzkapellenabenden waren vielleicht fünfzehn Prozent Einwanderer, meist Syrer und Griechen. Die große Mehrheit machte die eingeborene schwedische Arbeiterklasse aus. In diesem Sinne eine vorbildliche Integration. Aber der Kulturkonflikt war trotzdem brutal. Alles war anders und unbekannt in dem neuen Land. Mama backte Brot und klingelte bei den Nachbarn auf dem Hof, die Schweden dachten, die Laibe seien vergiftet und schlugen die Türen zu. Im Schwedischen gab es keinen einzigen Satz und kein einziges Wort, das unserer Sprache, dem Aramäischen, ähnelte, und Mama verstand weder die Codes noch die Substantive. Sie ging in den Laden und fragte nach Salat, wenn sie Salz brauchte, und überließ den Geldbeutel der Kassiererin, um die richtige Summe herauszunehmen. Sie sagte „Tschüss“ zu Leuten an der Bushaltestelle und bekam dafür eine Standpauke. In Zaz gab es keine öffentlichen Verkehrsmittel, und wir kamen auch nicht mit jedem Nachbarn in Kontakt, aber wir grüßten einander. Schließlich, und als letzte von uns allen, lernte meine Mama Schwedisch. Sie besuchte mit anderen Immigrantinnen einen Kurs an der Vättnedalsskolan in der Smaragdgatan und buchstabierte A, E und O aus dem Lehrbuch der ersten Klasse. Als der Kursleiter den Frauen als Hausaufgabe aufgab, ihre Adresse und ihr Geburtsdatum auswendig zu lernen, schüttelte meine

Mama den Kopf und sagte: *„Nein, nein, das kann sie nicht"*, aber das brauche sie auch nicht, *„weil ihre Kinder Schwedisch können"*, wurde der Kursleiter wütend. Er schrie, dass die Frauen selbst dafür verantwortlich seien und dass er kein Wort mehr darüber hören wolle, dass die Kinder die Arbeit machten. Mama brauchte nicht wiederzukommen. An diesem Abend und bis tief in die Nacht hinein, als die Familie gefüttert, das Geschirr abgetrocknet, die Wäsche sortiert und alle im Bett waren, saß Mama in der Küche mit der gelben Tapete und las A, E und O aus den Schulbüchern der ersten Klasse vor. Erst, als sie sowohl Adresse als auch Geburtsdatum konnte, ging sie ins Bett.

Als „Socialen" Papa einen weiteren Scheck anbot, schüttelte er weiterhin den Kopf. Er wollte kein Geld, er wollte arbeiten. Er bekam einen Job bei Samhall und baute für Esselte Ordner mit rotem und blauem Buchrücken zusammen. Spazierte zur Fabrik in der Klangfärgsgatan mit der Brotdose voll gekochtem Gemüse. Eines Tages hörte Papa im Kaffeezimmer, dass Olof Palme zu Besuch nach Göteborg kommen würde, also nahm er mich in die eine und Munir in die andere Hand und sprang in die Straßenbahn zum Brunnsparken zwischen Nordstan und Arkaden. Ein Troubadour spielte Gitarre und die Menge war endlos, aber Papa schaffte es trotzdem, uns bis dorthin zu bringen. Ich versteckte mich hinter seinem Rücken und fand alles peinlich. Aber Papa streckte dem Ministerpräsidenten seine schmale Hand entgegen, stellte sich als *„Isa Samuelsson"* vor und steckte Olof Palme einen Umschlag mit fünfhundert schwedischen Kronen in die Brusttasche. So, jetzt waren sie quitt. Es war viel Geld für uns und sicherlich genau richtig abgezählt, damit wir noch das Lamm kaufen konnten, das uns einen Monat lang ernährte – aber nach Papas Überzeugung sollte man dem Ministerpräsidenten dafür danken, dass wir nach Schweden kommen durften, nicht dem König.

Meine erste Freundin in Schweden wurde Magdalena, ein Mädchen, so alt wie ich, mit einem hellen Pferdeschwanz und Flaschenböden als Brillen, für die sie gehänselt wurde. Sie wohnte über uns in der 162 und ich war gerne dort.

Magdalenas Mutter hieß Eva und kam aus Polen, hatte kurze Haare und eine Zigarette im Mund. Sie saß immer oben ohne in der Küche und rauchte, blätterte in Zeitschriften und telefonierte. Ich konnte nicht aufhören, Eva anzustarren. Ich hatte noch nie ein Paar Frauenbrüste gesehen. Meine Mama trug Stoffröcke bis zu den Knöcheln und hatte ihr langes Haar zu einem festen Knoten gebunden, und konnte nicht lesen. Eva schickte uns immer zu ICA in Tynnered, um Gelbe Blend und Himbeergelee zu kaufen. Wenn wir zurückkamen, waren noch fünf Stück in der Tüte, aber sie war trotzdem nicht böse. Magdalenas Vater Bengt hatte ein Fischgeschäft am Opaltorget und ich durfte Kabeljau mit Garnelensauce probieren! Ich hatte noch nie etwas Leckereres gegessen und wollte nie nach Hause gehen, wenn einer meiner Brüder an der Tür klingelte und sagte, dass ich kommen müsse. Als Magdalena und ich uns das erste Mal zum Übernachten verabredet hatten, schaute mich meine Mama an, als hätte ich die Frage auf Serbokroatisch gestellt:

„Warum? Du hast ein eigenes Bett."

„Aber wir wollen spielen."

„Du hast schlafen gesagt."

„Spielen UND übernachten."

„Wir haben hier Betten."

„Aber wir..."

„Nein."

Sie konnte nicht verstehen, warum man bei jemand anderem schläft, wenn wir unsere eigenen Betten haben. Ich ging zu Eva und flehte sie an: *Kann sie bitte Mama fragen?* Ich drückte ihre Hand ganz fest im Flur, aber Magdalenas Mutter wusste, wie sie meine Mama besänftigen konnte und sagte: *„Maria, lass die Mädchen spielen, du weißt, ich erlaube keinen Unfug. Ich bin eine Christin genau wie du."* Sie hatte ihre Brüste bedeckt und ein goldenes Kreuz an einer Kette um den Hals, und meine Mama murmelte respektvoll „ja, ja" von der Spüle. Eva und Magdalena gingen voraus und ich holte die Zahnbürste. Zurück im Flur stand Mama mit in die Seiten gestemmten Fingerknöcheln: „*nicht* übernachten".

Ich wollte immer spielen, Himmel und Hölle hüpfen und auf die Bäume im Hof klettern, höher und höher. Eines Tages fiel ich runter und schlug mir das Kinn auf, was mit drei Stichen genäht werden musste. Ein anderes Mal brach ich mir den Arm. Ich war sechs und kam in die Vorschule und merkte ziemlich schnell, dass das Beste an der Vorschule neben all den neuen Freunden das Essen war. Ich kroch immer zum Fenster des Pavillons, um zu sehen, was die Essenstante in ihren Töpfen hatte, was jedes Mal eine Herausforderung war, weil das Fenster ein gutes Stück höher angebracht war als ich groß war. An diesem Tag hatte ich die Hilfe eines Dreirads aus dem Geräteschuppen in Anspruch genommen. Das Fahrrad kippte um, und mein Arm verfing sich so sehr in den Speichen des Rades, dass meine Knochen gerade heraus ragten. Es war ein schwerer Bruch, und der Arzt im Sahlgrenska operierte mich dreimal falsch. Bei der dritten Operation wachte ich aus der Narkose davon auf, wie mein Papa den Pfuscharzt zusammenfalten wollte, und meine Brüder versuchten, sie zu trennen.

Ich persönlich fand es im Krankenhaus großartig. Ich bekam jeden Tag Eis und musste nicht aufräumen. Denn zu Hause durfte ich nicht rausgehen. Ich durfte nicht spielen, Himmel und Hölle hüpfen oder auf Bäume klettern. Ich sollte Hausaufgaben machen und im Haushalt helfen. Sobald der Frost aus dem Boden war, wurden wir in unseren Kleingarten in Välen geschickt, um zu harken, graben und pflanzen. Wenn wir geharkt, gegraben und gepflanzt hatten, sollte das Gemüse geerntet und nach Hause getragen werden. *Rote Zwiebeln, Knoblauch, gelbe Zwiebeln, Kürbis, Gurke, Tomaten, Salat, Bohnen, Petersilie.* Wir hatten alles auf dem kleinen Grundstück, außer Erdbeeren, das war Luxus, sagte Papa. Manchmal wetteiferten wir, wir machten es zu einem Sport, wer am meisten und am schnellsten pflücken konnte. Samuel, der an Legasthenie litt und in der Schule Schwierigkeiten hatte, war im Gemüsebeet wie eine Maschine. Er war derjenige, den es zu schlagen galt. Aber die meiste Zeit stach ich mich an den Büschen, fror mir die Finger ab und jammerte ständig. Ich versuchte zu fliehen, wurde aber von meinen Brüdern zurückgejagt.

Zwei Tage die Woche waren Waschtage, eine Aufgabe, die alle anderen Aufgaben bei weitem übertraf und bei der wir Mädchen helfen mussten. Die Waschküche war einen Kilometer entfernt und der Weg führte unterirdisch durch die Garagen am Grevegårdsvägen. Bei zwölf

Personen zu Hause gab es so viel schmutzige Wäsche, dass Schlitten und Einkaufswagen, in denen wir alles transportierten, schwankten und umkippten. Die eingeschlossene Luft aus den Trockenschränken, der Abfluss voller Haare und Mangeln wie Kampffahrzeuge. Ich hasste die Waschküche. Während Jacquline und Silvia die saubere Wäsche in ordentlichen Reihen aufhängten; Unterhosen getrennt, Kissenbezüge getrennt, schwarz und weiß und blau, warf ich die Wäsche durcheinander auf die Leine, sodass Mama von vorne anfangen musste und mich wegscheuchte. Eine raffinierte Art, wegzukommen.

Sonntag war der beste Tag. Zu Hause in Zaz, als der Pfarrer in der Kirche zum Gottesdienst rief, waren schon alle aus dem Dorf den staubigen Weg zu Mor Dimet gegangen. In Västra Frölunda hatten wir keine eigene Kirche, aber wir fanden schließlich Zugang zu einem Lokal, in dem sich die christlichen Syrer und Assyrer Göteborgs zum Gottesdienst auf Aramäisch trafen. Silvia und ich schlossen uns dem Chor an und sangen so laut, dass sich die Leute auf ihren Stühlen verkrümmten und Mama uns warnende Blicke zuwarf.

Seid still und ruhig vor Gott, benehmt euch jetzt.

Wir trugen Kleider und schicke Hosen und aßen Hühnerfrikassee zum Abendessen, aber vor allem war der Sonntag der Beste, weil er der Tag der Ruhe war. Ein ganzer Tag ohne Wäsche und Putzen. Ich brachte selten Freunde mit nach Hause, außer Magdalena. Wir hatten keine Barbiepuppen, nicht einmal Sindy, ich hatte ein Schwein, das ich in Handarbeit genäht hatte, und ein Monchichi, *wer wollte schon mit denen spielen?* Aber es war nicht nur der Mangel an Spielzeug. Ich schämte mich für meine seltsame Familie und fand es peinlich, Freunde mit nach Hause zu bringen. Warum konnte meine Mama nicht kurze Haare und Hosen haben wie Eva, Britt-Marie und die anderen Mütter? Ich wollte, dass es nach Zigarettenrauch und Fisch riecht, wie bei Magdalena eine Etage höher. Die knöchellangen Kleider meiner Mama ließen sie wie eine alte Dame aussehen, und dann die zerzausten Ohrläppchen, die in zwei Hälften geteilt waren und nie mehr zusammenwuchsen. Für meine Mama waren die Narben eine schmerzhafte Erinnerung an das blutige Hochzeitsfest in Zaz, aber ich fand die Ohren gruselig. Was würden erst meine Freunde denken? Bei uns roch es seltsam, stechende Gerüche verbreiteten sich vom Herd in alle Zimmer und setzten sich in Gardinen und Kleidung fest. Wir bewahrten alles vom Lamm auf, die Teilstücke lagen in Stapeln auf dem Küchentisch; Rippen und Rücken, Kopf und Magen. Aus den Därmen machten wir Würste, brieten sie im Talgfett und kochten Suppe aus dem Mark. Markus, der kleine Verwöhnte, wie wir anderen sagten, bekam immer das Mark. Wenn der Bauer aus Uddevalla mit dem Milchwagen kam, wurde ein großer Schlauch in unsere Wohnung gezogen, durch den Flur und in die Badewanne, die mit Milch gefüllt wurde, die zu Joghurt werden sollte. Die Filmjölk, die die Schweden aßen, war wie Wasser, dachte meine Mama, und wir Kinder stritten uns um die fette Haut in der Badewanne. Aber auch dieser Preis ging meistens an Markus. Eines der ersten schwedischen Wörter, das Mama lernte, war „Lab". Sie ging zur Apotheke und kaufte so viele Flaschen, wie wir uns leisten konnten, und machte sich daran, die Rohmilch des Bauern zu käsen. Sie rührte die säuerlich riechende Käsemasse mit ihren bloßen langen Armen zur genau richtigen Temperatur und Konsistenz, *gelbe Molke, nicht weiß.*

Zu Weihnachten und Ostern, wenn es besonders luxuriös werden sollte, machte sie ihre eigenen Süßigkeiten aus Walnüssen, die auf Fäden aufgereiht und wie Kerzen in einen süßen Sirup aus Trauben oder Pflaumen getaucht wurden. Mama kochte alles von Grund auf selbst und verließ den Herd nur für die Waschküche oder das Lebensmittelgeschäft. Jeden Morgen war ein neues Fladenbrot im Ofen. Und alles, was ich wollte, war Skogaholms sötlev, gekaufter Saft und gestreiftes AKO-Toffee. Keine in Pflaumensirup getauchten Walnüsse. Der große Traum, so zu sein wie alle anderen. Aber wir waren nicht wie alle anderen, und derjenige, der am meisten darunter litt, war ich. Ich wurde auf dem Schulhof nicht als „Schwarzkopf" gehänselt, meine Brüder hatten es auf den Fluren der Vättnedalsskolan schwerer, aber ich wollte Schwedin sein. Einfach schwedisch. Ich wollte wie meine Freunde Samstagssüßigkeiten essen und wie die anderen Mädchen in Riemchenschuhen zu Kinderfesten gehen. Ein einziges Mal hatte ich eine Einladung auf einer Karte mit Mickey Mouse erhalten, als Maria Geburtstag hatte, die Hübscheste der Klasse. Ich hatte ein Bild von einem

Haus und einer Katze gemalt und es als Geschenk überreicht, dann wurde ich nicht mehr zu Partys eingeladen. Wir hatten kein Geld für Geschenke und Samstagssüßigkeiten. Papas bescheidenes Gehalt reichte für Essen und Miete und maximal eine Aktivität pro Kind. Abgesehen von der Schule, die immer an erster Stelle stand, durften wir Geschwister uns jeweils eine Sportart aussuchen, die wir betreiben wollten. Silvia begann mit Gymnastik, Munir übte sich in Tischtennis, Markus in Basketball und ich wählte Schwimmen. Nicht, dass ich per se ein Star gewesen wäre. Als ich das erste Mal an einem Wettkampf teilnahm, erschrak ich so sehr vor dem Startschuss, dass ich ins Wasser fiel und disqualifiziert wurde. Aber es war ein legitimer Grund, von zu Hause weg zu sein, und ich genoss es, mir schnell den Badeanzug zu schnappen und die Treppe hinunterzurennen, fort, weg. Meine Eltern bezahlten die Mitgliedschaft im Verein, die vierhundert schwedische Kronen pro Semester kostete. Was sie nicht wussten und ich mich nicht traute, ihnen zu sagen, war, dass man auch eine Jahreskarte für das Kulturhuset brauchte, das Schwimmbad in Frölunda. Ich hatte so viel Angst, dass ich nicht schwimmen dürfte, wenn ich um mehr Geld bettelte, dass ich hineinschlich. Damals war noch alles analog und ich änderte die Jahreszahl auf der Eintrittskarte mit Tipp-Ex; aus 83 wurde 84 und aus 84 wurde 85. Dann tat ich jedes Mal gestresst, wenn ich an der Dame in der Luke vorbeihastete, mit der Karte winkte und sie schnell wieder in die Brieftasche steckte. Mein Herz raste. Es war eine kriminelle Handlung. Ich hatte mich jahrelang ins Schwimmbad gemogelt. Aber ich hatte keine andere Wahl. Ich fuhr auch schwarz in der Straßenbahn. Vom Opaltorget nach Süden über Briljantgatan, Rubingatan und Smaragdgatan zum Kulturhuset am Frölunda torg – manchmal auch zu anderen Schwimmbädern in der Stadt, wenn es einen Wettbewerb gab. Einmal wurde ich erwischt und vom Kontrolleur rausgeschmissen. Meine Mama hätte mir die Hände abhacken können, so wütend war sie. Es war eine Sache, sich der Haushaltsaufgaben zu entziehen, aber stehlen und betrügen, das war das Schlimmste. Ich bin trotzdem ohne Fahrschein weitergefahren, es war die einzige Möglichkeit. *Was sollte ich denn tun?* Es war zu kalt, um im Winter mit dem Fahrrad zu fahren, und zu weit zu den Wettbewerben am anderen Ende der

Stadt, und meine Eltern hatten weder ein Auto noch Zeit. Die Mütter und Väter meiner Freunde waren immer bei sowohl Wettbewerben als auch Trainingseinheiten dabei. Sie fuhren und holten in Schwimmbädern in ganz Göteborg ab, klatschten und feuerten von der Tribüne aus an und brachten Butterbrote und Sunkist für die Pause zwischen den Rennen mit. Meine Eltern waren kein einziges Mal dabei, sie hatten keine Ahnung, wenn ein Wettbewerb war. Das war die Bedingung dafür, dass wir zu unseren Aktivitäten gehen konnten, dass wir selbst die Verantwortung dafür übernahmen. Wir waren zu viele und sie hatten andere Dinge zu tun. Ab und zu durfte ich mit Maria im Saab ihres Vaters mitfahren. Wenn ich ihr Dextrosol gab. Zwei Tabletten fürs Mitnehmen.

4. DAS ERSTE GESCHÄFT

Schon als ich sechs-sieben Jahre alt war, nahm mich mein Papa mit zum Gemüsehändler in Saluhallen, um zu feilschen. Isa Samuelsson dachte, er sei ein guter Geschäftsmann, war er aber nicht. Einmal in der Türkei hatte er unsere Pferde gegen ein Dieselauto getauscht, das nicht ansprang. Meine Mama hat das nie vergessen und schickte mich bei seinen Einkaufstouren mit. Ich hingegen hatte es von klein auf in mir. Ich drückte den Preis von beschädigten Tomaten, handelte abgelaufene Milchtüten herunter und auf dem Flohmarkt habe ich so heftig um eine Lampe mit löwengelbem Schirm gefeilscht, dass der arme Markthändler schrie, dass wir abhauen sollten. Also gingen wir. Mit der gelben Lampe. Papa trieb mich überall vor sich her, und manchmal sagte ich „gut gemacht, Papa“, obwohl wir beide wussten, dass die Tomaten mit den Kerben im Beutel mein Verdienst waren. Zweimal im Jahr fuhren wir mit der Fähre zwischen Göteborg und Fredrikshamn hin und her, um die Speisekammer und die Schränke mit Hühnern, Nüssen und Zucker aufzufüllen, allen möglichen Dingen, die damals in Dänemark billiger waren. Nicht zuletzt Schnaps. Meine Eltern waren selbst keine großen Alkoholkonsumenten, aber es gab eine Menge Kinder, die verheiratet werden sollten. Es galt, einen Vorrat für alle zukünftigen fetten syrischen Hochzeiten anzulegen. Auf einer dieser Reisen, als ich wie immer nach einer Packung Schokofrösche mit Minzfüllung gegriffen und wie immer einen „leg sie zurück ins Regal“-Blick von Papa geerntet hatte, entdeckte ich im Duty-Free-Shop eine Umfrage. Eine Umfrage zur Kundenzufriedenheit. Wenn der Kunde ankreuzen würde, wie er den Service auf dem Schiff fand, würde er für seine Mühe eine Zweihundertfünfzig-Gramm-Tafel Marabou-Schokolade erhalten. *Zweihundertfünfzig Gramm! Schokolade!* Ich war acht Jahre alt und setzte wie besessen Kreuze, sieben Umfragen. Dann bin ich siebenmal zur Kasse gegangen und habe mir für jede Runde eine neue Tafel Schokolade ausgeben lassen. Ich aß alle bis auf eine, wickelte sie in Papier und Schnur und schrieb mit Tinte: *Frohe Weihnachten Gunilla von Gunilla.* Das würde ein paar Monate später eine lustige Überraschung neben dem sonst einzigen Weihnachtsgeschenk sein. Jedes Jahr das Gleiche: eine neue Badekappe und eine Nasenklammer.

Schnell wurde mir klar, dass ich nichts geschenkt bekam. Wenn es Samstagssüßigkeiten geben sollte, musste ich das Geld selbst verdienen. Schon als wir in Schweden angekommen waren, begannen meine Geschwister und ich, Werbeprospekte an Hunderte von Haushalten in ganz Västra Frölunda zu verteilen. Oma war die Einzige, die ein eigenes Zimmer hatte, wie privat es nun auch war, sie hatte ihr Bett im Fernsehzimmer, in dem alle ständig herumliefen, und bald musste sie sich auch noch mit vom Boden bis zur Decke gestapelten Werbeprospekten herumschlagen. Das meiste von dem, was wir verdienten, floss direkt in die Haushaltskasse, dass Papa die Hilfe und Schecks von Socialen ablehnte, setzte voraus, dass wir Kinder zum Unterhalt beitrugen. Aber schließlich tat ich alles, was ich konnte, um mein eigenes Geld zu verdienen. Ich babysittete, verkaufte Postkarten, verkleidete mich als Osterhexe und klaute Äpfel. Ich war erst sechs Jahre alt, als ich mich wie eine Indianerin an die Obstbäume im Einfamilienhaus-Viertel heranpirschte und Beutel für Beutel füllte. Dann ging ich nach Hause, legte die Äpfel in einen Korb, band eine rosa Schleife um den Korb und eine passende in mein Haar – und klingelte an der Tür des Hauses, bei dem ich gerade das Obst gestohlen hatte. Selten hatten sie eine so süße Verkäuferin gesehen. Wenn Tanzkapellenabend war, backte ich schwedischen Schokokuchen mit Kokosnuss und Glasur und verkaufte für zwei Kronen pro Stück. An einem guten Abend konnten es 30 Kronen werden, direkt in die Tasche! Geschäfte zu machen und Geld zu verdienen war wie Zuckerlimonade direkt ins Blut zu bekommen. Die für den ersten Mai üblichen Knopflochblumen waren eine weitere Goldgrube, ich verkaufte jahrelang. Einmal jedoch hätte es fast böse geendet. Wie immer erlaubte mir meine Mama nicht, draußen unterwegs zu sein, und wie immer tat ich alles, um sie zu überlisten. Als Mama Nein zu den Ansteckblumen sagte, bot ich ihr mit lieblicher Stimme an; *würde sie vielleicht wollen, dass ich einen Spaziergang mit Markus machte?* Mein jüngster Bruder war erst ein paar Monate alt und schlief in seinem Wagen, und meine Mama hatte wie immer tausend Dinge zu tun. Ich machte das Kreuzzeichen und beteuerte „nur im Hof“ – und nahm die Straßenbahn zum Frölunda torg. Mit einem kleinen Bruder im Wagen brauchte man nicht einmal schwarz zu fahren. Ich wusste genau, wo auf dem Marktplatz die Dame mit den Maiblumen stand, und lief mit leichten Schritten zum Unterschreiben für die Anstecknadeln, Kränze und Aufkleber. Dann direkt ins Einkaufszentrum. Der Frölunda torg mag heute nicht als außergewöhnlich wahrgenommen werden, aber als das Einkaufszentrum in den 1960er-Jahren gebaut und eröffnet wurde, war es das größte in Europa. Ein hochmodernes und wichtiges Zentrum im Westen Göteborgs mit einem Elektrogeschäft und einem Farbgeschäft und allen möglichen anderen Geschäften. Die Markthalle wurde von Olof Palme und „Frau Frölunda" eingeweiht, einer Vertreterin der Hausfrauen des Stadtteils, die das blaugelbe Seidenband vor dem Eingang durchschnitten. Ich graste Meter um Meter ab und zwängte mich mit meinen Ansteckblumen wie eine Ratte zwischen die Läden. Erst als es zehn vor sechs war und ich jede kleine Stecknadel verkauft hatte und die Läden schlossen, fiel es mir wieder ein; *Markus!* Ich hatte sowohl die Zeit als auch meinen kleinen Bruder vergessen und hatte den Wagen auf dem Marktplatz stehen lassen, als mir die Ansteckblumen in der Hand brannten. Als ich herauskam, war der Kinderwagen weg, und als die Dame mit den Papierblumen mir sagte, dass „meine Mutter" den Kinderwagen geholt habe und dass es ein Glück sei, „weil er so geschrien hat", geriet ich in Panik. Denn ich wusste, dass meine Mama zu Hause war und kochte und niemals einfach so zur Abendessenszeit rausgehen würde. Im Einkaufszentrum entdeckte ich eine unbekannte Frau mit einem Kinderwagen, den ich sehr wohl erkannte. Bestimmt hatte sie das untröstliche Kind gefunden und war losgegangen, um den „Besitzer" zu finden. Es war nicht wirklich so, dass ich nachgefragt hätte. Ich stürzte mich von hinten auf sie, riss der Frau den Kinderwagen aus den Händen und schrie *„lass meinen Bruder in Ruhe"*. Zu Hause auf dem Hof warteten meine Mama und meine Brüder. Ich bekam einen Monat lang Hausarrest. Aber wenigstens hatte ich jede einzelne Maiblume verkauft.

Als ich im Herbst 1982 in die vierte Klasse kam, wurden wir schwedische Staatsbürger und bekamen Sozialversicherungsnummern und neue Geburtstage. In meinem Reisepass steht der 3. Januar, aber ich bin am 1. August 1972 geboren. Oder wie meine Mama immer wieder betont: *„Du kamst am St. Shmouni, Gunilla! Vergiss das nicht!"* Die heilige Shmouni oder Mar Shmouni war nach christlich-syrischem Glauben und Tradition eine Mutter, die den Märtyrertod gestorben war und ihre sieben Söhne verlor, weil sie sich weigerte, ihren Gott aufzugeben. Jedes Jahr am 1. August wird Mar Shmouni gedacht, und für die christlichen Syrer bedeutet dieses Datum den Beginn einer Zeit des Fastens, des Gebets und der Enthaltsamkeit. In Zaz gab es eine Kirche, die nach der Märtyrerin benannt war, und sowohl meine Großmutter als auch meine Oma hießen Chmouni, aber sie wurden mit C und nicht mit S geschrieben. *„Am 1. August, Gunilla! Mitten an Mar Shmouni! Vergiss nicht!"* Der Arzt, zu dem mein Papa seine Kinder für den zur Einbürgerung erforderlichen Gesundheitscheck gebracht hatte, nahm es jedoch mit den Märtyrern und den genauen Daten nicht so genau, als er die Dokumente abstempelte. *Stomp, stomp,* da war die Hälfte der Geschwister also im Januar geboren worden, aber in verschiedenen Jahren. Das mag seltsam klingen, aber so ist es passiert. Fast alle Einwanderer, die ich kenne und die zu dieser Zeit nach Schweden kamen, wurden laut ihren Pässen im Januar geboren. Dass ich ein neues Geburtsdatum bekam, war für mich keine so große Sache wie für meine Mama. Ich sah es eher als Chance auf doppelte Geburtstage und es war immer noch der Name, der das Wichtige war. Als meine Familie die schwedische Staatsbürgerschaft erhielt, änderten wir auch den verhassten Namen Anip, den uns der türkische Staat aufgezwungen hatte, und nahmen den Nachnamen Samuelsson an, nach meinem Opa, der Samuel hieß. Aus Günel war in der Vorschule ohne viel Aufhebens Gunilla geworden, als weder die Erzieher noch die anderen Kinder meinen Namen aussprechen konnten. *Gunilla Samuelsson.* Ich war so stolz und fand, dass es so schön klang, schwedisch.

Zu schwedisch, fanden sie. Ich überschritt immer mehr die Grenzen und befand mich im ständigen Krieg mit Mama und meinem großen Bruder Edip. Zu Hause konnte ich nirgends allein sein und Ruhe finden; stechende Gerüche, scheppernde Geräusche und Brüder überall.

Silvia und ich teilten uns ein Zimmer mit Kristian und Munir in einem langen, schmalen Raum neben der Küche mit einem Etagenbett auf der einen und einem auf der anderen Seite, vielleicht einen Meter voneinander entfernt. Ich schloss mich oft im Bad ein, um Hausaufgaben zu machen oder einfach nur zu verschwinden. Manchmal nahm ich Papas Radio mit, auf dem man Kassetten abspielen konnte, und hörte Barbra Streisand und Cher, aber es dauerte meist nur ein paar Minuten, bis meine Brüder den Stecker in der Steckdose draußen entdeckt hatten und ihn herauszogen. Meine Welt war so eng. Ich bekam keine Luft mehr. Ich wollte raus. Als Papa mit einem roten Fahrrad nach Hause kam, das er auf einem Flohmarkt gekauft hatte und das Jacquline, Silvia und ich uns teilen sollten, floh ich ans Meer. Den Wind in den Haaren und nach vorne über den Lenker gebeugt, weg vom Millionenprogramm. Ich trat schnell in die Pedale, zwischen den Häusern in Kannebäck und an der Kleingartenanlage in Välen vorbei. Wenn ich die Einfamilienhäuser in Näset passierte, wurde ich langsamer. Wie konnten Menschen überhaupt so leben? Paläste mit zwei Autos davor und großen Gärten mit Terrassen zum Sonnen. Nur ein paar Minuten von den Mietshäusern in Grevegården entfernt, aber ein diametraler Gegensatz zu unserer Welt. Ich warf mich am flachen Sandstrand von Askimsbadet ins Wasser und sprang von den Klippen bei „Smitten", der Smithschen Klippe. Wenn ich nach Hause kam, schimpfte man mich aus und drohte mir mit noch mehr Prügel. Meine Geschwister waren der Meinung, dass ich härter bestraft werden sollte, weil ich mich vor meinen Aufgaben drückte, und ich reagierte darauf mit noch mehr Torheit. Als meine Eltern zu den vierteljährlichen Gesprächen in der Schule kamen und ich selbst dolmetschen musste, sparte ich nicht mit Superlativen. Ich saß da und sagte Dinge wie: *„Gunilla ist so fleißig, sie macht in allen Fächern Fortschritte"*, was natürlich überhaupt nicht dem entsprach, was die Lehrkraft sagte. Für mich war das ein naiver Versuch, *vielleicht* ein Lob zu bekommen. Aber es war egal, wie imaginär gut ich war oder wenn ich tatsächlich alle Aufgaben in der Matheprüfung richtig gelöst hatte. Bestenfalls gab es ein Nicken von Mama. *Seht mich, hört mich, sagt etwas.* Ich brauchte Liebe und Ermutigung, aber bekam nichts davon, und die Wahrheit war, dass ich mich in der Schule abmühte. Ich lernte gern und fand leicht Freunde, aber ich war unruhig und konnte mich nur schwer eine ganze vierzigminütige Unterrichtsstunde lang konzentrieren. Je schwieriger ich die Situation zu Hause in meiner Familie empfand, desto schwieriger wurde es, ruhig in der Schulbank zu sitzen. Wenn die wilden Jungs Blödsinn machten, war ich nicht zögerlich, mitzumachen. Bei jedem neuen Vertretungslehrer, der auf die Probe gestellt werden musste, bei jeder Unterrichtsstunde, die aufgepeppt werden sollte, war ich diejenige, die vorgedrängt wurde. Angefeuert von den taffen Klassenkameraden. Das war zwar nicht die Bestätigung, nach der ich mich sehnte, aber es war immerhin etwas. Eines Tages in der fünften Klasse, als ich mit einer meiner Meinung nach unfairen Begründung aus dem Klassenzimmer verwiesen wurde – ich hatte nicht mehr oder lauter gesprochen als alle anderen –, erwischte ich beim Rausschmiss einen schwarzen Permanentmarker. Das war im Winter, und ich erinnere mich, dass ich innehielt und dachte, meine Mama würde sterben. Aber ich tat es trotzdem. Ich suchte die Jacke der Lehrerin am letzten Haken der Garderobe. Während ich mit der einen Hand den Stoff stramm hielt, schrieb ich mit der rechten Hand. Sechs große Buchstaben quer über den Rücken: PIMMEL.

Es gab Anrufe nach Hause und Krisensitzungen mit dem Schulleiter. Meine Eltern mussten die Reinigung bezahlen, und ich musste mich mit Blumen bei der Lehrerin entschuldigen. Meine Mama ist nicht gestorben, aber sie hat sich zu Tode geschämt und ich bekam erneut Hausarrest. Wir hatten schon längst den Überblick verloren. In den Sommerferien, bevor ich in die Oberstufe kommen sollte, eröffnete sich mir eine Chance und ein Nadelöhr, von dem ich nie zu träumen gewagt hätte. Ich wurde in ein Kinderlager in Uddevalla geschickt, ein von der Gemeinde subventioniertes Lager für arme Familien in der Gegend von Göteborg. Meine älteren Brüder, Edip und Samuel, waren früher bereits dort gewesen, und wahrscheinlich sahen meine Eltern das Lager als Erziehungsanstalt an. Ein Strohhalm, nach dem sie greifen mussten, als sie die Kontrolle über ihre mittlere Tochter verloren hatten. Aber diese zwei Wochen in Uddevalla waren die besten meines Lebens. Wir grillten Stockbrot und erzählten Gespenstergeschichten am lodernden Feuer, spielten Cowboy und Indianer im Wald und durften Erdbeeren pflücken gehen, ohne dass ein einziger Erwachsener über unseren Schultern stand und einen vollen Korb forderte. Ich habe so viel gegessen, dass mir der Magen geplatzt ist, genau wie all die armen Kinder aus Göteborg. Es gab nicht viele Kronen für die Lageraktivitäten. Ich, die noch nie von meiner Familie an meinem Geburtstag gefeiert worden war, nicht einmal an meinem richtigen Geburtstag im August, bekam meine eigene Party im Lager. Ich lief in den Wald und pflückte so viele Blaubeeren, wie ich konnte, backte Kuchen und durfte in der Mitte des Kreises sitzen, während meine neuen Freunde „Hoch soll sie leben" sangen. Eines Abends herrschte eine seltsame Stimmung, als ein Betreuer des Camps sich nackt auszog und wollte, dass wir ihn als Hulk malen, aber selbst das konnte die sprudelnde Freude in meinem Magen nicht zerstören. Jeden neuen Tag war ein neuer Schwimmwettbewerb im Meer. Ich stürzte mich in das Salzige und flog unter Wasser, und als meine Stirn die Oberfläche durchbrach, hörte ich, wie mir meine Freunde vom Steg aus zujubelten. Ich, die im Kulturhuset noch nie von jemandem beklatscht worden war, war plötzlich ein Star. Ich muss in diesen Wochen einen Dezimeter gewachsen sein und sehnte mich jeden Tag für den Rest des Jahres und den ganzen nächsten Frühling nach dem Sommer in Uddevalla zurück. Aber als der Sommer kam, war der Spaß vorbei. Die Jungen durften ins Lager, aber nicht Jacquline, nicht Silvia und nicht ich. Wir begannen, Gestalt anzunehmen und sollten verheiratet werden.

5. HINTER OMAS RÜCKEN

Besonders gelungen an Grevegården war, dass es inmitten des Millionenprogramms am Freizeitzentrum Ziegen und einen Hahn gab. Wir waren wahrscheinlich die Einzigen in der Nachbarschaft, die den Verrückten zu schätzen wussten, der krähte, bevor die Sonne aufging, aber besonders meine Oma liebte diesen Hahn. Jeden Tag ging Oma Chmouni mit ihrem hennagefärbten Haar, ihrem abgewetzten Stock und ihrem milchigen Auge zur Wiese mit den eingezäunten Tieren und saß auf der Bank und passte so gut auf uns Kinder auf, wie es eine alte, blinde Frau eben konnte. Im Gegensatz zu Mama, die rund um die Uhr kochte, putzte und wusch, war meine Oma immer anwesend. Körperlich, indem sie sich oft um uns Kinder herum aufhielt, aber nicht nur. Sie wusste genau, dass ich mich am schwersten anpassen konnte und ständig in Konflikte geriet, und wenn es hart auf hart kam, verteidigte sie mich. Wenn mein großer Bruder mit Prügel drohte, rannte ich weg und versteckte mich hinter Oma, die ihren Stock erhob: *„Wenn ihr Gunilla zu nahe kommt, bekommt ihr den hier zu spüren!“* Als meine Eltern anfingen, Verehrer mit nach Hause zu bringen, breitete sie sich wie eine Fußballwand vor dem Freistoß aus: *„Weg mit ihnen, sie taugen nichts. Husch!“*

Außer dem Badezimmer mit Papas Radio gab es nur noch einen Ort, an den ich mich flüchten und Schutz suchen konnte. Dort, hinter Omas Rücken. Abends lagen Silvia und ich abwechselnd in ihrem Bett an der Wand, ein Kokon von vielleicht dreißig Zentimetern, aber es reichte. Mein kindlicher Körper schmiegte sich wie formbarer Lehm an Omas Busen, Bauch und vorstehende Hüften. Silvia hatte Oma in der Vorschule eine lange Schnur mit bunten Murmeln und Perlen aufgefädelt, vermutlich zweihundert. Oma benutzte die Murmeln wie einen Rosenkranz. Jeden Abend legte sie sich auf das gemachte Bett und ließ ihre Finger über die lange Kette gleiten. Dann begann sie zu zählen; Name für Name auf Aramäisch. Eine Kindergartenperle für jeden Verwandten und Freund, der gestorben war. Sie sang und weinte, zählte aber weiter, und obwohl ich wusste, dass es mich auch traurig machen würde, sagte ich es trotzdem: „*Erzähl nochmal, Oma.*"

Meine Oma wurde auch in Zaz geboren. Sie war das zweitjüngste von fünf Kindern und liebte es, an den Hängen herumzulaufen und Maulbeeren zu pflücken. Abgesehen davon, dass sie gut im Mund schmeckten, konnte man mit dem schwarzen Saft auch auf den Steinen malen und das gefiel Oma. Es waren die fruchtbaren Böden und die Fülle der Ernten, die einst arabische Stämme, Siedler und Nomaden, Muslime und Christen angezogen hatten, um Seite an Seite in den Ebenen Mesopotamiens zu leben. Das christliche Volk, Assyrer, Chaldäer und Syrer waren jahrhundertelang unterdrückt worden, und zu Beginn des 20. Jahrhunderts mussten die Christen, die damals etwa vier Millionen der insgesamt vierzehn Millionen Einwohner der Türkei ausmachten, eine Sondersteuer zahlen. Gleichzeitig besaßen sie nicht die gleichen Rechte wie die Muslime.

Als die Türkei 1913 den Balkankrieg verlor und einen Sündenbock brauchte, wurden die Verluste den christlichen Einheiten angelastet, die für die türkische Armee gekämpft hatten. Ihnen konnte man nicht mehr trauen. Der Druck nahm zu, als das Imperium schrumpfte, aber die Diskriminierung war am deutlichsten in den größeren Städten wie Konstantinopel zu spüren, dem heutigen Istanbul. In Zaz herrschte ein respektvoller Umgang zwischen Christen und Muslimen. Man liebte sich zwar nicht, aber man pflegte Kontakte, trieb Handel und war Nachbarn. Die Dorfbewohner konnten spät abends ohne Angst durch unbeleuchtete Straßen und Gassen von Haus zu Haus gehen. Deshalb waren sie so unvorbereitet, pflegte meine Oma zu sagen, und hatten keine Chance. Als die Hölle losbrach.

Meine Oma war acht Jahre alt, als im Sommer 1915 die Gerüchte über Waffen, geplünderte Häuser und niedergebrannte Kirchen das Dorf erreichten. Von Soldaten, die vor dem Töten nicht zurückschreckten. Die Furcht war unmittelbar und die Panik total. Die Frauen rannten, sodass der Staub aufwirbelte, und sammelten so viele Datteln und Orangen ein, wie sie in ihren langen Kleidern tragen konnten. Die Männer sammelten Steine und legten die Schlachtmesser bereit. Die Familien von Zaz wurden in zwei Lager aufgeteilt, die eine Hälfte versteckte sich in Mor Dimet mit seinen heiligen, starken

Mauern, der Rest in einem Schloss auf der anderen Seite des Dorfes, das kein Schloss im Sinne von Türmen und Türmchen war, sondern eher ein größeres Haus mit schwerem Mauerwerk. Oma und ihre Familie wurden in der Kirche eingeschlossen, hauptsächlich mit Frauen, Kindern und älteren Menschen sowie der strengen Anweisung, unter keinen Umständen rauszugehen. Nur warten. *Auf was?* Stunden vergingen, Tage verstrichen, und im Krug sank der Wasserstand trotz strikter Rationierung in der drückenden Hitze rapide. Unter der Kirche befand sich ein Gang, der zu einem Brunnen führte, der den Dorfbewohnern bekannt war, und als der Tag kam, an dem nur noch Tropfen übrig waren, wurde ein Junge hinausgeschickt. Verängstigt wie er war, begann er zu weinen und wurde von einem kurdischen Mann entdeckt, der wahrscheinlich nicht einmal mit seinem Messer zu fuchteln brauchte, um die Worte aus dem Jungen herauszubekommen. *„Wohin gehst du? Welcher Brunnen?"* Die Verstärkung durch das türkische Militär ließ nicht lange auf sich warten, und schon bald wurden Holz und Heu in den Brunnen geschleppt und angezündet, sodass der Brunnen unbrauchbar wurde. Nach sieben Tagen und sieben Nächten waren Omas Familie und die anderen Dorfbewohner gezwungen, aufzugeben und aus der Kirche zu kommen. Die bewaffneten Männer draußen schworen auf den Koran, dass sie nur helfen wollten. Sie würden sie an „sichere Orte" bringen und begannen, die zitternden Körper aufzuteilen. Eine Gruppe wurde nach Strako geschickt, eine andere nach Kerburan. Oma und ihre Familie sollten nach Midyat, eine der größten Städte in der Provinz Mardin. Oma und die anderen Kinder verstanden nicht, was passierte, aber auch die Erwachsenen nicht. Sobald die Karawanen mit den Deportierten aus den Siedlungen herausfuhren und außer Sichtweite waren, begann das Gemetzel. Oma hatte erzählt, dass sie in einer Stunde mehr als dreihundertfünfzig Menschen töteten. Mehr als die Hälfte aller Christen in Zaz. Vielleicht wollten sie die Kinder verschonen, vielleicht wollten sie sie bis zum Schluss aufsparen, aber als das Massaker begann, schnappte sich Oma ihren kleinen Bruder und rannte davon. Sie stürzten sich in einen ausgetrockneten Brunnen, und mit der Hand auf dem Mund ihres fünfjährigen Bruders musste meine Oma zusehen, wie ein Bischof vor den Augen einer lachenden Menge verbrannt wurde. Die Todesschreie zwischen den widerhallenden Schusssalven hören. *Wo war ihre Mutter? War das die Stimme ihrer Mutter?* Das dumpfe Aufschlagen von Schädeln auf dem Boden und Schreie, die schrien und verstummten. Meine Oma war acht Jahre alt und wurde Zeugin eines Massenmordes, der erst zu Ende war, als die Leichen in unförmigen Stapeln lagen. Klein, groß und mittelgroß.

In den Stapeln lagen ihre Mutter, drei Schwestern und ein Bruder.

Am 11. März 2010 erkannte das schwedische Parlament die systematische Säuberung der Christen, die unter Syrern und Assyrern als Seyfo, das Schwert, bekannt ist – und die in der Ermordung von zwischen 1 und 1,5 Millionen Menschen im Osmanischen Reich durch vor allem Jungtürken endete –, als Völkermord an. Zu der Zeit hatten mehrere Länder der Welt dasselbe getan, darunter Deutschland, Griechenland, die Schweiz, Litauen, Italien, die Niederlande, Argentinien und Kanada. In Frankreich steht die Leugnung von Seyfo unter Strafe, und in einer Entschließung von 2016 erklärte das Europäische Parlament offiziell, dass es sich bei den bestialischen Massakern, die in der Türkei stattfanden, während Europa im Ersten Weltkrieg in Flammen stand, um ethnische Säuberungen mit einem einzigen Ziel handelte: dem Verschwinden der christlichen Minderheiten. Die Verfolgungen, die nach der Machtübernahme der Jungtürken durch einen Staatsstreich begannen, waren zwischen 1915 und 1916 am intensivsten, endeten aber erst, als das, was die heutige Türkei ist, weitgehend von seiner christlichen Bevölkerung befreit war. Armenier, Syrer, Assyrer, Chaldäer und Pontosgriechen wurden systematisch massakriert. Männer, Frauen, Kinder, Zivilisten, Unschuldige.

Peter Englund, Autor und ehemaliges Akademiemitglied, beschrieb den Völkermord in seiner Buchreihe „Schönheit und Schrecken: Eine Geschichte des Ersten Weltkriegs, erzählt in neunzehn Schicksalen" als „eine gut geplante, zentral gesteuerte Operation" und gab die Aussage eines südamerikanischen Söldners wieder, der im Juni 1915 Zeuge eines Massakers in der Türkei wurde: *Der Hang war bekrönt mit Tausenden von halbnackten und noch blutenden Körpern, die dort in Haufen lagen, in einer letzten Umarmung im Tod verflochten. Väter, Brüder, Söhne und Enkel lagen so, wie sie durch die Kugeln oder die Yataganen der Mörder gefallen waren. Aus mehr als einer durchschnittenen Kehle entwich das Leben im Herzschlag des warmen Blutes. Scharen von Geiern saßen auf den Haufen, hackten den Toten und Sterbenden die Augen aus, deren starre Blicke noch das Entsetzen und den unsagbaren Schmerz zu spiegeln schienen, während die aasfressenden Hunde ihre scharfen Zähne in Eingeweide schlugen, die noch von Leben pulsierten.*

Ich wollte mir die Ohren zuhalten und gleichzeitig zuhören. Manchmal, wenn Oma nicht hinsah, drückte ich mein Gesicht tief ins Kissen und dachte an Süßigkeiten, um das Grauen zu dämpfen. Ich redete mir ein, es sei ein Märchen, wartete auf das Happy End, hoffte. Aber so klein ich auch war, als Oma anfing, von Seyfo zu erzählen, verstand ich, dass es echt war. Es spielte keine Rolle, wie oft wir auf dem Bett lagen und zählten, jedes Mal, wenn sie zu der Perle kam, die ihre Mutter war, musste Oma innehalten und von vorne anfangen. Ihre Mutter und ihre Schwestern lagen nicht nur tot auf dem Boden, ihre Körper waren verstümmelt, nackt. Oma und ihr kleiner Bruder überlebten wie durch ein Wunder im Brunnen, ebenso wie ihr Vater. Ihr Vater war mit anderen jungen Männern auf einen Transporter verladen worden und entkommen. Aber wohin? Häuser waren zerstört, Verwandte und Nachbarn tot oder vermisst und überall in Tur Abdin sah es gleich aus: *Arbaye, Bote, Chelik, Habses, Kafarbe, Kerboran, Shehede.* Jedes christliche Dorf war Schauplatz des Blutbades. Diejenigen Syrer, die überlebt hatten, begaben sich auf eine endlose Wanderschaft durch die Wüste Mesopotamiens. Irrten ziellos umher, während Krankheiten, Hungersnöte und kurdische Banden ihr Unwesen trieben. Die Frauen, die von türkischen und kurdischen Harems als Sexsklavinnen genommen wurden, versuchten, sich von Klippen in den Tod zu stürzen, um nicht verprügelt und vergewaltigt zu werden. Verwaiste christliche Kinder wurden von muslimischen Familien „adoptiert" oder von Nonnen in Klöstern versorgt.

Wohin sollten sie gehen?

Oma, ihr Bruder und ihr Vater gingen nach Midyat, wo vor Seyfo die meisten ihren Lebensunterhalt mit einem Handwerk wie Steinmetz- und Tischlerarbeiten oder als Händler und Bauern verdient hatten. Die Stadt, in der sie ankamen, war jedoch völlig verändert. Oder wie Oma sagte, als ich mich am heftigsten ins Kissen bohrte: *„Wenn es in Midyat regnete, lief das Blut an den Häuserfassaden herunter.“*

Es war die Rede von zehntausend ermordeten Christen in Midyat, Leichen, die in Brunnen geworfen und angezündet worden waren. Die Stadt war voll von Flüchtlingen und verwundeten Überlebenden, und auf Oma und die Reste ihrer kleinen Familie wartete ein Leben als Bettler. Sie nahmen mit, was sie an Krümeln und Abfällen finden konnten, und schliefen unter Dung, um sich warm zu halten, wenn die Kälte kam. Aber die Suche nach Nahrung war trostlos, manchmal nur ein paar Kichererbsen am Tag. Es dauerte nicht lange, bis ihr Vater verhungerte. Oma und der Bruder waren elternlose Haut und Knochen in einer Stadt, in der es nur darum ging, die Nacht zu überstehen, als eines Tages ein kurdischer Mann Oma auf der Straße ansprach und ihr eine Stelle als Dienstmädchen in seiner Familie anbot. Der Mann hatte wieder geheiratet, eine Frau, die nichts von seinen beiden Kindern aus einer früheren Ehe wissen wollte, und Oma sollte sich um die beiden Kinder kümmern. Aber nicht nur das. Sie war acht-neun Jahre alt und eine Bonusmutter, Haushälterin, Wäscherin und Küchenmagd. Sie war eine Sklavin, aber bekam Essen und eine Unterkunft. Durfte leben. Oma versteckte ihren kleinen Bruder in einem Stall, und jeden Abend ging sie mit ihrer Essensration dorthin und teilte sie in zwei Hälften.

Als der Parteivorsitzende der oppositionellen Sozialdemokraten, Stefan Löfven, während des Wahlkampfs 2014 Södertälje besuchte, wo heute mehr als dreißigtausend Assyrer und Syrer leben, die wie unsere Familie in den 1970er-Jahren nach Schweden geflohen waren, gab er Hunderten von Nachkommen von Seyfo-Überlebenden sein Versprechen: Sollte seine Partei die Wahl im Herbst gewinnen, würde sie dem Beschluss des Parlaments von 2010 folgen und den Völkermord anerkennen. Die Sozialdemokraten gewannen die Wahl und nichts geschah. Erst im Mai 2018 kündigte Ministerpräsident Stefan Löfven an, dass die Regierung Seyfo nicht mehr anerkennen werde.

Anfang Juni 2018 reichte der Christdemokrat Robert Halef (KD) eine schriftliche Anfrage (2017/18:1418) an die damalige Außenministerin Margot Wallström ein:

„Es ist notwendig, dass die Außenministerin klare Aussagen zu diesem Thema macht, das für die hundertfünfzig- bis zweihunderttausend neuen Schweden in den betroffenen christlichen Volksgruppen mit Wurzeln im Nahen Osten, von denen etwa fünfunddreißigtausend in Södertälje leben, sehr wichtig ist. Welchen Standpunkt vertritt die Regierung in der Frage der Anerkennung des Völkermordes Seyfo 1915? Die absolute Mehrheit der Wissenschaftler ist sich heute einig, dass es sich bei den Massakern um einen von der jungtürkischen Führung geplanten und beschlossenen Völkermord mit dem Ziel der Ausrottung der christlichen Völker des Osmanischen Reiches handelte. Der Völkermord wurde von zahlreichen Parlamenten auf der ganzen Welt anerkannt sowie von der International Association of Genocide Scholars (IAGS), einer Organisation weltweit führender Völkermordforscher. Eine Handvoll Historiker, vor allem türkische, die auf die eine oder andere Weise mit dem türkischen Staat verbunden sind, argumentieren jedoch, dass das Geschehene nicht als Völkermord bezeichnet werden kann. Seit dem Ende des Völkermordes hat der türkische Staat diesen aktiv geleugnet und versucht, unter anderem durch diplomatische Drohungen, andere Länder dazu zu bewegen, dasselbe zu tun. In der Türkei ist es immer noch verboten und strafbar, zu behaupten, dass der Völkermord stattgefunden hat. Wird die Regierung dem Wahlversprechen von Stefan Löfven von 2014 folgen? Oder wird die Regierung der Erklärung von Ministerpräsident Stefan Löfven von 2018 folgen? Vor diesem Hintergrund möchte ich Außenministerin Margot Wallström fragen: Wird die Regierung den Völkermord von 1915 an den genannten Volksgruppen in der laufenden Legislaturperiode anerkennen und gemäß dem Beschluss des Parlaments von 2010 handeln?“

Margot Wallström antwortete (2017/18:1418):

„Was die Regierung betrifft, so besteht kein Zweifel daran, dass in der Zeit des Ersten Weltkriegs schreckliche Taten gegen die armenische Gemeinschaft und andere Minderheiten im zerfallenden Osmanischen Reich begangen wurden. Sowohl zeitgenössische Berichte, beispielsweise von der Schwedischen Botschaft in Konstantinopel, als auch aktuelle Forschung belegen die unvorstellbar große Zahl von Menschen, die ermordet, deportiert oder gezwungen wurden, aus ihrer Heimat zu fliehen. Ein bedeutender Teil der christlichen Bevölkerung des Osmanischen Reiches wurde wahllos ermordet, die Mehrheit war Armenier, aber unter den Opfern gab es auch

andere christliche Minoritäten: Assyrer, Syrer, Chaldäer und Griechen. Die Berichte über die Geschehnisse sind entsetzlich.“

Und weiter:

„Es ist wichtig, dass die Massaker und Vertreibungen, die im zerfallenden Osmanischen Reich stattfanden, offen diskutiert werden. Die Regierung hat sich weiterhin auf vielfältige Weise für die Förderung des Dialogs eingesetzt, durch bilaterale Kontakte, durch die EU und Förderung der Forschung sowie durch eine Reihe anderer konkreter Beispiele. Darüber hinaus ergreift die Regierung nun weitere Initiativen. Wir beauftragen das Forum Für Lebendige Geschichte mit der Erstellung einer herunterladbaren Wanderausstellung zu den Ereignissen von 1915, die durch Studienmaterial ergänzt werden soll. In der nächsten Legislaturperiode will die Regierung zudem eine Konferenz zur Prävention von Völkermord und Massengrausamkeiten veranstalten. Dazu werden wir den Sonderberater des UN-Generalsekretärs für die Prävention von Völkermord, Adama Dieng, einladen. Die Frage der historischen Massengräueltaten im zerfallenden Osmanischen Reich muss verantwortungsbewusst und dialogfördernd behandelt werden. Seitens der Regierung ist diese Arbeit keineswegs abgeschlossen.“

Es ist nicht verwunderlich, dass die Türkei den Völkermord nicht anerkennt, dem laut Geschichtsbüchern und Forschern bis zu 1,5 Millionen Menschen im Schatten des Ersten Weltkriegs zum Opfer fielen. Ein blutiger Schandfleck in der Geschichte. Aber auch in Schweden ist das Thema politisch brisant. Als TV4 im April 2016 den Dokumentarfilm „Seyfo 1915 – der assyrische Völkermord“ zeigen wollte, schrieb der Pressesprecher der Türkischen Botschaft in Stockholm eine E-Mail, in der er den Sender aufforderte, den Film nicht zu zeigen. Der Programmdirektor von TV4 wandte sich an die Medien und bezeichnete den Druck als ernsthaft, zeigte den Dokumentarfilm aber dennoch. In der Sendung vergleichen internationale Forscher die Generäle hinter den Massakern in der Türkei mit den SS-Todesbataillonen. Was Adolf Hitler den Juden antat, war ein copy paste der Massenexekutionen an der christlichen Bevölkerung der Türkei. Ich habe die Augenzeugenberichte mein ganzes Leben lang gehört, die Geschichten, die meine Familie über Generationen geprägt haben. Denn es war nicht nur Oma. Mein Großvater Chelapi war fünf Jahre alt, als die Türken in sein Dorf kamen, um alle Männer und Jungen als Soldaten zu holen, und die Mutter meines Großvaters, meine Urgroßmutter, lag auf den Knien und flehte: „*Nehmt mir nicht mein Mädchen.*“ Großvater hatte lange Haare und überlebte nur, weil die Soldaten ihn für ein Mädchen hielten. Aber Großvaters Mutter, Vater und alle seine Geschwister bis auf zwei Brüder wurden ermordet. Meine Großmutter Chmouni war vier Jahre alt und war mit ihrer kleinen Schwester zu einer Tante in einem weiter entfernten Dorf in Sicherheit gebracht worden, als die Soldaten einmarschierten. Großmutter und ihre Schwester überlebten, aber die Tante und ihre Familie wurden ermordet, ebenso wie Großmutters Eltern.

Meine Oma blieb sieben Jahre bei der kurdischen Familie. Sie war fünfzehn Jahre alt und eine junge Frau, als der Mann, der sie von der Straße geholt hatte, ihr sagte, sie sei frei. Sie hatte kein Geld für einen Esel, aber mit einem Sack auf dem Rücken und zwei Füßen machte sie sich auf den Weg zurück in das Dorf, in dem sie geboren worden war und in dem sie gesehen hatte, wie ihre Familie ausgelöscht wurde. In Zaz angekommen, gab es nur noch wenige Christen. Aber Samuel war da, einer der Jungen, die Oma und alle anderen Familien bewacht hatten, als sie sich in der Kirche Mor Dimet versteckt hatten. Samuel wurde mein Opa. Als Frau standest du in der patriarchalischen Kultur, die sowohl das muslimische als auch das orthodoxe Christentum durchdrang, ständig im Abseits, aber Oma ließ sich nicht durch die Männer zum Schweigen bringen. Eines Tages, als sie ihr Tuch auf dem Marktplatz ausgebreitet hatte, um Ernte zu tauschen, geriet sie in einen Streit mit einem muslimischen Mann, der sie mit einem Gürtel so hart auf die Augen schlug, dass sie ihr Augenlicht verlor.

Eines der ersten Dinge, die Papa nach unserer Ankunft in Schweden tat, war, ein Stück roten Seidenstoff zu kaufen, damit Mama ein Kleid für Oma nähen konnte. Sie war auf dem rechten Auge völlig blind, konnte aber mit dem linken Auge Nuancen wahrnehmen, und Rot war die Farbe, die sie am besten sah. Die Nachbarn in Grevegården kannten Oma als die Frau mit dem roten Kleid und dem roten Haar, die immer wusste, wie spät es war. Oma konnte zwar die Uhr nicht lesen, aber sie wusste trotzdem, wie spät es war. Die Kinder kamen von allen Höfen angerannt und fragten: „*Wie spät ist es?*“ und Oma antwortete: *„Viertel nach fünf“*, *„Halb acht“* und *„Bald zwei“*. Sie sah die Sonne und das Licht durch den milchigen Globus, der ihr Auge war, und lag immer richtig. Aber der Schlag verfolgte sie bis an ihr Lebensende. Oma hatte ständig Kopfschmerzen und ein Klingeln in den Ohren. Jeden Morgen, wenn sie aufwachte, band sie sich ein Tuch fest über die Stirn und in den Nacken. Sie bildete sich ein, das würde es lindern, aber was wirklich half, war loser Tabak. Jede schwedische Öre, die Oma von Papa bekam, ging für Tabak drauf. Wir liefen zum Laden und kauften ihn, und sie zermahlte die goldgelben Flocken zu einem Pulver, das in eine Blechdose geschüttet und auf dem Nachttisch aufbewahrt wurde. Sie kannte die genaue Menge, wenn sie sich das Nikotin in einem Strahl über den Handrücken zurechtlegte und in die Nase hochzog. Geliebte, tapfere Oma. Sie ließ sich nicht einschüchtern, und dafür wurde sie oft hart und rücksichtslos bestraft. Trotzdem, oder vielleicht gerade deshalb, wagte sie es ihr Leben lang, für ihr Recht und ihre Sache einzustehen. Selbst als ältere, blinde und arbeitsunfähige Einwanderin in den Vororten von Göteborg – weit weg von den Maulbeerbäumen und den Hähnen in Zaz – stellte Oma weiterhin das Patriarchat und die alten Strukturen immer wieder infrage. Als Edip sein erstes Kind bekam, das ein Mädchen war und nach meiner schwedischen Freundin Magdalena benannt wurde, und unsere Tanten kamen und sich über Mama und meinen Bruder lustig machten, indem sie sagten *„ha ha, es wurde nur ein Mädchen“*, war Oma wieder da und hob ihren Stock: *„Der Zehennagel dieses Mädchens ist mehr wert als ihr alle zusammen.“*

Aufrecht und stolz, getragen von der dunklen Geschichte ihres Volkes, war Oma meine größte Heldin. Jedes Mal, wenn meine Eltern mit mir schimpften und mir sagten, ich sei wie sie, sah ich es als Kompliment. Von Oma habe ich nicht nur eine unsterbliche Vorliebe für rote Kleider bekommen, sondern auch eine Perspektive, die mir in meinem Leben oft geholfen hat. Als mich die Leute fragten, wie ich es wagen konnte, den höchsten Chef von Assa Abloy, Carl-Henric Svanberg, anzurufen und ihn zu bitten, Kunde zu werden, bevor mein Unternehmen überhaupt etabliert war, dachte ich: *Was kann schon passieren? Was ist das Schlimmste?* Ich kann ein Nein bekommen. Im schlimmsten Fall kann ich ein Nein mit einem überlegenen Ton bekommen. Aber ich werde nicht mit fünf Schüssen angeschossen oder mit einem Gürtel blind geschlagen.

6. DIE STRAFE DES TEUFELS

Zweimal im Jahr umarmte mich meine Mama und gab mir vielleicht einen Kuss auf die Wange. Zu Ostern und zu Weihnachten nach dem Abendmahl. Meine Geschwister wurden wahrscheinlich nicht mehr verhätschelt, aber weil sie gehorsamer waren, hatte ich das Gefühl, dass meine Brüder und Schwestern ein harmonischeres und liebevolleres Verhältnis zu Mama hatten. Ich hingegen stand Papa am nächsten. Auf eine unerklärliche Weise bevorzugte er mich trotz meines Schlamassels in der Schule weiterhin, und ich ging viel lieber mit ihm auf Einkaufsrunden, anstatt mit Mama und meinen Schwestern die Laken zu mangeln. Aber ich sehnte mich so sehr nach Mamas Bestätigung, dass es in mir brannte. *Nur eine kleine Umarmung.* Wo wir herkamen, war eine große Familie eine Überlebensstrategie, eine Art Garantie gegen das totale Aussterben, aber mehr Kinder in einer ländlichen Gegend ohne Schulen bedeuteten auch mehr Hände für die Landwirtschaft. Verhütungsmittel waren eine Sünde, Liebe keine Notwendigkeit. Ich habe meine Eltern sich nie berühren oder gar Händchen halten sehen. Wenn sich zwei Menschen im Fernsehen küssten, eilte meine Mama herbei und schaltete sofort den Sender um. Ohne viel Aufhebens, wie im Vorbeigehen, als ob sie gerade zufällig am Fernseher vorbeigekommen war und ihn sowieso ausschalten wollte. Obwohl jeder sehen konnte, wie sie aus der Küche herbeieilte, immer noch mit Lammhackfleisch an den Händen. Gleichzeitig wurden wir Kinder immer mehr und immer älter. Wir waren jetzt neun Geschwister und es war offensichtlich, dass unsere Eltern wussten, wie man es macht. Das Aufwachsen, ohne jegliche Zuneigung zwischen Mama und Papa zu sehen, hat uns Kinder wahrscheinlich mehr geprägt, als uns damals bewusst war, auch wenn wir es verstanden. Es war wortlos und unausgesprochen, aber über Sex sprachen wir in unserer Familie nicht.

Als ich in die Sekundarstufe kam, bekam ich einen Ferienjob in einer Cafeteria, wo eine der Hauptaufgaben darin bestand, Patrik Sjöberg zu dienen. Ich glaube, es war das Jahr, bevor er seinen eigenen Weltrekord brach, und der Hochspringer mit der Hockeyfrisur war größer als je zuvor. Die Aufgabenbeschreibung war einfach, aber klar: Gib Patrik

Sjöberg, was Patrik Sjöberg haben will. Oder in reinem Göteborg-Dialekt: *„Wenn Påtrik Hamburger will, gib Påtrik Hamburger"*, *„Wenn Påtrik Cola will, gib Påtrik Cola."*

Ich liebte den Job. Es war gut bezahlt und aufregend, Patrik Sjöberg und den anderen Athleten vom besten Platz aus beim Training zuzusehen. Wenn ich meine Schicht beendet hatte und der Hochsprungstar im Stadion war, blieb ich noch, um ihn über die Latte fliegen zu sehen. Oder eine Reihe an Schimpfwörtern zu hören, wenn er riss. Das Café wurde von einem Paar mittleren Alters geführt, das so freundlich war, wie ich es von Erwachsenen noch nicht erlebt hatte. Wenn ich an der Kaffeekanne kleckerte, sodass es auf die Platte tropfte, war es *keiiin Problem*; wenn ich mich beim Rückgeld verrechnete und von vorne anfangen musste, gab es nur eine freundliche Hand auf die Schulter. Sie hielten mich für flink und „serviceminded" – ein Wort, das ich noch nie gehört hatte und dessen Bedeutung ich nicht verstand, aber es klang nett. Als ich einen Monat dort gearbeitet hatte, luden sie mich zum Abendessen nach Hause ein, weil ich so fleißig war. Wir aßen Minutensteak mit runden Kartoffelbällchen aus der Tiefkühltruhe, die auf einem Blech erwärmt wurden, sie tranken Bier. Ich bekam eine Fanta aus dem Kühlschrank des Cafés. Nach dem Essen fragten sie mich, ob ich noch bleiben und einen Film sehen wollte. Ich hatte noch nie einen Film gesehen. Ich hatte Klassenkameraden über „Zurück in die Zukunft" und „Rambo" sprechen gehört, aber wir hatten keinen Videorekorder. Das Cafépaar hatte jedoch einen, und als sie auf dem VHS-Gerät auf Play drückten, wurde schnell und unmissverständlich klar, dass es sich weder um Science-Fiction noch um Kriegsfilme handelte. Ich geriet völlig in Panik, wagte es aber nicht, auch nur zu blinzeln. Mehrere Minuten lang saß ich da und tat so, als wäre es etwas ganz Normales auf dem Fernsehbildschirm. Vielleicht die Nachrichten, die ich für Papa zu dolmetschen pflegte. Dann sprang ich mitten im Atemzug auf, schnappte mir meine Turnschuhe aus dem Flur und rannte los. Der Magen brannte und mir war übel von dem großen, geraden Penis in Nahaufnahme. Aber vor allem wegen der Zweifel, die nicht verschwinden wollten, egal wie schnell ich rannte. *War das der Grund, warum sie mich mochten? Hielten sie mich nicht für fleißig?* Am nächsten Tag ging ich nicht mehr zu meinem Ferienjob zurück und erzählte nie meinen Eltern, niemandem, was passiert war. Ich verlor einen halben Monatslohn. Aber genau das war es, was Mama geschehen sah, was der Grund dafür war, dass sie mich nicht gehen lassen wollte und mir die Leine so fest um den Hals legte, dass mir der Atem stockte. Ich würde nie wieder arbeiten, nie wieder ausgehen dürfen, wenn sie oder Edip es herausfänden.

Warum konnte ich nicht klein sein und auf Bäume klettern? Warum konnten die Knospen unter meinem Badeanzug nicht einfach verschwinden?

Als ich meine Periode bekam, dachte ich, ich würde sterben. Ich war vierzehn und alle meine Klassenkameradinnen hatten ihre Blutung bekommen, aber ich verstand es immer noch nicht. Dahingegen hatte ich von Krebs gehört und schloss daraus, dass es das sein musste. Ich packte zerknülltes Klopapier in meinen Schlüpfer und weinte am Badezimmerfenster. Ließ meine Beine über die Bäume baumeln und fand es ziemlich traurig, dass das Leben so kurz ist. Es blutete durch, sodass sowohl der Schlüpfer als auch die Hose rot und braun wurden – und obwohl ich wusste, dass Mama es entdecken und mich ausschimpfen würde, drückte ich die durchnässte Jeans in eine Plastiktüte und warf sie in den Müll. Ich sagte auch beim zweiten und dritten Mal nichts. Als ich es beim vierten Mal hatte und wie ein Vogeljäger im Schilf auf eine seltene Minute ohne Brüder, Schwestern, Papa, Oma oder Großmutter hinter meinem Rücken wartete, ging ich in die Küche und stammelte alles über das Blut und den Krebs heraus. Mama schaute nicht einmal auf, rührte weiter in ihren Töpfen und murmelte in den Dunstabzug: *„Binde, immer Binde, Tampon ist wie Vergewaltigung.“*

Ich glaube, mein Papa war wirklich in meine Mama verliebt und versuchte ständig, in ihre Körperwärme einzudringen. Ein flüchtiger Arm um ihre Hüfte am Herd, eine Hand auf ihrer Schulter, während sie an unseren zerschlissenen Hosenknien nähte, aber sie wies ihn immer zurück.

Diese Art von Zuneigung lag, wie gesagt, nicht in der Natur meiner Mama. Aber es hatte auch damit zu tun, wie sie Papa kennenlernte. Mein ältester Bruder Anders, den ich immer als meinen Bruder bezeichnet habe, ist rein biologisch gesehen mein Halbbruder. Mama war

Papas zweite Frau. Papa war schon einmal verheiratet gewesen, aber seine erste Frau starb, als Anders erst ein paar Jahre alt war. Papa wurde Witwer und konnte ohne Frau nicht zurechtkommen, geschweige denn ein kleines Kind großziehen. Mamas Familie stammte nicht aus Zaz, sondern aus einem Dorf namens Habses. Es dauerte fünf Stunden, um von Habses nach Zaz zu gehen, und mein Großvater Chalapi war auf der Durchreise, als er mit meinem Opa Samuel ins Gespräch kam. Mein Großvater erzählte von dem armen Sohn, der mit einem Kind allein gelassen worden war, und Opa hatte so viel Mitleid mit dem unglücklichen Mann, dass er ihm seine eigene Tochter, Maria, anbot. Ein sehr tüchtiges und wohlerzogenes Mädchen, *kann sowohl Wäsche waschen als auch Schafe melken.* Aber sie wollte zur Schule gehen und lesen lernen. Mama war erst fünfzehn Jahre alt, und die Heirat sollte laut mündlicher Vereinbarung bis zu ihrem sechzehnten Geburtstag warten. Mama wollte keinen mehr als zehn Jahre älteren Witwer heiraten, genauso wenig wie sie Stiefmutter für ein kleines Kind werden wollte. Aber die Männer hatten sich die Hand gegeben, also musste es sein. Es war an einem Sonntag und die Zeremonie war einfach und fand zu Hause statt, detaillierter als so erzählte Mama nie, wenn wir sie nach ihrem und Papas Hochzeitstag fragten. Sie nahm sich des Jungen an und hat Anders immer so aufgezogen, behandelt und geliebt, als wäre er ihr eigenes Kind. Aber sie hat es sich nicht ausgesucht. In die Ehe gezwungen zu werden und sich den Sitten und Gebräuchen beugen zu müssen, wurde für sie zur Qual und zum Kampf, besonders da sie noch so jung war. Und das war es, was es so schwer zu verstehen machte. Dass sie bereit war, Jacquline, Silvia und mir dasselbe anzutun.

Es begann zaghaft in der Kirche nach dem Sonntagsgottesdienst. Ich stand mit den anderen Kindern im Chor, lachte und scherzte darüber, wer falsch gesungen hatte, als ich aus den Augenwinkeln bemerkte, wie Leute auf meine Eltern und Edip zukamen, die Augenbrauen hochzogen und in meine Richtung nickten. Auf mich zeigten, ohne auf mich zu zeigen. Einige Tage später saß dieselbe Familie mit einer Tasse in der Hand auf unserem roten Samtsofa im Grevegårdsvägen. Und so konnte die Vorstellung beginnen. Jedes Mal das gleiche Prozedere: Die Erwachsenen und nicht selten auch ein Rudel Brüder aus beiden Familien saßen im Fernsehzimmer und unterhielten sich, während die zukünftige Braut hereintrippelte, ihr bestes Lächeln aufsetzte und Tee servierte. Ich war hundertprozentig auf Sabotage eingestellt. Ich trug den kürzesten Rock und den freizügigsten Pullover, war frech und kleckerte „aus Versehen". Ups, direkt in den Schoß. Typisch. Alles nur, um zu zeigen, was für eine nutzlose zukünftige Ehefrau ich sein würde. Die Augen meiner Mama brannten, und die Schelte meines zweitältesten Bruders war nicht gnädig, aber egal, wie schlecht ich mich benahm, bei der Kommunion am nächsten Sonntag gab es neue prüfende Blicke. Einmal machte mir ein Cousin dreimal einen Heiratsantrag, ich antwortete jedes Mal mit *„nie im Leben"*, und meine Eltern waren in Aufruhr. Der Vater des Cousins war Priester, also war der Junge der Sohn eines Priesters, *genau das, was ich brauchte*. Die Verwandtschaft stritt sich mit meinen Eltern, fauchte und fragte sich, für wen wir uns hielten. Sie waren die Netten, wir passten gut zusammen, die Erniedrigung war total.

„ABER WIE KANN ICH DIESE LEUTE LIEBEN, WENN ICH SIE NICHT EINMAL KENNE?" Ich lag auf meinem Bett und schrie mir die Seele aus dem Leib, weinte mir die Augen aus dem Kopf, aber vor allem erinnere ich mich an die Antwort meiner Mama, die mir unter die Haut ging: *„Wie meinst du das, Gunilla, du hast doch dein ganzes Leben Zeit, ihn kennenzulernen."* So war es für sie gewesen, für ihre Mutter vor ihr, für meine Urgroßmutter und alle Schwestern und Töchter. Das war die Definition des Frauseins in unserer Familie. Verheiratet zu sein. Als ich nach Hause kam und alle richtigen Antworten im Geschichtstest bejubelte, nickte Mama „jaja" und bat mich, den Tisch zu decken. Als ich bei der Abschlussfeier mit meinem Umschlag winkte, öffnete sie nicht einmal das Zeugnis. Edips hingegen und Markus' und Kristians! Dann gab es eine Party und Baklava. Die Jungs sollten die Familie durch Arbeit und Erfolg stolz machen, für uns Mädchen hatte die Tradition schon einen Zweck bestimmt. Aber ich wollte nicht wie sie sein, ich wollte keinen syrischen Mann haben, der mich kontrolliert und eine Schar von Kindern und ein Leben am Herd erwartet.

Ich wollte nicht sein wie sie.

Meine älteren Geschwister machten die Sache nicht leichter, alle vor mir waren „by the book". Nur wenige Jahre, nachdem wir in Schweden angekommen waren und die Sprache gelernt hatten, nannte man die Samuelssons am Grevegårdsvägen „Familie Streber". Edip und Jacquline waren beide Einserschüler, und wenn man nach ihnen kam, klatschten die Lehrkräfte freudig in die Hände: *„Oh, du bist die Schwester von Eeeeedip!"* Niemand faltete und stapelte die Wäsche so ordentlich wie Jacquline. Als meine große Schwester ihre Periode bekam und unsere Eltern es für unangemessen hielten, mit dem Judo weiterzumachen, hörte sie ohne zu murren auf, obwohl sie Judo liebte. Jacquline war die Prächtigkeit selbst, sie war bis siebenundzwanzig Jungfrau und machte alles in der richtigen Reihenfolge: vorverlobt, verlobt, verheiratet, kein Sex vor der Hochzeit. Aber vor allem ließ sie sich schließlich mit einem Mann aus Syrien verheiraten. Jacquline war die perfekte Tochter. Ich war die Strafe des Teufels. Ich wollte mein Leben selbst in die Hand nehmen, mit Freunden abhängen, im Meer schwimmen, und meine Familie tat alles, um mich davon abzuhalten. In der achten Klasse fuhren wir nach Skagen, um Fahrrad zu fahren. Ich organisierte Basare und backte Brot und verkaufte am meisten von allen. Vor allem Lottoscheine, da kam keiner ran, nicht einmal die Jungen. Am Tag, bevor wir in den Zug nach Dänemark steigen sollten, sagte mir meine Mama, dass ich nirgendwohin fahren würde: *„Nicht nach Skagen, ruf an und sag, dass du krank bist."* Ich weinte zwei Tage lang.

Wenn es um die Arbeit ging, waren meine Eltern nachsichtiger. Ich nahm jeden zusätzlichen Job an, den ich bekommen konnte, ging zu Cafés und Altersheimen, klopfte an jede Tür mit einem Firmenlogo und bot meine Dienste an. In den Sommerferien, kurz vor meinem fünfzehnten Geburtstag, bekam ich einen Job bei der Skandinaviska Enskilda Banken in Landala in Göteborg. Der Bankdirektor änderte meine Sozialversicherungsnummer von 1972 auf 1970, um mir die Stelle zu verschaffen. Seit meinem zehnten Lebensjahr hatte ich immer wieder an der Kasse bei ICA gearbeitet und sah älter aus als ich war: Rock, Jackett und lackierte Nägel. Eine Frau, die ihr halbes Leben lang bei der Bank gearbeitet hatte, arbeitete mich einen ganzen Vormittag lang ein und am Nachmittag sollte ich am Schalter sitzen. Einer meiner ersten Kunden war ein kleiner Mann mit tätowierten Armen, der geradewegs auf mich zukam und einen handgeschriebenen Zettel unter dem Glas durchschob. *Dies ist ein Raubüberfall, gib mir das Geld.* Ich lächelte von einem Ohr zum anderen, denn das hatte ich am Morgen gelernt: lächeln und immer nett zu den Kunden sein. Während ich weiter lächelte, sprang der tätowierte Mann über den Schalter, zog eine Schrotflinte und schrie stattdessen: „*HER MIT DEM GELD!*" Der Bankdirektor schloss sich in seinem Zimmer ein, die Kassiererin drückte in Panik die Alarmknöpfe, und ich lächelte weiter. Es dauerte fünfundzwanzig Minuten, bis die Polizei eintraf, und der Räuber erbeutete über zweihunderttausend schwedische Kronen. Ich war die Einzige, die ihn identifizieren und eine Beschreibung abgeben konnte. Schließlich hatte ich ihn nicht nur aus der Nähe gesehen, sondern ihm auch direkt ins Gesicht gegrinst. Als der kleine Mann einige Wochen später wegen des Verdachts der Vergewaltigung verhaftet wurde, wurde er auch mit dem Raubüberfall in Landala in Verbindung gebracht und ich wurde als Zeugin vorgeladen. Ich war fünfzehn und ganz allein im Gerichtssaal, als ich dem Blick des Räubers begegnete, aber es gelang mir trotzdem, seine Tätowierungen und seine Zähne zu beschreiben. Er wurde für das Verbrechen verurteilt und ich erhielt einen Dankesbrief des Bankdirektors mit einer Belohnung von hundert Kronen. Er schrieb, er habe gehört, dass ich mich vor dem Gericht gut verhalten habe, und wies darauf hin, dass ich etwas sehr Ungewöhnliches erlebt habe. Ich fand das ein bisschen geizig, hundert Kronen für eine Beute von zweihunderttausend Kronen, aber ich war mit dem Abschluss des Briefes zufrieden. *Sie sind bei uns wieder jederzeit herzlich willkommen.*

Schon am Tag nach dem Ende der Schule im folgenden Sommer konnte ich wieder mit dem Fahrrad zur Bank in Landala fahren. Acht Wochen würde ich arbeiten, fast die ganzen Sommerferien. Der Zeitplan stand schon lange fest, und so verstand ich überhaupt gar nichts, als ich in Jackett und knielangem Rock die Bank betrat und vom Filialleiter überrascht angeschaut wurde.

„Aber... was machen Sie denn hier?"

„Ich sollte doch arbeiten."

„Aber Sie sollten doch gar nicht arbeiten?"

„Doch...?“

„Aber Ihr Bruder...“

„Was ist mit meinem Bruder? Welcher Bruder?“

Als der Chef meine Reaktion sah und erkannte, dass ich nichts wusste und es nun an ihm war, es mir zu sagen, senkte er den Blick und spuckte den Rest aus:

„Ihr Bruder war hier und hat für Sie gekündigt... er sagt, Sie seien magersüchtig.“

Ich hörte nicht auf zu essen.

Ich aß.

Ich fand nicht, dass ich dick war.

Ich war nicht dick.

Ich war 172 Zentimeter groß und wog 43 Kilo. Ich war *die Bohnenstange.*

Was mit meinem Körper während der Sekundarstufe geschah, macht jedes Mädchen im Teenageralter durch: aufkeimende Brüste unter dem Pullover, ein neuer knolliger Hintern, Hüften. Der Unterschied war, dass meine Kurven völlig veränderte Lebensbedingungen bedeuteten. Ich durfte nicht mehr ins Ferienlager fahren oder schwimmen gehen, weil meine Eltern und Brüder meinen Körper als „unpassend“ für einen Badeanzug betrachteten. Vor allem aber begannen Verwandte und andere in der Kirchengemeinde, mich mit neuen Augen und einem Schmatzen zu betrachten. *Mmh, reif.* Die Blicke und das Schmatzen schnitten wie Stilettos durch meinen unbequemen Teenagerkörper. Ich, die immer wie ein Pferd gegessen hatte und die schon bei der dritten Runde in der Schulkantine war, als die anderen Mädchen und Jungen noch auf ihren ersten Tellern herumhackten, begann, mich vor dem Essen zu ekeln. Der Körper, der nicht für einen Badeanzug geeignet war. *Wenn ich nicht esse, vermeide ich die Blicke.* Statt schicke Hosen und Kleider zu tragen, begann ich, mich für den Gottesdienst hässlich zu machen. Ich hörte auf, mir die Haare zu waschen und machte Liegestütze auf der Toilette, um nach Schweiß zu riechen. *Wenn ich hässlich bin, sehen sie mich nicht.* Als die Erwachsenen um mich herum begannen, meine Figur zu beurteilen, tat ich alles, um die Rundungen zu verbergen: Schlabberpullis, weite Röcke, ich klebte meine Brüste mit Isolierband flach. Aß, ohne zu essen. Aß, aber kotzte. Wir hatten einen Verwandten, der in der Keksfabrik in Kungälv arbeitete, und wir bekamen von ihm Krümel und Bruch, Abfälle aus den Maschinen und B-Exemplare, die nicht verkauft werden konnten. Die Kekskrümel waren gut, sie wurden eine geschmeidige Masse, die leicht glitt. Zimtschnecken auch okay. Vor allem, weil der saure Geschmack der Galle ein bisschen weniger sauer wurde, aber bei Brötchen und Brot musste man aufpassen! Wenn man zu eifrig die Finger in den Hals steckte, wurde es ein schwerer Klumpen, der auf dem Weg stecken blieb, und dann musste man so lange weitermachen, bis die Luft verschwand und man das Gefühl hatte, dass einem die Augen herausfallen würden. Manchmal kam Blut, dann schnitt ich mir die Nägel, damit sie nicht kratzten. Das Ziel war, das Essen schnell wieder loszuwerden, aber ohne rote Augen und Blut. Ein weiteres Glas Milch war oft ein guter Trick. Dann gab es einen extra Schub für das, was hochkam, und wenn man Papier in der Toilette vorbereitet hatte, hörte man das Platschen kaum. Mein absoluter Favorit war das Budapester Gebäck, luftiger Nussbaiser und Sahne waren eine Kombination wie geschaffen zum Auskotzen. Praktisch auch in der Zeit, in der ich bei meinem Nebenjob bei Konsum für die Backwaren zuständig war. Wenn niemand hinsah, steckte ich meinen Zeigefinger in das Baiser, sodass es unverkäuflich wurde. Atmen, atmen und abwarten. Nach zwanzig Minuten direkt auf die Personaltoilette.

Abends zum Schlafengehen schrieb ich in mein Tagebuch und notierte, wie oft ich mich übergeben musste: zweimal, dreimal, fünfmal. Fünfmal war meistens schlecht. Es war mir peinlich, wenn ich fünf schrieb, aber fünf *konnte* auch gut sein, wenn es ein richtiger Angsttag war. Dann fügte ich neben die Fünf hinzu, so wie die Lehrerin es tat, wenn sie in der Schule die Wörter der Woche korrigierte: *Gut gemacht, Gunilla!* Aber an allen anderen Abenden umarmte ich das Tagebuch ganz fest und versprach: *Morgen würde es null sein.*

Ich, die eine so lange, dicke Mähne hatte, dass es zwei Schwimmkameraden und eine Dose Talkum brauchte, um die Badekappe über den Kopf zu bekommen, fing an, meine Haare zu verlieren. Die Zöpfe wurden dünner und dünner, meine Geschwister immer kontrollierender. Sie rannten voraus und schlossen die Toilettentür von innen ab, folgten mir vom Laden und suchten wie Jagdhunde nach Kekskrümeln und versteckten Tüten mit Süßigkeiten. Ich fand immer neue Verstecke: den Innentopf der Birkenfeige, die Sockenbälle im Kleiderschrank und mein bestes – die Packung Damenbinden in meiner Schultasche. Dort wusste ich, dass meine Brüder niemals nachschauen würden. Ich war wie eine kleine Alkoholikerin, versteckte, sie „schütteten es aus" und ich hasste sie. Wenn die Angst durch meinen Körper schwappte, steckte ich mir die Finger in den Hals und übergab mich erneut. Mama wusste immer, wann ich „zu viel" gegessen hatte, und erkannte sofort, wenn ich zu viel kaute oder von einer Piroge zwei Bissen mehr nahm. Mehr Wachen an der Toilette, mehr Spione hinter den Kastanien auf dem Weg zum Laden. Es wurde zu einem führerlosen Zug, Moment 22. Ich kotzte nicht, weil ich dick war, ich war dünn. Ich kotzte, weil ich mit den Freiern, den Ausgangssperren und dem ständigen Schimpfen nicht mehr zurechtkam. Als mich alle zwangen und kontrollierten, übernahm ich die Kontrolle über das Einzige, was ich kontrollieren konnte: meinen eigenen Körper.

Die Polizisten waren überall. Wenn ich nach Hause kam, saß meine Großmutter im Treppenhaus, schimpfte über meinen kurzen Rock und verpetzte mich bei meinen Brüdern. Als eine Freundin und ich mit der Straßenbahn nach Heden fahren wollten, um den Gothia Cup zu sehen, landeten wir vor Gericht. Um ehrlich zu sein, war das Ziel nicht, Fußball zu sehen, aber es war das lustigste Ereignis des ganzen Jahres, als das Riesenturnier nach Göteborg kam und die Stadt mit Jugendlichen und süßen Jungs füllte. Wir waren gerade im Trubel von Heden angekommen und hatten uns jeder einen Kokosnussball gekauft, als uns ein syrischer Mann, den ich nicht einmal erkannte, entdeckte und meine Brüder und Papa anrief: *„Ihr müsst kommen und eure schlampige Tochter abholen. Sie ist hier und schaut sich Jungs an.*" Das Urteil, das im Wohnzimmer des Grevegårdsvägen vor den versammelten Familien von meiner Freundin und mir gefällt wurde, umfasste drei Vergehen: Wir hatten Jungs nachgestellt, wir waren geschminkt und unsere Röcke waren zu kurz.

Es reichte nicht mehr aus, Hausarrest zu bekommen, jetzt war es das Gefängnis.

Ohne mein Wissen war mein sechs Jahre älterer Bruder in der Bank in Landala gewesen und hatte meinen Sommerjob gekündigt. Er hatte meine Bankkarte und meinen Pass mitgenommen und eine einfache Fahrt nach Lund gekauft. Edip studierte Jura, und anstatt zu arbeiten und Geld zu verdienen, sollte ich den ganzen Sommer über mit Edip, seiner Frau und deren Tochter in einer Studentenbude leben. Es herrschten ständige Grabenkämpfe. Meine Schwägerin nutzte jede Gelegenheit, um mich daran zu erinnern, wie schlecht und undankbar ich war, Edip zählte die Tomaten auf meinem Teller und ich verkrampfte mich, schlich davon, raus. Suchte jede Pfanddose in Lund, wühlte in Mülleimern und suchte unter Parkbänken. Dann ging ich schnurstracks und kaufte Kekse, verschlang die ganze Packung und kotzte in den nächsten Busch.

Ich konnte nicht fliehen, denn ich konnte nirgendwo hin und hatte kein Geld, um zu entkommen. Heute weiß ich, dass mein Bruder es gut meinte, dass er es aus Fürsorge und aufrichtiger Angst um meine knorrigen Arme tat, aber die einzige schöne Erinnerung, die ich an den Sommer in Lund habe, ist, dass ich lernte, wie man Holundersaft macht.

Ich war noch völlig erschöpft, als ich nach Göteborg zurückkehrte, um ein neues Herbstsemester zu beginnen. Als ich vierzehn war, hatte ich mich am Badezimmerfenster zusammengerollt und gedacht, dass das Blut aus meinem Unterleib Krebs sei und ich sterben würde. Jetzt war ich sechzehn und saß an der gleichen Stelle und fragte mich, was passieren würde, wenn ich zufällig stürzen würde. *Würden sie bei der Beerdigung weinen? Würden sie nette Dinge sagen? Was, wenn sich Mama freuen würde?*

Ich ging in den Konsum am Frölunda torg, und zwar nicht in irgendeinen Laden, sondern in den Laden, in dem Edip nebenbei gearbeitet hatte. Ich war selbst sowohl bei ICA als auch bei Konsum Kassiererin gewesen, und ich erkannte den Mann, obwohl er wie üblich in Zivilkleidung getarnt war. Aber ich tat es trotzdem. Lief durch den Laden, die Gänge auf und ab, deckte mich mit Schokowaffeln, Käseflips, Fanta und Keksen ein und stopfte so viel in meine Jacke, dass ich mich kaum bewegen konnte.

Als mir der Ladenkontrolleur auf die Schulter klopfte und mich aufforderte, mitzukommen, hatte ich nicht einmal Angst. Ich machte es absichtlich. Ich konnte es nicht mehr ertragen. Und als im Büro des Konsum-Chefs alles aus mir herausgesprudelte, wie schlecht es mir ging und wie mich alle bewachten, schrieb der hergerufene Polizist einen Namen auf und gab mir den Zettel: „*Rufen Sie diese Frau an.*“

Mirka Glaxer, Leiterin der Kinder- und Jugendpsychiatrie, Göteborg.

7. WIR GEGEN DIE

Ich spürte sofort, dass ich mit Mirka sprechen konnte. Eine schlanke und energiegeladene Frau, die in Polen geboren wurde und der mit fünfzig jungen Jahren eine aggressive Form von Krebs diagnostiziert und noch höchstens ein Jahr zu leben gegeben wurde. Viele andere mit einem Todesurteil hätten sich vielleicht zurückgelehnt und das Ende abgewartet, aber Mirka Glaxer tat das Gegenteil. Sie stieg in den Rosa Reisebus ein und reiste in diesem ihrem letzten Lebensjahr durch Afrika und die Welt. Dann kam sie nach Göteborg nach Hause und starb überhaupt nicht. Ich ging alle zwei Wochen zur Gesprächstherapie der Kinder- und Jugendpsychiatrie im Behandlungszentrum in Frölunda und öffnete mein Herz, sodass alles heraussprudelte: die fehlenden Umarmungen meiner Mama, das erbrochene Essen, die schmatzenden Geräusche der Freier. Mein starrköpfiger Bruder, der jeden meiner Schritte beobachtete, die Ausgrenzung. Ich war nirgendwo richtig; nicht in meiner Familie, nicht in der Gesellschaft. Nicht richtig schwedisch und nicht ganz syrisch. Alles, was ich wollte, war, dazuzugehören, aber ich fand keinen Platz. *Wie konnte mit mir alles falsch sein? Warum waren alle meine Geschwister fähig, nur ich nicht?*

Der meisterhafte Edip und meine tadellosen Schwestern. *Warum konnte ich nicht nett nicken wie Jacquline und Silvia?* Ich erzählte Mirka alles, verbrauchte ihre ganze Packung Taschentücher auf dem Tisch, und Mirka hörte mir zu und ließ mich weinen, steckte mir ein neues Taschentuch zum Schnäuzen zu. Irgendwann kamen meine Eltern und Jacquline zu den Treffen dazu, aber dann gab es Streit. Ich traute mich nicht, meiner Mama zu sagen, wie sehr ich mich nach ihrer Liebe sehnte, und wurde wütend auf meine große Schwester, die dolmetschen sollte, aber das Gesagte verzerrte, um unsere Eltern nicht zu verletzen. Papa, der völlig schweigsam dasaß.

Die Dienstage mit Mirka wurden in meinen Teenagerjahren sehr wichtig, aber mein Weg sollte sich noch mit jemand anderem kreuzen, der für den Emanzipationsprozess ganz entscheidend war.

Ich sah sie direkt am ersten Tag, an dem ich das Klassenzimmer betrat. Ganz hinten an der Wand, auf dem Stuhl schaukelnd. Ein dunkles Mädchen mit melierten Augen und langem Pagenschnitt bis zu den Schultern, grünem Pullover mit Punkten und knallroten Lippen. Ich hatte noch nie einen perfekteren Kussmund gesehen. Veronica Lindgren würde vom ersten Tag des Gymnasiums an und für den Rest meines Lebens meine beste Freundin sein. Aber das wusste ich damals noch nicht, als ich den Raum mit den vollgekritzelten Bänken und dem Overheadprojektor für eine neue Schulzeit betrat. Heute gibt es das Frölundagymnasium nicht mehr. Als in den Neunzigerjahren die freie Schulwahl eingeführt wurde, sanken die Schülerzahlen rapide und der Betrieb musste 2010 ganz eingestellt werden. Nur 425 Schüler blieben an der Schule und die letzten mussten ihre Ausbildung an Schulen in der Stadt abschließen.

Als ich 1988 mit dem Wirtschaftsstudium begann, war das Frölundagymnasium das drittgrößte Gymnasium Göteborgs mit 1.900 Schülern und einem Einzugsgebiet, das neben Grevegården und Tynnered auch Påvelund, Högsbo, Askim und Älvsborg umfasste. *Näset, Hovås und Långedrag*. An den Palästen war ich mit meinem gebrauchten Monark auf dem Weg zum Meer vorbeigeradelt. Jetzt sollte ich in die gleiche Klasse gehen wie die Mädchen, die sich in Bikinis in Gärten sonnten, die so groß waren wie das ganze Grün des Erholungszentrums. Die Jungs, die ihre DT-Bikes vor der Doppelgarage polierten. Die reichen Kinder. Ich musste mich nie für Grevegården schämen, denn alle, die ich kannte, waren immer aus Grevegården oder Tynnered. Während der gesamten Grundschulzeit an der Vättnedalsskolan und Tynneredsskolan hatten meine Freunde Väter, die am Fließband bei Volvo in Torslanda arbeiteten, und Mütter, die im Laden am Opaltorget mit ausgeschnittenen Rabattcoupons einkauften. Wie wir. Im Gymnasium waren es plötzlich andere Welten. Die Mädchen aus Långedrag kauften ihre Jeans bei Gul & Blå in der City und kamen in steifen Henri Lloyd-Jacken auf den Schulhof. Bis zu ihrem achtzehnten Geburtstag wurden sie jeden Morgen von ihren Eltern im Mercedes vor der Schule abgesetzt, dann bekamen sie einen Golf GTI von Papa. Unsere Familie hatte immer noch kein Auto, Papa fuhr an den Tagen, an denen er nicht zu Fuß ging, mit der Straßenbahn zur Arbeit in der Klangfärgsgatan in Grimmered und Mama wollte fahren, durfte aber keinen

Führerschein machen.

Aber dann passierte es.

Als ich im Gymnasium anfing, änderte sich das Leben meiner eingewanderten Familie radikal. Wir zogen in ein Haus in Påvelund! Der Umzug war nur drei Kilometer weit, aber es ging über die unsichtbare, messerscharfe Grenze. Nicht Långedrag oder Hovås, aber näher am Feinen, den Beton im Rücken. Das rote, freistehende Backsteinhaus in Påvelund war keineswegs prachtvoll, aber alles, wovon meine Eltern träumten. Es war Munir, der die Anzeige über die Zwangsversteigerung des Hauses in der Zeitung sah. Der vorherige Besitzer war im Zuge des Immobiliencrashs aus dem Land geflohen. Papa nahm das Geldbündel unter der Matratze und jede schwedische Öre, die er seit dem Tag unserer Ankunft in Schweden gespart hatte, und erhielt dazu einen Beitrag seiner ältesten Söhne, die mittlerweile ein Einkommen hatten und mithalfen. Anders betrieb einen Kebab-Laden in der Brunnsgatan in Göteborg und Edip war nach seinem Jurastudium als Rechtsanwalt in Malmö angestellt worden. Mit hunderttausend Kronen in bar saß er während der Auktion still da, bis nur noch zwei Bieter übrig waren. Dann gab Papa ein Gebot von 1.350.000 Kronen ab und gewann.

Die Küche im Påskvägen 33 war ein einziges Loch. Der Zahnarzt, der zuvor dort gewohnt hatte, hatte in Panik alles Wertvolle aus dem Haus geräumt. Es gab weder Türen noch einen Herd, und alle Leisten waren weggerissen worden. Aber es war ein Haus. Unser eigenes. Nachdem das Haus trockengelegt worden war, wurden sofort die Schaufeln in die Erde gesteckt: Möhren, Gurken, Kürbis, Tomaten, drei Pflaumenbäume, ein Apfelbaum, Quitten, Himbeersträucher und Weinstöcke. Sogar ein Maulbeerbaum wie in der Türkei. Mama richtete ein schönes Zimmer ein, in dem sich niemand aufhalten durfte, mit dem roten Samtsofa aus dem Grevegården und einem Rollwagen mit Raki und Zigaretten darauf. Und ich bekam mein eigenes Zimmer! Ohne Silvia und meine jüngeren Brüder, die ins Teenageralter kamen, mit Strukturtapete und einem Bett ohne Etagenbett darüber. Ich lud meine beste Freundin zu mir nach Hause ein und zeigte ihr alles voller Stolz.

Veronica Lindgren kam aus Högsbo, auf der Skala ziemlich genau in der Mitte zwischen Grevegården und Påvelund. Absolut nicht Långedrag, aber schöner als die Viertel, in denen ich aufgewachsen war, und ich glaube, so haben wir uns gefunden. Nur wenige meiner alten Klassenkameraden aus der Sekundarstufe entschieden sich für eine theoretische Ausbildung, und auch Veronica hatte nicht viele Freunde aus der neunten Klasse dabei. Es waren wir gegen die anderen. Im Gymnasium hatte ich eine Psychologie- und Religionslehrerin namens Cecilia Stripple Inghammar, die so engagiert war, dass die ganze Klasse in alles über Behaviorismus, operante Konditionierung und Pawlowsche Hunde hineingezogen wurde. Ich bekam in beiden Fächern von Cecilia eine Eins, und sie sah mich nicht nur, wenn ich mit der Hand winkte oder in den Tests alle Antworten richtig hatte. Sie wusste, dass ich es zu Hause schwer hatte. Nachdem meine Oma gestorben war und ich eines Tages an meinem feuergelben Spind zusammenbrach, nahmen mich Cecilia und ihr Mann unter ihre Fittiche. Bengt Inghammar war Priester und hatte die Kirche in den Achtzigerjahren so sehr verärgert, dass er dem Göteborger Domkapitel gemeldet wurde, nachdem er Segnungsgottesdienste für Homosexuelle abgehalten hatte. Es war vielleicht nicht gerade das Thema, das meine Mama als die größte Aufgabe des Christentums ansah, aber das Kreuz war stark und die Streitigkeiten ewig. Als Cecilia und Bengt mir anboten, eine Nacht pro Woche in ihrem Keller zu schlafen, um mir und dem Rest meiner Familie nach Omas Tod eine Atempause zu verschaffen, sagte meine Mama trotz allem schließlich zu.

Es fing damit an, dass wir zusammen lernten und zueinander nach Hause gingen, um Hausaufgaben zu machen. Meistens bei Veronica in der Vierzimmerwohnung ihrer Eltern in Högsbo, wo es trotz allem ruhiger war als bei uns. In den Pausen waren wir nur unter uns, altklug bis zum Gehtnichtmehr. Wenn die anderen in der Klasse die Partys des Wochenendes durchgingen, tranken Veronica und ich Kaffee mit Gebäck im Schulcafé. Gekleidet wie Damen mit Perlenketten und gemusterten Blusen. Wir mochten beide eigentlich Sport, ich hatte sogar eine Eins, aber beim Orientierungslauf bestachen wir den schnellsten Jungen der Klasse mit Schokokugeln, damit er unsere Karten auch stempelte. Das ganze erste Jahr über stand die Schule im Mittelpunkt, aber im zweiten Jahr fingen wir an, uns rauszuschleichen. Wenn Mama und Papa dachten, ich schliefe in meinem ersten eigenen Zimmer mit Strukturtapete oder im Keller bei Cecilia und Bengt, fuhren Veronica und ich mit der Straßenbahn in die Stadt. Keine taffen Orte, an denen man Stempel fälschen musste, um hineinzukommen. Unser Ziel war das Sheraton auf der anderen Straßenseite des Hauptbahnhofs. Wir standen an der Hotelbar mit unseren Blusen, Perlen und hochhackigen Schuhen und spielten erwachsen. Am Ende des zweiten Schuljahres bekam ich durch meine ständige Suche nach Arbeit einen Modelauftrag für die Stadt Göteborg. Dann kamen die Mädchen von Långedrag und boten mir Kaugummi an und machten mir Komplimente für meine Haare. Aber in hundert Prozent der Fälle kamen die Schmeicheleien mit einer Folgefrage: *Könnte ich ihnen auch Jobs als Models verschaffen? Vielleicht beim nächsten Mal ein Foto von ihnen mitnehmen?* Ich war groß und schlank, kam aber aus dem falschen Viertel, und ich wurde nie auch nur annähernd ernsthaft in die Schickeria aufgenommen. Aber das war mir egal, denn ich hatte Veronica. Wir machten alles zusammen, so, wie man es als Teenager macht, und brauchten niemand anderen. Veronicas Eltern Miriam und Stig hatten ein Sommerhaus in Bollebygd, ein paar Kilometer außerhalb von Göteborg, und so oft wir konnten, fuhren wir freitags nach der letzten Stunde mit dem Bus dorthin. Wir sprangen vom Steg am See und zündeten ein Lagerfeuer an, hörten Prince und sahen uns die Fernsehserie *Varuhuset* an, die Stig während der Woche für uns auf Videokassette aufgezeichnet hatte.

Für uns war Lena Endre die Hübscheste der Welt. Manchmal liehen wir uns Miriams Kugelschreiber aus und spielten Bingolotto, aber hauptsächlich, um den Moderator auszulachen, der Loket hieß, in unserer Häuserreihe am Grevegårdsvägen wohnte und uns Kindern fünf Kronen gegeben hatte, als wir klein waren. Nachts gingen wir auf die Suche nach Glühwürmchen, badeten im schwarzen See am Steg und kamen mit Blutegeln am ganzen Körper wieder heraus, die wir uns kreischend gegenseitig vom Rücken pflückten. Auch Veronica hatte es manchmal schwer gehabt, und allein die Tatsache, dass wir darüber miteinander reden und uns in der Dunkelheit zusammenschließen konnten, machte das Leben heller.

Als wir siebzehn wurden, zog Veronica von zu Hause aus, in eine Einzimmerwohnung in Högsbo, nur wenige hundert Meter von ihrem Elternhaus entfernt. Ich half, den Küchentisch und die Stühle zu tragen und Poster von Palmen im Sonnenuntergang über das Sofa zu hängen – und die kleine Mietwohnung wurde auch für mich zu einem Zufluchtsort. Wenn es zu Hause am schlimmsten war, quetschten wir uns in Veronicas 1,20-Meter-Bett, und wenn sie verreist war und die Situation es erforderte, durfte ich den Schlüssel leihen. Veronicas Onkel arbeitete bei Scan und ihr Kühlschrank war immer voll mit Fleisch, Wurst und Aufschnitt. Ich stand am Herd und brutzelte Schweinekoteletts, dass das Fett spritzte, und fühlte mich frei wie nie zuvor. Veronicas Familie waren Ur-Göteborger, und vielleicht hatte derjenige, der das sagte, einen im Tee. Veronica war mit meiner Familie zu einer großen syrischen Hochzeit gegangen, und wir waren mitten im lauten Tanzgeschehen, als ein entfernter Verwandter mütterlicherseits auf mich zukam und fast wie eine Feststellung fragte: *„Ihr seid Schwestern, nicht wahr?“*

Ich mit meinen dunklen Locken und meiner syrischen Herkunft. Veronica mit ihren melierten Augen und kastanienbraunen Haaren, Schwedin. Ich war nie stolzer gewesen.

Veronica hatte eine Ausstrahlung und eine Intelligenz, die die meisten übertrafen, aber wenn es um Arbeit ging, hatte sie während der Zeit im Gymnasium keine großen Ambitionen. Sie hielt mich für verrückt, die wie eine Irre arbeitete. Als wir nach Påvelund gezogen waren, eilte ich sofort zu den Nachbarn und bot an, für fünfzig Kronen pro Stunde zu putzen, ich nahm einen Job in der Gastronomie bei Åhléns an und schälte so viele Krabben für die Sandwiches, dass der Gestank anhielt, egal wie sehr ich mir die Finger schrubbte. Jeden Freitag nach der Schule, wenn Veronica ins Kino und schließlich in den Park Lane-Club gehen wollte, saß ich bei ICA an der Kasse und tippte die PLU-Nummer von Bananen, Äpfeln, festen Kartoffeln und mehligen King Edward ein. Jeden neuen Kunden anlächelnd, manchmal scheinheilig. Wenn ein alter Mann eine Pornozeitschrift kaufte, legte ich sie auf alle anderen Waren auf dem Fließband und sagte laut und demonstrativ:

„JA, WAS HABEN WIR DENN HIER? WAS KANN SO EIN MAGAZIN KOSTEN?" Damit es jeder in der Schlange hören konnte, und der alte Mann wurde knallrot im Gesicht. Wenn hingegen Kondome auf dem Band waren, war mir das genauso peinlich und ich schob das Päckchen schnell durch. Ich hatte noch nie ein Kondom gesehen, ich hatte noch nie einen Typen geküsst, geschweige denn Sex gehabt. Veronica war in dieser Hinsicht weltgewandter. Sie hatte schon im Gymnasium mit der Pille angefangen und war mit mehreren Männern zusammen gewesen. Einmal, als sie einen älteren Mann datete und wir die Bar im Sheraton verließen, schleppten uns Veronicas neuer Freund und seine Freunde in einen der berüchtigten schwarzen Clubs am Slottsskogen. Ich hatte schreckliche Angst bei dem Gedanken, was passieren würde, wenn meine Brüder es herausfänden. Als Veronica tanzte und rief: *„Komm, Gunilla, lass dich gehen!"* wagte ich nicht, mich auch nur einen Zentimeter zu bewegen. So viele Betrunkene, so viele Hände und Großmutters und Mamas Flüche wie ein unter die Haut einoperierter Chip: *böses Mädchen, kurzer Rock, Schande.*

Alle Jungs waren in Veronica verknallt, und sie konnte sich für mehrere gleichzeitig interessieren, während ich mich kaum zu fühlen traute. Aber einmal, als alle Vertreter des Klassenrats des Frölundagymnasiums (zu dem natürlich auch Veronica und ich gehörten) einen Ausflug zu einem Kurszentrum außerhalb Göteborgs machten, verliebten wir uns in denselben Jungen. Ein dunkler, sportlicher Petter mit strahlend blauen Augen. Ich hatte noch nie zuvor ein solches Flattern im Bauch erlebt, und obwohl ich so tat, als ob nichts wäre, sah ich, dass er mich auch ansah. Abends, als wir ins Bett gingen, konnte Veronica nicht aufhören, von Petter zu reden, am nächsten Tag *musste* sie ihn bekommen. Ich biss mir fest auf die Innenseite meiner Wange, aber Veronica kam zuerst, immer. Ich erzählte ihr nicht einmal, wie ich fühlte.

Veronicas Schwester Christina war mit einem Mann namens Anders Jivegård verheiratet, der in den frühen 1980er-Jahren in Göteborg das Business Jet-Unternehmen Jivair gegründet hatte, das schwergewichtige Geschäftsleute durch Europa beförderte. Als Bush Senior und seine Barbara Schweden besuchten, war es Anders, der das Ex-

Präsidentenpaar in seiner Cessna-Maschine mit Ledersesseln flog. Im letzten Jahr des Gymnasiums durften Veronica und ich als Flugbegleiterinnen für Anders und Christina jobben. Das war etwas ganz Besonderes. Wenn die Mädchen von Långedrag mit der Straßenbahn nach Göteborg fuhren, um bei Arkaden einzukaufen, zogen Veronica und ich Jackett und Bleistiftrock an und flogen von Landvetter nach Stockholm, weiter nach Brüssel, Genf und Zürich. Wir servierten den hohen Tieren der Geschäftswelt Kaffee und stärkere Getränke, und die mächtigen Männer, die immer mindestens dreißig Jahre älter waren, wussten den Service zu schätzen. Einmal wurde Veronica von einem der alten Herren zu einer Wellnessreise in die Schweiz eingeladen, ein anderer schenkte ihr ein Parfüm. Chanel No 5 – das Einzige, was Marilyn Monroe trug, wenn sie schlief, aber für mich war es Veronicas Duft. Die Essenz des Glücks.

Ich hatte meine Noten auf 2,2 verbessert, und das Kleid, das ich hatte nähen lassen, sah eher aus wie ein Gebäck, als wir im Juni 1991 unsere Abschlusskappen in den Himmel warfen. Wir begannen den Tag mit einem Sektfrühstück im Slottskogen und beendeten ihn, indem wir Baileys aus Plastikgläsern tranken und uns zu „Wind of Change“ von den Scorpions heiser sangen. Das Leben änderte sich nicht, aber es wehte in die richtige Richtung, und wenn es in die falsche Richtung wehte, hatte ich sie, an der ich mich festhalten konnte. *Veronica Lindgren.*

8. SKANDIA

Ich würde keine einfache Verkäuferin werden. Ich wollte Anwältin werden und es Edip, dem Prachtexemplar, Mamas Lieblingskind, dem Liebling aller, zeigen. Aber als ich mich im letzten Schulhalbjahr des Gymnasiums für ein Jurastudium bewarb und auch angenommen wurde, lehnte ich den Platz trotzdem ab. Der Tod meiner Oma hatte ein klaffendes Loch in meiner Brust hinterlassen, und ich war der Schule überdrüssig und von all den familiären Konflikten erschöpft. Meine Mama sprach mich nicht mehr an, schaute mich nicht mehr an. Sie ging über meine Schwestern:

„Sag Gunilla, dass ihre Tante krank ist.“

„Sag Gunilla, sie soll die Teller wegräumen.“

Dann setzte ich mich direkt gegenüber von ihr an den Küchentisch. *Ich bin hier. Sprich mit mir.*

Stattdessen schrieb ich mich für ein einjähriges Studium des Versicherungsrechts ein, das mit einem Praktikum bei einer Versicherungsgesellschaft kombiniert wurde. Drei Tage in der Woche studieren und zwei arbeiten. Ganztags auf der Schulbank zu sitzen, kam nicht infrage, aber es gab noch etwas anderes, das mich reizte: Während des Praktikums würde ich fünftausend schwedische Kronen im Monat bekommen, und ich brauchte jeden Pfennig. *Ausbrechen. Wegkommen.*

Ich wusste nichts über die Branche, ging zu meinem Papa, der immer vernünftiger und toleranter war als meine Mutter und der mich wenigstens ansah, wenn ich sprach, und fragte, welche Gesellschaft wir für unsere Versicherungen nutzten. Versicherung, um genau zu sein, Singular. Das Einzige, was wir hatten, war eine Hausratversicherung für das Haus, und als Papa antwortete „Skandia“, kreuzte ich Skandia auf meinem Bewerbungszettel an. Ich wurde zu einem Vorstellungsgespräch eingeladen und bekam die Stelle.

Schwedens prestigeträchtigste Versicherungsgesellschaft in dem großen Backsteingebäude auf Heden mit den Fußballplätzen gegenüber, ich streckte meinen Rücken, als ich durch die Türen auf der Sten Sturegatan ging. Die Bürolandschaft war weitläufig und klar gegliedert: Links befanden sich Kraftfahrzeug-, Sach- und

Hausratversicherungen. Die Schadensregulierer, die etwas schicker waren, saßen eine Etage höher und ganz oben befand sich die Personalabteilung, *Skandia liv och pension.* Ich sollte in der Kundendienstabteilung im Erdgeschoss zwischen etwa vierzig anderen Mitarbeitenden sitzen und konnte kaum an mich halten, so begeistert war ich, als ich meinen Platz und ein Telefon bekam.

Doch zunächst musste ich daneben sitzen und mir anhören, wie die Anrufe ablaufen, um von denen zu lernen, die wussten, wie es geht.

- *Ich bin umgezogen und muss meine Hausratversicherung wechseln.*
- *Natürlich, und schon ist es erledigt.*
- *Hallo, ich möchte alle meine Versicherungen kündigen.*
- *Das war's dann. Vielen Dank und Tschüss.*

Was taten sie da? Um die Schreibtische herum saßen Frauen mit doppelten Goldduhren, die Anrufe entgegennahmen, ohne sich auch nur die geringste Mühe zu geben, mehr zu verkaufen oder Kunden zu halten. Warum fragten sie nicht nach der Wohnform? Wenn der Kunde in ein Haus gezogen war, hatte er doch sicher ein Auto, und wenn er bereit war, das Auto mit zu Skandia zu nehmen, konnte er ein besseres Angebot für die Hausratversicherung bekommen. Und was „Vielen Dank und Tschüss"? Wie konnten sie die Kunden einfach gehen lassen, ohne eine einzige Gegenfrage zu stellen? Ich fand das seltsam und zahm und ging zu den Geschäftsführern und fragte, wie wir akzeptieren konnten, dass die Kunden zur Trygg Hansa auf der anderen Seite von Heden liefen, und erhielt die Antwort, dass man die Entscheidung des Kunden nicht infrage stellen könnte. Ich akzeptierte diese Erklärung nicht und bat darum, einige Tests durchführen zu dürfen. Das Versuchsprojekt sollte einen Monat dauern, und das Ziel war einfach: die Kunden zum Bleiben zu bewegen. Ich erhielt eine Reihe von Kündigungen und begann sofort anzurufen. Verwendete meine sanfteste Stimme, als ich beklagte, wie traurig es sei, dass er oder sie Skandia verlässt: *„Sie, die Sie so wichtig für uns sind. Was können wir tun, um Sie zurückzugewinnen?"* Als Nächstes verschickte ich Postkarten mit einer persönlichen Nachricht: *„Hallo, mein Name ist Gunilla, ich werde mich in Kürze bezüglich Ihrer Autoversicherung mit Ihnen in Verbindung setzen."* Ich verschickte die Grüße per A-Post und sobald ich wusste, dass der

Empfänger die Karte im Briefkasten hatte, griff ich zum Telefon: *„Hallo, hier ist Gunilla von Skandia, ich rufe bezüglich Ihrer Autoversicherung an.“*

Der Ruf verbreitete sich wie ein Lauffeuer in den Korridoren von Heden. Der Verkauf hatte immer darauf gebaut, dass die Kunden anriefen, und dann kam eine Praktikantin daher, die nicht nur von sich aus anrief – sie führte einen Dialog mit den Kunden. Das Projekt wurde ein Bestseller, die Kunden kamen zurück, und noch bevor die Ausbildung im Frühjahr 1992 beendet war, wurde mir eine Festanstellung in der Vertriebsabteilung von Skandia angeboten.

Ich stand im Büro und hatte gerade den Arbeitsvertrag unterschrieben, als sich einer der Chefs räusperte und sagte, dass es erfrischend sei mit einer jungen Frau, die ungewöhnlicherweise auf Zack war. Die besten Verkäufer waren Männer, das war in jeder Branche so, fuhr er fort. Ich sah rot, ballte aber die Faust und dachte, denen würde ich es zeigen. Damals baute das Geschäft auf sogenannte Außendienstmitarbeiter, junge Männer mit ausgewachsener Yuppie-Krankheit, die mit Porsches und riesigen Mobiltelefonen herumfuhren und Versicherungen verkauften. Auffällig – und erschreckend ineffizient. Plötzlich telefonierte ich mir die Finger wund. Wenn die Jungs einen oder zwei potenzielle Kunden an einem Tag getroffen hatten, hatte ich 40 angerufen. Die Chefs rieben sich die Hände, waren aber gleichzeitig verwundert: Was war das für eine verdammte Irre, die nicht zu verstehen schien, dass man den Akkord nicht ruinieren darf? So *kann* man doch nicht machen. Oder, *war genau das das Rezept?*

Ende der 1980er-Jahre war Europa eine Gesellschaft im totalen Umbruch. In Deutschland wurde der Kommunismus wie ein Souvenir in Form von Mauersteinen mit Graffiti ausverkauft, und in der alten Sowjetunion waren die Flohmarkttische voll mit Symbolen des Sozialismus. Auch Schweden wurde seine Unschuld genommen. Mit der Ermordung von Olof Palme wurde die sozialistische Decke, die den Unternehmensgeist zugedeckt hatte, gelüftet, und sowohl das Streben nach Geld als auch der sichtbare Erfolg wurden stubenrein. Der

Kapitalismus war die wahre Doktrin, und das zeigte sich in der Gesellschaft und in den Bemühungen der Unternehmen. Es gab keine Obergrenze, keinen Halt – und es galt, mit der Zeit zu gehen. Draußen in Europa herrschte bereits ein harter Konkurrenzkampf, Fusionen und Branchenverschiebungen vollzogen sich in rasantem Tempo, und Unternehmen, die expandieren wollten, mussten dies durch Übernahmen und Horizonterweiterungen tun. Das Kerngeschäft, über das so viel geredet worden war und das nicht zuletzt in der Versicherungsbranche ein geflügeltes Wort war, geriet ins Wanken. Eine Tatsache, der sich der damalige Geschäftsführer von Skandia, Björn Wolrath, durchaus bewusst war. „*Die Versicherungsgesellschaft, die nicht bereit ist, in der Eliteliga mitzuspielen, kann genauso gut ihre Koffer packen*“, signalisierte Skandia in den Zeitungsannoncen, und im Dezember 1989 erwarb Skandia Büros, Hotels und andere Immobilien für 4,2 Milliarden Kronen von Reinhold International. Es war das größte schwedische Immobiliengeschäft, das je im Ausland getätigt wurde – von einer Versicherungsgesellschaft?! *Hotels?* Und das in einer Zeit der überhitzten Wirtschaft und wackeliger Finanzmärkte. Aber Björn Wolrath war bereit, das Risiko einzugehen. Als ich in der Verkaufsabteilung des Göteborger Büros anfing, war der CEO von Skandia in den USA gewesen und hatte gesehen, wie der telefonische Kundenkontakt exponentiell zugenommen hatte, und er brachte Ideen mit nach Hause. Es lag zwar nicht außerhalb des Kerngeschäfts, aber für Schweden war es etwas völlig Neues. Hier konnte man damals den Begriff „Telemarketing“ noch nicht buchstabieren. Björn Wolrath hatte darüber hinaus auch gehört, dass es in Göteborg eine Maschine gab, die alle Verkaufsrekorde brach, und rechnete eins und eins zusammen. Also wurde ich gefragt: „Willst du das Telemarketing-Geschäft von Skandia aufbauen?“

Auf keinen Fall, ich werde Anwältin. So antwortete ich nicht, aber ich dachte es. Gleichzeitig hatte ich während meiner kurzen Zeit im Unternehmen selbst erkannt, dass das, wovon Björn Wolrath sprach, unbestreitbar eine Strategie für die Zukunft war. Und ich wusste inzwischen: Ich war keine einfache Verkäuferin. Ich war gut und würde alles tun, um zu liefern. Ich sagte zu, aber unter einer Bedingung: Ich wollte auf meine Weise aufbauen und außerhalb von Heden eine ganz neue

Kultur mit neuen Menschen und einem anderen Umfeld schaffen. Mir war aufgefallen, dass jede Person, die sich im Unternehmen weiterentwickelte und sich als gut erwies, schnell in „ausgefallenere" Abteilungen versetzt wurde – und das, was wir eigentlich tun sollten, nämlich Telemarketing, war nicht ausgefallen. Es war eine Schande, es war im Keller, unter dem Kundendienst. Nur wenige Wochen später konnten wir in unsere neuen Räumlichkeiten am Kungsportsplatsen mit Blick auf die Reiterstatue „Kopparmärra" umziehen. Meine ersten Angestellten und ich. Die kompliziertesten Versicherungen wurden weiterhin von den Außendienstmitarbeitern bearbeitet, aber Hausrat-, Auto-, Immobilien- und Kinderversicherungen wurden von uns per Telefon erledigt.

Einer der ersten Menschen, mit denen ich in Kontakt kam, war ein alter Mann namens Carl-Johan in Arvidsjaur. Ich unterhielt mich lange mit Carl-Johan und tat mein Bestes, um sowohl reif als auch aufmerksam zu wirken, auch wenn er in Anekdoten über seine Kinder und Enkelkinder schwelgte. Als wir auflegen wollten, sagte Carl-Johan, er werde auf jeden Fall seinen Cousin und alle seine Freunde anrufen, alle, die er kenne, und ihnen von der professionellen Beratung erzählen, die er bei Skandia erfahren habe. Dank Carl-Johan bekam ich die Hälfte von Arvidsjaur, und von da an ging es Schlag auf Schlag. Ich verkaufte zehnmal mehr als der Zweitbeste und nahm allein 22,5 Millionen an Prämien ein. Ich fand eine Produktentwicklung nach der anderen, vervielfachte den Umsatz und bald waren wir die profitabelste Vertriebsorganisation des Unternehmens. Skandia verdiente ein Vermögen mit dem, was wir einbrachten, und Manager aus dem ganzen Land begannen nach Göteborg zu pilgern, um die erfolgreiche Vertriebsabteilung zu besuchen. Aus dem Effeff brach ich den Verkaufsrekord des Unternehmens von 1855.

Aber der Jubel kam nicht aus allen Richtungen. Schon als die Ernennung zur Geschäftsführerin offiziell wurde, hatte ich die Frage direkt von zwei Kollegen erhalten. Und zwar in einer Art und Weise, die man bei einer möglichen Konfrontation als Scherz abtun könnte, die aber nicht scherzhaft gemeint war. *Mit wem hast du geschlafen, um den Job zu bekommen?* Dass Kompetenz auch anders verpackt sein konnte als in einem weißen Mann mittleren Alters im Anzug, war etwas völlig Neues. Dass ich, eine junge Immigrantin, eine Abteilung mit zwanzig Angestellten herumkommandieren würde, weil ich die Beste war, war undenkbar. Aber ich lernte das *Gesetz von Jante*, den Verhaltenskodex sozialer Spielregeln, wonach man sich nicht über die eigene soziale Gruppe stellen soll, schon kennen, als ich die Schwelle zu meinem ersten richtigen Arbeitsplatz überschritt. Ich kannte die schwedischen Codes nicht und verstand wirklich nicht, wie man Verkaufsrekorde in etwas Negatives verwandeln konnte und machte einfach weiter. *Den Akkord zu zerstören*, sagten sie. Während ich weiterhin neue Kunden an Land zog, rannten meine Kollegen zu den Chefs und jammerten, dass das System geändert werden müsse. Ähnlich wie damals, als Ingemar Stenmark auf den Skiern überlegen war und Konkurrenten und Wettbewerbsveranstalter versuchten, neue Disziplinen zu erfinden, um seinen Fortschritt zu stoppen, sollten auch mein Erfolg und meine Provision begrenzt werden. Als ich bei Heden im Kundendienst anfing, erhielt ich laut Tarifvertrag 10.100 schwedische Kronen im Monat, und als ich in den Verkauf wechselte, um die Telemarketingabteilung aufzubauen, bot man mir ein Grundgehalt von zehntausend Kronen und einen Bonus auf alles, ich sagte aber: *„Geben Sie mir ein Grundgehalt von zehntausend Kronen und eine gute Provision.“* Im April jenes Jahres hatte ich mein Budget bereits erreicht, der Rest des Jahres war Bonus. Mit zweiundzwanzig hatte ich meine erste eigene Million reingezogen. Sie sagten, ich würde betrügen, und ließen einen Buchhalter jede Versicherungspolice prüfen, die ich abgeschlossen hatte, ohne einen einzigen Fehler zu finden. Dann sagten sie, ich würde mich bei den Männern einschleimen, ich sei falsch und unaufrichtig und würde die Kunden betrügen. Dann saß ein Mithörer während der Gespräche neben mir und kontrollierte – aber ohne eine Bemerkung zu machen, nur professionell. Und die Kunden zahlten. Als sich der Rauch verzogen hatte, wurde mir klar, worum es ging, immer das Gleiche: Du sollst dich nicht für etwas Besonderes halten. Ich versuchte mir einzureden, dass sie nur neidisch waren und es mir egal war, aber das Flüstern hinter meinem Rücken zerrte an dem bereits Kaputten.

Ich war die erfolgreiche Chefin, die jeden Tag lieferte, aber niemand wusste, wie es mir in meinem Privatleben ging. Dass mir die Streitereien mit meiner Mama und meinem älteren Bruder so viel Selbstverachtung gaben, dass ich manchmal mein Mittagessen in die Personaltoilette kotzte. Sozial und erfolgreich bei der Arbeit, aber im Leben draußen war ich der Abschaum, der Scham über die ganze Familie brachte. Es war schwer, diese Gegensätze zu ertragen. Die Konflikte mit der Familie führten dazu, dass ich mich nicht über die gefeierten Ergebnisse bei der Arbeit freuen konnte, und verursachten bei mir teuflischen Leistungsdruck. Ich konnte dreihundert Versicherungspolicen in einer Woche verkaufen, was der Leistung von zwanzig Männern entsprach, plus dass ich jetzt die Chefin von allen war, und das Erste, das ich jeden Morgen beim Aufwachen dachte, war *neue Rekorde.*

Muss.

Beweisen.

Mama.

Papa.

Edip.

Allen.

Da stand ich also im Flur. Ich hatte sie seit einem Jahr vorgewarnt, dass ich von zu Hause ausziehen würde, aber sie hatten sich geweigert, mir zuzuhören. Ich hatte einen Vertrag für eine untervermietete Wohnung in Lunden unterschrieben, und eine Freundin saß draußen im Auto, bereit, um mich zu fahren. Ich hatte zwei große Taschen und wollte gerade so viel wie möglich einpacken, als er sich vor mich stellte und mir den Weg zu meinem Zimmer versperrte. *„Du gehst nirgendwo hin.“* Ich hatte es schon so oft gehört, ausziehen, ohne verheiratet zu sein, war das Schlimmste, und diesmal kam noch eine Fortsetzung dazu; meine große Schwester war noch unverheiratet, und ging ich ohne Ehemann von zu Hause weg, würde ich nicht nur mich selbst ruinieren, sondern auch den Wert von Jacquline senken. *„Keine syrische Frau tut so etwas.“* Ich hatte die schwarzen Augen auch schon gesehen, aber nicht von ihm. Niemals von ihm, nicht auf diese Weise. Die Ohrfeige kam so schnell, dass ich den Halt verlor und mit dem Kopf auf dem Marmorboden aufschlug, schwindlig, aber vor allem vor Schreck.

Er. Das Letzte, was ich hörte, als ich das Haus verließ, war ein Zischen: „*Wenn du jetzt gehst, verlässt du deine Familie.*“ Das letzte, was ich sah, war sein beschämtes Gesicht und seine zitternde Hand. Mein Papa. Ich schlief die ganze erste Zeit in meiner neuen Wohnung mit meinen Kleidern als Matratze auf dem Boden im Flur.

9. LA DOLCE VITA

Schnalle für Schnalle, Nadel für Nadel, methodisch löste ich die Hochsteckfrisur und ließ die Locken über meinen Rücken fallen. Es war meine Hochzeitsnacht, und ich verbrachte sie allein in einem Hotelzimmer in London. Der Mann, den ich zuvor in der Annedal-Kirche in Göteborg geheiratet hatte, war woanders. Gott weiß wo, ich wollte es selbst nicht wissen, weil ich es so gut wusste. Die prunkvolle Jugendkirche war viel zu groß für die Anzahl der Gäste, und im Nachhinein denke ich, dass das Wetter an jenem Märztag 1997 ein Spiegelbild der geschlossenen Ehe war: Sonne, Regen, Hagel, Sturm. Mama in der ersten Reihe, demonstrativ in Schwarz gekleidet, Papa weigerte sich, überhaupt zu kommen. Dasselbe mit meinen Brüdern. Der Einzige vor Ort war Markus, der Jüngste. Eine Konsequenz davon, dass ich keinen der Jungen und Männer wählte, die sie für mich ausgesucht hatten, weil ich mich nicht anpassen und mich mit einem Mann aus Syrien verheiraten lassen wollte. Wie Jacquline. Nun, meine große Schwester wurde verheiratet, obwohl ich ihren Wert gesenkt hatte. Oder ahnten sie nur, was kommen würde? Meine kleine Schwester spürte es zweifellos, als sie sich an mein langärmeliges weißes Kleid klammerte, das ich in einer Boutique in Nordstan für fünfhundert Kronen gekauft hatte. *„Geh nicht rein, bitte tu es nicht, du weißt, dass es falsch ist.“*

Ich wusste es, aber Silvias Flehen vor der Kirchenpforte fand bei mir kein Gehör.

Im Nachhinein habe ich gedacht, dass ich meine eigene Medizin schlucken musste, dass es so endete, wie es endete, als Strafe für meine Sünde. Nicht für die kurzen Röcke oder dafür, dass ich „Pimmel“ auf die Jacke meiner Klassenlehrerin geschrieben hatte. Nicht, weil ich gekotzt hatte, als ich eigentlich jede Tomate aus dem Schrebergarten hätte loben sollen, oder weil ich in Edips Laden geklaut hatte. Nichts, was ich je getan oder verursacht hatte, konnte sich mit der Unmoral und Rebellion gegen Gottes Gebote und die syrische christliche Tradition messen, derer ich mich nun schuldig gemacht hatte. Keine Vergeltung war stark genug für mein Verbrechen. Ich hatte mich auf eine Beziehung mit einem Mann eingelassen, der nicht meiner war.

Im Sommer 1996, als ich dazu beigetragen hatte, das Telemarketing-Geschäft von Skandia auf ein Niveau zu heben, das die Führungskräfte vor Zufriedenheit strahlen ließ, wurde mir eine Stelle als Verkaufsleiterin bei Kalix Tele24 angeboten, wo das Kinnevik-Duo Dag Carlquist und Anders Martin das Ruder in der Hand hatte. Dag und Anders hatten in den Achtzigerjahren, als die Leute begannen, andere Fernsehkanäle als die öffentlich-rechtlichen nachzufragen, beim Aufbau des Vertriebs der Sender TV3 und TV1000 in Schweden geholfen – Letzterem, indem sie Pornos auf den Bildschirm brachten. Und tatsächlich verkaufte es sich, nach Mitternacht schossen die Einschaltquoten des Senders wie eine Rakete in die Höhe. Aber Dag Carlquist war wie Björn Wolrath auch auf der anderen Seite des Atlantiks gewesen, um sich das Callcenter-Geschäft anzuschauen, und war voller enthusiastischer Ideen zu seinem Chef zurückgekehrt. Doch Jan Stenbeck sagte Nein. Der Medienmogul war nicht so begeistert vom Fernsprechverkehr, und 1992 beschlossen Dag Carlquist und Anders Martin, es allein zu versuchen. Als ich vier Jahre später im August gefragt wurde, zeigte sich, dass Stenbeck recht behalten hatte. Das Geschäft vom Kinnevik-Duo, das von Kalix aus operierte, lief, gelinde gesagt, schlecht, die Geschäftsidee war nicht tragfähig und das Callcenter-Unternehmen lag am Boden. Meine Aufgabe sollte es sein, Kalix Tele24 mit einem neuen Büro in Göteborg, wo ich Vertriebsleiterin sein sollte, wieder auf die Beine zu bringen. Nach Rücksprache mit der Geschäftsführung von Skandia sagte ich zu. Des Risikos bewusst, dass ich ganz aufhören könnte, einigten wir uns auf einen Plan, nach dem ich zweigleisig fahren sollte: tagsüber Kalix Tele24 aufbauen und abends und nachts Versicherungen für Skandia verkaufen. Wenn ich wochentags von acht bis einundzwanzig Uhr und samstags bis fünfzehn Uhr gearbeitet hatte, sollten sich nun die Schichten wochentags bis Mitternacht und über die kompletten Wochenenden verlängern. Dag Carlquist, der während seiner Jahre bei Kinnevik nicht nur vom Führungsstil seines Chefs inspiriert worden, sondern auch äußerlich eine Kopie von Jan Stenbeck war, mit einer tiefen Bräune und runder Figur, sagte: *„Du hast freie Hand"* – und ich sah keinen Grund, die Sache zu verkomplizieren. Ich kopierte die erfolgreiche Struktur, die ich bei Skandia aufgebaut hatte, führte das Geschäft in der Västra Hamngatan, als ob es mein eigenes wäre, sparte, hielt das Budget ein und lieferte. Bald waren meine neuen fünfzehn Mitarbeitenden und ich auch bei Kalix Tele24 für einen großen Teil des Umsatzes verantwortlich, und ich hatte Chefs an zwei Arbeitsplätzen, die sich die Hände rieben.

Derjenige, der am entzücktesten war, hieß Thomas und war Vertriebsleiter. Er war auch fünfundzwanzig Jahre älter als ich, verheiratet und hatte Kinder aus früheren Ehen – was ihn nicht davon abhielt, mich auf einer Verkaufskonferenz in Kopenhagen heftig zu umschwärmen. Ich war zweiundzwanzig und hatte mich noch nie vor einem Mann ausgezogen. Ich hatte auf Partys mit Veronica ein paar Jungs geküsst, aber nie mehr als das. Manche Frauen, die eine Ehrenkultur erlebt haben, berichten von einer Gegenreaktion; wie sie rauchen, trinken und Sex haben, um gegen die mittelalterlichen Fesseln der Familie zu protestieren. Ich war nicht so. Ich war eine Plage für meinen Vater und meine Mutter und nicht zuletzt Edip, aber Sex war für mich nie die Revolte oder die Tür aus dem Zuchthaus. Für mich war es immer der Job, jede verkaufte Versicherungspolice, jeder neue Kunde und jede zusätzliche Null auf dem Lohnkonto waren ein Schritt in Richtung Freiheit.

Ich kann nicht behaupten, dass es echte Liebe war, was wusste ich schon von Liebe? Wir lachten über den alten Mann, der mir den Hof machte, verheiratet und alles, *was tat er da?* Thomas, der in Schweden herumreiste und Verkaufsschulungen abhielt, hatte auch mir in der Anfangsphase mit meinen ersten Mitarbeitenden geholfen. Er hatte aus nächster Nähe gesehen, was ich draufhatte, und vielleicht sah er mich, zumindest anfangs, als eine Eroberung an. Die junge Immigrantin, die alles aus sich herausholte, ohne sich zu entschuldigen. Speziell.

Ich selbst war verliebt, oder besser gesagt geblendet von dem Leben und der Bestätigung, die die Aufmerksamkeit von Thomas mit sich brachte. Blumenlieferungen an die Haustür, schicke Abendessen, Flugtickets der gehobenen Klasse. Wir reisten nach Paris, saßen an Bartheken aus Marmor und tranken Champagner. Er nahm mich zum Theatergrillen in Stockholm mit, rief den Küchenchef vorher an und bestellte eine südfranzösische Bouillabaisse, die nicht einmal auf der

Speisekarte stand, mit Meeresfrüchten und Fischen, von denen ich noch nicht einmal gehört hatte. Seewolf! Seezunge! Venusmuscheln! *La dolce vita.*

„*Es ist ein Fest, weil ich dich treffe*", sagte er, als er mit einem Strauß roter Rosen und einer Flasche edlen Weins im Flur meiner Wohnung in Lunden stand. Sagte er, als er in meiner winzigen Küche mit der einen Hand mit Zutaten aus der Markthalle ein Drei-Gänge-Menü zusammenschmiss und mit der anderen Gin Tonic mixte. Ich hasste die Tatsache, dass er verheiratet war, und verachtete mich dafür, dass ich den Köder schluckte, als er jedes Weihnachten, jedes Ostern und jeden Urlaub Anfang Juli auf Ehre und Gewissen schwor, dass er seine Frau verlassen würde. Ich kannte die Frau, mit der er verheiratet war, und sie wusste, wer ich war, aber nicht, was wir taten. Ich wurde schwanger. Jesus, wenn das meine Eltern gewusst hätten. Mir war natürlich klar, dass die Umstände alles andere als optimal waren, aber der Strich auf dem Streifen gab mir dennoch ein Gefühl der Hoffnung. Jetzt. *Vielleicht jetzt.* Thomas versuchte nicht einmal, so zu tun, als ob. „*Du kannst das Baby nicht behalten.*" Es war früh am Morgen, als ich mit der Straßenbahn zum Sahlgrenska fuhr und dort unter Aufsicht einer Krankenschwester leise weinend und gehorsam die Tablette schluckte, die den fünfzehn Wochen alten Fötus aus meinem Mutterleib verschwinden lassen sollte. Ich wurde betäubt, ausgeschabt und fuhr direkt ins Büro. Arbeitete bis einundzwanzig Uhr mit krampfartigen Schmerzen und Blutungen, bevor ich den Bus nach Hause nahm.

Thomas sprach nie wieder darüber. Er hatte seine Familie, sein Leben und ich hatte keine Hand, die ich halten konnte. An Mama oder Silvia war unter diesen Umständen nicht zu denken, und meine beste Freundin Veronica war nach China gezogen, um ein Jahr lang Mandarin zu lernen. Ich vermisste sie verzweifelt. Eines Abends, nach Monaten der Heimlichtuerei und des Quälens, landete ich zufällig im selben Restaurant wie Thomas und seine Frau. Ich erstarrte und bekam keine Luft mehr, als ich aus erster Reihe seine zugegebenermaßen verlogene Rolle als Familienvater und Ehemann beobachtete. Die Ohrfeige war brutal, aber ein Weckruf. Nie wieder würde ich die andere sein. Dann – nach fast zwei Jahren eines Katz- und Mausspiels, das mich sowohl körperlich als auch mental erschöpft hatte – stand er im Treppenhaus mit seinem Koffer in der Hand. Mein ganzes Wesen schrie Nein. Aber ich öffnete nicht nur die Tür, ich kaufte ein Haus in Björlanda auf Hisingen und ließ Thomas einziehen.

Dass er ein Alkoholproblem hatte, merkte ich fast sofort. Was eine Party war, weil wir „es so schön hatten", entpuppte sich ziemlich umgehend als eskalierende Sucht. Er trank im Keller, er trank in der Garage, versteckte Flaschen im Wäschekorb und kaute Tenor-Tabletten, um seinen Atem zu vertuschen. Doch die Heimlichtuerei war nur eine vorübergehende Phase. Schon bald entkorkte Thomas, sobald er die Türschwelle überschritt, und trank auch nachts weiter. Wenn ich so tat, als ob ich schliefe, saß er in der Küche mit seinem geliebten Explorer-Wodka. Was ich zu meiner Schwester sagte, als ich in der Annedal-Kirche zum Altar schritt, dass ich wusste, war absolut wahr. Ich wusste, dass ich einem Alkoholiker das Ja-Wort gab, aber ich war nicht nur davon überzeugt, dass ich den Absturz aufhalten konnte. Ich sah es als meine Pflicht an.

Nach der Zeremonie aßen wir im Sjömagasinet zu Mittag. Ich war nervös, dass er trinken würde, aber Thomas war in bester Laune, charmant und lustig und freute sich auf unsere Reise nach London. Ich zog mich um und wechselte zu einem blauen Kleid und überließ Silvia den Brautstrauß mit Maiglöckchen, während Thomas ein Taxi nach Landvetter bestellte. Mittendrin war auch ich erwartungsvoll, es war ja immerhin mein Hochzeitstag. In London angekommen, hatten wir kaum im Hotel eingecheckt, da ging Thomas auch schon los, um zu feiern. Ich weinte und flehte, sagte ihm, dass er es versprochen hatte und bekam als Antwort, dass ich es war, die krank im Kopf war, dass ich nicht trank. *Ihm nicht einmal heute was gönnen könnte.*

Wenn ich in der Wirtschaft als Unternehmerin und Führungskraft in verschiedenen Zusammenhängen auftrete, bekomme ich oft Kommentare, nicht zuletzt von jungen Frauen, dass ich so stark sei. Ein Vorbild, das sich nicht von Männern unterkriegen lässt. Jedes Mal denke ich: *Du liebe Güte, du hast ja keine Ahnung.* Niemand hatte eine Ahnung. Die Fassade war perfekt. Während ich ein Star im Skandia-

Vertrieb war, war ich Weltmeisterin in der Co-Abhängigkeit. Ich ging zu Treffen mit Angehörigen von Anonymen Alkoholikern, obwohl Thomas selbst seine Sucht nie zugegeben hatte. Der Deckel war drauf und ich half mit. Wenn der Ehemann fünf Treo Comp zum Frühstück gegen den Kater auflöste, in der Gewissheit, dass ein Handelsreisender in der Versicherung nicht vor zehn Uhr vor Ort erwartet wurde – ging die Ehefrau morgens ins Büro und deckte ihn: *„Ja klar, Thomas ist auf Reisen.“* Der mentale Niedergang war das Schlimmste. Von der gefeierten Prinzessin und dem Ass der Firma, das er hochhob und lehrte, wurde ich in Thomas‘ Augen in das verwandelt, was ich nie sein wollte. Eine einfache Verkäuferin. *Dumm, hässlich, dünne Beine, nutzlos.* Die Beleidigungen trafen und schlugen Wurzeln. Ich kaufte ihm alles ab, was er sagte, und in einem Punkt hatte er recht: Je mehr er trank, desto „langweiliger“ wurde ich. Ich begann, mich zu isolieren, tat, was ich bei der Arbeit tun musste, aber ich vermied es, die ausgetreckte Hand zu sozialem Kontakt anzunehmen. Nicht zeigen, kein Licht in die Ritzen lassen. Flaschen aufräumen, zur Arbeit gehen, an der Kaffeemaschine lächeln und schnell wieder nach Hause.

Eines Abends jedoch bekam ich einen seltenen Besuch von einer Freundin. Thomas war auf Reisen und würde erst spät in der Nacht nach Hause kommen. Wir hatten zu Abend gegessen und eine Flasche Wein geteilt, als ich meine Freundin fragte, ob ich ihr einen Schluck Baileys anbieten könnte. Thomas hatte gelacht, als ich ihn im Duty-Free-Shop gekauft hatte: *„Weiberplörre. Aber das passt zu dir, ha ha.“* Als ich einschenkte, kam Wasser aus der Flasche. Ein bisschen Likör, an sich keine große Sache, aber die flammende Scham, mit einem Glas Leitungswasser in der Hand für meine Freundin dazustehen, verwandelte sich in einen Waldbrand. Ich war rasend und konfrontierte Thomas damit, als er nach Hause kam. Er reagierte, indem er mich mit aller Kraft auf die Couch warf und seine Hand so fest auf mein Gesicht presste, dass meine Brille zerbrach. Am nächsten Tag reichte ich die Scheidung ein und erstattete Anzeige bei der Polizei. Veronica war aus China zurück und begleitete mich zur Polizeistation in Hisings Backa. Am Tag danach nahm ich alles zurück.

Trotzdem war es nicht der Alkohol, der mich schließlich dazu brachte, Thomas zu verlassen. Eines Tages bemerkte ich auf dem Schreibtisch meines Ehemannes zwei Flugtickets nach Paris, von denen eines auf ein neues Talent im Büro ausgestellt war. Die Frau war meine Mitarbeiterin, sie war mir unterstellt, und ich fragte mich natürlich, was sie in Paris wollte.

„Fortbildung", sagte Thomas. *Gut für sie, gut für die Firma.* Kurze Zeit später, als ich beruflich in Stockholm unterwegs war, rief mich die Sekretärin aus dem Büro an, das arme Ding. Sie rang nach Worten, als sie mir erzählte, sie habe einen Anruf vom neuen Talent des Büros erhalten: *„Gunilla, ich kann dich nicht anlügen. Sie rief am Morgen an und meldete sich krank und ... sie tat es von deinem Festnetztelefon aus."*

Wie sich herausstellte, war sie nicht die Einzige. Thomas flog raus, ich wechselte die Schlösser im Haus aus, aber ich schaffte es, einen weiteren Fehler zu machen. Es war ein seit Langem geplantes Abendessen mit unseren Topmanagern im Konzern, zu dem wir beide zugesagt hatten. Nach Quengeln und Bitten stimmte ich zu, das Spiel ein letztes Mal zu spielen. Ich ließ Thomas sogar im Keller übernachten mit dem Versprechen, dass er aus dem Haus sein würde, wenn ich zwei Tage später von einer Geschäftsreise zurückkehrte. Als ich nach Hause kam, war Thomas tatsächlich verschwunden, aber auch ein Großteil meines Mobiliars. Ich hätte auch das der Polizei melden sollen. Heute hätte ich nicht gezögert, aber ich war erschöpft von der jahrelangen Co-Abhängigkeit und voller Selbstverachtung. All die Kämpfe, die ich gegen meine Familie ausgefochten hatte, für ein Recht auf Existenz und Selbstbestimmung. Nicht kontrolliert zu werden, nicht verheiratet zu werden. Jetzt war ich genau zu der Frau geworden, von der ich behauptet hatte, ich würde sie werden, wenn ich geschäftlich heiraten würde: eingeschüchtert, unterdrückt, unwürdig. Und das hatte ich selbst gewählt.

Ich hätte schon viel früher gehen sollen, aber es war kompliziert. Es war nicht nur so, dass ich auf seine Schmeicheleien hereinfiel und dass er ein sehr geschickter Manipulator war. Der Thomas, den ich kennengelernt hatte, war nett, charismatisch und unglaublich talentiert. Als Anforderungssteller und derjenige, der die Schulungen für meine

Verkaufsabteilung durchführte, war er formidabel. Er hatte mir alles darüber beigebracht, wie ich meine Stimme richtig einsetzen, aufmerksam klingen, aufrecht sitzen, effizienter sein und mehr verkaufen konnte. Er hatte mich hochgehoben und besser gemacht. Um mich zu versenken.

Als ich das leere Haus verkaufte und mit dem Makler das Grundstück besichtigte, machten wir eine spektakuläre Entdeckung. Hinter dem Haus lagen Hunderte von leeren Flaschen vergraben. Einige exklusive Weine, aber vor allem der Favorit der Parkbank-Alkoholiker. Wodka Explorer. Ein Meer aus rot-weißen Wikingerschiffen als Friedhof für sein Trinken und unsere Ehe. Es war ein Sonntag, aber ich hatte einen Schlüssel für das Büro und Veronica half mit. Wir füllten das Auto und trugen abwechselnd. Am nächsten Tag sollte der gefeierte Verkaufsleiter der Firma zwei Überraschungen erleben, wenn er zur Arbeit kam: sein ganzes schickes Büro mit Fenstern in alle Richtungen gefüllt mit leeren Schnapsflaschen – und ein Polizist, der ihm die Scheidung überbrachte.

10. BANANENKARTONS

Das Timing war miserabel, als ich im Frühjahr 2000 den Hörer abnahm und die Nummer mit der Vorwahl 0910 wählte. Ich war siebenundzwanzig und hatte in der Ehe mit Thomas nicht nur mein Mobiliar verloren, sondern auch fast alle meine Ersparnisse in dem IT-Boom, der mit dem Börsengang von Netscape 1995 begann und fünf Jahre später mit dem Big Bang endete.

Icon, Framfab, Boxman, Spray, alle; auch ich hatte mich von dem Hype mitreißen lassen, und der Rausch und der Crash sollten mich teuer zu stehen kommen. Genauer gesagt, zwei Millionen schwedische Kronen. All die Jahre der Schufterei und der doppelten Arbeit ausradiert. Ich hatte nur noch 20.000 Kronen auf meinem Konto und war mehr denn je auf ein festes Einkommen und Kündigungsschutz angewiesen – dann kündigte ich bei Skandia und Kalix Tele24. Natürlich spielte meine gescheiterte Ehe dabei eine Rolle. Allein der Gedanke, jeden Tag zur Arbeit gehen zu müssen und dort auf Kollegen zu treffen, die sich an dieser Cause célèbre erfreuten, auf die Klatschtanten und die fünfundzwanzigjährigen Gockel, die nur auf ihre Chance gewartet hatten; *da hat sie ihre gerechte Strafe. So ist das, wenn man mit einem Chef schläft.*

Der Buschfunk schallte durch die Flure und Konferenzräume und die Verleumdungen erreichten auch mich.

Aber es ging nicht nur um Thomas. Acht Jahre bei Skandia waren genug, und als Kalix Tele24 von Telenor aufgekauft und Teil einer großen Organisation wurde, war das ein Schlag ins Wasser. Ich war überhaupt nicht daran interessiert, für den norwegischen Staat zu arbeiten. Bereits im Jahr zuvor hatte mich ein Headhunter von Kinnevik kontaktiert, der mich für den Konzern gewinnen wollte, und ich war überraschend begeistert. Ich hatte noch nie an einem Vorstellungsgespräch teilgenommen, wurde aber von Jan Stenbeck angezogen. Dass Schwedens eigener Medienmogul für seine Härte berüchtigt war, schreckte mich nicht ab, ganz im Gegenteil. Wenn sich andere über Stenbecks Mätzchen empörten, die Assistenten der Geschäftsführung, die morgens als erste kommen und abends als letzte das Büro verlassen sollten

(Beleuchtung ein- und ausschalten), klang das für mich undramatisch. Ich war selbst ein Workaholic und arbeitete rund um die Uhr. Jan Stenbeck hat eine ganze Branche aufgerüttelt, revoltiert und sich getraut, verrückt zu sein. In diesem Sinne ein Vorbild. Kinnevik wollte mich als CEO von Radio Rix und Power Hit Radio haben, die in der andauernden Kommerzialisierung der Rundfunkmedien im Aufstieg waren. Ich saß in einer Besprechung mit Kinneviks Finanzchef Anders Nilsson, der später CEO von Tele2 und Com Hem werden sollte, und musste einen halben Tag lang verschiedene psychologische Tests absolvieren, bevor ich eingeladen wurde, Radio Rix in Göteborg zu besuchen, um „die Atmosphäre zu spüren". Als ich hinterher darauf hinwies, dass das Arbeitsumfeld im Allgemeinen gut war, dass ich aber den Telemarketing-Bereich anders aufgebaut hätte, sagte der Typ von Kinnevik in echter Kinnevik-Manier: *„Mach, was du willst, du hast freie Hand, feuere sie alle!"* Ich sagte trotzdem Nein. Ich hatte mich entschlossen. Ich wollte weiter, etwas anderes machen, mein eigener Chef sein. Bei Kalix Tele24 in Göteborg hatte ich eigentlich nur einen Kollegen, dem ich mich anvertrauen konnte. Lillen war Berater in der Firma, auch ein alter Kinnevik-Mann, der unter anderem auch an der Gründung von Comviq beteiligt gewesen war. Zusammen mit Veronica wurde Lillen zu einer wichtigen Stütze während der erschütternden Scheidung von Thomas. Eine Person, die mich tröstete, festhielt und betonte, wie sehr ich das Beste verdiene. Aber ansonsten waren es wir gegen die Männer: Anna Englund und ich. Anna war Finanzchefin in der Firmenzentrale in Kalix, wohin ich häufig reiste, und wir hatten uns durch unsere seltenen Führungspositionen im Unternehmen und unsere gemeinsamen Interessen gefunden. Anna war wie ich eine Leistungsschwimmerin gewesen und besaß eine Siegermentalität und eine positive Energie, die auf alle in ihrem Umfeld abfärbte. Und ihr selbst Auftrieb gab. Als Anna dreißig war, spürte sie einen Knoten in ihrer Brust und wandte sich an einen Arzt in Umeå, der ihr mit einem Lachen und der Bemerkung begegnete, dass man mit dreißig keine bösartigen Tumore in der Brust bekomme. Der Krebs erwies sich als unheilbar und kehrte immer wieder zurück. Aber das tat Anna auch, und jedes Mal schlug ich die Hände über dem Kopf zusammen und dankte einer höheren Macht.

Vor allem, weil Anna Englund eine enge Freundin geworden war, aber wir brauchten einander auch bei der Arbeit. Da sie in Norrland geboren und aufgewachsen war, kannte sie die Mentalität, was beim Jargon in unserem Unternehmen hilfreich war, und wurde zu einer Stütze bei der oft folgenden Frustration. Es kam nicht nur einmal vor, dass wir zu Besprechungen und Konferenzen kamen, bei denen die Entscheidungen bereits getroffen worden waren. Das hatten die Jungs bei einem Bier in der Sauna erledigt. Anna und ich waren wütend. Was dachten sie denn, was wir in der Zwischenzeit gemacht hatten? *Ein paar Bahnen im Pool geschwommen? Uns gegenseitig Gesichtsmasken aufgesetzt?*

Mein Arbeitsplatz war buchstäblich ein Saunaclub.

Aber ich hatte auch einen eigenen Plan für mein zukünftiges selbstständiges Berufsleben. Seit meinem ersten Tag in der Versicherungsbranche war die Beziehung zum Kunden mein Antrieb und meine Leidenschaft. Inzwischen hatte ich auch Einblicke in andere Branchen gewonnen und wusste, dass es um diese Beziehung im Allgemeinen schlecht bestellt war. Die Praxis der Unternehmen bestand oft darin, die Person, die sonst nichts konnte, mit den wichtigsten Dingen zu betrauen: Kundenservice, Telefonzentrale, Eingangstor. Der Fokus lag auf der Quantität, darauf, so viele Anrufe wie möglich anzunehmen, und nach dem IT-Crash war die Situation äußerst frustrierend. Jedes Unternehmen war damit beschäftigt, die undichten Löcher zu stopfen, die durch die Millionenverluste entstanden waren, und das letzte, was sie interessierte, war, ob der Verbraucher zufrieden war oder nicht. Das hatte ich selbst als Telefonistin bei Skandia von Kunden gehört, die zwanzig Minuten in der Warteschleife gehangen hatten und als sie endlich drankamen, nur eine kurze Begrüßung zu übermitteln hatten: *„Trygg Hansa ist auf der anderen Straßenseite, ich rufe stattdessen dort an, tschüss."*

Früher waren die Versicherungsgesellschaften für die Menschen wie Banken, man wechselte nicht in Eile, aber auch diese Einstellung hatte sich geändert. Die Kunden verlangten guten Service, und den wollte ich ihnen bieten. Es ging nicht darum, das Rad neu zu erfinden, aber ich hatte eine Marktlücke erkannt und mir hohe Ziele gesteckt: Ich würde einen Kundendienst von Weltklasse aufbauen. *Heh heh heh.*

Kaum hatte ich meinen Job verlassen, hörte ich, wie die Jungs in der Branche, die bei Proffcom, Manpower und Silencium arbeiteten, beim Freitagsbier saßen und wetteten, wie lange es dauern würde, bis ich bankrott war. Der Freundlichste gab mir drei Monate.

Ich erstellte einen klaren Geschäftsplan und hielt mich genau daran, aber es gab ein nicht unerhebliches Detail: Ich brauchte Startkapital, und das Bankkonto war nach wie vor leer. Die achthunderttausend, die ich für das Haus in Björlanda erhalten hatte, waren als Aktienkapital für das Unternehmen vorgesehen, aber es fehlten noch sieben Millionen Kronen, um überhaupt loslegen zu können. Geld, das mir niemand leihen wollte. Schweden befand sich mitten in einer der größten Rezessionen, die das Land je erlebt hatte. Die einzige Zahl, die in die Höhe schoss, war die Zahl der Insolvenzen, und jeder, der auch nur davon träumte, ein eigenes Unternehmen zu gründen, galt als verrückt. Ich zog mir eine hochgeschlossene Bluse an, setzte mir eine Brille auf die Nase und ging zu allen Kreditinstituten, wurde aber überall abgewiesen. Von Almi Företagspartner und allen Banken. Keiner glaubte an eine junge Frau mit Migrationshintergrund, die zu schnell redete, zu schnell ging und einen Gründungszuschuss ablehnte. Obwohl es entgegen meiner gesamten Industrie war, war ich unnachgiebig: Ich wollte keine Krone an Subventionen, kein Risikokapital und auch keine andere Unterstützung. Das hatte ich auch von Kalix TV24 gelernt, das auf Subventionen aufgebaut war. Allein die Tatsache, dass das Unternehmen an einem bedrohten Standort in Norrland angesiedelt war, hatte Startkapital bedeutet. In den 1990er-Jahren konnte der Staat auch das Gehalt für die ersten sechs Monate für Unternehmen zahlen, die probeweise über das Arbeitsamt einstellen wollten. Von außen betrachtet sah das wie ein gutes Geschäft aus, aber ich hatte die Kehrseite des Systems gesehen. Wie inkompetente Mitarbeitende bei Kalix Tele24 mit verschränkten Armen dasaßen und erklärten, sie könnten bleiben, wo sie seien, *weil sie Sozialleistungen erhielten und nicht entlassen werden könnten.* So wollte ich es nicht haben. Es würde niemanden geben, der für mich einspringt, wenn meine Strategie scheiterte, aber ich wollte Menschen, die für das Unternehmen brannten.

Als ich die Nummer mit der Vorwahl 0910 wählte und Lorentz

Andersson anrief, hatte ich alles versucht, um an Geld zu kommen – ohne Erfolg. In diesem Sinne war der Anruf verzweifelt, aber die Tatsache, dass er an den starken Mann der Kommune in Skellefteå ging, war wohlüberlegt. Als ich den Plan entwarf, wo im Land ich mein Unternehmen gründen wollte, folgte ich fünf Kriterien: Es sollte eine Universität in der Gegend geben, mindestens hunderttausend Einwohner, eine relativ hohe Arbeitslosenquote, eine gute Infrastruktur und sicherlich kein unwichtiges Detail – meine Mitarbeitenden sollten Norrländisch sprechen. Norrländisch ist der Dialekt, der laut einer Reihe von Untersuchungen am vertrauenswürdigsten ist, und in Anbetracht des Unternehmens, das ich gründen würde, waren Zuverlässigkeit und Umgang absolut entscheidend. Am schönsten klingt Norrländisch an der Küste, und als ich die Auswahl verkleinert hatte, stand es zwischen zwei Orten: Umeå oder Skellefteå. Umeå hatte eine Kultur mit vielen kleineren Unternehmen, die während des IT-Booms besonders offensiv waren, sowie eine stattliche Universität. In Skellefteå gab es die Sage von Boliden und dem Goldfieber, das 1924 begann, als bei Probebohrungen auf dem sogenannten Fågelmyran das spezielle Erz gefunden wurde, das den Grundstein für den heutigen Riesenkonzern legte. Vor allem aber gab es zwischen den beiden Städten eine explosive Kraft, die sich für mich in Gold verwandeln konnte. Umeå und Skellefteå stritten sich. Umeå versuchte, Skellefteå das Geschäft zu stehlen, und Skellefteå dachte, dass Umeå alles bekam. Ich begann, die Gemeinden gegeneinander auszuspielen und sagte: „Wenn ich keine Hilfe von Skellefteå bekomme, gehe ich nach Umeå" und vice versa.

Die Rivalität war meine Rettung. Nachdem Lorentz Andersson Philip Cohen, den angesehensten Berater in der Telemarketingbranche, mit der Prüfung meiner Geschäftsidee beauftragt hatte, gab mir der Gemeinderat von Skellefteå über die Immobiliengesellschaft Polaris das Darlehen. Grünes Licht, aber nun galt es, die Leute zu finden, die dafür brannten. Obwohl High-End-Technologie erforderlich sein würde, wurde mir schnell klar, dass der Schlüssel zum Erfolg weder Geräte noch Systeme waren – es kam auf die richtigen Mitarbeitenden an. Ich inserierte in der Lokalzeitung und organisierte einen Rekrutierungstag im Volkspark, wo ich unter den Baumkronen ein Speed-

Dating mit Scharen von Bewerbern veranstaltete und meinen Wurf fand. Aber wohin sollte ich als nächstes gehen? Ich hatte noch nie einen Fuß nach Skellefteå gesetzt, als ich dort hinkam, um ein Unternehmen zu gründen, ich kannte niemanden in der Stadt und hatte keine Bleibe. Ich hatte nicht mehr null Kronen auf der Bank, sondern sieben Millionen an Krediten. Es war nicht das Zentrum von Stockholm, aber ich hatte kein Geld, um mir eine Wohnung in Skellefteå zu kaufen. Ich ging zum Stadshotellet, wo ich während des Rekrutierungsprozesses gewohnt hatte, und flehte die Managerin namens Agneta in zwei Schritten an.

Erstens: *„Bitte Agneta, machen Sie mich zu einem Goldmitglied."*

Goldmitglieder erhielten einen Gutschein über hundert Kronen, den sie im Hotelrestaurant einlösen konnten, und ich war mir objektiv sicher, dass sowohl Zeit als auch Geld für Essen künftig knapp sein würden. Mit dem Gutschein konnte ich den ganzen Tag arbeiten, zum Hotel laufen und ein „kostenloses" Buffet für neunundneunzig Kronen essen und dann zurück ins Büro eilen. Agneta dachte, es sei nur für eine begrenzte Zeit, und sagte nach einigem Zögern zu. Dann machte ich den nächsten Schritt. Ich hatte meine Hausaufgaben gemacht und wusste, dass das Hotel schlecht ausgelastet war, manchmal waren achtzig Prozent der Zimmer leer. Ich schlug die Hände über dem Tresen zusammen und bettelte, bitte bitte, durfte ich im Hotel regelrecht wohnen?

„Ich verspreche es, Agneta, ich putze selbst und das kleinste Zimmer genügt."
„Ich werde *es schaffen und dann werden alle meine Kunden in Ihrem Hotel übernachten."*

Und so kam es, dass ich im Sommer 2000 in ein Einzelzimmer im Stadthotel in Skellefteå für dreihundert Kronen pro Nacht einzog.

Jetzt hatte ich ein Zuhause und meine ersten Mitarbeitenden, aber wie deren Aufgaben genau aussehen würden, war schwieriger vorstellbar. Denn ich hatte keine Kunden. Ich wusste, dass ich eine gute Verkäuferin war, aber das würde nicht ausreichen. Mir wurde klar, dass ich vom ersten Tag an alles tun musste, um dem Unternehmen Glaubwürdigkeit zu verleihen, und ich stellte eine Traumbesetzung zusammen.

1. Investor, das Kronjuwel von Wallenberg und die Machtfamilie

Nummer eins.

2. Utfors, das damals angesagteste Unternehmen des Landes.

3. Assa Abloy, der größte Schlosshersteller der Welt, geleitet von Carl-Henric Svanberg.

Ich fing mit Utfors an, dem Breitbandunternehmen, das als Studentenprojekt in Uppsala begonnen hatte und mit norwegischem Geld zu einem der fortschrittlichsten Glasfaserkabelverleger in Schweden geworden war. Utfors war das Spotify der damaligen Zeit, begehrt, elektrisch und aufgeblasen. Wovon ich gleich einen Vorgeschmack bekommen sollte. Ich rief den Marketingleiter Michael Berman neunmal an, und jedes Mal schrie er, dass er all die verdammten Verkäufer so verdammt leid sei, und legte auf. Ich war zu Tode erschrocken und rief wieder an. Beim zehnten Mal war Michael Berman meiner Stimme so überdrüssig, dass er wahrscheinlich nachgab, nur um sie nicht noch einmal zu hören, als er sagte: *„Okay, Sie bekommen morgen Ihre fünf Minuten."*

Ich nahm den Zug von Göteborg nach Stockholm und fuhr direkt weiter zum Büro von Utfors in Solna. Damals gab es noch kein Facebook, und es sollte noch Jahre dauern, bis „bildgoogeln" ein Verb wurde. Ich hatte keine Ahnung, wie Michael Berman aussah, aber ich stellte mir ein Monster vor. Ich schlich hinein und machte mich auf eine weitere Salve gefasst, als mich ein schlanker Mann mit freundlichem Gesicht im Eingang mit ausgestreckter Hand empfing. *„Sind Sie es, zu der ich so gemein war"*, sagte Michael Berman. So wurde das frechste Breitbandunternehmen des Landes mein erster Kunde.

Der nächste Name auf der Liste ließ mir ernsthaft die Knie schlottern. Die Familie Wallenberg – seit 1856 im Dienste des Unternehmertums, mit Investor als Machtunternehmen Nummer eins. Ich hatte noch nicht einmal einen Stuhl für mein zukünftiges Büro in Skellefteå, als ich durch die mythische rosa Tür in der Arsenalsgatan 8C in Stockholm trat. Direkt hinein ins Löwenmaul der schwedischen Wirtschaft. Der Hauptsitz der Investmentgesellschaft war eine Pracht aus Stuck, Marmor und schweren Samtvorhängen, und ich musste mich anstrengen, um mich nicht von all dem Entzückenden ablenken zu lassen. Es war ein Spiel mit hohem Einsatz, das ich da spielte. Eine Idee an

Schwedens mächtigste Unternehmerfamilie verkaufen, noch bevor es überhaupt eine Dienstleistung zu liefern gab. Die Investoren wurden von zwei Männern und einer Frau vertreten, und ich weiß nicht, ob ich während der Präsentation überhaupt geatmet habe, die fast eine Stunde dauerte und bei der sich alles seriös und gut anfühlte, bis sie nach meiner Visitenkarte fragten. Ich hatte keine Visitenkarte. Das Einzige, was ich hatte, war eine E-Mail-Adresse, und ich merkte selbst, als ich sie auf einen Post-it-Notizblock schrieb, dass sie nicht astrein war.

„Verzeihung, was sagten Sie, was für Dienstleistungen Sie anbieten?", lachte einer der Männer am Tisch, als ich den gelben Zettel mit meinen Kontaktdaten weiterreichte: nilla6@hotmail.com.

Einen Monat später bekam ich Investor als Kunden.

Der Letzte, dem ich meine Mappe vorlegte, war Carl-Henric Svanberg, damals CEO von Assa Abloy, dem mächtigsten Schlossunternehmen der Welt. Bis dahin hatte ich mindestens zwanzigmal bei seiner Sekretärin angerufen und beteuert: *„Fünf Minuten, nur fünf, ich verspreche, das genügt. Ich spreche beim Ein- und Ausatmen."* Ich bekam meine fünf Minuten und mehr als das. Carl-Henric Svanberg war von der ersten Sekunde an entgegenkommend und aufrichtig an meiner Geschäftsidee interessiert. *„Wie heißt das Unternehmen?"*, fragte er. *„Ich heiße, wie Sie wollen"*, antwortete ich.

Ich hatte keine Visitenkarten, ich hatte nicht einmal einen Namen für mein Unternehmen, aber ich hatte drei solide Skalpe, auf denen ich aufbauen konnte. Assa Abloy war ebenfalls an Bord.

Der Deal mit Investor war, dass wir den Dienst am 1. Oktober 2000 starten würden, und am selben Tag würde die Wallenberg-Gruppe eine Delegation nach Skellefteå zur Besichtigung des Büros und Vorstellung des Geschäfts schicken. Am 30. September, also am Tag davor, hatten wir weder Büro noch Betrieb. Nur ein vollständiges, totales Chaos. Die Räumlichkeiten, in denen wir sitzen sollten, waren eine Baustelle mit Pinseln, Farbdosen und Brettern überall. Die Möbel waren nicht geliefert worden und die Schaltanlage war in Polen gelandet. Ich hatte keine Telefone. Ein nicht unwichtiges Detail, wenn man bedenkt, worum es bei dem Geschäftskonzept ging und worüber ich bei meinen Meetings mit Utfors, Investor und Assa Abloy schwadroniert hatte. Einer meiner Mitarbeitenden hatte die brillante Idee mit dem Stadthotel, und ich rannte den ganzen Weg dorthin. Ich keuchte zu Agneta und sagte, dass ich alle Telefone in den nicht vermieteten Zimmern ausleihen müsse, und Agneta war wieder einmal die Retterin in der Not. Zusammen mit meinen ersten zehn Angestellten begann ich, Schritt für Schritt ein Büro aufzubauen. Wir gingen zu ICA und bettelten um Bananenkisten, die zu Tischen wurden. Daneben die Kartons der Computer als Stühle. Jemand besorgte eine bunte Lampe, ein anderer eine lebhafte Tischdecke und ein dritter ein paar Vorhänge vom Dachboden, die zehn Zentimeter zu kurz waren.

Ich hatte mein letztes Geld dafür ausgegeben, die verschiedenen Antworten, die wir für unsere Kunden haben würden, in einem professionellen Studio aufzunehmen. Wir waren wählerisch gewesen und hatten immer wieder neu aufgenommen, bis es hundertprozentig erstklassig klang. IT-Manager Fredrik sollte nur die Aufnahmen in unseren Systemen konvertieren, als etwas schief ging. Beim nächsten Abspielen war es nicht mehr meine Stimme, sondern eine völlig andere Figur, die *„Hallo und willkommen bei Investor, wie kann ich Ihnen helfen?"* sagte.

Es war Donald Duck. Ich brach zusammen und fing an zu weinen. Es war drei Uhr nachts und es waren noch sechs Stunden bis zur Ankunft der Delegation aus Stockholm. Fredrik, der viel konstruktiver war, begann im Internet zu suchen und fand eine Aufnahmesoftware. Alles, was er brauchte, war ein Studio – und das hatten wir ja. Ich steckte meinen Kopf in einen der Bananenkartons von ICA und einen Handschuh als Resonanzdämpfer auf das Mikrofon und las vor: *„Hallo und willkommen bei Investor, wie kann ich Ihnen helfen?"*

Fünf Minuten vor der Ankunft der Investmentgesellschaft in Skellefteå rief ich meinen Mitarbeitenden im Falsett zu, dass es jetzt an der Zeit sei, verdammt beschäftigt auszusehen:

„Ruft die Familie an! Ruft euch gegenseitig an! Tut so, als ob ihr telefoniert!"

Als der Flughafenbus auf den Platz rollte, stand ich an der Bushaltestelle und begrüßte die Delegation mit einem aufgesetzten Lächeln im Gesicht. Ich erwähnte, dass noch einige Renovierungsarbeiten zu erledigen seien, aber es würde bald schön werden. *Haben Sie nur ein wenig Fantasie!*

Dann öffnete ich die Tür zu dem, was ich als „Weltklasse-Kundendienst“ verkauft hatte, und ließ meinen ersten Kunden auf einen indischen Flohmarkt treffen, auf dem zehn erschöpfte Verkäufer auf Pappkartons saßen und sich gegenseitig mit Agnetas Telefonen aus dem Hotel anriefen. Ich dankte den Göttern, dass sie unterschrieben hatten.

11. DER CRASH

In der einen Woche stand ich auf Djurgården und sah zu, wie Schwedens angesagteste Firma auf der Firmenfeier Millionen in einem Feuerwerk verbrannte, in der nächsten erhielt ich einen Anruf von einem Handlanger bei Utfors, der mir mitteilte, ich dürfe keine Briefe mehr schicken. Sie müssten Briefmarken sparen. Natürlich habe ich viel darüber nachgedacht, ob ich die dunklen Wolken am Horizont hätte sehen müssen. Die Warnlichter rund um Utfors begannen schon im Jahr nach der Einrichtung meines Büros in der Stationsgatan in Skellefteå, das diesen Namen verdiente, zu blinken, und bald war die Finanzkrise akut. Der Aktienkurs stürzte um vierzig Prozent auf 1,40 ab, und die Banken, die Kredite in Milliardenhöhe zugesagt hatten, würgten jegliche Kapitalzufuhr ab. Utfors war undicht wie ein Sieb, und es war klar, dass die hochfliegenden Pläne für den Ausbau des Glasfasernetzes nicht mit dem Tempo der neuen Kunden Schritt halten konnten. Das ganze Unternehmen ging den Bach hinunter. Im Herbst 2002 lag ich in meinem Hotelzimmer in Skellefteå und schrie mir die Seele aus dem Leib, als eine Schwarzmeldung nach der anderen eintraf. Von den drei Kunden, um die herum ich alles in den Aufbau von Xzakt investiert hatte, war Utfors bei weitem der größte. Das Breitbandunternehmen machte über achtzig Prozent meines Geschäfts aus. Fünfundzwanzig Angestellte – fünfundzwanzig Menschen, die bald ohne Lebensunterhalt und Einkommen sein würden, einschließlich meiner allerersten Mitarbeitenden, die so hart und loyal mit mir in der Startphase gearbeitet hatten. Als wir den Betrieb aufgenommen hatten, organisierten sie eine Party, bei der sie mich zwangen, Surströmming zu essen, um zu sehen, ob ich eine würdige Nordländerin war: *„Du musst, sonst wirst du nicht akzeptiert.“* Ich schaffte es wegen des Brechreizes kaum zu schlucken, aber ich tat es für das Team.

Verdammtes Utfors. Ich fühlte mich wie ein Schurke, als hätte ich meine Angestellten betrogen. Jeder neue Tag bedeutete ein neues Treffen mit der Gewerkschaft und weinendem Personal. Ich stellte den Wecker und schlief zwei Stunden pro Nacht, den Rest des Tages verbrachte ich damit, einen Ersatzkunden zu finden. Ich hatte genau einen

Monat Zeit, und ich wollte jeden Zentimeter südlich des Polarkreises nach einer ähnlichen Branche absuchen. Hauptsächlich schaute ich mir Umeå an, da ich, wie erwähnt, mit den Fortschritten der Stadt im IT-Bereich vertraut war. Bereits 1995, als der Rest Schwedens noch schlief, hatte die Stadt der Birken ihr Stadtnetz eingeweiht, das erste der Welt, und dann mit Elektrikern aufgefüllt, die beim Glasfasernetzausbau alles gaben. Ich rief alle an, die ich kannte, alle, die ich nicht kannte, las mich ein und fand heraus, dass es in Umeå ein Unternehmen namens Bonet (später Bredbandsbolaget) gab. Eine hundertprozentige Tochtergesellschaft von Riksbyggen, die so erfolgreich kosteneffektive Breitbandlösungen für Wohnungen in Umeå angeboten hatte, dass einer der IT-Manager des Unternehmens aus Stockholm in das Büro in Umeå gestürmt sein und geschrien haben soll, dass die Mitarbeitenden in der Zentrale die Fachleute seien: *„nicht irgendwelche simplen Nordländer!"* Ich wusste nicht, ob die Geschichte wahr war, aber es ging um alles oder nichts. Ich kontaktierte den Eigentümer, eine englische Risikokapitalgesellschaft, und arrangierte ein Treffen mit einem Mann namens Boris. Es waren noch sechs Tage, bis meine Angestellten gehen müssten, und obwohl ich mich bemühte, nicht verzweifelt zu klingen, erhob sich meine Stimme: *Fünfundzwanzig Angestellte! Ausgebildet und bereit! Einfach übernehmen, fleißig, freundlich, nett! Komm schon, Boris!* Boris antwortete, ja, also, das Unternehmen befinde sich in einer Art Krise, und nein, sie hätten bei der Expansion keine Zeit für den Kundendienst gehabt. Am Tag, bevor ich fast mein gesamtes Büro entlassen musste, konnte ich Bonet unterschreiben und die Arbeitsplätze retten. Ich war dreißig und bekam während der Utfors-Krise meine ersten grauen Haare, aber ich lernte zwei wichtige Lektionen: nicht alles auf eine Karte zu setzen und nie, niemals einem Mann unter 1,70 zu vertrauen, der dir in die Augen schaut und sagt, er wolle dein Partner sein.

Nachdem ich mit Thomas Schluss gemacht hatte, hielt ich mich von Männern fern und war sogar bei der Arbeit auf der Hut. Es ging nicht nur um eine bessere Hälfte, die zum Alkoholiker geworden war, sondern um ein Machtspiel, bei dem ein Mann sein Alter und seine Stellung gegen mehrere Frauen ausgenutzt hatte. Aber neben Lillen gab es zwei wichtige Stützen bei Kalix Tele24: Fredrik Lithén aus Västerås, der nicht zögerte, seine Festanstellung aufzugeben, als ich mich in Skellefteå selbständig machen wollte, und der seitdem der unverzichtbare IT-Manager von Xzakt ist – und Lennart Grebelius. Lennart Grebelius hatte die kleine Mützenfabrik Sätila der Familie übernommen und durch die Stenmark-Mütze in einen wahnsinnigen Welterfolg verwandelt und sollte bald ein milliardenschweres Immobilienimperium aufbauen. Zu dieser Zeit besaß er jedoch nur zwei Häuser, eines in Stockholm und eines in der Västra Hamngatan in Göteborg, wo Kalix Tele24 sein Büro hatte. Als mein neuer Vermieter vorgestellt wurde und in Jogginghosen und verkehrt herum aufgesetzter Brille hereinspazierte, dachte ich: *Hilfe, was* ist *das für ein Typ, der das Gebäude gekauft hat?* Aber Lennart Grebelius wurde zu einem Menschen, vor dem ich großen Respekt hatte und der offensichtlich auch Potenzial in mir sah. Als die Jungs aus der Branche beim Freitagsbier in der Kneipe saßen und wetteten, in wie vielen Wochen ich bankrott gehen würde, wollte Lennart Grebelius Partner in meinem Unternehmen werden. Das wollte auch Lillen, meine große Stütze bei der Scheidung von Thomas. Ich wollte sie beide dabeihaben und bot ihnen jeweils fünfundzwanzig Prozent der Firma an, aber Lillen wollte alleiniger Partner sein, und ich hörte auf Lillen.

„Prost auf Xzakt, jetzt legen wir los!"

Wir schaukelten in seinem Storebro-Boot durch die Stockholmer Schären und hatten den Skurusundet passiert, als wir die richtige Kombination fanden. Ich hatte gehört, dass die Buchstaben X und Z in Firmennamen besonders erfolgreich sind, und als der Name feststand, ließ Lillen die Sektkorken knallen und erhob sein Glas auf Xzakt und unsere zukünftige Partnerschaft. Ich hatte mich von Anfang an darauf festgelegt, dass ich die Mehrheit haben würde, und die Diskussion nach Lennart Grebelius war immer siebzig zu dreißig gewesen. Als alles fertig war, meinte Lillen plötzlich, dass wir zu gleichen Teilen teilen sollten und bestand darauf, dass dies eine Bedingung sei. Ansonsten müsse ich alleine machen. Jede Pore in mir schrie, dass das falsch war, aber er war mein Freund und ich vertraute ihm, also gaben wir uns die Hand.

Lillen war bei der Speed-Dating-Veranstaltung im Volkspark dabei gewesen, als wir unsere ersten Mitarbeitenden anwarben, und er war dabei, als wir den Schlüssel für die Räumlichkeiten in der Stationsgatan erhielten – aber als wir am 1. Oktober den Betrieb aufnahmen, war von einem Partner keine Spur. Kurz nach dem Toast auf Höhe der Fjäderholmarna bekam er einen Spitzenjob bei einem der größten Videokonferenzanbieter der Welt und verschwand. Während ich achtzig Stunden pro Woche arbeitete, um unser Unternehmen aufzubauen, und zwei Jahre lang keine Krone an Gehalt abheben konnte, zog Lillen nach Frankreich und schickte Bilder von der Sauna im neu erworbenen Haus der Familie in den Alpen. Er hatte keine Ahnung, wer unsere Kunden waren oder welche Vertragsangebote auf dem Tisch lagen. Als Utfors in Flammen stand und ich wie ein Tier um das Überleben unseres Unternehmens kämpfte, saß Lillen in der Business Class zwischen Sydney und Singapur und schrieb mir in E-Mails, dass es eine hektische Zeit gewesen sei, seit er weg war. Dass es *ein Höllentempo war, um die Welt zu reisen.* Aber dass ich einen kühlen Kopf bewahren sollte. Bei Ufors bestehe keine Gefahr, betonte mein Partner. *Mach einfach mit geringen Ausgaben weiter.*

Als Lillen ein paar Tage später in Schweden für Meetings mit seinem neuen wichtigen Job zwischenlandete, verlangte ich, ihn zu treffen, um über Xzakt zu sprechen. Ich sollte eine Offerte für einen Kunden schreiben und wollte seine Meinung zum Kleingedruckten hören, aber auch über die Herausforderungen sprechen, denen wir gegenüberstanden. Er fand erneut, dass ich die Utfors-Krise übertreiben würde, und beendete das Treffen mit einem Knall. Ein paar Tage später saß er um fünf Uhr morgens in einem Taxi und schickte mir eine Nachricht, dass ich ihm hundertprozentig vertrauen könne. Schrieb, er wisse, dass wir weiterhin beste Freunde bleiben würden, und hatte auch zwei Tipps parat: Wenn er das nächste Mal die Fassung verliert, sollte ich ihn nicht unterbrechen, sondern ihn *sich selbst beruhigen lassen* – und dann sollte ich *es genießen, dass es sich bewegte.*

Genießen, dass es sich bewegte?! Einander vertrauen?! Wir standen am Rande der Klippe. Die Situation war kafkaesk. Als ich Lillen entgegen meinem Bauchgefühl und sehr naiv, wie sich herausstellen sollte, fünfzig Prozent der Firma gegeben hatte und wir beide eine halbe

Million in das Aktienkapital einbrachten, war die Abmachung nach meiner glasklaren Erfahrung: Wenn einer von uns aussteigen würde, würde der andere mit dem gleichen Betrag ausgezahlt.

Ich hatte die Vereinbarung per E-Mail und durch zahllose mündliche Absprachen, aber wir hatten keinen Aktionärsbindungsvertrag unterzeichnet. Gerade als ich zu begreifen begann, dass der Mann, den ich in mein Unternehmen geholt hatte, nicht der Mann war, für den ich ihn hielt, wurde Lillen an den Sitz seiner Firma in den USA versetzt. Es wurde immer klarer, ich *musste* ihn ausbezahlen.

Wir waren an den Designboutiquen in der Newbury Street vorbeigefahren und hielten auf den Harborwalk zu, als ich meine Videokamera zückte. Lillen hatte schließlich zugestimmt, seine Anteile zu übertragen, und ich hatte den ersten verfügbaren Flug über den Atlantik genommen. Jetzt saßen wir in einem Auto in Boston und ich wollte die mündliche Vereinbarung auf Band festhalten. Ich las vor, und Lillen schaute direkt in die Kamera, wiederholte und bestätigte die Abmachung. Eine Tonne Ziegelsteine fiel mir von den Schultern. Es war vorbei, all die Monate des Gezänks, der Wutanfälle und der Qual. Wir konnten danach nicht mehr lachen, aber wenigstens konnten wir wie zwei Erwachsene miteinander reden, und ich flog zurück. Frieden und Freude, dachte ich. Als ich ihn auszahlen wollte, bat ich ihn, noch einmal zu beglaubigen: „Lillen, jetzt haben wir eine Abmachung, ich kaufe deine fünfzig Prozent zurück", antwortete Lillen *„sicher"* – aber in diesem Fall wollte er zehn Millionen haben.

Zehn Millionen! Das war völliger Wahnsinn. Das Unternehmen hatte nicht einmal einen Umsatz von zehn Millionen. Er war sich dessen voll bewusst, hatte aber auch von seinem eigenen ruhenden Horizont gesehen, wie das Unternehmen zu wachsen begonnen hatte, und wusste, dass ich ein Arbeitstier war. Ich beauftragte eine renommierte Anwaltskanzlei und zeigte alle E-Mails und den Film aus Boston vor, und man sagte mir, dass ein Rechtsstreit bis zu zwei Jahre dauern könne. *„Schaffen Sie das?"* Ich schaffte es nicht. Ich konnte es nicht ertragen. Ich war gerade dabei, das Geschäft mit einem Büro in Boden zu erweitern und hatte weder die Energie noch die Zeit dafür. Im Nachhinein würde ich sagen, dass ich mir die zwei Jahre auch hätte nehmen können. Die

Nachwehen und die Übertragung von Lillens Anteilen wurden zu einer never-ending story, die erst beendet war, als der Kaufpreis bei mehreren Millionen gelandet war.

Geld, das ich nicht hatte. Ich musste zur Bank gehen und um einen Kredit bitten und das gesamte Unternehmen verpfänden, um denjenigen auszubezahlen, der mein Partner war.

Als Lillen nach Schweden kam und wir uns im Restaurant Prinsen trafen, um die Aktienübertragung zu unterzeichnen, war er glücklich wie ein Spielmann. Danke dafür. Selbst wollte ich wütend sein. Den ganzen Weg über die Birger Jarlsgatan zu unserem Treffen bereitete ich mich vor wie ein Boxer vor einem Kampf. Ich ging durch all die Jahre der Enttäuschungen, der zerrissenen Haarsträhnen und des Verrats und übte den vernichtenden Schlag vor dem Prinsen. Aber als ich hereinkam und ihn so aufgeregt und glücklich sah, war es einfach nur traurig. Er, der für mich da gewesen war. Ich sagte ihm, dass er die größte Freundschaft verloren hatte, unterschrieb und ging. Mit einer weiteren, hinter den Augenlidern brennenden Lektion: immer, immer ein Aktionärsbindungsvertrag, egal wie gut du eine Person zu kennen glaubst.

Ich war jung und naiv und hatte einen Schlag ins Gesicht bekommen. Ich war wieder bei null, unter null. Alles, was ich wollte, war, meine Rettungsleine anzurufen. Die letzte und einzige Person auf der Welt, mit der ich reden und der ich vertrauen konnte.

Aber Veronica antwortete nicht mehr.

12. VERONICA VERSCHWAND

Ich sah mein Patenkind auf der Nachrichten-Website von Expressen.

Wunderbarer, lieber Marcus, wenn du wüsstest, wie stolz deine Mama auf dich gewesen wäre, wenn du wüsstest, wie sehr ich deinen Papa verachte. Du erzähltest dem Reporter im Artikel, dass du dich kaum an deine Mama erinnern kannst, du warst ja noch so klein. Aber an eine Sache erinnerst du dich, wie du in einem Sessel saßt und deine Mama neben dir kniete und dich mit Hühnersuppe fütterte. *Es war die leckerste Suppe, die ich je gegessen habe. Das wäre sie vielleicht heute nicht gewesen, aber in meiner Erinnerung ist sie es.*

Ich war so glücklich, als ich das mit der Suppe las. Veronica war wie ich kein Star in der Küche, aber sie machte ihre Tom Kha Gai so stark, dass sich die Zunge kräuselte. Ich dachte, es sei zu viel Chili für ein Kind, aber du, Marcus, schmatztest es laut und zufrieden in dich hinein. Und ich, lieber Marcus, ich habe so viele Erinnerungen an deine Mama, dass ich mich immer noch an Veronica erinnere und sie überall sehe. Zwei rote Lippen am Fußgängerübergang vor der Sturegallerian, an einer Frau, die nicht sie ist. „Romerska bågar", die ich verabscheue, aber trotzdem im Laden kaufe, weil es ihre Favoriten waren. Scorpions „Wind of Change" im Radio als Tritt in die Magengrube und als Throwback in das Crescendo der Schulzeit in Slottsskogen, als wir tanzten und Baileys tranken und von der Zukunft träumten, die unsere sein würde. Aber die nicht Veronicas wurde.

Nachdem wir während des Gymnasiums wie siamesische Zwillinge zusammen gewesen waren, nahm unser Leben nach dem Abschluss unterschiedliche Richtungen an. Als ich bei Skandia anfing und darum kämpfte, den Rekord für die Anzahl der verkauften Versicherungspolicen zu brechen, wurde Veronica von einem asiatischen Mann namens Robert umworben. Er hatte zwei Restaurants in der City, wovon eines das Cajsa Warg in Majorna war, damals ein angesagtes Lokal in Göteborg. Veronica fing an, im Cajsa Warg zu arbeiten, und wir bekamen noch unterschiedlichere Lebensrhythmen. Sie arbeitete nachts, und ich verbrachte jede wache Minute damit, die neue Vertriebsabteilung von

Skandia in großem Stil auszubauen. Nach einer Weile hatte Veronica genug vom Kneipenleben und ihrem neuen Freund und begann, an der Chalmers University of Technology Mandarin zu studieren. Sie war äußerst begabt und saugte das Wissen in sich auf. Da das Programm damals nur sechs Monate dauerte, beschloss sie, ihr Studium in China fortzusetzen. Veronica wurde an einer Universität in der Hafenstadt Dalian im Nordosten des Landes, etwa zwanzig Meilen südwestlich von Shenyang, zugelassen, und ich zerbrach in tausend Stücke. Natürlich froh für das Abenteuer meiner besten Freundin in der Welt, aber die Angst, die hochkam, als sie den größten Koffer des Kellers packte, war total. Der Kontakt zu meiner Familie war so gut wie tot, ich befand mich mitten im Hurrikan meiner ersten Ehe, und Veronica war damals die Einzige, die meine beiden Kämpfe gegen Mama und Thomas' versteckte Schnapsflaschen kannte. Es gab keinen Messenger oder Facetime, und zwischen uns sollten sechs Stunden Zeitunterschied liegen, aber wir drückten einander die Hand und versprachen, uns oft zu schreiben.

Jeder Brief auf dem Teppich im Flur war wie Weihnachten, und ich hatte zwei verschiedene Strategien: Manchmal riss ich den Umschlag auf, wo ich mit meinem Mantel stand, und stürzte mich auf die vertraute, schnelle Handschrift. Oft aber bewahrte ich den Brief auf und ließ ihn wie ein Mahnmal auf dem Couchtisch liegen, bis alle To dos von Abendarbeit, Essen und Abwasch erledigt waren. Dann zündete ich Kerzen an, kochte Tee und verkroch mich in die Sofaecke. Breitete den Umschlag ehrfürchtig aus. Manchmal waren die Grüße kurz, eher eine Erinnerung: *„Ich denke an dich und vermisse dich, Umarmung, deine Veronica."* Aber nicht selten waren es auch Blatt für Blatt, auf denen wir uns alles erzählten. Für mich ging es viel um die Arbeit, die Yuppies mit ihren Porsches und die Chefs, die immer mehr verlangten. Veronica schrieb zurück, ich sollte mich beruhigen, es mir nicht zu Herzen nehmen, stark bleiben. Als ich von Thomas schwanger wurde und meine Angst vor einer Abtreibung äußerte, antwortete sie mir postwendend, ich solle mir keine Sorgen machen: *„Alles wird gut. Ich stehe hinter dir, egal, was du tust. Liebe dich."*

Von Veronicas Ecke am anderen Ende der Welt handelten das

Leben und die Briefe davon, wie seltsam und anders alles in China war. Sie erzählte, dass die Leute sie auf der Straße ansprachen, Fotos machen und in ihre große Nase kneifen wollten. Aber auch von Liebeskummer. Kurz nach ihrer Ankunft lernte sie einen Mann kennen, der ihr viele Wochen lang fieberhaft den Hof machte und es sogar schaffte, ihr einen Antrag zu machen, als sich herausstellte, dass er bereits verheiratet war. Dieses kleine Detail, schon wieder. Er hatte sowohl seine Frau als auch meine beste Freundin betrogen. Vor Weihnachten 1997 schrieb Veronica, dass das Dreiecksdrama mit dem verheirateten Mann endlich vorbei sei, aber gleichzeitig hatte sie noch zwei andere Neuigkeiten zu berichten:

Hallo Gunilla! Gott, ich habe keine Zeit mehr für mich, die Zeit vergeht wie im Fluge. Ich habe einen Job bei Wan Du als Sekretärin bekommen. Wan Du ist ein großes Unternehmen, dem Hotels, Restaurants, Wohnblocks und Fußballmannschaften gehören. Ich erzähle dir die heißeste Neuigkeit. Ich habe mit You Liang Schluss gemacht, es ist zuendeee und das ist das Beste, was ich je getan habe. Gunilla, mein Schatz, ich habe den wunderbarsten Mann der Welt gefunden. Er ist gutaussehend, nett, humorvoll, wunderbar, fantastisch, Chinese, reich und außerdem einer der Besitzer von Wan Du. Du kannst ihn Ende Februar kennenlernen, wenn er nach Schweden kommt. Ich sehne mich so sehr nach dir, mein Schatz. Viele Umarmungen. Frohe Weihnachten und ein gutes neues Jahr wünschen Veronica und Lin You.

Lin You. Oder You Lin, wie die Medien später berichten würden. Ich habe oft darüber nachgedacht, wenn ich den Brief nochmal gelesen habe, wie er für uns Lin You war und You Lin in den Nachrichten. Veronicas neuer Verlobter war ein sehr mächtiger Mann, wie sich herausstellte. Milliardär und ein direkter Nachfahre des letzten Kaisers von China. In Dalian war er Bauunternehmer und Investor und hatte eine hohe Position in der Wanda-Gruppe inne, dem größten Immobilienunternehmen der Welt. Ihm schien alles in der Universitätsstadt zu gehören: Kinos, Fast-Food-Restaurants, Vergnügungsstätten, Jachthäfen, *Wohnblocks und Fußballmannschaften*, und er hatte ein Auge auf fast alles, das in der Stadt passierte. Auch auf meine Freundin. An der Universität, an der Veronica studierte, war ein großer Teil der Studenten Japaner und Koreaner mit begrenzten Englischkenntnissen, was sich als Glücksfall für die seltene Skandinavierin der Schule erwies. Zusätzlich zu ihrem eigenen Studium begann Veronica, Englischkurse zu geben, für die Studenten der Uni, und bald auch für die örtliche Bevölkerung, um ihr Einkommen aufzubessern und sich selbst zu versorgen. So lernten sie sich kennen. You Lin hatte von der intelligenten und geschäftigen Schwedin an der Universität gehört und wandte sich an Veronica, um sie um privaten Englischunterricht zu bitten. Sie war nicht interessiert, hatte viel zu tun und die Kurse waren bereits voll. Aber dieser Mann war es gewohnt, zu bekommen, was er wollte. You Lin gab nicht auf und begann, Veronica immer mehr, intensiver und teurer zu umwerben, und bald willigte sie ein, ihm bei seinem Englisch zu helfen. Zweimal in der Woche wurde sie von einem privaten Chauffeur abgeholt, der sie in eines der großen Hotels in der Stadt brachte, das der Familie gehörte und You Lins Zuhause war.

Gutaussehend, nett, humorvoll, wunderbar, fantastisch, reich. Veronica war Hals über Kopf verliebt. Ich war nicht so beeindruckt. Als sie im Februar 1998 nach Schweden kamen und wir uns zu einem Pärchen-Abendessen in meinem Haus in Björlanda trafen, schob Veronica ihren neuen Freund fröhlich über die Schwelle. Glücklich wie die Sonne. Thomas war in der Fischmarkthalle „Feskekôrka“ gewesen und hatte eine ganze Plastiktüte mit Schalentieren gefüllt und sein Vorzeigegericht gekocht: Hummersuppe mit Fond aus den Schalen und einem Spritzer Cognac. You Lin, der zur Feier des Abends eine goldfarbene Weste trug, konnte nicht noch faszinierter von Thomas‘ Kochkünsten sein. Ein Mann, der am Herd stand, sehr merkwürdig. Wir zeigten ihm die Nordstadt und machten eine Tour durch die Göteborger Schären, vorbei an Styrsö und Brännö, was dem chinesischen Bauherren besonders gefiel. Ansonsten war You Lin ein Mann weniger Worte. Er hatte Mühe, mit dem Englischen Schritt zu halten, obwohl Veronica mit Begeisterung dolmetschte. Nett, ja. Ich konnte Qualitäten der neuen Liebe meiner besten Freundin erkennen, aber es war etwas. *Als ob er zu mir und Thomas netter wäre als zu ihr.* Das komische Bauchgefühl hielt an, als ihr erster gemeinsamer Besuch in Schweden vorbei war, und trug dazu bei, dass mein Jubel nicht aus tiefstem Herzen kam, als mir meine lebenslange Freundin nur wenige Wochen später mitteilte, dass sie heiraten würden.

Kein Detail war zu klein, die Hochzeit, die geplant wurde, war ein Märchen. Dreihundert Gäste, eine Pferdekutsche und ein mehrtägiges Fest auf Schloss Tjolöholm in Kungsbackafjorden – gebaut im englischen Stil des 16. Jahrhunderts für die bürgerliche schwedische Gesellschaft und mit einer Inneneinrichtung von Liberty in London. Es fiel ihr schwer, sich zu entscheiden, ob die Trauung im Hauptsaal des Schlosses vor Julius Kronbergs Gemälde „Die Königin von Saba" oder im Garten zwischen Schloss und Meer abgehalten werden sollte, aber auf jeden Fall sollte der Toast auf der Terrasse mit Blick auf das Wasser zwischen geschmückten Säulen serviert werden. Ein Blumenherz im Speisesaal.

Veronica blieb nachts auf, um zu planen, organisieren, buchen und bestellen. Ich, die Brautjungfer sein sollte und die geweint hatte, als mich meine beste Freundin gefragt hatte, half, wo ich nur konnte. You Lin war in Asien geblieben, um einige wichtige Geschäfte zu erledigen, und machte keine Anstalten, sich in die Hochzeitsplanung einzumischen. Der zukünftige Ehemann verließ sich ganz auf Veronicas strukturierte Hand und würde einige Wochen vor der Feier dazustoßen. Die dreihundert Einladungen waren verschickt, die Blumenpracht bestellt und das Hochzeitskleid – ein Laura Ashley im Wert von mehreren zehntausend schwedischen Kronen, das ich mit ausgesucht hatte – hing auf einem Bügel bereit. Zweieinhalb Wochen vor Tag H rief You Lin aus China an und teilte mit, dass er nicht mehr heiraten wollte: *„Du musst alles absagen.*" Er selbst wollte überhaupt nicht mehr nach Schweden kommen. Es war vorbei.

Veronica war am Boden zerstört, mit ihrem Herzen und ihrem ganzen Selbstwertgefühl durch den Fleischwolf gedreht, musste sie alle Gäste anrufen und erklären, dass die Zeremonie abgesagt wurde. Für uns rund herum begann ein intensiver Kampf, um zu retten, was zu retten war. Samuel, der Veronica immer nahegestanden und damals in die Gastronomie eingestiegen war, und ich setzten alle Hebel in Bewegung, um Pferde und Kutschen und Blumenlieferungen zu stoppen. Wir versuchten, den finanziellen Schlag mit Schloss Tjolöholm abzufedern, das so kurzfristig nicht abgesagt werden konnte. Der Verkauf eines Hochzeitskleides auf einem Secondhand-Markt war kein Erfolg, auch wenn es neu und von Laura Ashley war.

Den ganzen Sommer über versuchte ich, Veronica zu trösten. Wir weinten und schimpften über den Mann in China, über alle nutzlosen Männer auf der Welt. Trockneten Tränen und Rotz mit Ärmeln und karierten Geschirrtüchern, was eben am nächsten zur Hand war. Lange, ziellose Spaziergänge in der Nacht. Ich machte Tacos und schleppte sie mit ins Kino und versuchte wie ein Clown, meine Freundin wieder glücklich zu machen. Im Laufe der Wochen wurde Veronica stärker und immer mehr sie selbst. Nicht ganz geheilt, aber als der August durchgestanden war und wir das Kino verließen, nachdem wir „Lethal Weapon 4" gesehen hatten, strich sie sich einen neuen roten Gloss auf die Lippen und konstatierte, dass sie sich diesen Mel Gibson vorstellen könnte. *„Nicht so heiß wie Johnny Depp, aber trotzdem."*

Im September wollte Veronica nach China zurückkehren, um ihre Habseligkeiten zu holen, die sie zurückgelassen hatte, um nach Schweden zu reisen und ihre Traumhochzeit zu planen. Ich hielt das für eine schlechte Idee und versuchte, sie davon zu überzeugen, dass wir stattdessen nach den Sachen schicken lassen sollten; ich war gerne bereit, mich an den Transportkosten zu beteiligen, aber Veronica blieb hartnäckig. Sie wollte eine „ordentliche Schlussbilanz" ziehen, wie sie sagte.

Natürlich, und einmal dort angekommen, war sie kaum gelandet, als sie den Mann traf, der ihr Herz gebrochen hatte, und nicht nur traf. Veronica wurde schwanger. Als sie das nächste Mal nach Hause kam, hatte sie You Lin im Schlepptau, einen wachsenden Bauch und neue Hochzeitspläne. Diesmal gab es keine weißen Pferde oder Hunderte von Gästen, nur Thomas und mich, Veronicas Mutter und ihre jüngere Schwester Zandra im Rathaus in Göteborg sowie einen Dolmetscher, der die Trauung auf Chinesisch übersetzte.

Es war der 5. Dezember 1998, Veronica trug ein taubenblaues Samtkleid mit einer passenden Schleife um ihren Hals. You Lin im schwarzen Anzug und roter Krawatte mit gelbem Zickzackmuster. Den einfachen, aber süßen Strauß aus weißen und violetten Freesien hatte ich unterwegs gekauft. Sie war so glücklich! Und unbeschreiblich schön. You Lin wirkte auch zufrieden, zumindest am Anfang. Als sie sich in zwei Sprachen das Ja-Wort gegeben hatten und wir in einem chinesischen Restaurant an der Avenyn zu Abend essen wollten, hatten wir den Nachtisch noch nicht erreicht, als You Lin zum Palace gehen und spielen wollte. Den Rest des Abends verbrachte der neue Ehemann am Roulettetisch, warf mit Geld um sich und setzte alles auf Rot, während Thomas und ich mit einer enttäuschten Braut in blauem Samt an der Bar standen.

Fünf Tage nach der Hochzeit, als Veronica von der Schule nach Hause kam, war You Lin verschwunden. Auf dem Küchentisch lag ein Zettel, auf dem stand, dass alles nur gespielt war. Sie sollte nicht denken, sie seien verheiratet. In China wäre die Ehe ungültig, und er war nach Hause gereist. Ein weiterer Abgrund der Verzweiflung, dieses Mal mit einem Baby auf dem Weg. You Lin hatte Veronica gedrängt, die Wohnung zu vergrößern, um Platz für die ganze Familie zu haben, wenn sie zu dritt sein würden, und sie hatte gerade einen Vertrag für eine schweineteure Dreizimmerwohnung in der Andra Långgatan unterzeichnet. Als Studentin und baldige alleinerziehende Mutter war sie nicht annähernd in der Lage, diese zu finanzieren. Sie musste die Wohnung aufgeben und in eine mit einem Kinderbett ausgestattete Mini-Zweizimmerwohnung in Högsbo umziehen. An einem sonnigen Tag im Juni 1999 kam Marcus zur Welt, der süßeste Junge aller Zeiten. Veronicas Schwester Christina war bei der Geburt dabei, und ich rannte so schnell ich konnte zum Sahlgrenska-Krankenhaus und atmete den Babygeruch ein und freute mich insgeheim, dass Marcus seiner Mutter am ähnlichsten war.

Als sich Veronica bei You Lin meldete, um ihm mitzuteilen, dass er Vater geworden war, schrie er ins Telefon, dass er kein Kind habe. Veronica war am Boden zerstört und beschloss, es stattdessen über seine Familie zu versuchen. Wir steckten die Videokassette aus dem Rathaus, wo Thomas und ich abwechselnd die Trauung gefilmt hatten, in einen gepolsterten Umschlag und schickten sie an die Verwandten in Asien. Und plötzlich ging es los. Nach chinesischer Tradition und Kultur sind der älteste Sohn und sein Nachwuchs sehr wichtig für das Ansehen. Ein Enkel war sein Gewicht in Gold wert, und außerdem bricht man ein Ehegelübde nicht. Als Marcus im August getauft wurde, kam You Lin in Begleitung seiner Schwester zur Kaverö-Kirche in Mölndal. Veronica, die unbedingt wollte, dass Marcus eine Verbindung zur Familie seines Vaters bekam, erlaubte You Lins Schwester, auf dem Papier die Taufpatin zu sein, aber sie war deutlich, als sie zu mir sagte: *„Du bist Marcus' echte Patentante."* Die Taufe artete in einen Streit aus, der so laut und bedrohlich war, dass die Polizei hergerufen werden musste, und schon bald kristallisierte sich der Plan mit der eilig angereisten Delegation aus China heraus.

You Lin erklärte Veronica, dass er auf dem Papier mit ihr verheiratet sein könnte.

Die schwedische Staatsbürgerschaft war attraktiv für jemanden, der in einem geschlossenen Land wie China lebte, ein goldenes Ticket in die weite Welt mit visafreiem Reisen in die meisten Länder.

War das der Grund, warum er Veronica in den Fluren der Universität aufgesucht und ihr einen Rosenstrauß nach dem anderen geschickt hatte, bis sie Ja sagte? War das der Grund, warum er zurückkehrte und sie heiratete, obwohl er sie schon einmal vor dem Altar stehen gelassen hatte? War das der Grund, warum er nach Monaten der Verleugnung zur Taufe seines Sohnes kam?

Die Vereinbarung sah vor, dass You Lin Unterhalt für Marcus zahlen würde und Veronica im Gegenzug an der unterschriebenen Heiratsurkunde festhielt. Es war eine Scheinehe, die in der Praxis wenig kostete. You Lin lebte in China und war nur selten in Schweden, vielleicht zweimal in ebenso vielen Jahren, und bald erfuhren wir, dass er zu Hause in Dalian eine Beziehung mit einer seiner Assistentinnen begonnen hatte. Veronica hatte inzwischen aufgehört, sich darum zu kümmern. Sie lebte nur noch für ihren Jungen, vergötterte Marcus und liebte es, Mutter zu sein, trotz der körperlichen Beschwernisse, die es mit sich brachte. Als ich angefangen hatte, für Kalix Tele24 zu arbeiten und einen Verkaufswettbewerb gewann, bei dem der Preis eine Reise nach Skagen war, reisten wir zusammen über die Meerenge: Veronica, Marcus und ich. Veronica bekam einen Milchstau und Schüttelfrost, während ich Handtücher als Umschläge für die geschwollenen Beulen kochte. Marcus war ständig hungrig, schrie und nuckelte auch die andere Brustwarze kaputt. Aber wir hatten trotzdem fantastische Tage.

Zwei Frauen und beste Freundinnen, beide mit wertvollen Erfahrungen aus zerstörerischen Beziehungen, aber jetzt mit einem Baby zwischen uns auf dem Sofa. Das gab uns Frieden und Hoffnung, um weiterzukämpfen.

Manchmal fand ich, dass sie Marcus zu sehr verwöhnte. Sobald er lernte, mit dem kleinen Finger zu zeigen, bekam er, was er wollte, in Form von Playmobil, Duplo und einem ferngesteuerten Auto, das sie sich nicht leisten konnte. Die gesamte Studienbeihilfe wurde im Spielzeugladen ausgegeben. Sie tat alles, um das Fehlen des Vaters zu kompensieren, aber so war sie nun einmal. Veronica war äußerst großzügig, sie lud immer alle ein und lebte lieber den Rest des Monats von Knäckebrot, um die Rechnung in der Kneipe zu bezahlen.

Im Herbstsemester 2000 schrieb sich meine beste Freundin an der Fakultät für Bauingenieurwesen an der Chalmers University of Technology ein, um ihre akademische Ausbildung als Diplomingenieurin abzuschließen, und im Jahr darauf lernte sie Micke kennen. Der Mann in China reagierte mit Gleichgültigkeit, als Veronica ihm von ihrem Freund erzählte, und fuhr mit seinem Mantra fort. *Solange du auf dem Papier mit mir verheiratet bist.* Aber Veronica wollte nicht mehr mit You Lin verheiratet sein, nicht einmal zum Schein. Sie ließ die Angelegenheit noch ein Jahr lang ruhen, bevor sie etwas unternahm. Veronica und Micke waren in Thailand gewesen, hatten sich verlobt und wollten ihr Leben gemeinsam weiterführen, zusammenziehen und Marcus ein stabileres Umfeld bieten. Veronica hatte alles daran gesetzt, ihr Studium an der Chalmers mit ihrem Leben als alleinerziehende Mutter zu vereinbaren, aber nachdem You Lin die Unterhaltszahlungen für Marcus eingestellt und das Sozialamt Hilfe versagt hatte, war sie gezwungen, zu ihren Eltern Miriam und Stig nach Högsbo zu ziehen.

Das war ein harter Schlag für ihr Selbstwertgefühl, aber bei unseren nächtlichen Gesprächen konnten wir auch über das Elend lachen; sie zurück im Kinderzimmer zu Hause bei Mama und Papa und ein Kind, das Großmutters Kartoffelbrei ausspuckte. Ich in einem Hotelzimmer in Norrland, ohne die Möglichkeit, auch nur ein Ei zu kochen. So hatten wir uns die Blütezeit unserer Jugend nicht vorgestellt.

Noch schlägt das Herz mit gesunden Schlägen.

Im Dezember 2002, nachdem sie wiederholt versucht hatte, You Lin zu erreichen, zog Veronica den Prozess durch und beantragte die Scheidung und das alleinige Sorgerecht für Marcus. In einem Schreiben an das Göteborger Amtsgericht vom 30. Dezember 2002 drückte sie ihre Resignation aus:

Hiermit wünsche ich, Veronica Lin, die Scheidung von You Lin. Ich will das Sorgerecht für unser Kind haben. You Lin ist verschwunden und wahrscheinlich in sein Heimatland zurückgekehrt, wo ich keine Adresse von ihm habe. Habe versucht, ihn per Mobiltelefon zu erreichen, aber es ist mir nicht gelungen, ihn zu erreichen.

Das Amtsgericht Göteborg plante einen Zivilprozess, und der Termin für eine Anhörung zwischen den Parteien wurde auf den 15. April festgesetzt. Mein großer Bruder Edip, der als Rechtsbeistand bestellt wurde und meine beste Freundin vertreten sollte, war zuversichtlich. Bereits im August 2001 hatte die Migrationsbehörde You Lins Antrag auf die schwedische Staatsbürgerschaft mit der Begründung abgelehnt, er habe sich zu wenig in Schweden aufgehalten. Gegen diese Entscheidung war jedoch bei der Einwanderungsbehörde Berufung eingelegt worden, und solange die bürokratischen Mühlen mahlten, konnte der chinesische Geschäftsmann nach Belieben ein- und ausreisen. Doch nun drohte die Tür für immer zuzufallen.

„Einflussreicher Geschäftsführer verdächtigt – Chalmeristin hatte Scheidung eingereicht"

Es war kurz nach neun Uhr abends am Dienstag, dem 18. März 2003, als US-Präsident George W. Bush in einer Rede an die Nation dem irakischen Diktator Saddam Hussein ein Ultimatum gestellt hatte: Sie haben zwei Tage Zeit, den Irak zu verlassen, oder die amerikanisch-britische Allianz wird angreifen.

Die Welt bebte, und ich selbst war in Skellefteå in den Krieg gezogen, mit beurlaubtem Personal und dem Chaos einer Kampagne, die schon vor Wochen fertig hätte sein müssen. Ich war noch im Büro, als zuerst Veronicas Mutter Miriam und kurz darauf Micke anrief. Veronica war am Nachmittag nicht von der Schule nach Hause gekommen, hatte ich etwas von ihr gehört? Nein, hatte ich nicht. Wir sprachen fast immer nachts. Veronica wusste, dass ich im Begriff war, mit einem weiteren Büro in Boden zu expandieren und deshalb viel zu tun hatte, und sie selbst steckte mitten in einer intensiven Phase der Studien. Sie hatte das sechste Semester des Ingenieurstudiums begonnen und für den Sommer einen Job bei NCC zugesagt bekommen, worüber sie sich sehr freute. Endlich würde sie wieder in eine eigene Wohnung ziehen können.

Ich war fest davon überzeugt, dass Veronica niemals nach der Schule weggehen würde, ohne ihren Eltern Bescheid zu sagen, die Marcus zu Hause hatten, und als ich Stig im Hintergrund erzählen hörte, was so seltsam war, durchfuhr mich ein eiskalter Schock. Veronicas Auto, mit dem sie am Morgen zur Schule gefahren war, stand draußen in der Garage. Ich sagte: *„Ruft die Polizei!“*

Um 21.10 Uhr wurde der Notruf abgesetzt, aber der diensthabende Beamte, der mit Veronicas Angehörigen in Verbindung gesetzt wurde, war weniger aufgeregt. Der Polizist kicherte und sagte, dass sie wohl mit einem gut aussehenden Mann abgehauen sei. Aber als die Stunden vergingen und wir alle versicherten, dass sie nicht der Typ war, der mit einem Kerl mitging, egal ob gutaussehend oder nicht, wurde nach Veronicas Mobiltelefon gesucht. Das war zur Europolitan-Zeit, es gab noch nicht die gleichen Instrumente und sicheren Abfragen wie heute, aber es war möglich zu sehen, dass Veronicas Handy eingeschaltet war. In der Gegend um das Sahlgrenska-Krankenhaus wurde ein Signal empfangen, und eine Hubschrauberpatrouille wurde zur Suche ausgesandt. Ich war den Tränen nahe, denn so oft wie ich mir geschworen hatte, dass Skellefteå das Ende der Welt sei, hatte ich mich noch nie so abgeschnitten und fehl am Platz gefühlt. Ein Hubschrauber suchte in der Dunkelheit nach meiner besten Freundin, und ich kam nicht weiter.

Die ganze Nacht über hielten wir Kontakt, Veronicas Eltern, Schwestern, Micke und ich, wir trösteten uns und griffen nach Strohhalmen: *Lass sie misshandelt in einem Graben liegen, lass sie geschlagen und vergewaltigt worden sein. Gott, lass sie einfach leben.* Veronicas Mutter erzählte der Polizei von dem seltsamen Geräusch, das sie am Nachmittag gehört hatte, als sie Marcus vom Kindergarten abholte. Es hatte sich wie ein Schrei im Treppenhaus angehört, aber als sie die Wohnungstür öffnete, war es völlig still, und sie hatte gedacht, es seien wahrscheinlich nur ein paar spielende Kinder.

Am Mittwoch sollte ich eigentlich zu einem Geschäftsessen nach Stockholm reisen, aber ich wollte so sehr nach Göteborg, dass mein Körper wehtat. Veronica war bald einen ganzen Tag lang verschwunden, aber die Polizei versicherte uns, wir könnten uns beruhigen, sie würden sie finden. Ich konnte nichts essen, versuchte, so zu tun, als würde ich zuhören, aber ich verstand kein Wort von dem, was mein Gegenüber sagte. *Klingelte es? War das eine SMS? Da war doch ein Geräusch?* Das Stimmengewirr an den Tischen im Restaurant schnitt mir ins Trommelfell, und ich verfluchte den engen beigen Rock, der meine Schritte verkürzte, als ich mich für einen Besuch auf der Damentoilette entschuldigte. Das Handy-Display leuchtete in meiner Handtasche. Zehn verpasste Anrufe! Mindestens genauso viele ungelesene SMS, und jetzt klingelte es schon wieder. Silvias Stimme war ein abgrundtiefer Schrei: „SIE IST TOT, SIE IST TOT, ES IST ÜBERALL IN DEN NACHRICHTEN!“

Können Sie etwas über die Art der verwendeten Waffe sagen?

- Nein, das ist aus ermittlungstechnischen Gründen nicht möglich.

Wer war an dem Ort, an dem Veronica gefunden wurde?

- Auch das kann ich nicht beantworten. Die Informationen, die wir bisher haben, sind begrenzt.

Hat einer von ihnen ein Geständnis abgelegt?

- Das kommentiere ich nicht.

Glauben Sie, dass der Sorgerechtsstreit hinter der Tat steckt?

- Den Rest werden wir zu einem anderen Zeitpunkt klären.

Göteborgs-Posten 20. März 2003

Ich weiß nicht, ob ich schrie. Ich weiß nicht, was ich tat. Ich wusste nicht, wo ich war, als mich eine Frau aus einer anderen Gruppe des Restaurants zitternd an der Wand in der Toilette fand. Ich weiß nur noch, dass ich das Telefon nicht greifen konnte. Dass ich versuchte,

Silvia wieder anzurufen, nachdem ich den Anruf versehentlich beendet hatte, als meine Beine nachgaben, aber der Hörer wie Seife war und meine Finger die falschen Tasten drückten. Edip buchte ein Flugticket nach Göteborg und fing mich am Landvetter auf, als ich wegen der schwarzen Schlagzeilen in der Abendzeitung wieder zusammenbrach. Die Titelseite von GT war in zwei Hälften geteilt:

EXTRA
Bagdad um 03.40 Uhr:
KRIEG

EXTRA
CHALMERS-STUDENTIN
ERMORDET GEFUNDEN

Die Wohnung in Högsbo war der Vorhof zur Hölle. Die Polizei mit ihrem blau-weißen Klebeband im Treppenhaus, ein Priester, der versuchte, mit Veronicas Eltern und Schwestern in Ruhe zu reden, und Marcus, der mit einer Pyjamahose auf dem Kopf herumlief und nach seiner Mutter fragte. Wir, die erwachsen sein und erklären sollten, was nicht erklärt werden konnte.

„Mama ist tot, mein kleiner Schatz, sie ist ein Engel.“

„Nee, Mütter können nicht fliegen. Mama kommt bald, wann kommt Mama?“

„Mama kommt nicht mehr.“

„Doch, Mama kommt bald. Wann kommt Mama?“

Dies war wahrscheinlich der schmerzhafteste Teil des Expressen-Interviews, in dem Marcus zum ersten Mal öffentlich über den Tod seiner Mutter sprach. Ich wusste natürlich davon, aber es war trotzdem schwer, Marcus‘ Worte zu lesen. Veronicas Sohn erzählte, wie seine Großmutter und sein Großvater und wir alle um ihn herum gesagt hatten, dass seine Mama bei einem Unfall ums Leben kam, aber dass er, als er sieben-acht Jahre alt war und den Disney Channel aufnehmen wollte, zufällig eine Sendung auf der VHS-Kassette sah, die sein Großvater aufgenommen hatte. Über ungelöste Mordfälle. *Der Mord an*

Veronica Lin.

Aber was sollten wir tun? Wunderbarer, geliebter Marcus, du warst drei Jahre und neun Monate alt, als es passierte. Was konnten wir sagen?

Dass deine Mutter kaltblütig erstochen wurde und in einer Blutlache nur wenige Meter unter deinen kleinen, trippelnden Füßen starb und dass dein Vater unter dem Verdacht verhaftet wurde, hinter dem Mord zu stecken. Denn genau das ist passiert.

EXTRA-AUFLAGE
GT
Informationen von der CIA von heute Morgen:
SADDAM TOT ODER VERLETZT
beim Bombenanschlag

EHEMANN VERHAFTET
FÜR DEN MORD AN VERONICA

Am Abend des 19. März gelang es der Polizei, die Reichweite von Veronicas Mobiltelefon einzugrenzen. Es wurde festgestellt, dass sie sich in einem Umkreis von fünfhundert Metern um das Heim ihrer Eltern aufhielt, sodass sich die Suchaktion auf die ziegelroten Höfe in Högsbo konzentrierte. Die allerletzte Tür, an die die Fahnder klopften, war die Wohnung unter der von Stig und Miriam. Als niemand zu Hause zu sein schien oder die Tür öffnete, versuchten sie, Veronicas Mobiltelefon anzurufen. Der Ton war schwach, aber durch den Briefeinwurf war ein melodisches Signal zu hören. Ihres. Als die Polizei einstieg, war es bereits zu spät. Hinter der Tür, auf dem Teppich im Flur, lag meine beste Freundin.

Sie hatte noch sechzehn Treppenstufen vor sich, sechzehn Schritte bis zu ihren Eltern, ihrem geliebten Jungen und ihrer Sicherheit. Aber sie kam nie dort an. Das seltsame Geräusch, das Veronicas Mutter im Treppenhaus gehört hatte, war der Todesschrei ihrer Tochter.

Die Polizei hält sich im Fall des Mordes an einer dreißigjährigen

Frau in Göteborg sehr bedeckt. Am Donnerstag wurden die beiden Männer, die am Mittwoch festgenommen wurden, verhört. Die beiden Verdächtigen wurden 1948 bzw. 1963 geboren.

Expressen 20. März 2003

Am selben Abend, an dem Veronica tot aufgefunden wurde, wurde ihr Ex-Mann wegen Mordverdachts verhaftet, aber bereits Stunden vor dem Auffinden der Leiche konnte You Lin festgenommen werden. Mitten in der intensiven Suchaktion hatte er Veronicas Mutter kontaktiert und gebeten, mit einem Geschenk für Marcus vorbeikommen zu dürfen. Trotz ihrer verzweifelten Sorge hatte Miriam die Geistesgegenwart, Alarm zu schlagen, und als You Lin am Nachmittag in der Wohnung in Högsbo eintraf, war die Polizei bereits da. Es gab eine Menge Beweise, die auf den chinesischen Geschäftsführer hindeuteten, aber nicht genug, um ihn in Gewahrsam zu behalten. Am 25. April 2003 wurde You Lin nach einer erneuten Anhörung aus der Haft entlassen.

Fünf Tage später wurde eine weitere Leiche gefunden. Hinter dem Haus von Veronicas Eltern, unter dem Balkon der Wohnung, in der ihre Tochter tot aufgefunden worden war, lag ihr Nachbar Qingzhong Tang zerstückelt und vergraben.

Die Medien berichteten über einen Krimi: Nie zuvor hatte es innerhalb weniger Tage zwei separate Morde in benachbarten Wohnungen gegeben, und die sich verdichtenden Verdachtsmomente wiesen in dieselbe Richtung.

Die Polizei gab bekannt, dass sie technische Beweise gegen einen noch unbekannten Mörder hatte und dass es weitere Hinweise gab, die den mutmaßlichen Mörder mit Veronicas Ex-Mann in Verbindung brachten.

Aber da hatte You Lin bereits das Land verlassen.

Sie sagten mir, dass du es warst, und ich weiß, dass du es warst. Der Bestattungsunternehmer hatte sein Bestes getan, um dich nach der Arbeit der Autopsietechniker und des Pathologen zurecht zu machen. Das lange, kastanienbraune Haar gekämmt und Kleidung angezogen, sodass die Schnitte nicht sichtbar waren. Es roch nach nichts, das hatte ich befürchtet, aber ich dachte, du würdest frieren.

Nur ein kleines Laken auf der Pritsche, kalter Stahl. Ein festgeknoteter Zettel um deinen großen Zeh mit deinem Namen und deiner Sozialversicherungsnummer, schwarz auf weiß. Ich weiß, dass du es warst, aber du warst es nicht. Nicht meine Veronica. Eine bloße Hülle der schönsten Person, geschwollen und blass. Die roten Lippen waren weiß und ausgelöscht.

13. LENA LENA

Die Zeit nach Veronicas Tod war ein Vakuum. Lange Zeit bereute ich es, in die Leichenhalle des Sahlgrenska-Krankenhauses gegangen zu sein, aber ich tat es zusammen mit Veronicas Mutter und wollte mich ein letztes Mal verabschieden. Das Bild hat sich auf meiner Netzhaut eingebrannt. Ich suchte nach allen Fotos, die mir geblieben waren und die nicht verschwunden waren, als Thomas mein Haus ausgeräumt hatte. Von der lebenden Veronica. Die Abschlussfeier, die Reise nach Griechenland, der kleine Marcus als Sternenjunge und die syrische Hochzeit, wo sie tanzte und tanzte und ein Verwandter fragte, ob wir Schwestern seien. Die Hochzeitszeremonie mit You Lin, glänzend schön in taubenblauem Samt, glücklich unwissend.

Ich legte mein Leben auf Eis und schickte E-Mails und persönliche Briefe an meine Angestellten und Kunden, in denen ich sie bat, mir zu verzeihen und Nachsicht zu haben, dass ich noch ein paar Wochen weg sein würde. Doch schon bald musste ich die Etablierung in Boden abbrechen. Es ging nur noch darum, den Tag zu überleben, aufzuwachen, zu atmen und aufzustehen. Ich hatte eine Jahreskarte von SAS und reiste jedes Wochenende nach Göteborg. Die Wohnung in der Bankogatan 21 war bis November ein Tatort, und ich versuchte, Veronicas Familie zu trösten und zu helfen, so gut ich konnte. Hielt Marcus‘ kleine Fäustlingshand und pflanzte auf dem Friedhof in Mölndal Blumen am schönsten Grabstein von allen, auf dem Veronicas eigene Handschrift zu sehen war. Schrieb in mein Tagebuch: *Geliebter kleiner Marcus, der so viel an Mama denkt und sich fragt, wo sie ist. Ich muss alles tun, damit er sich an sie erinnert und ihm erzählen, wer sie war. Dass sie gerne sang und tanzte, ein bisschen böhmisch war, aber schöne Dinge mochte. Die Tim und Struppi-Hefte liebte und das schönste Lächeln hatte.*

Mit meiner besten Freundin verschwanden viele der Menschen, von denen ich dachte, dass sie da sein würden, Freunde, die ich zu haben glaubte, und Familienmitglieder, auf die ich zählte. Aber Edip, der Veronica vor Gericht verteidigt hatte, war immer noch da, und Silvia, meine kleine Schwester, die wie ein Zipfel an mir gehangen hatte, als wir noch klein waren, aber in den Konflikten mit Mama und Papa verloren gegangen war, kam mir wieder näher.

Und Anna Englund. Nach Veronicas Ermordung wurde meine Kollegin in Kalix die wichtigste Person in meinem Leben. Zur gleichen Zeit, als ich gekündigt hatte, um Xzakt zu gründen, hatte auch Anna Kalix Tele24 verlassen, aber wir blieben in Kontakt. 1.300 Kilometer entfernt, aber immer noch nah. Ich durfte Anna und ihren Mann Robert in Norrland besuchen, bei ihnen zu Hause auf dem Sofa crashen und mich mit Tee aufwärmen. Verdammt – der Krebs war wieder da: Hüfte, Gelenke, alles. Anna war aufgedunsen vom Kortison, aber sie hielt mich und tröstete mich. Mama hingegen sprach immer noch nicht mit mir, und der Konflikt mit Lillen fraß mich langsam auf. Es nahm kein Ende.

Wer bin ich? Was mache ich? Was ist der Sinn? Warum arbeite ich wie verrückt?

Stimmt es, was sie hinter meinem Rücken in den Straßen von Skellefteå über mich tuscheln?

Wie konnte Veronica sterben, die es liebte zu leben?

Warum muss Anna Krebs haben, die Gütigste von allen?

Warum durfte ich hierbleiben und nicht die gehorsame Günel, Mamas erstes Mädchen?

Bitte, Mama, sprich mit mir.

Während meiner gesamten Kindheit hatte ich mich für meine Herkunft geschämt, dafür, dass ich überhaupt sagen musste, dass ich aus der Türkei stamme. Für mich waren meine syrischen Wurzeln und das Land, in dem ich geboren wurde, nichts Positives. Mit dem anhaltenden Zerwürfnis in der Familie nach Veronicas Tod verschärfte sich die Identitätskrise. Ich verachtete alles, was mit meiner Herkunft zu tun hatte, hasste den damit verbundenen Kulturkonflikt. Wenn mich jemand fragte, woher ich komme, sagte ich, ich sei griechisch-orthodox. *„Aha, Sie kommen also aus Griechenland?“* Ich hatte keine Kraft, es zu erklären, wollte nicht, duckte mich.

Genauso wie ich mich weggeduckt hatte, als ich zum ersten Mal nach dem Buch gefragt wurde.

Ich war vierundzwanzig Jahre alt und mitten in der Ausbildung meiner ersten zehn Angestellten für die Telemarketing-Abteilung von

Skandia, als ich von einer Journalistin angesprochen wurde. Sie arbeitete gerade an einem Buchprojekt über das multikulturelle Schweden und fragte mich, ob ich dabei sein wolle. Sie erklärte mir, dass es darum ginge, zu beschreiben, wie man als Einwanderer in einem der Länder mit der höchsten Einwanderungsdichte in Europa erfolgreich sein könne, obwohl man ein Einwanderer ist. Das Buch würde auf Interviews mit etwa einem Dutzend Neuschweden basieren, die sich auf die eine oder andere Weise in der schwedischen Gesellschaft etabliert hatten und zu Vorbildern geworden waren – darunter der Künstler Daniel „Papa Dee" Wahlgren und Hadi Lofti, der damalige Leiter der nationalen Immobilienbehörde. Oder wie es auf der Rückseite des Buches stehen sollte: *talentierte, erfolgreiche und kreative Menschen, die einen starken Willen zur Anpassung an die schwedische Gesellschaft haben, ohne die Traditionen ihres Heimatlandes aufzugeben.*

Ich war völlig unbekannt, kein Papa Dee oder Hadi Lofti, wie ich der Journalistin gegenüber betonte. Aber sie blieb standhaft. Sie erzählte mir, dass das Buch von einem gemeinnützigen Projekt von Skandia gesponsert wurde und dass sie meinen Namen und meine Telefonnummer bekommen hatte, als sie bei der Geschäftsführung von Skandia nachfragte, ob es sogar im eigenen Haus jemanden gäbe, der geeignet wäre.

„Also, können Sie sich vorstellen, dabei zu sein?"

Ich zögerte, schwankte hin und her. Ich machte mir Sorgen, wie meine Familie reagieren würde, wenn sie davon erfuhr, fasste aber Vertrauen zu der Journalistin, nachdem ich einem informellen Treffen bei einem Kaffee zugestimmt hatte. Als das Buch „Schwedische Fremde – Schweden mit dessen Fehlern und Mängeln zu lieben" 1997 veröffentlicht wurde, enthielt es ein Kapitel über mich und mit mir:

Gunilla Samuelsson, geboren 1972, Verkäuferin.

„Ich weiß ja, dass sie mich lieben und denken, dass sie mir helfen, indem sie strenge Regeln aufstellen, um meine ‚Ehre' zu schützen. Aber in diesem Fall werden wir uns nie verstehen können", wurde ich in dem Buch zitiert, und gab die Worte meines Vaters wieder, als ich von zu Hause auszog. *„Du bist nicht mehr unsere Tochter."* Erzählte vom großen Bruder, der das Oberhaupt der Familie war, und dem kleinen Bruder, der in die USA gehen und Austauschstudent werden durfte, wie ich es mir gewünscht hatte. Einer meiner Vorgesetzten wurde ebenfalls interviewt und erzählte im Buch von der Immigrantin Gunilla, die die Akkordarbeit ruiniert und die Latte für ein „akzeptables Umsatzniveau" höhergesetzt hatte, dadurch aber auch mehrere junge Mädchen in der Firma ermutigte. Das Kapitel endete mit einem Absatz, in dem die schreibende Journalistin nicht umhinkam, ihre eigene Bewertung einzufügen, als sie bemerkte, dass es *fast unwahrscheinlich klang*, dass Gunilla Samuelsson es geschafft hatte, achthunderttausend schwedische Kronen zu ersparen und ein Haus außerhalb von Göteborg zu kaufen.

„Jetzt ist Gunilla vierundzwanzig Jahre alt und hat einen schwedischen Freund."

„Er ist mein erster, aber er ist der Mann meines Lebens."

Der Mann war Thomas, und wie es mit dieser Liebesgeschichte laufen würde, sollte ich schmerzlich erfahren. Die Journalistin und Autorin hingegen war Lena Adelsohn Liljeroth. Das war vor ihrer politischen Karriere, lange bevor sie Kulturministerin wurde. Jetzt war sie freiberufliche Journalistin und Vorsitzende der gemeinnützigen Jugendorganisation Fryshuset in Stockholm, verheiratet und hatte zwei Kinder. Ich mochte Lena sofort. Es war nicht ganz mein Niveau der Identitätskrise, aber ich hörte ihr gerne zu, als sie davon erzählte, wie sie sich selbst als Moderaten-Anhängerin an der Journalistenschule seltsam gefühlt hatte. Wie alle vorurteilsbehaftet von ihr erwarteten, Faltenrock, Hermès-Schal und Pumps zu tragen – und wie sie sich, um sich bei Lehrkräften und Mitschülern Gehör zu verschaffen, in Schreinerhosen, Arbetarboden-Hemden und Holzschuhen gekleidet hatte. Woraufhin sie von ihrem Mann Herr Liljeroth genannt wurde. Ähnlich wie ich mich als Einwanderin extra schick mit Jackett und Brille gekleidet hatte, um ernst genommen zu werden, nur andersherum. Allein die Tatsache, dass mich Lena Adelsohn Liljeroth damals bei Skandia sah und meine Stimme in das Buch aufnahm, ließ mich wachsen. Es war eine Bestätigung, dass ich jemand war, dass ich fähig war, auch wenn ich eine Immigrantin aus einem Land war, hinter dem ich nicht stand.

Sie hätte das Band dort durchschneiden können, das wäre das Naheliegendste gewesen, aber stattdessen lud mich Lena Adelsohn Liljeroth nach Abschluss des Buchprojekts zum Abendessen bei ihrer Familie in Stockholm ein. Ich war kaum in der Hauptstadt gewesen, abgesehen von kurzen Arbeitstreffen und ein paar verstohlenen Hotelnächten mit Thomas. Jemanden bei sich zu Hause zu besuchen, fühlte sich riesig an.

Als der Zug ein paar Wochen später in den Hauptbahnhof einfuhr, kribbelte es in meinem Bauch. Ich hatte eine Flasche Wein gekauft, die besonders fein wirkte und mehr kostete als die daneben im Systembolaget-Regal, sprang in ein Taxi und las dem Fahrer die Adresse vor. Die Fahrt verlief schneller als erwartet, und mir war sofort klar, dass wir uns verfahren hatten. Wie dumm konnte ein Berufsfahrer sein? Wir waren direkt am Schloss, auf einem gepflasterten Platz mit einem riesigen Gebäude mit gelber Fassade und Statuen am Eingang. Kein einziges Wohngebäude. Ich fing an, mit dem Taxifahrer zu streiten, und er wurde wütend zurück und bestand darauf, dass ich Slottsbacken 4 gesagt hatte und „*dies* ist *Slottsbacken 4*". Plötzlich kam Lena aus dem Eingang mit den Statuen gestürmt und hieß mich mit offenen Armen willkommen. In einer Art Schloss. Ich staunte, als sie mich herumführte, völlig verwirrt. Sicher, Journalismus war ein toller Beruf, aber dass man damit *so viel* verdiente. Wo war ich hier gelandet?

„*Komm und lerne meinen Mann kennen*", sagte Lena, und ich begrüßte den Mann ohne Haare, der mir die Hand reichte und sich als Ulf vorstellte. Ich hatte keine Ahnung von Innenpolitik, wusste weder, wie Ulf Adelsohn aussah, noch dass er der Vorsitzende der Moderaterna gewesen war. Noch weniger wusste ich, dass er jetzt Gouverneur war und dass sie deshalb im Tessinska-Palast wohnten. Oder die Residenz, wie ich an diesem Tag erfuhr, mit einem Barockgarten, Gemälden französischer Künstler an der Decke und einem riesigen Speisesaal, in dem ich mit am Tisch sitzen durfte. Nicht zum letzten Mal. Lena und Ulf luden mich weiterhin nach Stockholm ein und zeigten mir ihre Welt. Ulf lieh mir eine Jacke mit einem Djurgården-Emblem, und wir radelten los auf Erkundungstour, über Västerbron und Kungsholmen, weiter zum Parlamentsgebäude auf Helgeandsholmen. Ulf zeigte auf das

Fenster, hinter dem er gesessen hatte, und wir gingen in ein Restaurant in Gamla Stan. Das nächste Mal ein langer Spaziergang über Gärdet. Ich hatte natürlich keine vernünftigen Schuhe, aber Lena kaufte mir Spikes. Sie lud mich zum Mittagessen im NK-Haus ein und nahm mich mit ins Oscar-Theater, wo ich Vicky von der Lancken traf. Wenn beide zu Repräsentationsveranstaltungen mussten, blieb ich zu Hause und leistete den Kindern, Ebba und Erik, Gesellschaft. Ulf und Lena waren wirklich glücklich miteinander und hatten nach zwei Kindern nicht nur einen anhaltenden Respekt füreinander, sondern auch eine gewisse Verspieltheit. Sie küssten und berührten sich auf eine Art und Weise, die meine Mutter zum Ausschalten veranlasst hätte, wenn sie im Fernsehen in Grevegården zu sehen gewesen wären. Zwei Erwachsene, die offen ihre Gefühle füreinander zeigten und sogar über Gefühle sprechen konnten – so eine gesunde Beziehung hatte ich noch nie erlebt. Mein Papa, der sich bemühte, aber nie zu Mama durchdrang, Veronica, die schon vor You Lin in mehreren Beziehungen unterdrückt worden war. Meine eigene dysfunktionale Ehe. Neben Veronica wurde Lena mit der Zeit eine der wenigen Personen, die vom Alkoholmissbrauch wussten, mit dem ich lebte.

Sie wusste, dass Thomas nicht „der Mann in meinem Leben" war, wie ich es in ihrem Buch ausgedrückt hatte, und sagte: *„Du bist hier willkommen, wenn du ihn verlassen hast."* Als ich schließlich den Schritt wagte und mein Haus in Hisingen verkaufte, um ein Unternehmen in Norrland zu gründen, und mir keine Wohnung in Stockholm leisten konnte, ließen sie mich eine Zeit lang im Tessinska-Palast wohnen – und bevor ich überhaupt einen Namen für mein Unternehmen hatte, bot Ulf Adelsohn an, unentgeltlich in meinem Advisory Board zu sitzen. *„Das wird schon klappen"*, wie er sagte. Er wurde schließlich bezahlt, als ich anfing, Geld zu verdienen, aber allein die Möglichkeit, Ulfs Namen zu nutzen, um in der Startphase an Glaubwürdigkeit zu gewinnen, war äußerst wertvoll. Nach Veronicas Ermordung lud mich Lena zum Abendessen in die Residenz ein, zusammen mit einer Menge feiner Damen, von denen ich nicht wusste, wer sie waren. Ich hatte nichts zum Anziehen, kannte keine schwedischen Schnapslieder und hatte plötzlich rechts und links vergessen. Ich fühlte mich wie etwas, das von der Straße hereingeschleppt worden war. Alle am Tisch waren Frauen mit Namen und Titeln, aber wer war ich in der Gruppe? Das Arbeitstier, die Immigrantin. Ich dachte, ich sei der Schützling von Lena Adelsohn Liljeroth, und das war ich auch. Sie hätte es nicht tun müssen, aber sie tat es trotzdem, lud mich ein und hielt mich. Wie eine warme, gute und liebevolle Mutter, die ich nie hatte.

14. KEIN STUREPLANSDEPP

Als ich das erste Mal verheiratet werden sollte, war ich ein Teenager, das letzte Mal, als meine Mutter einen Ansatz machte, war ich über dreißig. Sie meinte, wir sollten nach Syrien gehen und dort Kontakte spielen lassen und die Fäden ziehen. Das war das Einzige. Ich war nicht mehr verloren, ich war jenseits von Rettung. Im Buch mit Lena Adelsohn Liljeroth hatte ich gesagt, dass es mein Traum war, mit dreißig einen Ehemann und drei Kinder zu haben. Jetzt war es so weit und ich war ohne Einkommen, geschieden und überzeugt, dass ich allein bleiben würde. *„Gott sieht dich“*, sagte Mama nach Thomas, aber ich brauchte keinen Gott, der sah. Ich konnte selbst sehr gut sehen; ich würde nie jemanden treffen, der mich ertragen könnte. Vielleicht war ich es, die sich zum Zerstörerischen hingezogen fühlte, vielleicht waren es die anderen, die ein leichtes Opfer sahen, aber die Intrigen mit Thomas und Lillen hatten mich nicht gerade selbstbewusster in meiner Beziehung zu Männern gemacht. Leider auch nicht wählerischer.

Henrik war in der Medienbranche tätig und hatte einen starken blauen Blick, in den ich mich auf einer Messe in Sollentuna verliebte. Wir tauschten Telefonnummern aus, er kam nach Stockholm und ich erfand Meetings auf Östgötaslätten, um ihn zu treffen. Zum ersten Mal in meinem Leben erlebte ich etwas, das ich für eine normale Beziehung hielt, bis Henrik mir eines Tages erzählte, dass er bereits eine Freundin hatte. Das nächste Mal würden sie Kinder haben.

Ich brauchte Zeit, um das zu vergessen, und ich hatte es noch nicht vergessen, als ich nach Stockholm zog und von Arne umworben wurde, dem Geschäftsführer einer Personalagentur. Das war, als Veronica noch lebte, und sie scherzte immer und nannte uns „die Schöne und das Biest“, aber ich war einfach froh, dass jemand mit mir essen gehen wollte. Wir wurden ein Paar und begannen eine Beziehung, die tatsächlich andauerte. Arne wohnte in einem Reihenhaus außerhalb der Stadt und ich war mehr oder weniger dorthin gezogen, als eine andere Freundin namens Maria mich eines Tages fragte, ob ich wüsste, dass Arne bei match.com sei. Tinder gab es damals noch nicht, aber match.com war zu dieser Zeit das große Portal für Online-Dating. Der

Dienst war in Schweden ganz neu und hatte wahrscheinlich noch nicht viele Mitglieder, aber einer von ihnen war also Arne, der Mann, bei dem ich gerade meinen Kulturbeutel geparkt hatte. Ich war am Boden zerstört, rief Veronica an und weinte, rief Maria an, die sich in den Chor der Freundinnen einreihte. Meine beiden Vertrauten hatten uns bei mehreren Gelegenheiten zusammen gesehen, die hochtrabenden Liebeserklärungen meines Freundes gesehen und gehört und kamen zu demselben Schluss: „match.com-Arne“ musste eine Lektion erteilt werden. Gemeinsam erstellten wir ein Profil auf der Dating-Website. Während ich eine ansprechende Selbstpräsentation schrieb, fand Veronica im Internet ein Bild einer heißen Blondine, die wir „Nathalie“ nannten. Es vergingen nur wenige Tage, bis Arne („41, Stockholm, single“) den Köder schluckte und fragte, ob sich Nathalie auf einen Drink treffen wolle. Das war am Wochenende, Arne war bei mir in der Wohnung in der Stadt, und ich lief herum und war besonders zärtlich, als der Geschäftsführer der Personalagentur sagte, er müsse zu einer Besprechung eilen. Das sollte er ja auch, er wusste nur nicht, mit wem. Als „match.com-Arne“ zum Stureplan kam und mich in der Bar sah, wurde er blass.

„Was machst du denn hier?“

„Was soll das heißen, wir waren doch verabredet?“

Dann hielt ich ihm die Hand hin: *„Hallo, Nathalie.“*

Am nächsten Tag fuhr ich mit der blauen Metrolinie zum Reihenhaus, um meine Sachen zu holen. Arne war natürlich wütend und gedemütigt, weil er doppelt um die Blondine betrogen worden war, aber er wollte trotzdem, dass wir zusammenbleiben. Er flehte und bettelte und sagte, er wolle heiraten. Als ich ihm antwortete, dass ich nicht an einer Heirat interessiert sei, er aber *„Nathalie fragen“* könne, überfuhr er mein Nokia mit seinem Auto.

Lena Adelsohn Liljeroth hatte Mitleid mit mir und konnte nicht verstehen, wie ich nur so lumpige Männer treffen konnte. Über einen Freund der Familie organisierte sie ein Blind Date mit einem Mann, der sich als Sohn einer der reichsten Familien Schwedens entpuppte. Wir trafen uns ein paar Mal, gingen ins Kino und aßen bei Lydmars und Fem små hus in Gamla Stan zu Abend. Er war sehr nett, aber er saß während des ganzen Abendessens da und machte sich Gedanken über eine Türklinke, die nicht auf das Familienanwesen in Frankreich geliefert worden war, hatte einen schmerzenden Daumen und vielleicht auch ein bisschen Migräne. Das Gefühl wurde zu einer Überzeugung: Ich konnte nicht zu einer solchen Person aufschauen, ich konnte niemals mit einem Mann zusammenleben, dessen größte Sorge im Leben darin bestand, ob eine vergoldete Türklinke pünktlich im Schloss ankommen würde. Ich würde überhaupt keinen Mann haben. Ich würde mich auf das Einzige konzentrieren, das ich gut konnte: arbeiten, wachsen, größer werden. Allein, nie wieder das Spiel von jemandem.

Ich hörte auf auszugehen, ging ins Büro, ohne nach Hause zu gehen und sagte zu allem anderen Nein.

Ich sagte auch Nein im November 2004, als ein Kunde eine Weihnachtsfeier bei Hamburger Börs machen wollte. Ich hatte den ganzen Tag mit der Gewerkschaft verhandelt, war erschöpft und lag zu Hause auf dem Sofa. Aber eine Freundin, die ebenfalls eingeladen war, gab nicht auf: „*Komm schon, nur ein bisschen, wenn es langweilig wird, gehen wir.*"

Schon in der Schlange vor der Garderobe landete ich neben einem großen Kerl mit rosa Hemd und zurückgegelten Haaren, dem das Wort „Finanzwelpe" auf die Stirn geschrieben stand. Aus einem Reflex heraus machte ich einen Schritt rückwärts. Bitte keinen Stureplansdepp, das Letzte, was ich brauchte. *Welcher Daumen schmerzte ihm wohl?*

Als wir uns an den Tisch setzten, landete ich natürlich neben dem rosa Hemd. Es war vielleicht das einzige Mal in meinem Leben, dass ich still wurde. Alfred, wie er hieß, redete das Abendessen auch nicht kaputt, sondern hatte eine warme und freundliche Art, die mich auf eine seltene Weise beruhigte. Ich wurde immer neugieriger: Was war das für ein Typ? Als sich meine versteinerte Zunge löste und ich ihm länger als drei Sekunden in die Augen sehen konnte, ohne verlegen zu werden, konnte ich nicht aufhören, Fragen zu stellen. Ich erfuhr, dass er für Lap Power gearbeitet und eine Zeitung namens Dagens Finans geschaffen hatte, bevor er zur Mangold Fondkommission gekommen war, wo er jetzt arbeitete. Dass er das mittlere Kind von drei Geschwistern war, dass er in den USA professionell geritten war und dass er nebenbei in einem Grillkiosk namens Pretso gearbeitet hatte.

Der Abend endete mit einem gemeinsamen Frühstück. Ich hatte gerade das Kabuff in der Kommendörsgatan durch eine Zweizimmerwohnung in der Klara Östra kyrkogata gegenüber von Åhléns im Zentrum Stockholms ersetzt, und Alfred fragte, ob er eines Abends wiederkommen und Abendessen kochen durfte. Zwei Tage später stand er in meiner Küche am Herd und bereitete sein Vorzeigegericht zu: eine Packung frische Nudeln und ein Glas Fertigsauce. Es war perfekt. Nach diesem Tag wollte ich ihn nie wieder gehen lassen.

Ich hatte mein Päckchen an zerstörerischen Beziehungen, er wiederum hatte eine zermürbende Trennung von einer Frau hinter sich, die beschlossen hatte, im Ausland zu leben. Er war sechsunddreißig Jahre alt und hatte sein Leben im Einfamilienhaus auf Lidingö gegen ein Singleleben in einer Einzimmerwohnung in der Stadt eingetauscht und versuchte, sich ein soziales Leben mit Freunden aufzubauen, die alle verheiratet waren und Kinder hatten, was meistens damit endete, dass er eine Meile auf Gärdet lief und mit sich selbst zu Abend aß. Zwei gebrannte Kinder, von denen niemand aktiv suchte, die aber auch nichts zu verlieren hatten. In diesem Sinne ähnlich und doch ungleich. Ich, in Västra Frölunda aufgewachsen und in einem Steinhaus ohne fließendes Wasser in der Türkei geboren. Alfred von Platen war aus Lidingö und von adliger Abstammung.

Als wir vier Monate zusammen gewesen waren, wollte Alfred, dass wir seine Verwandten in Verbier besuchen, im schweizerischen Teil der Alpen. Mir grauste es bei der Vorstellung. Ich hatte noch nie auf Skiern gestanden und nie gedacht, dass ich es jemals tun würde. Reisen in die Alpen hatten meine Einwandererfamilie in den Vororten von Göteborg in den Achtzigerjahren nicht auf dem Schirm. Sowas machten die Mädchen und Jungen aus Långedrag und Näset: Zell am See in den Sportferien, Florida über Ostern, die französische Riviera und Marstrand im Sommer.

Aber auch die Nachbarn in Grevegården fuhren weg, und das war noch schlimmer. Das Kribbeln im Körper meiner Kindheit, wenn nach Schulschluss die Volvo-Autos auf den Hof fuhren und parkten und all die aufgeregten Großen und Kleinen, die hin und her flitzten, bis sich die Kofferraumtüren kaum noch schließen ließen. Grillkohle, Luftmatratzen, knallbunte Boccia-Kugeln und Eiersandwiches mit Kühlakkus drum herum. Urlaub! Alle waren unterwegs. Irgendwohin. Weg. Nur wir nicht. Wir waren immer da. Abgesehen von den zwei Wochen im Kinderlager durfte ich einmal mit Eva, Bengt und Magdalena in ihrem alten Holzboot nach Norden Richtung Fiskebäckskil, Kungshamn und Smögen mitfahren. Wir aßen geräucherte Garnelen, spielten Kartenspiele in der Kajüte und trockneten Seesterne in langen Reihen an Deck, bis Bengt meinte, das stinke und sei Tierquälerei. Dann warfen wir sie wieder rein. Jeder neue Hafen war eine Fundgrube. Magdalena und ich stürmten von Bord und durchwühlten jeden Mülleimer auf der Suche nach Pfanddosen, die gegen Süßigkeiten wie Snusklubbor und Top Hat eingetauscht werden konnten – und als Eva und Bengt sagten, dass es noch mehr Geld für Eis gäbe, wenn wir mit dem Wind fahren würden, anstelle von teurem Treibstoff, riefen wir im Chor: *„Hisst die Segel!“* Ich wurde so seekrank, dass ich über die Reling hing und ins Meer kotzte, aber ich wollte trotzdem nicht nach Hause und war untröstlich, als sie mich absetzten. Auch wenn das restliche Jahr über Leben und Farbe an dem Ort herrschte, an dem meine Familie ihre Wurzeln schlug, war der Beton in Västra Frölunda nie so grau, wie wenn die Ferienautos den Hof verließen. Die Ziegen zogen zu einem Bauern außerhalb der Stadt, die Jalousien in den Wohnhäusern wurden runtergelassen, um die Kunstledersofas vor der Sonne zu schützen, und für uns spielte es keine Rolle, ob Sommerferien waren oder nicht. Das Essen musste gekocht, die Nudeln ausgerollt, die Wäsche gewaschen und der Schrebergarten gepflegt werden. Wenn die Schule geschlossen war, blieb noch mehr Zeit, um zu Hause mitzuhelfen. Ich jammerte bei Mama und Papa, dass ich auch wegfahren wollte, und mein Vater wiederholte wie ein Mantra: *„Ferien sind nichts Erstrebenswertes. Arbeit, Gunilla.“* Wie sollten wir die Stromrechnung bezahlen? Die Telefonrechnung? Wer würde der Verwandtschaft helfen? All die Jahre teilte mein Vater sein bescheidenes Gehalt mit unserer Tante, die noch in Zaz lebte, und als der Bürgerkrieg im Libanon tobte, wo eine weitere Tante und Cousins lebten, durften sie zu uns im Grevegården wohnen kommen. Für Ferienreisen war kein Geld mehr da.

Aber bald durfte auch ich wegfahren. Wochenendtrips nach Paris und London mit Thomas, eine Charterwoche auf Mallorca mit einer Kollegin und die Belohnungsreisen von Skandia, wenn das Geld aus der erfolgreichen Verkaufsabteilung des Unternehmens floss und die Geschäftsleitung der Meinung war, ich solle meinen Angestellten die Lipizzaner-Pferde in Wien zeigen. Das nächste Mal wurden wir nach Rom geflogen, um im Luxusrestaurant Gino zu essen, Skandia bezahlte sogar den Eintritt.

Aber das war fast alles beruflich bedingt. Nicht so jetzt. Jetzt waren es mein neuer Zukünftiger und ich auf dem Weg nach Verbier. Nicht um Geschäftsbeziehungen zu knüpfen und Kunden zu jagen oder Angestellte bei Laune zu halten. *Wer war ich also?*

Ich war nervös vor dem Treffen mit Alfreds Verwandten. Obwohl ich schon am ersten Abend gemerkt hatte, dass er nicht der Snob war, für den ich ihn aufgrund der Farbe seines Hemdes und seiner Frisur gehalten hatte, war ich mir über unsere unterschiedlichen Hintergründe unsicher. Als Alfred seinen Bruder angerufen hatte, um ihm mitzuteilen, dass er eine neue Freundin kennengelernt hatte, mit der Einleitung: *„Sie heißt Gunilla, kommt aus der Türkei und leitet ein Callcenter in Skellefteå“*, war sein großer Bruder Casimir am Telefon verstummt. *„Alfred, vielleicht solltest du es nicht so eilig haben. Können wir uns treffen und alles besprechen?“* Er hielt mich für ein Callgirl in Norrland, und genauso fühlte ich mich auch, als wir über die verschneiten Alpengipfel des Kantons Wallis flogen.

Alfreds kleine Schwester Ebba und ihr Mann Jorge waren ebenfalls mit auf der Reise, und wir waren alle bei Alfred und Ebbas Cousine zweiten Grades Elisabeth und ihrem Mann Per untergebracht. Genauer gesagt: Elisabeth Edholm Fernström, deren Vater eine der größten Reedereien der Welt aufgebaut hatte und dessen Erbe Elisabeth allein verwaltete. Und Per, mit Nachnamen Edholm, Generalkonsul in der Schweiz und Anwalt einiger der reichsten schwedischen Unternehmerfamilien. Alles war neu und ungewohnt. Die gewaltigen Berge, die Schneeketten auf den Autoreifen, die ganze Umgebung. Genauso vertraut, wie mir eine Residenz beim ersten Mal bei den Adelsohns gewesen war, so wenig hatte ich zuvor ein Chalet in einem mondänen

Skigebiet in den Alpen erlebt. Wände und Decken aus schwerem, dunklem Holz, Sauna mit Panoramablick und Trophäen von Gämsen an den Wänden – die besondere Ziegenart, die in den Alpen lebt und geschossen wird. Ich lief herum und sagte „wow" und „shit" und fasste die Hörner an, als Elisabeth mir Raum für Raum zeigte, alle zehn. Machte keinen Hehl daraus, dass ich fasziniert war, und sagte dem Wirtsehepaar geradeheraus, wie schön ich es fand. Ein bisschen zu offensiv, dachte Alfred, der hinter mir herging und mir signalisierte, dass ich sehr laut redete, mich zur Ruhe ermahnte und bei Elisabeth und Per entschuldigte. Ich wusste, dass mein neuer Freund seine Verwandten in Verbier im Laufe der Jahre selbst nicht sehr oft getroffen hatte und dass er die letzten Male mit seiner Ex-Freundin dort gewesen war, die aus einem Milieu kam, in dem schwarze Pisten und luxuriöse Häuser in den Alpen selbstverständlich waren.

Aber trotzdem, was machte er da?

Die erste Skiabfahrt meines Lebens war der Horror. Ich hatte noch nie so große Berge und Pisten gesehen. Ich wusste nicht, wie man sich die eine Tonne schweren Skischuhe anzog oder aus dem Lift stieg. *„Es ist nicht schwer, immer mit der Ruhe"*, sagte Alfred und sprang ab, schwuppdiwupp, wie alle anderen auch. Als ich aussteigen sollte, war da nichts mit schwuppdiwupp. Der Sessellift wollte gerade wieder ins Tal fahren, und man musste anhalten und das ganze System rückwärts fahren, damit ich mich herauswinden konnte. Ich weiß nicht, wie ich nach unten gekommen bin, weil ich die ganze Zeit die Augen geschlossen hatte. Ich hatte blaue Flecken und Schmerzen am ganzen Körper und ärgerte mich nicht wenig über Alfred, der immer wieder aus dem Lift hüpfte und hinunterrauschte. Seine Schwester Ebba, die schwanger war, versuchte wenigstens zu helfen, als ich mich mit den Skiern verhedderte und fünfzig Meter den Hang hinunter sauste. Ich sah aus wie ein Zirkus auf Schnee, aber ich weigerte mich, die Skischuhe zu parken und aufzugeben.

Am Abend war geplant, in einem Hotel mit einem ganz besonderen Nachtclub im Keller zu essen. Der Farm Club, so sagte man mir, sei seit 1971 eine Institution in Verbier, das Stammlokal von Hollywoodstars und der englischen Königsfamilie. Die ersten, die wir im

Restaurant trafen, waren Jacob Wallenberg, seine damalige Frau Marie und ihre drei Kinder. *Der* Jacob Wallenberg. Obwohl ich Investor auf meiner Kundenliste hatte und in das Büro auf der Arsenalsgatan hineingestolpert war, um mein Geschäft zu pitchen, bevor es überhaupt einen Namen hatte, hatte ich nie Zugang zu Jacob oder Marcus Wallenberg gehabt. Sie waren in einer anderen Galaxie. Es stellte sich jedoch heraus, dass Alfreds Verwandte Jacob Wallenberg und seine Familie kannten. Ich war völlig außerhalb meiner Komfortzone, aber verhielt mich so wie immer: redete zu schnell, zu laut und zu viel. Und Alfred stand die ganze Zeit wie ein Nervenbündel neben mir, voller Angst vor den möglichen Peinlichkeiten, die aus mir heraussprudeln könnten.

Die Verwandten meines neuen Freundes waren herzlich und einladend. Elisabeth und Per setzten alles daran, dass ich mich auf meiner ersten Skireise willkommen fühlte, und schienen sich sogar über den Wirbelwind mit den widerspenstigen schwarzen Locken zu freuen, der bei ihnen hereingeweht war. Aber ich konnte mir Alfreds Nervosität nicht erklären. Sein Zurechtweisen und seine Versuche, ständig Spuren zu verwischen, verunsicherten mich und machten mich wütend. Was war das für eine Welt, in der man keine Gefühle zeigen und nicht sagen durfte, was man dachte? Auf dem Rückflug stritten wir uns. Ich hatte das Gefühl, dass mein neuer Freund mich in dieser neuen Situation schlecht unterstützt hatte – und Alfred reagierte darauf, indem er mich erneut auf die Probe stellte.

Alfred von Platen war nicht nur ein Finanzier in Pastellfarben, sondern auch ein Jäger, und eines Tages lud er mich ein, mitzukommen. *„Ich verspreche dir, es macht mehr Spaß, als du denkst, zieh dir einfach etwas Warmes an.“* Etwas Warmes? Ich wusste nicht einmal, was man im Wald trug, und da ich keine flachen Schuhe besaß, kam ich in hochhackigen Stiefeln, Jeans und einer Daunenjacke mit enger Taille, keine Mütze. Es herrschten zehn Grad unter null und ein eisiger Wind. Das Grundstück, auf dem wir jagen sollten, lag außerhalb von Strängnäs und war das Nachbargrundstück von Leif GW Persson, erklärte mir Alfred, als er mir im Auto die Regeln erklärte: nicht bewegen, nicht reden und absolut nicht simsen. Mit anderen Worten: Folter. Ich konnte nicht stillsitzen, fror bis ins Knochenmark, und *klick klick,* hatte ich versehentlich eine SMS verschickt und den Ton eingeschaltet gelassen. Der Blick von Alfred hätte einen Rehbock auf der Stelle erlegen können. Ich stand auf und sagte, dass ich stattdessen einen Spaziergang machen würde. Alfred war mäßig amüsiert, ließ mich aber gehen. Ich weiß nicht, wie lange ich herumgeirrt war, ohne den Weg zurückzufinden, als Alfred einen Anruf über sein Jagdradio erhielt: *„Hallo, hallo, fremde Frau in Leif GWs Jagdgebiet.*" Damit war fertig gejagt für diesen Tag.

Aber mit Alfred von Platen war es nicht vorbei. Ich war bis ins Innere meines Herzens verliebt, und als er eines Tages fragte, ob sein Waffenschrank bei mir einziehen könne, sagte ich ja. Ich war die erste in unserer Familie, die mit dem Muster brach und einen Schweden kennenlernte, und das Erste, was meine Mutter sagte, als ich ihr von Alfred erzählte, war zu Recht: *„Gott sieht, Gunilla.*" Als wir nach Göteborg fuhren und meine Eltern meinen Freund selbst kennenlernten, waren sie begeistert, so schwedisch wie er war. Vielleicht müssten sie doch nicht nach Syrien reisen und dort die Fäden ziehen.

Wir verlobten uns 2005 im strömenden Regen auf den Azoren und heirateten im August des folgenden Jahres außerhalb von Norrköping. Die Wahl des Schlosses Mauritzberg in Östergötland war eine Art geografischer Kompromiss; ich aus Göteborg und Alfred aus Stockholm, aber es war nicht die große syrische Hochzeit, die sich vor allem mein Papa vorgestellt hatte. Ich hatte keine Zeit, eine Hochzeit zu planen, und wir hatten überhaupt nicht das Geld dafür. Wir sparten so viel wie möglich und hatten ein Budget von sechzigtausend schwedischen Kronen. Obwohl wir ein spezielles Hochzeitspaket im Schloss bestellt hatten (zu einem subventionierten Preis), konnten wir aushandeln, dass wir unsere eigenen Getränke und Mitternachtssnacks mitbringen durften, und die Gäste mussten für ihre Unterkunft selbst aufkommen. Ich mietete ein Hochzeitskleid aus Seide mit Perlen von einem Geschäft in Göteborg und eine Verwandte in Norrköping half mir beim Frisieren und Schminken. Die Blumen kauften wir vor Marktschluss auf Hötorget zum halben Preis und packten sie für die Fahrt zum Schloss in den Kofferraum unseres Golfs.

Dann kündigte mein größter und wichtigster Kunde den Vertrag.

Djuice, die Tochtergesellschaft von Telenor, die achtzig Prozent meines Geschäfts ausmachte. Ich war Braut und sollte gleichzeitig fast all mein Personal entlassen.

Ich weinte den ganzen Weg nach Mauritzberg, weinte weiter, während ich den Tisch deckte und mit Alfred über die Sitzordnung stritt. Er fand es nicht unangemessen, dass seine fünf Freunde Ehrenplätze bekamen, während ich über seine kleine Gruppe und die fünfundneunzig Gäste von meiner Seite bestimmen wollte. Es regnete, und zwar nicht nur in der Seele. Vor den riesigen Fenstern goss es in Strömen, der Strom fiel aus, der Feueralarm ertönte, und alle Gäste wurden in den Regen hinausgetrieben. Doch kurz vor der Trauung riss der Himmel auf und bot strahlenden Sonnenschein. Es wurde ein unglaublicher Tag. Papa hatte einen Schlaganfall erlitten, also führte mich Edip zum Altar, Veronicas kleiner Marcus war Blumenkind in Fliege und Minianzug, und Ulf Adelsohn stand während der syrisch-orthodoxen Rede über die Frau, die dem Mann gehorchen sollte, auf und rief: *„Ich konvertiere!“* Der Priester Josef Dag, der uns traute, war zauberhaft und die Zeremonie war alles, was meine erste Hochzeit nicht war. Alle waren da, meine Schwestern, meine Brüder, die Freunde. Mama war nicht in Schwarz gekleidet, sondern trug ein helles Jackett und eine geblümte Bluse, Papa war auf der linken Seite gelähmt, ein Arm hing herunter, aber sein Gesicht war ein einziges Lächeln. Anna Englund und ihr Robert waren aus Kalix gekommen, und als wir aus Spaß die Gäste baten, einen Gruß unter ihre Teller zu schreiben, hinterließ Anna eine Einladung und einen Wunsch auf der weißen Tischdecke: dass mein neuer Mann und ich nach Kalix kommen sollten, damit sie uns ein ganzes Wochenende lang verwöhnen könnten. Die Havarie mit Djuice blieb, aber ich wollte nicht zulassen, dass das üble Spiel eines Kunden Alfreds und meinen großen Tag trübte. Als wir in die Flitterwochen fuhren, schaltete ich zum ersten Mal in meinem Leben mein Mobiltelefon aus. Ich litt, aber ich zog es durch, eine ganze Woche lang.

Als ich nach Hause kam, hatte ich meinen Code vergessen.

15. BOSS BITCH

Das Gesicht, das bereits in entspanntem Zustand rosa war, hatte einen ochsenblutroten Ton angenommen. Die Augen waren zwei schmale Schlitze. Ich konnte sehen, wie angespannt sein Kiefer war, ahnte, wie das Gehirn vor dem nächsten Zug qualmte. Ich hatte ihn schon öfters aufgebracht bis zum Wahnsinn gesehen, aber nicht auf diese Weise. Die Ergebnisse der beiden Salven, die er gerade ausgespuckt hatte, lagen wie Speicheltropfen auf dem Tisch zwischen uns. Für eine Sekunde befürchtete ich, dass er einen Herzinfarkt bekommen würde, und schaute zu meinem damaligen Manager Jan Engblom, der mit im Raum saß. Wir wussten, dass etwas passieren würde, aber das hatten wir nicht erwartet. Plötzlich stand der starke Mann der Gewerkschaft, der für die gesamte Seko in Norrland zuständig war, auf und schleuderte seinen Stuhl über den Tisch.

Die Verhandlungen mit der Gewerkschaft waren beendet.

Im Dezember 2008 wurde ich von der Zeitschrift Passion for Business zur drittstreitsüchtigsten Frau Schwedens gekürt. „Gewinnerin" war Carina Lundberg Markow, Chefstrategin bei Folksam, vor Anna Serner, damals CEO von Tidningsutgivarna und heute dito des Schwedischen Filminstituts. Die Liste wurde bei einem großen Get-together in der Galleri So in Kungsträdgården vorgestellt und generierte clevere Wortspiele in der Presse wie „Nette Mädchen kommen in den Himmel, streitsüchtige Mädchen kommen weit". Sicher mag es munter wirken, ein Attribut umzukehren, das auf der Stirn einer Frau als negativ empfunden wird, wenn damit gemeint ist, dass dich diese Eigenschaft, in diesem Fall „streitsüchtig", zu einem guten Vorbild macht. Aber es geht nicht darum, streitsüchtig zu sein, es geht um zwei eigentlich selbstverständliche Dinge: Gegenfragen zu stellen und Idiotie weder im Privatleben noch im Beruf zu akzeptieren. Und ja, ich bin hart, stelle klare Forderungen. Man kann mich nicht falsch interpretieren. Wenn man in einer Familie mit acht Geschwistern aufwächst, in der jeder das Fett auf der Milch in der Badewanne haben will und ausgelost wird, wer auf dem Balkon schlafen darf, um Zeit für sich zu bekommen, ist Diplomatie nicht die primäre Charaktereigenschaft, die man mit auf den Weg gegeben bekommt. Aber für mich geht es heute vor allem darum, dass ich meine Sache kann, besser als die meisten anderen. Ich bin sicher in dem, was ich tue, und habe deshalb kein Problem damit, für meine Sache zu argumentieren. Ich traue mich, Themen anzusprechen, die als lästig empfunden werden, gebe Widerstand nicht nach und sage, was ich meine und denke, ohne die Botschaft in rosarote Watte zu verpacken. Im Gegenzug erwarte ich das Gleiche, keine Spielchen. In diesem Sinne bin ich ein Mann. Aber während ein Mann, der Grenzen setzt und Forderungen an seine Umgebung stellt, als hart, machohaft und „starker Anführer" gilt, ist eine Frau, die einen Raum mit einer Handbewegung erobert, nicht nur eine Abweichung. Sie wird als lästig, streitsüchtig und, schlimmer noch, als böse angesehen. Als ich im Vorstand eines börsennotierten Unternehmens war, hatten wir einen erbärmlichen CEO. Das war er schon seit langem, worauf nicht nur ich mehrmals hinwies, auch alle anderen Vorstandsmitglieder waren sich darüber einig, aber man hatte es trotzdem weiterlaufen lassen. Als die Grenze erreicht war, rutschten meine Kollegen die Stuhllehnen entlang hinunter und sagten: *„Wir schicken dich nach vorne, Gunilla. Du bist die Bitch der Bande."*

Bitch und Henker, streitsüchtig und lästig. Weil ich es nicht leiden kann, wenn sich Leute beschweren, ohne etwas zu tun, und weil ich es für besser halte, etwas zu sagen, als leer in die Luft zu reden. Als hochrangige weibliche Befehlshaberin wird man ständig der einen oder anderen Sache verdächtigt. Ich kann gar nicht sagen, wie oft ich als Mutter in Frage gestellt wurde, weil ich eine Chefin bin, „du siehst doch deine Kinder nie", und bevor ich Alfred traf und aus jeder versuchten Beziehung weinend, gedemütigt und gebrannt herausging, wurde mir gesagt, es liege daran, dass ich eine Chefin sei. Das ging so weit, dass ich es selbst glaubte, dass ich in meinem Privatleben kein Glück finden konnte, weil ich im Beruf harte Forderungen stellte. Ein Mann würde niemals eine solche Doppelbestrafung erhalten. Das bedeutet aber auch, dass die Toleranz für Männer, die schludern und sich daneben benehmen, bedeutend höher ist. Es kommt selten vor, dass ein Mann einen männlichen Kollegen ausgrenzt oder beschuldigt; die Jungs schützen die Jungs und feuern sich nur ungern gegenseitig. Plötzlich kommen andere Qualitäten ins Spiel: Es macht so viel Spaß, mit ihm Golf zu spielen, er ist ein netter Kerl, den man gerne in seinem

Netzwerk hat. I scratch your back, you scratch mine. Das ist ein Machtspiel, das ich oft in großen Unternehmen sehe: Männer lassen Männer ungestraft davonkommen, obwohl der Schaden, den der Mann durch sein schlechtes Verhalten anrichtet, das ganze Unternehmen gefährdet. Wenn eine Frau an der Spitze einen Fehler macht, fliegt sie hochkant raus. Dann gibt es kein Sicherheitsnetz oder „sie ist so ein nettes Mädchen". Mein Problem ist, dass ich zu sehr auffalle, mich in alle Richtungen ausbreite. Ich bin nicht nur eine Frau, ich bin eine Einwanderin, ich rede zu laut, ich gehe zu schnell und zu bestimmt. Schiebe meine Absätze über den gläsernen Boden der Wirtschaftswelt. Ulrica Schenström, ehemalige Staatssekretärin von Fredrik Reinfeldt, beschrieb es treffend, als Anna Maria Corazza Bildt von der Liste der Moderaten-Partei für das Europäische Parlament 2019 aus Gründen gestrichen wurde, die sie selbst nicht nur als ungerecht empfand. Anna Maria Corazza Bildt behauptete, dass sie ein Opfer der männlichen Dominanz in der Politik sei und dass sie von ihrer Partei besonders schlecht behandelt worden sei, weil sie eine starke Frau sei. Ulrica Schenström schrieb in einer Kolumne im Aftonbladet:

„Dieser fragile Boden, der in tausend Stücke zerbrechen kann, sodass man hindurchfällt. Die Umgebung sieht zu, erstaunt und oft bedauernd, tut aber im Grunde nichts dagegen. Ein Glasboden zersplittert eher von einem Stilettoabsatz als von einer gesteppten Ledersohle. Der Boden bekommt besonders leicht Risse, wenn der Stilettoabsatz mit harten, bestimmten Schritten geht."

Das ist genau die Art von Schritten, die wir von einer starken Führungspersönlichkeit erwarten. Auf jeden Fall ist Streitsucht, ob nun im positiven oder negativen Sinne betont, für mich kein Karrieretrick. Ich war noch nie daran interessiert, um des Streites willen zu streiten, ganz im Gegenteil. Ich habe kein Problem damit, einen Schritt zurück zu machen, wenn ich mich geirrt habe, oder mich zu entschuldigen, wenn ich eine Situation offensichtlich falsch interpretiert habe. Ohne ein Team bin ich niemand. Die Unternehmenskultur und die Menschen, die du um dich herum hast, sind der Schlüssel zum Erfolg in einem Unternehmen. Es spielt keine Rolle, wie gut deine Idee ist – wenn die Umsetzung nicht gelingt und du nicht die richtigen Antriebskräfte hast,

hast du als Unternehmer keine Chance.

Heute habe ich durch meine Miteigentümerschaft an Transcom und Xzakt neunundzwanzigtausend Angestellte in zwanzig Ländern, wo wir täglich 1,5 Millionen Kundenanliegen für zweihundert nordische und internationale Kunden bearbeiten. Ich kann niemals mit einem günstigeren Preis locken, ich verkaufe nicht über den Preis. Das Einzige, was mich konkurrenzfähig macht, ist die Qualität, und für mich als Chefin geht es darum, jeden Mitarbeiter dazu zu bringen, die Extrameile gehen zu wollen. Ich kann es mir eigentlich nicht leisten, einen einzigen untauglichen Mitarbeiter zu haben, denn wenn jemand einen groben Fehler begeht, kann das dem ganzen Unternehmen schaden. Wenn ich einen neuen Mitarbeiter einstelle, sage ich daher nie, dass ich hoffe, dass er oder sie sich einbezogen fühlt. Ich verlange Beteiligung und Engagement. Vom ersten Tag an, als ich im Herbst 2000 ein Büro in einem stillgelegten Einkaufszentrum in der Stationsgatan in Skellefteå eröffnete, habe ich die zehn Gebote von Xzakt an die Wand gehängt. Meine und die Werte und Visionen des Unternehmens, alles von der Kleiderordnung bis zur Zeiterfassung. Das habe ich von Ingvar Kamprad kopiert. Produktionsleiterin, Geschäftsführerin und Verkäuferin zugleich zu sein, wie ich es im Laufe der Jahre gewesen bin, ist ein Knochenjob; manche Kunden habe ich jahrelang bearbeitet und umgarnt, bevor der Vertrag zustande kam. Es versteht sich von selbst, dass ich keine Mitarbeitenden haben kann, die durch ihre falsche Arbeitseinstellung alles ruinieren. Ich habe im Laufe der Jahre fantastische Verkäufer gehabt, aber natürlich kann so etwas passieren. Es sind Menschen, und genau wie in der übrigen Gesellschaft gab es auch in meiner Tasche faule Zwiebeln. Oft sind es die, von denen man es am wenigsten erwartet. Einmal war es ein Teamleiter, der mit der Verwaltung von Abonnements für einen großen Telekommunikationskunden betraut war, und der nicht nur sein eigenes Privatkonto auflud, sondern den kleinen Partytrick einer großen Anzahl von Mitarbeitern beibrachte, wodurch eine tickende Zeitbombe entstand, die den gesamten Vertrag gefährdete. Das schwache Kontrollsystem des Kunden war kein mildernder Umstand. Alle wurden gefeuert, zwanzig Mann. Dann geht es nicht mehr um Menschen, die Essen auf dem Tisch brauchen – systematischer Betrug und du fliegst sofort raus. Da bin ich gnadenlos. Ich ertrage es generell nicht, wenn man mir ins Gesicht lügt. Bei einer Gelegenheit hatten wir eine Krise mit einem Finanzkunden und waren mit der Bearbeitung von Anrufen im Rückstand, mit über vierzig Personen in der Warteschleife. Ich verfolgte die roten Zahlen auf allen Bildschirmen in den Räumlichkeiten (die auch jeder Kunde auf der ganzen Welt in Echtzeit verfolgen kann), als ich eine Angestellte im Internet surfen sah. Als ich sie zur Rede stellte und sie fragte, wie sie während der Arbeitszeit privat surfen könne, anstatt in einer Krisensituation die Telefonate zu beantworten, leugnete sie dies. Ich rührte mich keinen Zentimeter, bis ich den Bildschirm sehen konnte, und siehe da. Sie hätte sagen können: „Tut mir leid, Gunilla, ich habe übersehen, dass es Warteschlangen gibt“, stattdessen rannte sie direkt in die Personalküche und behauptete, ich sei gemein. Ich war also wieder der böse Wolf. Ich habe vierhundert Angestellte in Skellefteå, Gävle und Turku, ich kenne ihre Vor- und Nachnamen, ihre Geburtstage, die Namen ihrer Hunde und weiß, ob ihre Mütter krank sind. Meine Mitarbeitenden hingegen wissen nichts über mein Privatleben. Ich werde als gesellig wahrgenommen, spreche offen und spontan mit allen, aber ich teile mein Innenleben nicht und würde die Menschen, mit denen ich zusammenarbeite, nie zu mir nach Hause einladen. Jetzt nicht mehr. Das musste ich auch auf die harte Tour lernen.

Als ich Ende der Neunzigerjahre ein lokales Büro für Kalix Tele24 in Göteborg aufbaute, verliebte ich mich bei der Einstellung Hals über Kopf in ein Mädchen in meinem Alter. Sie war Frühstückshostess im Park Lane-Club gewesen und war sozial, kompetent und in jeder Hinsicht perfekt für mein Team. Ich stellte Paulina als Verkäuferin für unsere Telefonzentrale ein und mochte sie jeden Tag mehr und mehr. Wir fingen an, gemeinsam zu Mittag zu essen, und bald sahen wir uns auch außerhalb der Arbeit. Wir gingen ins Kino, aßen beieinander zu Hause zu Abend und gingen in die Kneipe. Im Frühjahr, als ich mich gerade von Thomas geschieden hatte und Veronica Marcus erwartete, machten Paulina und ich einen Kurztrip nach Mallorca. Wir verglichen unsere Bräune, gingen in Palma shoppen und pflückten Kaktusfeigen in den Bergen, aus denen der besondere Calisay-Likör der

Mittelmeerinsel hergestellt wird. Hatten eine tolle Woche. Bei der Arbeit ging es bald weniger feierlich zu. Meine Mitarbeitenden wissen genau, was jeden Tag von ihnen erwartet wird: wie viele Anrufe sie entgegennehmen, Angebote verschicken und Abschlüsse tätigen sollen, und ich verfolge jeden Verkäufer jeden Tag. Anfangs lieferte Paulina gute Ergebnisse, aber verbesserte sich nicht. Sie nahm Anrufe entgegen und warf die Angel aus, sagte, dass sie große Dinge in der Mache habe, aber sie schaffte es nicht, den Sack zuzumachen. Als es darauf ankam, war sie ein bisschen zu nett, um das Geschäft abzuschließen, und im Verkauf geht es um Mut. Die Situation wurde unhaltbar, und ich saß zwischen den Stühlen. Als Verkaufsleiterin war ich in erster Linie gegenüber meinen Vorgesetzten für die Zahlen verantwortlich und mir war klar, dass ich keine Angestellten haben konnte, die uns rückläufig werden ließen. Aber es handelte sich um eine Freundin, mit der ich nach Mallorca gereist war, ich konnte sie nicht arbeitslos machen. Ich lag nachts wach und zerbrach mir den Kopf darüber, wie ich es ihr beibringen sollte, und musste mir unter dem Schreibtisch die schwitzigen Hände am Rock abwischen, als Paulina mit einem breiten Lächeln zu der angesetzten Besprechung kam. Unter Tränen davonging, am Boden zerstört. Unsere Freundschaft war vorbei. Wir sprachen über ein Jahr nicht miteinander, und als wir uns bei NK in Göteborg wiedertrafen, war es aus Zufall. Wie Paulina hatte aufhören müssen, war mir ein Dorn im Auge. Ich war es, die dilettantisch gewesen war, es war meine Schuld, dass wir uns zu nahe gekommen waren. Ich war die Chefin, die es besser hätte wissen müssen. Deshalb war ich sowohl erfreut als auch ehrlich überrascht, als sie mich zu ihrer bevorstehenden Hochzeit im Royal Bachelors‘ Club in Göteborg einlud. Der „Club der alten Männer“, wie er gewöhnlich genannt wird, ist eine geschlossene elitäre Gesellschaft für schwedische Direktoren, mit König Carl XVI. Gustaf als erstem Ehrenmitglied. Frauen dürfen die geheime Festetage in dem 1.200 Quadratmeter großen Haus in Lorensberg, das ehemals der Reederwitwe Anna-Ida Broström gehörte, eigentlich nicht betreten, aber Paulinas Vater war Mitglied im Herrenklub und so konnte sie dort heiraten. Es war extrem schick und schön und ein Erlebnis, den Royal Bachelors‘ Club von innen zu sehen. Paulina kam aus einer wohlhabenden Familie, und vielleicht, so habe ich im Nachhinein gedacht, ist das der Grund, warum sie sich nie verbesserte. Wenn man nicht am Weißen der Wassermelone nagen musste und weiß, dass man auf etwas zurückgreifen kann, hast du es nicht auf die gleiche Weise in dir, alles für den Erfolg zu geben.

Inzwischen, nach zwanzig Jahren als Chefin, habe ich ein paar hundert Kündigungen unterschrieben, Menschen, denen ich aus verschiedenen Gründen in die Augen schauen und sagen musste, dass sie keinen Job mehr haben, zu dem sie zurückkommen können. Ich weiß, was zu tun ist, ich kenne die Strategie. Es gilt, Fakten und Zahlen zu präsentieren: „Das ist Ihr Budget, das ist Ihr Ergebnis." Die Emotionen in Ketten legen. Ich weiß es genau, aber ich liege trotzdem jedes Mal nachts wach und drehe und wende mich vor Angst. Ob streitsüchtig oder nicht, Emotionen sind meine größte Achillesferse als Führungskraft.

Als 2006 der Stuhl im Regionalbüro der Gewerkschaft Seko in Norrland über den Tisch flog, hatte das Bündnis der bürgerlichen Parteien gerade die Wahl gewonnen. Die Verhandlungen mit dem Schwedischen Arbeitgeberverband und Almega waren abgeschlossen, und die zentrale Lohnerhöhung in Schweden auf 2,5 Prozent festgelegt. Am anderen Ende des Tisches saß der gewählte Vorsitzende der Gewerkschaft und schrie, ich solle die Gehälter meiner Angestellten um zwölf Prozent erhöhen: *„UNSERE MITGLIEDER SOLLEN MILCH UND BROT AUF DEM TISCH HABEN!"* Ich blieb ganz ruhig, wies auf die niedrigen Margen in der Branche hin und betonte, dass es angemessen sei, dass mein Unternehmen auf dem gleichen Niveau wie der Durchschnitt liege. Aber er hämmerte einfach weiter: *„UNSERE MITGLIEDER SOLLEN MILCH UND BROT AUF DEM TISCH HABEN!"*

Egal, was der Manager Jan Engblom und ich sagten und wie sehr wir uns um einen konstruktiven Dialog bemühten, wir bekamen nur Schläge auf den Tisch und Spucke zurück. Am Ende war selbst für mich die Grenze erreicht. Ich bat ihn, sich zu beruhigen, und fragte ihn, wie er sich selbst im Spiegel betrachten konnte: *„Sie sitzen da als Gewerkschaftsvertreter, weil Sie keine richtige Arbeit hatten und das, was Sie jetzt* *machen, ist nicht, Ihre Arbeit zu tun. In der Geschäftswelt würden Sie innerhalb von zwei Minuten gefeuert.* "Das war der Punkt, an dem der Stuhl geflogen kam. Ich habe im Laufe der Jahre viele Kämpfe mit der Gewerkschaft ausgefochten, das ist sozusagen der Nachteil als Selbständige mit Angestellten. Aber der Widerstand, auf den ich nun stieß, war nicht vergleichbar. Vom ersten Tag an hatte ich Tarifverträge und habe mit der Gewerkschaft alles nach Vorschrift gemacht, während ich gleichzeitig klarstellte, dass ich im Gegenzug Forderungen an meine Mitarbeitenden stelle. Dennoch habe ich wegen der Gewerkschaft Millionen von Kronen an Kundeneinnahmen verloren. Hans „Hoffa" Ericson, der Transportarbeiter, der in den 1970er-Jahren zum Gewerkschafter der gesamten schwedischen Bevölkerung wurde, als er mit einer Zigarre an einem Pool auf den Kanarischen Inseln posierte – zur gleichen Zeit, als der Schwedische Gewerkschaftsbund zum Boykott des faschistischen Spaniens unter Franco aufrief – setzte die Messlatte auf ein anderes Niveau. Aber der „Hoffa-Typ" ist mir im Laufe der Jahre immer wieder begegnet. Gewerkschaftsfunktionäre, die nach außen hin behaupten, ihre Mitglieder zu schützen, aber hinter verschlossenen Türen sitzen und ihr eigenes Einkommen zählen.

Als Saab 2011 sein Werk in Trollhättan schließen musste, und mehr als dreitausend Beschäftigte in einer der größten Insolvenzen in der schwedischen Unternehmensgeschichte ihren Arbeitsplatz verloren, wurde ich vom Gemeinderat und Wirtschaftsminister in Trollhättan kontaktiert, die mich lockten: „Kommen Sie hierher, hier gibt es Arbeitskräfte, wir finden Räumlichkeiten." Sie wussten von meinen Filialen in Skellefteå und Gävle und wollten, dass ich mich in der krisengeschüttelten Stadt in Västra Götalands län niederlasse. Ich zögerte. Trollhättan passte zwar zu den Orten, die ich im Blick hatte, aber ich hatte Zweifel, wie gut ehemalige Autoarbeiter in die Organisation von Xzakt passen würden. Ganz hervorragend, wie sich herausstellen sollte. Viele der entlassenen Saab-Angestellten hatten in den Bereichen Kommunikation und Service gearbeitet, und einige von ihnen sprachen Finnisch, was bei meinen Kunden aus dem gesamten nordischen Raum ein großer Vorteil war. Unter den vielen Bewerbungen befanden sich auch ein ehemaliger Produktionsleiter und ein IT-Manager, und schon nach der ersten Einstellungsrunde konnten wir etwa fünfzig Stellen besetzen. Das war erst der Anfang. Nach den Berechnungen konnten es auf lange Sicht etwa hundert neue Arbeitsplätze werden, vielleicht sogar mehr. Der Tenor war von allen Seiten positiv, der Gemeinderat und der Wirtschaftsminister rieben sich die Hände und die Zeitungen priesen das „SVT-Profil, das die Saab-Fabrik in ein Kundenzentrum verwandelte". Wir zogen ein und etablierten ein Büro in der alten Sicherheitsgurtwerkstatt in Trollhättan und hatten gerade die Ärmel hochgekrempelt, als der Ärger begann. Unmittelbar nachdem die Gemeinde an uns herangetreten war, hatten wir der Gewerkschaft unseren Arbeitszeitplan vorgelegt: ein Modell, das eine gewisse Anzahl von geteilten Schichten vorsah und in der Praxis bedeutete, dass der Arbeitnehmer manchmal vier Stunden am Morgen und vier Stunden am Abend arbeiten konnte. Diese Struktur hatten wir zuvor zusammen mit der Gewerkschaft Unionen in Skellefteå eingeführt, und sie wurde besonders von vielen Kleinkindeltern geschätzt. So konnten sie früh nach Hause kommen und am Nachmittag Zeit mit ihren Kindern verbringen und dann wieder zur Arbeit gehen, wenn die Kinder sowieso schliefen. Einer unserer größten Kunden verlangte eine solche Regelung wegen ungleichmäßiger Arbeitsabläufe, und so hatten wir deutlich gemacht, dass die geteilten Schichten eine Voraussetzung für die Eröffnung in Trollhättan war. Doch plötzlich rief der örtliche Gewerkschaftsvertreter: „Auf keinen Fall!" Das kam nicht in Frage. Dieselben Leute, die so zufrieden damit gewesen waren, dass sie die Löhne von Saab am Fließband um fünfzigtausend schwedische Kronen erhöht hatten, was zum Konkurs des Unternehmens beigetragen hatte. Es ging nicht nur um den Koenigsegg-Flop. Der Gemeinderat, der Wirtschaftsminister und ganz Trollhättan versuchten, mich bei den Verhandlungen mit der Gewerkschaft zu unterstützen, wo ich mit dem Kopf gegen die Wand rannte und mir die Haare raufte. Hundert Arbeitsplätze! Ich wandte mich an Almega, ohne Hilfe zu erhalten. Ich ging zum damaligen Finanzminister Anders Borg, der auch nichts ausrichten konnte. Dann kontaktierte ich Carl Bennet, den ich schon früh in meiner unternehmerischen Laufbahn kennengelernt hatte, als der Industriemann, flankiert vom damaligen Wirtschaftsminister Anders

Sundström, den Bergbaukonzern Boliden rettete. Sie wohnten üblicherweise im Stadthotel in Skellefteå, meinem damaligen Zuhause. Carl Bennet erklärte sich sofort bereit, mich zu unterstützen und begleitete mich zu einem Treffen mit Cecilia Fahlberg, der damaligen Vorsitzenden von Unionen. Aber auch dort gab es ein knallhartes Nein. *Eine Prinzipsache.* Ich verschickte eine anonyme Umfrage unter den Beschäftigten, auf die hundert Prozent antworteten, sie seien für Jobsharing. Nicht achtundneunzig Prozent. Hundert Prozent. Alle. Zu unserer letzten Sitzung kamen die Gewerkschaftsvertreter mit scharfen Waffen und einer Warnung: Wenn wir ihren Forderungen nicht zustimmten, *„könnten wir damit rechnen, in einem Monat neongrüne Westen vor dem Büro zu sehen"*. Sie drohten damit, uns zu blockieren. Sie rechneten wahrscheinlich damit, dass die Einschüchterungstaktik funktionieren würde, aber so wie wir keinen Arbeitskampf riskieren konnten, konnten wir auch kein verlustbringendes Unternehmen führen. Wir hatten keine Wahl. Wir mussten alle entlassen und das Büro in Trollhättan schließen. Einige Wochen später schrieb die Gewerkschaft Unionen in ihrer Mitgliederzeitschrift, mein Unternehmen Xzakt sei „schlimmer als eine Textilfabrik in Bangladesch". Nicht, weil wir das waren, sondern wegen der Verärgerung darüber, dass die Einschüchterungstaktik mit den Streikwesten nicht funktioniert hatte. Hundert Menschen in Anstellung war nichts, für dessen Wahrung gekämpft werden musste.

16. SCHWESTERNSCHAFT UND LÖWEN

Überall auf der Welt arbeiteten die Frauen am härtesten und schufteten am meisten. Mama erzählte, wie sie im türkischen Morgengrauen aufstand, sich ein Kind auf den Rücken und ein weiteres auf den Bauch band und Wasser holen ging. Der nächste Brunnen war kilometerweit entfernt, und sie balancierte die teuren Tropfen in einem Keramikkrug auf ihrer Schulter. Unterwegs pflückte sie Feigen und Trauben, die sie mit einem Tuch umwickelte und zwischen dem Stillen als Schnuller benutzte. Sie wusch unsere Wäsche von Hand und machte Windeln aus Sand, den sie zermahlte und mit einem Stück Stoff umnähte. Dann ging sie auf das Feld, säte, harkte und erntete. Sie hob schwere Wassermelonen in Tüchern und barg das reife Getreide mit bloßen Händen. Mamas Finger waren immer voller kratziger Wunden. Sie war es, die unsere selbstversorgende Landwirtschaft führte, die das Brachland bewirtschaftete und den Esel verkaufte. Papa dachte, er sei es, aber Mama war auch der Businessman der Familie. Jede Arbeit in den Hügeln von Zaz war Frauenarbeit. Die Männer kamen am späten Nachmittag nach Hause, nachdem sie etwas Vages gemacht hatten: ein paar Furchen gepflügt, vielleicht einen Sack Getreidesaat gegen ein halbes Kilo Brechbohnen eingetauscht. Aber hauptsächlich versucht, vor den anderen Männern wichtig auszusehen. Jeden Tag versammelten sich die alten Männer im Schatten der Bäume um die Kirche Mor Dimet und sprachen über das Wetter, den Regen oder die Dürre und wie die Ernte ausfallen würde. Sie erzählten Witze, verbreiteten Gerüchte, diskutierten Neuigkeiten und lösten Konflikte. Dann gingen sie nach Hause und ruhten sich aus, während die Frauen weiterarbeiteten: sich um die Kinder kümmerten, die Tiere fütterten, kochten und noch mehr wuschen. Wir schliefen auf dem Dach unseres Steinhauses auf Lammfellen und Ziegenleder. Wenn es zu regnen begann, mussten wir die Felle unter den Arm klemmen und ins Haus eilen, aber das passierte nur selten; meistens war die Hitze selbst nachts drückend. Wenn der Rest der Familie unter dem Sternenhimmel schlummerte, saß Mama im Schein der Petroleumlampe und flickte Klamotten, kardete Wolle und pflückte die Stängel von den Zwiebeln. Wenn es richtig heiß war und die Sonne so stark brannte, dass man sich tagsüber nicht draußen aufhalten konnte und die Hitzewelle die Ernte gefährdete, bückte sich Mama nachts über die Felder, um zu ernten.

Mein Papa bekleckerte sich auch nicht gerade mit Ruhm. Mama brachte acht Kinder auf dem Kalksteinboden des Steinhaufens zur Welt, der unser Haus war. Papa wusste nicht einmal immer Bescheid, wenn Mama ein Kind bekommen hatte. Als mein großer Bruder Samuel geboren wurde, war meine Oma mit ihrem blinden Auge zu Hause und half mit. Sie waren mitten in der Nachgeburt mit all den Schleimhäuten und Ausscheidungen und der Nabelschnur, die mit einer Schafschere durchtrennt werden musste, als Papa nach Hause kam und sich wunderte, warum kein Abendessen auf dem Tisch stand: *„Maria, ich habe Hunger, wo ist mein Essen?"* Oma ließ vor Wut die blutigen Lappen fallen, stürzte auf Papa zu und zischte: „Du Nichtsnutz, du hast gerade einen Sohn bekommen." *Disch disch.* Wir hatten ein Schaf namens „Dumm im Kopf", ein Mutterschaf, das total verrückt war. Jedes Mal, wenn sich Mama dem Euter näherte, trat es wie besessen um sich. Jedes Melken war ein Ringkampf, der erst zu Ende war, wenn der Eimer voll und Mama schweißgebadet war. Die Kinder schrien, aber die Tiere schrien auch, und jedes Weidetier auf dem Hof war wichtig, um Essen auf den Tisch und Kleidung an den Körper zu bekommen. Die Lämmer waren unser Geld. Einmal, als Edip sechs Monate alt war und „Dumm im Kopf" gemolken werden musste, bat Mama ihren Ehemann, auf den Jungen aufzupassen, der im Haus krabbelte und kletterte, wo jeder steile Abhang ohne Zaun eine potenzielle Gefahr für ein kleines Kind darstellte. Als sie den Schafskopf gebändigt hatte und zurückkam, war Edip kopfüber von einem hohen Steinvorsprung gestürzt und hatte sich das Gesicht aufgeschlagen. Er blutete aus Nase, Mund und Kinn. Papa stand daneben und zeigte auf das schreiende Baby: *„Maria, dein Kind ist gestürzt."* Mama ließ den Eimer mit der dampfenden Milch fallen und nahm zwei Treppenstufen pro Schritt. Es war ihr Kind, nicht seins, und das war bei allen Frauen im Dorf so. Der Alltag meiner Mama war die Arbeit jeder Ehefrau, und alle Frauen wussten das, deshalb gab es eine wunderbare Schwesternschaft an den Hängen mit den Walnussbäumen und dem Mandelduft.

Meine Mama, meine Oma und meine Großmutter haben alle die Unterstützung und Hilfe zwischen den Frauen bezeugt, die für das Funktionieren von Alltag und Leben der Familien in Zaz in den Siebzigerjahren und zu allen Zeiten wesentlich waren. Wenn eine Frau gerade entbunden hatte und keine schwere Last tragen konnte, um nicht zu riskieren, dass ihre Gebärmutter herausgepresst wird, ging die Nachbarin zweimal mit ihrem Krug auf der Schulter zum Brunnen. Als Mama Jacquline geboren hatte und die Milch schon nach wenigen Wochen versiegte und sie sich nicht traute, ihr die kräftige Ziegenmilch zu geben, die selbst mit Wasser vermischt vor Fett strotzte, teilte eine andere frischgebackene Mutter ihre prall gefüllten Brüste. Sie arbeiteten Seite an Seite auf den Feldern, von Frau zu Frau durch den Stammbaum. Mein Papa Isa war der einzige Sohn, und Oma Chmouni lebte immer mehr bei uns, je mehr Enkelkinder dazukamen. Während Mama am Herd stand und den Teig zu Brot klopfte, half Oma, uns zu füttern, so gut sie konnte. Da sie nicht sehen konnte, musste sie sich vortasten und uns das Essen mit den Fingern in die klaffenden Münder schieben. In den Dörfern gab es keine Ärzte oder Mediziner, aber meine Großmutter, die fünf Stunden zu Fuß entfernt in Habses lebte, war, wie viele andere in der Familie mütterlicherseits, Wunderheilerin. Homöopathin, würde man heute sagen, oder Quacksalberin, je nachdem, wie man es betrachtet. Sie war sehr gefragt und half allen, die mit ihren gesundheitlichen Problemen und Beschwerden kamen, Christen und Muslimen gleichermaßen. Als Großmutter an jenem schwarzen Freitag sehen musste, wie ihre Enkelin, unsere Cousine Sikare, von muslimischen Jungen entführt und ihre eigene Tochter mit fünf Schüssen angeschossen wurde, hatte sie den Tätern genau das zugerufen: dass sie ihren Müttern und Frauen geholfen hatte, ihre Kinder auf die Welt zu bringen, und dass sie nun ihre töten wollten. Großmutter pflückte Blumen und Kräuter, die getrocknet und als Umschläge für Wunden und zur Linderung von Fieber verwendet wurden. Wenn ein Säugling unter Koliken litt, hatte sie einen besonderen Trick: Dann sterilisierte Großmutter eine Rasierklinge über dem Feuer, machte zwei Schnitte in die Schulter des Babys und legte eine Kompresse mit Joghurt auf. Dann waren die Bauchschmerzen weg. Hokuspokus oder nicht – gegen die

Masernepidemie, die sich im späten Frühjahr 1968 über die trockene, staubige Luft von Zaz ausbreitete, halfen keine Rasierklingen und Kräuter. Innerhalb eines Monats starben achtzehn Kinder im Dorf. Ein paar Hustenanfälle genügten, und sie waren weg. Eine Nachbarin verlor am Montag einen Sohn und am Mittwoch einen weiteren. Anstatt Entzündungen mit Milchsäurebakterien zu lindern, musste Großmutter verzweifelten Müttern beim Einwickeln und Begraben von toten Kinderkörpern in den vergilbten Hügel helfen. Zu gut mit dem Schmerz vertraut. Meine Großmutter verlor acht Kinder. Acht von elf. Eines von ihnen, ein Mädchen, starb bei der Geburt, die anderen an Kinderkrankheiten, gegen die es damals und in diesem Teil der Welt keine Impfprogramme gab. Gabriel war zwei Jahre alt und Hisane drei, sie starben an Keuchhusten. Mariyam war gerade sieben Jahre alt geworden und wollte schlafen gehen, als sie sich bei ihrer Mutter beschwerte, dass sie das Gefühl habe, etwas stecke in ihrem Hals. „Versuch, zu husten", sagte Großmutter, und hörte es zweimal röcheln.

„Wie ruhig es geworden ist, schläfst du, Mariyam?"

„Mariyam ...?"

Großmutters Schreie waren bis in den Himmel zu hören. Fünfzehn Tage später starb Sohn Nummer drei, wir wissen bis heute nicht, woran. Meine Oma Chmouni verlor zwei Jungen, und auch meine eigene Mama musste ein Holzkreuz zusammenzimmern. Zwei Jahre nach Edips Ankunft wurde Günel geboren, aber nicht die Günel, die ich war. Ein fröhliches Mädchen mit den gleichen Locken wie meine kleine Schwester Silvia sie bekommen sollte, die die Tanten im Dorf gerne mit Rosinen und süßen Orangen fütterten. Die erstgeborene Tochter meiner Eltern sollte in einem Monat drei Jahre alt werden, als sie im Sommer 1968 an Masern erkrankte und starb. Mama ist nie über den Verlust hinweggekommen. In meinen dunkelsten Momenten, wenn die Konflikte am schlimmsten waren, dachte ich immer, dass sie sich wünschte, ich wäre stattdessen gestorben, die böse Günel. Nicht sie, die lieb und nett war. Ich fragte mich, ob sie mich deshalb nicht umarmte, weil ich denselben Namen trug wie die Tochter, die gestorben war. *Wie wäre es gewesen, wenn das Mädchen gelebt hätte?* Es gab keine Zeit zum Trauern. Der Esel musste gestriegelt, die reifen Feigen geerntet werden, und das nächste Kind war unterwegs. Wer sollte zum Brunnen gehen, wenn nicht Mama? Die Frau im Haus nebenan hatte ja drei Kinder verloren.

Wir Schweden sind Weltmeister im Zelebrieren von Schwesternschaft. Wir vernetzen uns und bilden Garden, schicken Handherzen durch die Luft und Fäuste als Kommentare auf Instagram. *Boom! You go girl! Power!* Das klingt schön und sieht auf dem Papier gut aus. Ich stehe nicht darüber, ich sauge es auf und lasse mich von den Superlativen bekannter und unbekannter Menschen in den sozialen Medien heben. Aber in der Realität, die ohne Filter und digitale Herzen auskommt, kann ich nicht sagen, dass ich die viel beschworene Schwesternschaft erlebt habe – weder als Berufsfrau noch als Mutter. Als ich im März 2007 mein erstes Kind bekam, hatte ich keine Ahnung, was die Mutterschaft mit sich bringen würde. Ich saß in einer Hauptversammlung mit dem Vorstand vom börsennotierten Unternehmen Cision und hatte alle fünf Minuten Wehen, als der Vorsitzende sah, was los war, und rief: *„Gültige Abwesenheit, gehen Sie schon!"* Natürlich hatte ich keinen Vorbereitungskurs besucht. Meine Mama hatte ihre Kinder in einem Bergdorf rausgepresst, mit einer blinden alten Frau als einziger Assistentin, wie schwer kann das schon sein? Außerdem hörte man ja von der weiblichen Urkraft. Die, die kurz vor den Presswehen einsetzt und die bedeutet, dass du durch reinen Willen alles schaffen kannst. Nichts von alledem geschah im Kreissaal des Danderyd-Krankenhauses an dem Tag, an dem mein Erstgeborenes zur Welt kam. Die Geburt war ein Alptraum von sechsunddreißig Stunden. Ich war ein menschliches Wrack und die Hebamme inkompetent, die Vitalwerte des Babys sanken, meine Vitalwerte sanken und erst beim dritten Versuch mit der Saugglocke kam Ludvig heraus. Zu diesem Zeitpunkt war ich so mitgenommen, dass ich ihn nicht an meine Brust legen konnte.

Ich hatte keine Ahnung, wie man sich um ein Baby kümmert. Ich tastete mich heran, kaufte Handbücher über Babys und las, so viel ich konnte, aber bald wurde mir klar, dass ich die Hilfe von echten Fachleuten brauchen würde. Ich meldete mich für einen Elternkurs bei Mama Mia Östermalm an und setzte mich in einen Kreis mit anderen frischgebackenen Müttern, um Unterstützung und Ermutigung zu bekommen, dachte ich. Es war das komplette Gegenteil. Alles, was ich tat und sagte, löste in der Runde kleine entsetzte Ausrufe aus; ich massierte Ludvigs Bauch falsch, zog die Windel zu eng an, und als ich mit einem Klick den Deckel eines Hipp-Glases mit pürierter Pastinake abschraubte, hatte ich alle Grenzen überschritten: *„Pfuiii Teufel, Gunilla, pfuiii."* Ich hätte einen Schuss Heroin aus meiner Wickeltasche ziehen und in mein fünf Monate altes Baby schieben können, aber fertige Babynahrung im Glas, das war die Grenze. *Kochen*, Gunilla, und in einer Knoblauchpresse pürieren, Rapsöl! *Auf keinen Fall* Butter. Das waren kluge Frauen, Anwältinnen, Buchhalterinnen und Akademikerinnen, die ohne zu hinterfragen die von der Gesellschaft auferlegten Normen, wie ein Elternteil zu sein hat, übernommen hatten, und eine einzige vorherrschende Wahrheit darüber, was das Beste für das Kind ist. Ich ging nie wieder dorthin. Nur wenige Stunden, nachdem ich im Kreißsaal von Danderyd entbunden hatte, war ich wieder im Büro. Ich hatte keine Wahl. Ich musste mich um meine Firma kümmern, und bei jedem neuen Meeting, zu dem ich den Kinderwagen rollte, waren sie da: Mutter-Augen und Mutter-Zungen. Sie ließen keine Gelegenheit aus, mich darauf hinzuweisen, dass ich es falsch machte. Mom Shaming war eine neue Erfahrung, die aufkam, als ich mit vierunddreißig Jahren mein erstes Kind bekam, aber Stiche in den Rücken durch andere Frauen hatte ich im Laufe meiner Berufskarriere schon oft erlebt. Es war kein Mann, der mich fragte, mit wem ich geschlafen hatte, als ich mit dem Aufbau der Telemarketingabteilung von Skandia beauftragt wurde. Es war kein Mann, der sich beim größten Rückschlag meiner Karriere duckte und mich im Stich ließ. Nicht die Männer, die mich aus „Die Höhle der Löwen" (*Draknästet*) vertrieben hatten.

Es waren meine sogenannten Mitschwestern.

„Wenn es eine weitere Staffel von ‚Die Höhle der Löwen' gibt, werde ich auf jeden Fall zusagen." So antwortete ich und so fühlte ich, als der Reporter der Online-Zeitung E24 nach der Ausstrahlung der letzten Folge im Sommer 2009 anrief. Bis heute sprechen mich Leute in der Stadt und an der Feinkosttheke von ICA an und sagen mir, dass sie mich aus der Fernsehsendung kennen, bei der ich in der ersten Staffel mit Ebba Blitz

als Moderatorin mitmachte. Als ich gefragt wurde, ob ich bei „Die Höhle der Löwen“ mitmachen wollte, hatte man mir zuvor angeboten, bei „Die Luxusfalle“ (*Lyxfällan*) dabei zu sein, aber ich lehnte entschieden ab. Ich war fast beleidigt, als die Produktionsfirma Titan die Programmidee vorstellte. *Was war das für ein Unsinn?* Ich bin altmodisch, man sollte erst das Geld haben, dann kaufen. Die Vorstellung, dass ich mich wie eine Giftspritze hinstellen und auf Leuten herumhacken sollte, die sich verschuldet hatten, war undenkbar. Als mich Pontus Gårdinger und Silverback im Herbst 2008 wegen der „Höhle der Löwen“ kontaktierten, war das etwas ganz anderes. Ich hatte die britische BBC-Version von „Dragons‘ Den“ gesehen, als ich meine Tochter Elisabeth stillte, und das Format gefiel mir. Unternehmertum ist das Benzin, das mein Feuer am Brennen hält, und die Vorstellung, dass mir begeisterte Innovatoren ihre Ideen präsentieren, erschien mir sowohl inspirierend als auch sinnvoll. Schließlich habe ich in meiner gesamten Laufbahn so gearbeitet. Aber ich hatte eine Bedingung: Nur, wenn Sven Hagströmer dabei war. Der Finanzier der Investment AB Öresund war ein guter Freund und ein Branchenkollege, zu dem ich aufschaute. Sven war bereits angefragt worden und hatte abgelehnt, aber ich konnte ihn umstimmen. Was ich zu diesem Zeitpunkt noch nicht wusste, war, dass meinem Platz in der Jury ein Casting vorausgehen würde, bei dem ich gegen andere Frauen aus der Wirtschaft antreten musste. Doch als die Testrunde abgeschlossen war und sich Pontus Gårdinger erneut per E-Mail bei mir meldete, war das mit einer positiven Nachricht. Sie hatten gepuzzelt, schrieb er, und entschieden, dass sie mich als ständigen Business Angel im Panel des Programms haben wollten.

Ich war aufgeregt und erwartungsvoll, als ich den altertümlichen Kursraum in der Norrtullsgatan in Vasastan betrat, in dem die Dreharbeiten stattfinden sollten, und als die Kameras im Dezember eingeschaltet wurden, bestand die Löwenhöhle nicht nur aus Sven Hagströmer und mir, sondern auch aus: Mats Gabrielsson, Inhaber der Investmentgesellschaft GIAB, Richard Båge, Gründer des Contentunternehmens Mediaplanet, und dem Pölse-König Ljubo Mrnjavac. Wir durften zwischen 200.000 und 2,5 Mio. schwedische Kronen im Tausch gegen

Aktien investieren, und uns wurde schon vor den Dreharbeiten gesagt, dass das Gespann sorgfältig ausgewählt worden war: Unter den Unternehmern war alles dabei, von halbverrückt bis sehr seriös. Im Nachhinein betrachtet gab es für mich keine Investitionen, die ich an den Weihnachtsbaum hängen konnte. Insgesamt tätigte ich vier Kapitalanlagen in Höhe von 1,75 Millionen. Die Investition in der letzten Folge, bei der ich auf eine Chalmers-Studentin mit einer Erfindung setzte, mit der man abgefallene Knöpfe wieder am Hemd befestigen konnte, ließ ich schnell wieder fallen, als sich herausstellte, dass die Unternehmerin das Patent nicht besaß. So ist das eben im Geschäftsleben, sometimes you win, sometimes you lose, das gebe ich gerne zu. Ich erhielt keinen Pfennig von SVT für meine Teilnahme und verlor fast zwei Millionen meines eigenen Geldes, aber „Die Höhle der Löwen" machte Spaß, und die Sendung war ein Erfolg. Die Resonanz war großartig. Natürlich erreichte mich der übliche Mist: dass ich die Quoten-Immigrantin sei, dass ich mitmachen dürfe, weil ich eine Frau bin und außerdem einen schönen Nachnamen habe, den ich mir angeheiratet habe. Aber jeden Tag erhielt ich Hunderte E-Mails und Briefe von jungem und älterem Publikum, das mir ihren Dank und ihre Anerkennung aussprach. Wir freuten uns über die positiven Kritiken in den Zeitungen und klopften uns bei der Produktion gegenseitig auf die Schulter. Pontus Gårdinger, von dem ich ohne jeden Beweis angenommen hatte, dass er ein Model ist, das einen Job im Fernsehen bekommen hat, weil er gut aussieht, war während des gesamten Prozesses super professionell und hatte einen großen Anteil daran, dass die Sendung so gut ankam.

Als die Pressemitteilung über eine zweite Staffel herauskam und mein Name nicht mehr unter den Löwen war und die Journalisten anfingen anzurufen, antwortete ich vage, dass es „mehrere Gründe" gäbe. Ich sagte, dass ich Zeit für mein Kerngeschäft brauche und dass ich mich auf mein kommendes Kind konzentrieren möchte. Beides stimmte. Xzakt befand sich in einer Expansionsphase, in der wir in nur einem Monat hundert Leute einstellten, und ich war im siebten Monat mit meinem dritten Kind schwanger. Während der Dreharbeiten zur ersten Staffel hatte ich gerade Elisabeth bekommen und musste zwischen den Aufnahmen rennen wie der Teufel. Während die anderen Investoren in den Pausen Kaffee tranken und über Geschäfte sprachen, saß ich in einem separaten Raum und stillte. Ich war nicht scharf auf ein weiteres derartiges Chaos, aber ich wusste, dass mein Mann Alfred einspringen und mehr Verantwortung übernehmen würde. Das war nicht der Grund, warum ich Nein sagte. Aber was in der Zeit zwischen der ersten und zweiten Staffel hinter den Kulissen geschah, veränderte alles.

Kurz nachdem die Entscheidung für eine Fortsetzung gefallen war, wurde ich zu einem Treffen mit dem Fernsehproduktionsteam gebeten, um die kommende Staffel zu besprechen. Es war ein Freitag, ich war den ganzen Vormittag in Besprechungen gewesen und musste das letzte Stück zum Sturehof laufen. Das Treffen sollte während des Mittagessens stattfinden, und zwar mit einer Person, mit der ich während der ersten Staffel viel zu tun gehabt hatte und die von Anfang an stark in den Prozess der Auswahl für das Panel involviert gewesen war. Ich war genauso aufgeregt und fröhlich wie am ersten Drehtag. Sie hingegen war plötzlich merklich distanziert. Ich bemerkte es sofort, als ich den klassischen Speisesaal in der Sturegallerian betrat, aber hätte nie mit der demütigenden Szene gerechnet, die sich unter den Kronleuchtern inmitten der Mittagsgäste abspielen sollte.

Am anderen Ende des Tisches saß „TV-Managerin 1“ und sagte, sie sei von „TV-Managerin 2“ und „TV-Managerin 3“ geschickt worden, um mir zu sagen, dass ich erstens: eigentlich zu jung für die Rolle der Großinvestorin in der Jury sei und zweitens: nicht gemein genug zu den Unternehmern. Wenn es eine Fortsetzung geben sollte, müsste ich meinen Stil ändern. Nennt es eine Rüge, nennt es eine Drohung, aber diese Messer zwischen den Schulterblättern wussten, was sie taten. Es waren Fachleute, die ich respektierte und die, Hand aufs Herz, maßgeblich dazu beigetragen hatten, dass ich überhaupt zugesagt hatte (und bereit war, mein hart verdientes Geld zu investieren). Ich fand es cool, so viele kecke Frauen in der Produktion zu haben, und hatte zuvor nichts als Pepp erlebt. Jetzt sagten mir dieselben Schwestern, dass meine Erfahrung und Kompetenz nicht ausreichten. Dass es wichtiger sei, *wie* ich redete, als was ich sagte. Und wie ich aussah. Schon vor dem ersten Dreh hatte die Produktion meinen Stil beanstandet:

„Haben Sie etwas Bunteres zum Anziehen?“

„Können Sie mehr Diamanten und Schmuck tragen?“

Ich sagte Nein und Nein. Wollte nur das goldene Kreuz meiner Oma und meinen Ehering tragen. Ich war ja nicht zur besten Sendezeit im Fernsehen, um zu glitzern, sondern weil ich eine gute Investorin war. Ich blieb bei meinem dunklen Jackett und meinem roten Oberteil und bekam trotzdem E-Mails von Zuschauern, die sich über den „sexistischen Kameramann“ wunderten, der „ständig auf mein Dekolleté hereinzoomte“. Ich verstehe, wie eine Jury in einer Fernsehsendung aufgebaut ist; dass man verschiedene Rollen hat und dass es teilweise darum geht, ein Spiel um der Unterhaltung willen zu spielen.

Außerdem bedeutete die Tatsache, dass ich die einzige Frau in einer fünfköpfigen Jury war – wiederum nach dem Standard 1A der Fernsehjury –, dass ich zwangsläufig die beiden „klassischen“ Accessoires einer Frau im Rampenlicht tragen musste: hohe Absätze und eine zickige Attitüde.

Ich bin kein Weichei, wie jeder, der mit mir gearbeitet oder „Die Höhle der Löwen“ gesehen hat, bestätigen kann. Ich verlange eine grundsolide Leistung, jeden Tag und in jeder Situation. Aber hier ging es um nervöse Unternehmer mit fünf Kameras im Gesicht, die ihre Träume den Mächtigen präsentierten. Wenn jemand weiß, was das bedeutet, dann bin ich das. Ich habe das selbst schon oft erlebt und wollte nicht dazu beitragen, sie mit schwungvollen Kommentaren aus dem Drehbuch niederzumachen. Am meisten an den Dolchstößen der Frauen hinter „Die Höhle der Löwen“ schmerzte, dass die obersten und verantwortlichen Manager mich nicht direkt konfrontierten, sondern Lakaien schickten. Andererseits wurde mir dadurch die Entscheidung leichter gemacht. Ich stand auf und ging denselben Weg unter den Kronleuchtern im Sturehof hinaus. Das Mädchen, das mich in der Löwenjury ersetzte, war Anwältin ohne Geschäftserfahrung, und in den folgenden Jahren bekamen sie überhaupt keine Frauen mehr, die mitmachen wollten. Ich weiß, dass sie mehrere, die ich kenne, aufsuchten und fragten, aber alle lehnten ab. Alte Männer hingegen waren leicht zu finden. Aber sie mussten auch nicht pfiffig aussehen und auf Kommando böse Urteile abgeben.

17. EINE KÖNIGIN IM BIENENSTOCK

Mitten auf dem Marktplatz in Skellefteå gab es ein chinesisches Restaurant, in das ich üblicherweise meine Kunden und Partner auf Besuch mitnahm. Während sie ihre Nasen in vier kleine Gerichte und süß-saure Soße steckten, hatte ich ein Auge auf etwas ganz anderes. Einstellung, Servicegeist und Kundenorientierung sind Qualitäten, die ich schon aus zehn Metern Entfernung riechen kann, und die Kellnerin im Lilla Kina hatte alles davon. Jedes Mal, wenn ich die Rechnung unterschrieb, sagte ich das Gleiche: *„Sie müssen anfangen, mit mir zu arbeiten."* Jeder in Skellefteå weiß, wer ich bin und was für ein Geschäft ich führe, und jedes Mal war ihre Antwort ein lachendes Nein und die Bemerkung, dass sie noch nie mit Computern gearbeitet habe. Eines Tages klopfte es an mein Büro, und da stand die Kellnerin aus Lilla Kina mit einem Lebenslauf in der Hand, den ich mir nicht einmal ansehen musste. Ich gab ihr sofort einen Job. Camilla Nedergård wurde eine meiner besten Mitarbeiterinnen.

Ich suche überall, in allen vorstellbaren und unvorstellbaren Zusammenhängen: Flugbegleiter, Kassierer und Restaurantmitarbeitende. Vorzugsweise in Ställen. Pferdemädchen sind extrem pflichtbewusst, sie gehen bei jedem Wetter in den Stall, denn das Pferd muss auch bei strömendem Regen versorgt werden. Ich habe ein Mädchen in meinem Betrieb, das mit achtzehn Jahren zu mir kam, ohne Ausbildung, aber direkt aus dem Stall. Heute ist sie sechsundzwanzig und für über dreihundert Mann verantwortlich. Ich kann ihnen immer das Wissen und die Technik vermitteln, aber entweder hat man die Einstellung und Attitüde oder nicht. Wenn jemand an der Handelshochschule studiert hat, ist das gut, aber ich lehne niemanden ab, der keinen akademischen Hintergrund hat. Kümmere mich ehrlich gesagt null um die Anzahl der Creditpoints an verschiedenen Bildungseinrichtungen oder dreifache Abschlüsse. Wenn du nicht das gewisse Etwas hast.

Ich interessiere mich mehr für Berufserfahrung, deine Lebenserfahrung und die Werte, die du von zu Hause mitbringst. Jemanden, der zu einem Vorstellungsgespräch kommt und sich darüber auslässt, wie ungerecht das Leben ist, streiche ich sofort. Das Leben *ist* ungerecht.

Haben Sie während der Schulzeit einen Ferienjob gemacht? Sind Sie auf dem Land aufgewachsen? Sind Sie das Kind eines ICA-Händlers? Haben Sie bei McDonald's Karriere gemacht? Sind Sie ein mittleres Kind? Ich weiß, wonach ich suche und wo ich die Juwelen finde. McDonald's ist eine gute Schule auf dem Weg ins Berufsleben, und ich bin davon überzeugt, dass die mittleren Kinder in einer Gruppe von Geschwistern diejenigen sind, die am härtesten kämpfen. Wenn Sie außerdem ein Mädchen sind, ist das von Anfang an ein Pluspunkt.

Ich habe in meinem Unternehmen und auch in meinem Führungsteam immer eine Mehrheit von Frauen gehabt: zwei Männer und vier Frauen. Meiner Erfahrung nach ist ein Vorstand mit einem Überschuss an Frauen einfach wirtschaftlicher. Männer reden, beschönigen Zahlen und Szenarien, während Frauen die Ärmel hochkrempeln, hart arbeiten und die Zahlen auf die Ziellinie bringen. Es gibt Leute, die behaupten, dass wir keine Finanzkrise gehabt hätten, wenn mehr Frauen in hohen Positionen in der Wirtschaft tätig wären. Klar ist jedenfalls, dass Frauen nicht auf die gleiche Weise mit Geld spielen wie Männer und verantwortungsbewusster sind. Oder wie Meg Tevéus, mit CEO-Positionen unter anderem bei der Åhléns-Gruppe und Svenska Spel, es ausdrückte:

„An dem Tag, an dem wir eine echte Gleichstellung der Geschlechter haben, werden wir genauso viele inkompetente Frauen in den Vorständen haben wie inkompetente Männer.“

Frauen werden viel strenger geprüft, um an die Spitze zu gelangen, was bedeutet, dass diejenigen, die die Prüfung bestehen, in der Regel besser sind als ihre männlichen Kollegen. Wenn ein Unternehmen viele weibliche Führungskräfte hat, kann man davon ausgehen, dass die Rekrutierung auf Kompetenz und Verdienst und nicht auf Tradition und Schulterklopfen basiert.

Aber ich war auch schon oft dabei, wenn es darum ging, Frauen zu fördern, zu unterstützen und für sie zu werben, ihnen die Türen für verschiedene Aufstiegsmöglichkeiten und Führungspositionen zu öffnen, aber wenn es darauf ankam, hat die Frau einen Rückzieher gemacht und Nein gesagt. Sie hat sich gefragt, ob es den Preis wert ist, und ist zu dem Schluss gekommen, dass es das nicht ist. Das hat mich in beklemmende Situationen gebracht, und ich war jedes Mal gleichermaßen enttäuscht, aber gleichzeitig habe ich es auch verstanden.

Denn ich weiß. Eine Frau an der Spitze zu sein, hat eine gewaltige Kehrseite – und als Frau in einer Wirtschaftsposition ist man unglaublich ausgesetzt und einsam.

Mit dem schmutzigen Nachspiel der „Höhle der Löwen" wurde ich wieder einmal an die ständige Frage erinnert, die ich im Laufe der Jahre in verschiedenen Interviews und Debatten am häufigsten beantworten musste:

Warum gibt es so wenige Frauen an der Spitze der Wirtschaft?

Warum wollen nicht mehr Frauen Unternehmerinnen oder Managerinnen werden?

Weil das Opfer unter dem Gesichtspunkt der Gleichstellung enorm ist, und weil die Kosten für eine Frau viel höher sind, lautet die schnelle Antwort. Ich beziehe mich dabei nicht auf die Mutterschaft selbst, die im Zusammenhang mit Karrieren in jedem Beruf oder jeder Branche relevant *ist* und nicht abgetan werden sollte. Solange es Frauen sind, die Kinder zur Welt bringen, werden wir mit dem Risiko leben müssen, abgelehnt zu werden, weil wir vielleicht schwanger werden, Mutterschaftsurlaub nehmen oder mit einem kranken Kind zu Hause sein wollen. Ein Mann würde aus diesen Gründen niemals disqualifiziert, und schon gar nicht in meiner Welt. Die Wirtschaft ist eine Männerdomäne, das war schon immer so und ist es immer noch. Männer stellen Männer ein, Männer legen die Gehälter von Männern fest, sitzen in ihren gegenseitigen Aufsichtsräten und helfen sich gegenseitig bis zum bitteren Ende, lieber als eine Frau hineinzulassen. Auch wenn sie das Gegenteil behaupten.

Zu Beginn meiner Karriere und ein paar Jahre, nachdem ich mein Unternehmen Xzakt gegründet hatte, behauptete Lars Otterbeck, damaliger CEO des Versicherungsunternehmens Alecta (und Mitglied von elf Nominierungsausschüssen) in einem Artikel in Dagens Industri, er suche nach weiblichen Alternativen für seine Aufsichtsräte. Das hörte sich gut an, dachte ich. Ich beschloss, Lars Otterbeck aufzusuchen und zu testen. Ich schrieb E-Mails und rief an und sagte jedem, der sich bei Alecta meldete, dass ich die Fähigkeiten besäße und bereit sei, hart in den Vorständen zu arbeiten. Man ließ mich nicht einmal mit Otterbeck sprechen. Stattdessen wurde ich an einen Leiter für Eigentumsangelegenheiten verwiesen, der nichts weiter als Blabla als Antwort hatte. Es hörte sich gut an und sah auf dem Papier gut aus, aber als die Folgefragen aufkamen, stellte sich heraus, dass es immer das Gleiche war: Es gibt nichts Niedlicheres als ein Mädchen mit Zöpfen, das mit den Jungs Fußball spielt. Wenn sie es schafft, einen Platz in der Mannschaft zu bekommen, ist es immer noch ein Spaß. Aber an dem Tag, an dem das Mädchen anfängt, schneller zu laufen, mehr Tore zu schießen und die Jungs zu schlagen, macht es nicht mehr so viel Spaß. Dann soll es plötzlich es ein Mädchenteam und ein Jungenteam geben.

Als Frau in der Wirtschaft ist es völlig in Ordnung, eine mittlere Führungskraft zu sein, aber wenn die Frau wächst, an Einfluss gewinnt und eine höhere Position fordert oder sogar den Platz des Mannes bedroht, wird sie von allen Seiten aufgehalten. Als Frau mit Macht in der Wirtschaft kann man nie auf die Unterstützung der Männer zählen, aber auch nicht auf die der Frauen.

Als die später verstorbene Sara Danius die Schwedische Akademie als ständige Sekretärin verließ, war die Unterstützung total. Blusen und Fäuste wurden in allen Richtungen und Zünften geballt; von links nach rechts waren überall Schwestern zu sehen. In der Wirtschaft wäre eine solche Manifestation unmöglich.

Während Männer phänomenal darin sind, männliche Kollegen in Social Media und in jedem Zusammenhang zu feiern und zu fördern, sind Frauen im Allgemeinen keine Teamplayer. Je höher man kommt, desto schwieriger ist es, Schwestern zu finden, mit denen man sich zusammentun kann, solange man keinen Namen oder echte Macht besitzt. Bei mehreren Gelegenheiten, bei denen ich eine Frau zur Leiterin meiner verschiedenen Organisationen ernannt habe, wurde ich dafür kritisiert, dass ich gerade eine Frau ausgewählt habe. Von den weiblichen Angestellten. Anstatt stolz auf eine Schwester zu sein und sie zu unterstützen, wird die Schwester zur Bedrohung.

Eine Frau an der Spitze will allein an der Spitze sein und nicht mit anderen Frauen konkurrieren. Deshalb sorgt eine Frau, die CEO einer

Bank wird, dafür, dass sie nur Männer um sich herum hat und eine Frau in der Personalabteilung.

Aber HR ist keine Macht, HR ist keine Schwesternschaft. Es gibt nur Platz für eine Königin im Bienenstock, und meine These ist, dass das genetisch bedingt ist. Frauen haben es nicht von Natur aus in sich, sich gegenseitig zu helfen. Das fängt schon im Kindergarten an. Meine Tochter war erst drei Jahre alt, als das Spiel erkennbar wurde: *Du bist nicht meine beste Freundin, du darfst nicht mitmachen.* Flüstern, Flüstern, Ausgrenzung. Die Jungs hingegen spielen mit allen. Wenn ich meine Söhne frage, mit wem sie in der Pause gespielt haben, zucken sie mit den Schultern: *weiß nicht, mit niemand Bestimmten, mit allen.* Jungen und Männer arbeiten zusammen und heben sich gegenseitig hoch, ohne beste Freunde sein zu müssen.

Wenn ich als Botschafterin für Prinz Daniels Fellowship durch Schweden reise und wir über Unternehmertum sprechen, kann ein Mann auf der Bühne stehen und zwanzig andere Männer loben, die erfolgreich sind. Frauen tun das im Allgemeinen nicht. Ich erinnere mich nur an ein einziges Mal in all den Jahren. Es war Jessica Nilsson, mittlerweile Schulz, die Investorin, die zusammen mit zwei Klassenkameraden den deutschen E-Food-Riesen Hellofresh gründete, der an der Frankfurter Börse mit einem Marktwert von rund fünfzehn Milliarden schwedischen Kronen notiert ist. Als Jessica ihre Anteile verkauft hatte und nach Schweden zurückkehrte, um Partnerin der Risikokapitalfirma Northzone zu werden, und in die Königliche Akademie der Ingenieurwissenschaften (IVA) eingeladen wurde, stand sie auf der Bühne und sagte, dass es zwei Menschen gäbe, die sie bei ihrem Vorhaben inspiriert hätten: Mia Brunell Livfors, CEO von Axel Johnson AB – und mich. Ich konnte die Bestätigung kaum fassen, weil sie so ungewohnt war, aber die Worte legten sich wie Baumwolle um mein Herz.

Im Januar 2017 verlor ich vierzig Prozent meines Unternehmens, was der schlimmste Schlag in meiner Karriere sein sollte. Zur gleichen Zeit sollte ich Gastgeberin für ein lang geplantes Mädelsdinner sein. Mir war eher danach, im Bett zu liegen und zu weinen, aber ich konnte nicht absagen, also schickte ich Alfred und die Kinder aufs Land und deckte eine lange Tafel in der Wohnung. Unter den Gästen waren: Marie Ehrling, Helena Stjernholm, Eva Hamilton, Gunilla Herlitz, Elisabeth Svantesson, Jenny Strömstedt, Leonie Persson, Lena Adelsohn LiIjeroth, Roberta Alenius, Katarina Martinsson, Camilla Thulin, Maline Sommerlath, Lotta Wall und Elisabeth Fernström Edholm.

Eine schillernde Reihe von Frauen aus allen Branchen und Bereichen: Politik, Medien, Königshäuser, Kultur, Selbstständige, Managerinnen und Geschäftsführerinnen. Frauen, die Positionen und Plätze eingenommen hatten und den Erfolg und die Bewunderung verdienten.

Es war ein erbaulicher Abend, genau das, was ich nach meiner kürzlichen Bruchlandung brauchte, aber ich hatte nicht das Gefühl, dass ich meine Herausforderungen bei der Arbeit mit jemandem richtig teilen konnte. Denn nur wenige wissen, was es bedeutet, bei null anzufangen und völlig allein dazustehen, wenn alles zusammenbricht. Selbst weltweit ist der Anteil der Frauen, die ein Milliarden-Unternehmen aufgebaut haben, schnell gezählt, ein Prozent.

Wenn die Zeitungen ihre Schlagzeilen über die reichsten Frauen des Landes veröffentlichen, haben nur wenige auf der Liste ihr Vermögen selbst aufgebaut. Oft handelt es sich um Frauen, die eine Position geerbt haben und in jungen Jahren in den Vorstand ihres Vaters oder Großvaters eingetreten sind, um die Interessen der Familie zu wahren. Vielen wird diese Ehre zuteil. Cristina Stenbeck zum Beispiel war 24, als sie nach dem plötzlichen Tod ihres Vaters Jan mehr oder weniger spontan den Vorstand in Kinnevik übernahm, und Antonia Ax:son Johnson, Erbin in vierter Generation, rettete das Imperium vor dem Bankrott. Cristina Stenbeck und Antonia Ax:son Johnson sind zwei Geschäftsfrauen, die das Lebenswerk ihrer Großväter mit großem Einsatz und unter großem Druck weiterentwickelt und verfeinert haben. Die Augen von Tag eins an auf sie gerichtet.

Ohne einen Pfennig in der Tasche bei null anzufangen, bringt andere Herausforderungen mit sich, und die Tatsache, dass es so wenige Unternehmerinnen in der Machtelite gibt, bedeutet, dass es an Geschichten über Frauen fehlt, die selfmade sind. Barbara Bergström, die Gründerin der englischen Schule, ist völlig furchtlos und krass und hat es geschafft, den profitabelsten Schulkonzern des Landes aufzubauen, aber wenn Frauen ein Unternehmen gegründet haben und leiten, dann handelt es sich meistens um kleinere Betriebe. Wie macht man das in der Praxis? An wen wende ich mich mit meiner Idee? Wie bekomme ich einen Kredit, wenn jede Bank die Tür zuschlägt? Wie mache ich meine erste Million? Wie steigt man von ganz unten auf, wenn man alles verloren hat? Der Mangel an Frauen, die praktische Ratschläge geben können, hat dazu geführt, dass ich in der Wirtschaft hauptsächlich männliche Vorbilder habe. Ingvar Kamprad und Anders Wall natürlich, aber auch Melker Schörling, wenn er beim Mittagessen erzählt, wie alles auf dem Bauernhof begann, als er mit Papa Securitas aufbaute. Oder Mats Hanzon, mit dem ich durch Ulf und Lena Adelsohn gut befreundet wurde und der sagte: „fuck them, Gunilla", als ich von Thomas und Lillen reingelegt wurde. Mats Hanzon legte den Grundstein für Wasatornet AB, als er in den 1980er-Jahren zusammen mit Gustaf Douglas anfing, Dachböden in Stockholm aufzukaufen, und wurde Schwedens bester Weinkenner, obwohl er mit einem Alkoholiker als Vater aufwuchs. Anders Böös, vor dem ich Angst hatte, als er sich 2005 bei mir meldete und sich für eine Beteiligung an Xzakt interessierte. Kurzgeschnittenes Haar, runde Brille, knallhart im Geschäft. Heute weiß ich, dass „Bössan" im selben Millionenprogramm aufgewachsen ist wie ich. In den „Sternenhäusern" in Västra Frölunda, den achtstöckigen Gebäuden, die heute mit Asbest verseucht sind, damals aber das Schönste waren, das ich je gesehen hatte. Ich konnte Anders Böös mitten in der Nacht anrufen und er war mit seinem konstruktiven, klugen Rat und seiner helfenden Hand zur Stelle.

Letztendlich muss ich immer die Ärmel hochkrempeln und die Arbeit machen, aber ohne kluge Berater wäre der Erfolg nicht möglich.

Zusammenarbeit ist das A und O im Wirtschaftsleben, und ohne Kontakte kommt man garantiert nicht weiter. Aber es gibt einen Unterschied zwischen Netzwerk und Netzwerk.

Als Caroline af Ugglas, Vizepräsidentin des schwedischen Unternehmerverbandes Svenskt Näringsliv und diejenige, die mich 2007 bat, in den Vorstand von Cision zu kommen, mich wegen KvinnInvest kontaktierte – ein Netzwerk, das in weibliches Unternehmertum investiert –, sagte ich selbstverständlich zu. Genauso für die Position als stellvertretende Vorsitzende von UN Women Schweden. Ich komme selbst aus einem Umfeld, das von Verfolgung und Unterdrückung geprägt ist, und es ist mir eine Ehre, mich im Kampf für die Rechte von Mädchen und Frauen in der Welt und in Schweden zu engagieren. Millionen von Frauen leben in Ländern, in denen Gewalt gegen Frauen nicht strafbar ist, und in zu vielen Fällen führt die Gewalt zum Tod von Frauen und Mädchen. In Bangladesch zeigte eine Frau den Direktor ihrer Schule wegen sexueller Belästigung an. Sie wurde von mehreren Personen umringt, die sie in Brand steckten. 2018 wurden in Schweden zweiundzwanzig Frauen von einem nahen Angehörigen ermordet, ohne dass dies zu besonderen Nachrichtensendungen oder Rücktrittsforderungen an Ministern geführt hätte. Wenn ich von meiner Position im Vorstand von UN Women aus Druck auf Regierungen ausüben kann, um notwendige gesellschaftliche Veränderungen herbeizuführen und zu einer Änderung der Einstellung beizutragen, die die Unterdrückung von Frauen verhindert, möchte ich diese Gelegenheit nutzen.

Dahingegen habe ich Schwierigkeiten mit Netzwerken, in denen Frauen dasitzen und sich selbst bemitleiden und in denen weibliche Macht zu einem Hirngespinst degradiert wird.

So wie vor einigen Jahren, als Veckans Affärer die mächtigsten Frauen Schwedens kürte. Es gibt ja keinen Mangel an Kandidatinnen. Wir haben in diesem Land Powerfrauen, die Zehntausende von Angestellten beaufsichtigen, und wer wurde auf den Thron gewählt? Blondinbella. Die Bloggerin teilte sich zwar den ersten Platz mit Kerstin Hessius, der Geschäftsführerin von Tredje AP-fonden, wo sie über dreihundertvierzig Milliarden der schwedischen Rentengelder verwaltet. Aber trotzdem. Ein Start-up-Preis vielleicht, aber in diesem Zusammenhang war der erste Platz der Bloggerin eine Verhöhnung all derjenigen Frauen, die sich in dieser Branche wirklich bemühen. Die Wahl konnte nur so interpretiert werden, dass das Magazin blutende Zahlen hatte und Publizität bei jüngeren Lesern brauchte.

Mächtig zu sein bedeutet, dass man das Netzwerk, das Kapital und die Möglichkeit hat, Einfluss auf die Gesellschaft zu nehmen, dass man ein offenes Ohr gegen die Macht hat und auf Veränderungen drängen kann. Antonia Ax:son Johnson zum Beispiel kann den Hörer abnehmen, einen Anruf tätigen und von jedem gehört werden. Sie kann Gott anrufen. Wen soll Blondinbella anrufen? Die gesamte Glaubwürdigkeit solcher Ernennungen bricht in sich zusammen, aber vor allem schießen wir uns ins eigene Knie.

Anstatt in Frauennetzwerken zu sitzen, die kein Mitspracherecht haben, muss das Ziel für uns Frauen sein, in Männernetzwerke zu kommen.

Als ich den Preis Entrepreneur of the Year gewonnen hatte und dann unter anderem mit Gustaf Douglas, Mikael Storåkers und Mariana Burenstam Linder in der Jury saß, wurde beschlossen, den Preis in zwei Teile zu teilen: einen weiblichen und einen männlichen. Ich war absolut dagegen und hielt das für den völlig falschen Weg. Durch die Aufteilung würde es ein A-Team und ein B-Team geben, und das ist der Gleichstellung der Geschlechter nicht förderlich. Um Fortschritte zu erzielen und die Herrschaft des alten Mannes zu bremsen, müssen wir unter gleichen Bedingungen konkurrieren. Keine gesenkten Messlatten. Unabhängig davon, wie schlecht das Machtgleichgewicht ist, müssen wir Machtpositionen aufgrund unserer eigenen Verdienste und nach den gleichen Regeln einnehmen.

Aus demselben Grund bin ich auch gegen Zwangsquoten für Frauen in Unternehmensvorständen. Ich möchte nicht in einem Vorstand sitzen, weil ich eine Frau bin, sondern weil ich kompetent bin und es mir verdient habe, oder wie ich es zusammen mit Annika Poutiainen (damals Leiterin der Aufsichtsbehörde bei Nasdaq) in einem Diskussionsartikel auf SvD Brännpunkt 2010 zusammengefasst habe:

„Da Quoten eine Form der Sonderbehandlung sind – eine Gruppe wird identifiziert und erhält besondere Spielregeln – sind wir der Meinung, dass eine solche Politik der Gleichstellung der Geschlechter entgegenwirkt. Frauen werden dann als Teil eines Kollektivs behandelt und individuelle Rechte und Eigenschaften werden vernachlässigt. Gleichstellung kann nur dann erfolgen, wenn gleiche Bedingungen herrschen, niemals durch Sonderbehandlung.“

Wenn wir uns selbst zum Opfer machen, werden wir zu Opfern.

Wie bei Brilliant Minds in einem Jahr. Die Konferenz von Daniel Ek und Arash Pournouri fand zu Ehren mächtiger Frauen statt. Shari Redstone zum Beispiel, eine der größten Medienpersönlichkeiten Amerikas und stellvertretende Vorsitzende des Fernsehunternehmens CBS, schlug meiner Meinung nach den Hauptakt Barack Obama um Längen. Die Konferenz befand sich in der Endphase und Cristina Stenbeck und Caroline Berg hatten eine starke Rede gehalten, als sich die Szene im Grand Hotel änderte.

Hundert Frauen schritten herein, gekleidet in Leopardenmuster und mit einem Knopf auf der Brust, auf dem „Eigentümerin“ stand. Hinter der stillen Manifestation stand ein Think Tank, der sich für mehr weibliche Unternehmensbeteiligungen einsetzt, und die Darstellung sollte symbolisieren, dass Frauen bereit waren, die Kontrolle über operative Positionen und die Geschäftsführung zu übernehmen. Die Idee war gut. Natürlich ist es ein Armutszeugnis, wenn weniger als fünf Prozent der Haupteigentümer schwedischer Unternehmen Frauen sind, aber ich sagte trotzdem Nein zu einer Teilnahme an der Manifestation. Und mehrere andere mit mir, was bedeutete, dass Freiwillige hinzugezogen werden mussten.

Wenn man Frauen einen Knopf auf den Körper drückt, um zu betonen, dass sie erfolgreich sind, hat das den gegenteiligen Effekt. Dann wird weibliches Eigentum zur Ausnahme. Wir sollten ein natürlicher Teil des Bollwerks der Macht sein und wir sollten nicht still sein. Wir sollten schreien, wenn es nötig ist, und uns in diesen Räumen gegenseitig helfen. Schwesternschaft, aber keine Sonderbehandlung.

18. MEIN KLEINER ZIPFEL

Januar 2019, ich stand gerade an der Kasse im ICA Esplanad, als ich einen Anruf von einer unbekannten Nummer erhielt. *„Ich weiß nicht, ob du es überhaupt wissen willst, aber mein Vater ist tot.“* Es war die Tochter von Thomas. Wir folgen einander auf Facebook, hatten aber in den letzten zwanzig Jahren keinen engen Kontakt, außer dass wir uns einmal beim „Smithschen Bad“ in Västra Frölunda begegnet waren. Zuerst fühlte ich nichts, es war völlig leer, dann hatte ich Tränen in den Augen. Für sie. Sie hatte einen Vater verloren, den sie nie wirklich hatte, und ich hatte gehört, was danach mit Thomas geschehen war. Ich fragte sie, ob es Fotos von Veronica gäbe, und sie sagte Nein. Nur Fotoalben aus Griechenland und Italien im Nachlass, er und ich auf Reisen. Ich sagte ihr, sie könne sie wegwerfen, und schickte keine Blumen zur Beerdigung.

Heute weiß ich, dass es gut war, dass aus meiner ersten Ehe kein Kind hervorging, aber die Abtreibung verfolgte mich trotzdem. Scham, Schuldgefühle und aufgestaute Wut darüber, dass jemand anderes die Entscheidung über meinen Körper getroffen hatte. Als ich Alfred kennenlernte, waren die Bedingungen völlig anders. Wir wussten schon früh, dass wir gemeinsam Kinder haben wollten, und waren glücklich, als ich im Frühjahr 2006 schwanger wurde. Bevor wir geheiratet hatten. Ein Umstand, der in normalen Familien nicht einmal eine hochgezogene Augenbraue hervorgerufen hätte, in meiner Familie aber Scham und Spott hinter meinem Rücken bedeutet hätte. Nicht koscher. Was würde Mama sagen? Es gab niemanden auf der Welt, dem ich es lieber erzählen würde, aber ich zögerte, sie anzurufen. Alfred und ich hingegen lagen nachts wach und machten Listen mit Namen, fragten uns, ob es ein Mädchen oder ein Junge wird, und googelten im Internet nach „Bugaboo“. Erwartungsvolle Euphorie trotz Mamas brennenden Schweigens am Telefon, als ich es ihr dann erzählte, und trotz der Tatsache, dass eine meiner Schwägerinnen so empört war, dass sie ankündigte, nicht zu unserer Hochzeit im Sommer zu kommen. Wir machten Kreuze im Kalender und verfolgten die Entwicklung des Fötus auf Woche-zu-Woche-Seiten, waren im zweiten

Trimester, als Dagens Industri im Mai eine Gazelle-Tour durch das Land organisierte und ich gebeten wurde, als lehrende Unternehmerin mitzureisen. Wir waren in Malmö gewesen und waren in Växjö angekommen, wo ich als Hauptrednerin auftreten sollte, als ich einen Anruf von dem Arzt erhielt, den ich vor meiner Abreise wegen eines stechenden Schmerzes in der Seite aufgesucht hatte. Die Testergebnisse waren eingetroffen, und er beschönigte die Nachricht nicht: *„Sie müssen sofort ins Krankenhaus, Sie haben eine Eileiterschwangerschaft. Ihr Eileiter kann platzen.“* Die Kongresshalle in Växjö war voll, mein Name und Bild auf großen Monitoren zu sehen. Ich brach zusammen, rief Alfred an, schrie lautlos und schluchzte auf der Toilette. Abgesehen von dem Stechen über dem rechten Eierstock hatte ich mich die ganze Zeit körperlich gut gefühlt, keine Übelkeit, stark und stolz. Noch wenige Tage vor der Gazellen-Tour die minimale Beule im Profil vor dem Spiegel fotografiert. Jetzt wollte ich mich übergeben, weit weglaufen, in einer Ecke weinen. Di's Veranstaltungsmanagerin tat ihr Bestes, um mich zu trösten. Ohne zu drängen, erzählte sie mir ihre eigene, ungefilterte Geschichte, dass sie selbst nie Kinder bekommen hatte, sagte, sie hätte volles Verständnis dafür, wenn ich mich zurückziehen würde, aber *falls* ich es schaffen könnte, würde sie in der ersten Reihe sitzen und ich sollte meinen Blick auf sie richten. Mein Magen zog sich zusammen, und in meinem Kopf drehte sich alles: nicht bloßlegen, nicht schwach sein, niemals einen Rückzieher von einem Deal machen. Anstatt mich also weinend in eine Ecke zu verkriechen und den erstbesten Zug nach Hause zu nehmen, ging ich auf die Bühne und zwitscherte von meiner „unternehmerischen Reise“. Erzählte von den Bananenkisten, den Rückschlägen, davon, immer Chancen zu sehen und niemals aufzugeben. Dann ging ich nach Hause und hatte einen medizinischen Schwangerschaftsabbruch. Mein zweiter im Leben, ähnlich, aber völlig anders, brutal. Ich war in der fünfzehnten Schwangerschaftswoche und es tat schrecklich weh, ich hatte einen schwarzen Schmerz und eine Traurigkeit, die nach außen hin nicht sichtbar waren. So kühl wie meine Mutter und der Rest der Familie reagiert hatten, als ich ihnen sagte, dass ich schwanger war, so kühl wurde auch die Nachricht aufgenommen, dass ich verloren hatte, was wir uns ersehnt hatten. Kein *„Liebe*

Tochter, das wird schon", keine tröstenden Worte oder Blumen. Es gab auch keine offenen Aphorismen über Vergeltung, aber es war offensichtlich: Gott sah.

Als ich ein paar Monate später wieder schwanger wurde und auf der richtigen Seite der Hochzeit stand, traute ich mich nicht, es jemandem zu sagen, Pläne zu machen. Wir hatten keinen Kinderwagen, keinen Wickeltisch, keine Lieblingsnamen, nichts. Neun Monate lang war ich ein Gefühlschaos, aber nicht nur wegen des Babys, das nicht zur Welt kam. Als Alfred und ich von unseren Flitterwochen auf Bali nach Hause gekommen waren, reisten wir direkt weiter nach Kalix. Zu Anna und Robert, so wie es meine Waffenschwester aus den Kalix Tele24-Tagen bei unserer Hochzeit unter den Teller geschrieben und sich gewünscht hatte. Ein durch und durch schönes Wochenende. Wir wurden mit fantastischen Abendessen verwöhnt, pflückten Moosbeeren im Skanden-Gebirge, fischten Barsche und Äschen, liefen mit dem Boot auf Grund und blieben nachts lange auf. Der Krebs hatte weiter an Anna genagt, aber wie immer beklagte sie sich nicht und tat alles, um positiv und glücklich zu bleiben. Als Alfred und ich am Sonntag nach Hause fuhren, waren wir kaum in Arlanda gelandet, als Robert uns simste, dass es Anna rapide schlechter gegangen sei und sie auf dem Weg ins Krankenhaus seien. Eine Woche später war sie tot. Dreieinhalb Jahre nach Veronica, zum zweiten Mal in meinem Leben hatte ich nicht nur meine beste Freundin, sondern auch die zukünftige Patin meines ersten Kindes verloren.

Ludvig wurde im März 2007 geboren, Elisabeth im Juli 2008, Gabriel sollte im Dezember 2009 kommen, ließ aber bis zum 3. Januar 2010 auf sich warten. Danach sollte es eigentlich aufhören, war der Plan, aber dann erlitt ich eine akute Vierzig-Jahres-Krise, spürte, dass ich nichts Sinnvolles in meinem Leben getan hatte und wollte plötzlich nur noch eines. Im Dezember 2013 kam Emanuel, mein Kleiner, nach einem ganzen Jahr der Bemühungen. Ich, die ernsthaft gedacht hatte, dass ich keine Kinder bekommen würde, wurde mit vier Kindern gesegnet, und erst als ich tatsächlich Mutter war, merkte ich, wie wichtig es mir immer gewesen war. Eine eigene Familie zu haben und meinen Kindern Geschwister geben zu können. So wie wir. *Jacquline, Silvia und ich.*

Vielleicht, weil wir drei Mädchen in der Minderheit in der Geschwisterhorde waren, vielleicht, weil es ganz natürlich war, zusammenzuhalten, weil an uns immer höhere Anforderungen gestellt wurden als an unsere Brüder, sowohl was die Ehre als auch das Bügeln betraf, aber ich stand meinen Schwestern und besonders Silvia immer am nächsten. Mein kleiner Zipfel. Zwischen uns liegen nur fünfzehn Monate, drei Zentimeter als Erwachsene und als Kinder sahen wir gleich aus. Zwei jungenartige Mädchen in rosa Kleidern und Zöpfen, die gleich laut redeten, aber eine nahm viel mehr Platz ein. Silvia folgte mir immer, war selten mehr als einen Meter hinter mir auf dem gemeinsamen Fahrrad, aber es war immer ich, die sich den ganzen Unsinn einfallen ließ. Als wir unsere verhassten schwarzen Locken mit dem Bügeleisen glätten wollten und dabei die Hälfte unserer Haare verbrannten, war das meine Idee. Als wir draußen im Gras auf dem Wachstuch Bandspaghetti schneiden sollten, waren Silvias Linien gerade und perfekt, meine schludrig und krumm. Silvia war schüchtern und brav wie unsere große Schwester Jacquline und tat alles, was unsere Eltern und Edip sagten. Ich war unordentlich, drückte mich vor den Hausarbeiten und weigerte mich, zu gehorchen. Deshalb war es nicht Silvia, die ständig auf Kollisionskurs mit Mama war oder der vom Familienoberhaupt mit Prügel gedroht wurde. Meine kleine Schwester fand es auch ungerecht, dass unsere Brüder und alle anderen Jungen in der Kirche Messdiener sein und im Altarraum Weihrauch verstreuen durften, während wir Mädchen still in den Kirchenbänken stehen und zusehen mussten, ohne auch nur einen Zeh an den heiligen Altar zu setzen. Aber Silvia, wie auch Jacquline, fügte sich und erfüllte ihre Rolle in der „Familie Streber“ mit Bravour. Unmittelbar nach dem Abitur begann Silvia ein Studium an der Handelshochschule, und als ich gleichzeitig Leiterin der Telemarketing-Abteilung von Skandia wurde, stellte ich meine kleine Schwester als zusätzliche Kraft für die Abende ein.

Es war ein Test der Blutsbande. Damit niemand dachte, ich würde meine Schwester bevorzugen, gab ich Silvia das schlechteste Material zum Anrufen, ich war härter zu ihr als zu allen anderen und brachte sie sogar im Büro zum Weinen, als sie fand, ich sei *zu* ungerecht. Aber sie löste alles. Silvia war ein Ass, eine meiner besten Verkäuferinnen, und nach ihrer Ausbildung an der Handelshochschule, als ich Kalix Tele24 übernommen hatte und sie einen Job in der Finanzabteilung von Ericsson bekommen hatte, wurde sie von Lennart Grebelius abgeworben. Der, den ich zum Partner bei Xzakt hätte machen sollen. Lennart Grebelius war gerade dabei, sein Immobiliengeschäft auszubauen und brauchte jemanden, der ihm beim Aufbau des Portfolios half. Es brauchte nur ein kurzes Treffen mit Silvia, um zu erkennen, dass sie die richtige Frau für diese Aufgabe war. Ich war so stolz auf meine kleine Schwester, auf die Schritte in dieselbe Richtung und die Zukunftspläne, die wir teilen konnten. Lange bevor unsere Eltern und Brüder anfingen, „Teepartys" mit schmatzenden Verwandten zu veranstalten, als wir noch unschuldig jung waren, saßen Silvia und ich im Badeschaum und fantasierten über all die Kinder, die wir haben würden, und wie wir mit langen Schleiern und hohen Torten heiraten würden. Träume, die wir heimlich unter der Bettdecke weitersponnen, damit Kristian und Munir im Etagenbett nebenan sie nicht hörten. Ich kann gut verstehen, dass Silvia vor dem Tor der Annedalskyrkan stand und weinte, als ich Thomas an jenem verregneten Märztag im Jahr 1997 heiraten wollte. So hatten wir uns das nicht vorgestellt, beileibe nicht, nur einen Punkt: Thomas war Schwede. Als unser Papa im Flur stand und schrie, dass ich nicht mehr seine Tochter sei, weil ich unverheiratet von zu Hause auszog, weinte Silvia Flüsse. Vielleicht war meine kleine Schwester diejenige, die am meisten unter den ständigen Streitereien zu leiden hatte. Denn obwohl wir das Gleiche dachten und träumten –auch Silvia wollte nicht in einem Geschäft verheiratet werden –, traute sie sich nicht, mich zu unterstützen. Konnte die Angst nicht ertragen, die Trockenheit, die unsere Familie umgab, noch zu verschlimmern und anzuheizen. Wir glitten auseinander, und als ich dann auch noch im Gymnasium in Veronica eine beste Freundin fand, war es, als wäre der Zipfel im Weg. Silvias Liebe war wie ein kratziger Pullover im Befreiungsprozess. Nach Veronicas Ermordung änderte sich alles. Meine kleine Schwester war selbst von zu Hause ausgezogen und bei unseren Eltern in Ungnade gefallen, oder eher bei Mama.

Nachdem Papa im Hausflur die Hand gegen mich erhoben hatte, dauerte es kaum mehr als einen Monat, bis er mich anrief und sagte: *„Gunilla, komm nach Hause und iss."* Unser Vater war nie so tief betroffen, aber er war auch nicht derjenige, der in der Kirche verleumdet wurde, der die Beschimpfungen von all den Cousinen, Schwägerinnen und Tanten ertragen musste. Nicht derjenige, der seine Töchter falsch und zu frei erzogen hatte. Sie war es. Als Silvia auszog, ohne verlobt zu sein, rief mich Mama an und sagte, es sei meine Schuld. Genauso wie ich den Wert von Jacquline herabgesetzt hatte, indem ich ohne Ehemann von zu Hause wegging, war ich es, die Silvia irregeführt und zerstört hatte. Es war meine Schuld, dass sie sich weigerte, wegverheiratet zu werden, dass sie mehr sein wollte als nur die Frau, Tochter und Schwester von jemandem. Ein eigenständiges Individuum mit Träumen und Zielen, ohne Angst, die sogenannte Ehre eines Mannes zu verletzen. Mein untugendhafter Trampelpfad. Ich fühlte mich für meine kleine Schwester verantwortlich, das tat ich schon immer, und als Silvia zu Hause in Göteborg eine schwere Zeit hatte, wurde die räumliche Entfernung zwischen uns zur Qual. Als sich dann auch noch herausstellte, dass der Mann, mit dem sie zusammengezogen war, alles andere als ein guter Fang war, nicht destruktiv, aber Silvia war in einer schlechten Beziehung unglücklich, wurde ich immer verzweifelter darüber, meine kleine Schwester zurückgelassen zu haben. Ich versuchte, sie zu überreden, sich zu trennen und nach Stockholm zu ziehen. Mama war natürlich nicht glücklich, aber nachdem Alfred und ich geheiratet hatten, kaufte Silvia eine kleine Wohnung in der Grevgatan und zog in die Hauptstadt nach. Als ich im Herbst 2006 mit Ludvig schwanger wurde, kündigte sie ihren Job bei Lennart, um mich in der Firma zu entlasten. Silvia kam als Verkaufsleiterin zu Xzakt Customer Relations und wurde mit ihrem Schreibtisch neben meinem in der Tegnergatan 37 zu einer großen Stütze in meiner ersten Zeit als Mutter. Sie machte Besprechungen und Reisen und gab Ludvig Fläschchen mit der Muttermilch, die ich abgepumpt hatte, um mich in die Kundenbeschaffung stürzen zu können. Silvia, die zu diesem Zeitpunkt single war, wurde für mein erstes Kind eine zusätzliche Mutter und für Alfred eine kleine Schwester. Wir teilten uns die Verantwortung zu dritt und lebten eineinhalb Jahre lang in einer Symbiose. Bis Silvia eine Stelle bei Jones Lang Lassale (JLL) angeboten wurde, einem großen internationalen Immobilienunternehmen, das an der größten Börse der Welt, der New York Stock Exchange (NYSE), notiert ist. Es war ein Topjob. Silvia sollte einen großen deutschen Fonds leiten und Milliarden verwalten, und wie üblich lieferte sie ab. Aber sie hatte Schwierigkeiten damit, ihre Kapazitäten in dem gigantischen Unternehmen auszulasten. Mit einem großen deutschen Fonds zu arbeiten bedeutet, dass man vier Tage in der Woche mit der Berichterstattung verbringt und nur einen Tag mit der eigentlichen Arbeit, also dem, was dir am Herzen liegt. Ich stimmte zu und war der Meinung, dass die Arbeit in einem unternehmerischen Umfeld besser zu Silvia passen würde. Zu diesem Zeitpunkt hatte ich Eric Paulsson kennengelernt, den Unternehmer, der mit zwei schmutzigen Händen und einem Traktor angefangen und später den milliardenschweren Baukonzern Peab gegründet hatte. Ich brachte meine Schwester bei einem Frühstück mit Eric Paulsson zusammen, und er bot ihr sofort einen Job an. Eric Paulsson machte Silvia zur Immobilienchefin bei Fabege, wo sie bis zu dem Tag arbeitete. Als wir beide einen schweren Schicksalsschlag erlitten.

Als Alfred und ich auf Schloss Mauritzberg heirateten, war Silvia meine Trauzeugin in einem lila Kleid und mit großen Locken, und ich wollte, dass sie auch Patin meines ersten Kindes wird. Silvia war von Anfang an in Ludvigs Leben und sie hatten ein besonders gutes Verhältnis zueinander. Aber Mama sagte Stopp. Nach syrisch-christlicher Tradition kann eine Frau nicht Patin für einen Jungen sein. Mein älterer Bruder Samuel wurde stattdessen Ludvigs Patenonkel, und Silvia musste warten, bis Elisabeth etwa ein Jahr später geboren wurde. Dann kam der Tag, an dem der Badeschaum-Hochzeitstraum meiner kleinen Schwester Wirklichkeit werden sollte. Wir hatten jahrelang davon gesprochen, gemeinsam nach New York zu fahren und uns Brautkleider anzuschauen, wenn Silvia heiraten würde. Doch als Silvias Freund Johan auf die Knie ging, war ich schon wieder schwanger. Hochschwanger. Gabriel sollte Ende Dezember 2009 kommen, und jetzt war Ende November. Die Flugpause war schon lange eingetreten. *„Dir ist klar, dass du nicht reisen kannst, du wirst in einem Monat gebären“*, sagte Alfred.

Aber ich wollte meine kleine Schwester nicht im Stich lassen und begann, die Startbahn zu harken. Mein Freund Gun Nowak, der die Kosmetikkette FACE gegründet hat und in New York lebt, rief bei den Krankenhäusern in Manhattan an, um herauszufinden, wo ich hingehen sollte, wenn die Fruchtblase platzt, und ein Freund in der Pflege stellte mir ein Attest aus, in dem stand, dass ich in der 25. Woche war. Obwohl ich in Woche 35 und dick war. Ich hatte mit all meinen Kindern zweiundzwanzig Kilo zugenommen und konnte meine Füße nicht mehr sehen, als ich zwischen Saks und Bloomingdales auf der Fifth Avenue hin und her watschelte. Aber wir hatten eine tolle Reise. Silvia und ich. Es war so wichtig für uns, diese Reise zu machen. Nicht nur wegen des Kleides und allem, was gewesen war, sondern auch wegen der Prüfung unserer Schwesternschaft, die hinter der nächsten Ecke wartete.

Als ich im Frühjahr 2013 mit Emanuel schwanger wurde, war Silvia im dritten Monat. Es war ein doppeltes Glück. Nicht nur, dass der Junge in meinem Bauch ein Geschenk war, das ich schon fast aufgegeben hatte, sondern die Schwangerschaft und die Geburt Seite an Seite mit meiner Schwester zu erleben, war ein unermesslicher Bonus. Wir verglichen unsere Gewichtskurven, holten mit Essen auf und freuten uns darauf, gemeinsam die Kinderwagen durch Humlegården zu schieben. Zu sehen, wie unsere zukünftigen Kinder als enge Cousins im gleichen Alter, genau wie unsere Jungs Gabriel und Alexander aufwachsen. Die gesamte Schwangerschaft war nach dem Lehrbuch, jeder Ultraschall und jeder Monat verlief reibungslos. Als Silvia in der 39. Schwangerschaftswoche war, fand die Hebamme im Entbindungszentrum, dass sie etwas zu stark angeschwollen war und machte einen Termin beim Arzt für die Woche darauf. Silvia schaffte es nicht mehr, diesen Termin wahrzunehmen. Nur wenige Tage später kam sie mit Wehen ins Krankenhaus von Danderyd und brachte ihren Sohn Mikael zur Welt. Das Baby lag auf ihrer Brust, und erst als Silvia anfing zu rufen und zu fragen, warum er so ruhig sei, reagierten die Ärzte. Da war es schon zu spät. Der Kleine hatte Fruchtwasser in der Lunge und sein Leben konnte nicht gerettet werden. Es war ein völliges Trauma. Während meine Schwester, die kinderliebste Frau der Welt, ihren lang ersehnten kleinen Jungen beerdigen musste, wuchs mein Bauch weiter. Unerbittlich und brutal. Ihr unumkehrbarer Verlust, mein schlechtes Gewissen. *Warum ich und nicht sie?* Als ich meinen wunderschönen Sohn zur Welt brachte, sagte Silvia: „*Ich liebe euch beide, aber ich kann nicht.*" Es dauerte sechs Monate, bis sie Emanuel im Arm halten konnte. Dann weinte sie die ganze Zeit.

19. DIE UNTERNEHMERIN

Silvia aß nicht, trank nicht, atmete kaum. Das Einzige, was sie nach Mikaels Tod tun konnte, war, in die Kirche zu gehen und noch mehr zu weinen. Zuzusehen, wie eine geliebte Schwester zerbricht, machte mich auf eine Weise machtlos, die ich nur schwer akzeptieren kann. Ich versuchte, Silvias Mann Johan bei den praktischen Dingen zu helfen: einkaufen, kochen, dafür sorgen, dass sie aßen. *Den Wickeltisch verstauen, den Kinderwagen wegschieben.* Jeder Raum war eine Erinnerung an das, was nicht geschehen war. Ich bekam eine Vollmacht und half Silvia und Johan, ein neues Zuhause außerhalb der Stadt zu kaufen, organisierte den Umzug und trug so viel wie möglich mit meinem dicken Bauch, der ihren Verlust noch mehr herausschrie.

Ich *musste* etwas finden, damit meine Schwester wieder aufstehen konnte. Nachdem mehr als ein Monat vergangen war und sie immer noch in der Embryonalhaltung dalag, sah ich eines Tages, dass das Anna Whitlock-Dorfgemeinschaftshaus zum Verkauf stand. Ein wunderschönes Anwesen im Zentrum von Stockholm. Ich wusste, dass Silvia die Eriksbergsgatan 8 und die Geschichte hinter der Adresse lieben würde. Von der 1852 geborenen Pädagogin, Journalistin und Politikerin Anna Whitlock, die mit ihrem Kampf für gleiches Wahlrecht zu einer wichtigen und bedeutenden Kraft in der schwedischen Frauenbewegung wurde. Aber auch eine Pionierin des weiblichen Unternehmertums. Für Anna Whitlock als angesehene Schulleiterin war es eine ihrer radikaleren Ideen, dass Jungen und Mädchen gemeinsam unterrichtet werden könnten, und mit dieser Utopie stand sie Anfang des 20. Jahrhunderts vor dem Eckgrundstück in der Eriksbergsgatan. *„In einer Art humorvoller Verzweiflung meldete ich mich als Käuferin an. Ich hatte kein Geld, aber die Schule brauchte ein neues Gebäude, oder sie würde wie eine überwucherte Pflanze in einem zu kleinen Topf untergehen"*, wird die Frauenkämpferin auf der Website des Vereins Nya Idun zitiert. Mit der Unterstützung der Eltern der Schüler und ihrer eigenen wohlhabenden Mutter konnte Anna Whitlock 1913 die Whitlockska samskolan in der Eriksbergsgatan 8 eröffnen. Die Bildungseinrichtung, die bis 1978 in Betrieb war, wurde auch zu einem Treffpunkt für liberale

Frauenfragen, zahlreiche Wahlrechtsversammlungen fanden zwischen den Mauern statt.

Als ich im November 2013 vor der ziegelroten Fassade stand und mit achtzig Spekulanten in ein Bieterverfahren einstieg, war ich hochschwanger und alles andere als humorvoll verzweifelt. Ich lag nachts wach und rechnete hin und her, um das Kalkül zusammenzubekommen, und fragte mich, wie ich Studieförbundet Vuxenskolan dazu bringen könnte, an mich zu verkaufen und nicht an Oscar Properties, von denen ich wusste, dass sie mit im Rennen waren. Ich war besessen davon, Silvia wieder glücklich zu sehen und sagte Alfred jeden Abend, wenn er das Licht ausmachte und ich noch wach war, dass ich das Haus haben *musste*. Am Tag vor dem Luciafest, als ich im Taxi auf dem Weg zur Entbindungsstation war, rief ich verzweifelt meinen Bankberater an: *„Ich muss wissen, dass ich den Kredit bekomme.“* Er antwortete mir, ich solle erst das Baby bekommen und danach könnten wir darüber reden, woraufhin ich herausplatzte, dass ich kein Baby bekommen *könne*, wenn ich nicht wisse, dass ich das Geld habe. Zwölf Stunden nach Emanuels Geburt zog ich das Geschäft an Land. Es dauerte eine Weile, doch langsam aber sicher begeisterte sich Silvia für das Haus, das wir gemeinsam fünfzig-fünfzig besitzen, und das der Beginn unserer gemeinsamen Immobiliengesellschaft sein sollte, an der auch unser Bruder Samuel beteiligt ist. Silvia, die nach dem Verlust ihres Kindes nicht mehr zu Fabege zurückkehren konnte, wurde Geschäftsführerin von GSS Fastigheter AB unter der Prämisse: „Du arbeitest, wie du willst, wann du kannst.“ Heute kümmert sich meine Schwester um alles Operative, während ich für Netzwerk und Kapital stehe. Silvia Samuelsson Waak atmet und lebt Immobilien und hat einen außergewöhnlich guten Riecher für Juwelen. Im Frühjahr 2015 erwarben wir das Filmstudio „Filmstaden“ in Råsunda, das neben modernen Büros in alten, denkmalgeschützten Gebäuden auch ein einzigartiges filmhistorisches Erbe beherbergt. Was einst eine Straußenfarm war, wurde in den 1920er-Jahren in das modernste Filmstudio der Welt umgewandelt und war jahrzehntelang das Herz der schwedischen Filmindustrie. Als Mauritz Stiller Gösta Berlings Saga in Filmstaden drehte und eine der Hauptrollen an eine junge Statistin namens Greta Gustafsson vergab, war dies der Beginn von Greta Garbos Karriere. Ingmar Bergmans Beziehung zur Filmstaden in Solna hatte dagegen einen holprigen Start. Sein Regiedebüt „Kris" von 1945 wurde als Havarie verurteilt, und Bergman benahm sich so schlecht, dass er gefeuert wurde und keinen Fuß mehr in Filmstaden setzen durfte. Er tat es trotzdem und schaffte es, im Laufe seiner Karriere dreißig Filme in Råsunda zu produzieren. Kaum hatten wir den Laden übernommen, hörte ich die Geschichte, dass Bergman beim Dreh von „Wilde Erdbeeren" (*Smultronstället*) für eine Szene echte Schlangen haben wollte. Der Regisseur startete einen Aufruf an Schlangenbesitzer in Solna und erhielt 300 Reptilien. Leider gab es Löcher im Terrarium, die Schlangen entkamen und die Besitzer mussten mehrere Wochen lang in den Verstecken rund um Filmstaden nach ihren Haustieren suchen.

Im Schulsport war ich die Schlechteste auf kurzen Strecken, aber die Beste auf der Meile. Weil ich nie aufgab. Das ist eine Stärke im Geschäftsleben, und in meinem Fall ist es die Beharrlichkeit, die meinen Erfolg begründet hat. Wenn die Leute sagen: „Du musst im Leben Glück gehabt haben", haben sie keine Ahnung. Unternehmer zu sein hat nichts mit glücklichen Umständen oder Talent zu tun, sondern mit harter Arbeit. Wenn man nicht seine zehntausend Stunden ableistet, ist man dem Untergang geweiht. Um einen Mobilfunkbetreiber habe ich mich drei Jahre lang bemüht und wurde jedes Mal abgewiesen. Sogar mein Verkaufsleiter sagte: *„Gunilla, du musst loslassen und weitermachen."* Aber ich rief trotzdem weiter an. Heute ist er mein Kunde. Ein normaler Mensch hätte wahrscheinlich das Handtuch geworfen, aber das tue ich nicht. Ich lasse mir auch nie eine Chance entgehen.

Im Sommer 2007, als mein Freund Anders Böös den Vorsitz des Medienbeobachtungsunternehmens Cision (damals Observer) übernommen hatte und ich dem Vorstand beigetreten war, rief er eines Tages an und sagte, ich *müsse* jemanden treffen. *„Er ist auf dem Heimweg aus den USA und genau der Richtige für dich"*, donnerte „Bössan". Die betreffende Person war der künftige CEO von Telia, und ich wusste es damals nicht: Aber ich sollte Lars Nybergs erstes Treffen an seinem ersten Tag als CEO von Telia im September 2007 und ich sollte sein letztes sein, Stunden bevor er im Februar 2013 gehen musste. Lars Nyberg wurde verdächtigt, in einen Bestechungsfall mit Usbekistan verwickelt zu sein, wovon er später vom Stockholmer Amtsgericht freigesprochen wurde. Wir saßen im Prinsen in der Mäster Samuelsgatan und versuchten, über die Misere zu lachen, aber es funktionierte nicht wirklich. Lars Nyberg war deprimiert und hatte das Gefühl, dass er unverdientermaßen für ein Geschäft verantwortlich gemacht wurde, das vor seiner Einstellung abgeschlossen worden war. Als der damalige Vorstandsvorsitzende von Telia, Tom Weymarn, Lars Nyberg im Juli 2007 als neuen Geschäftsführer und Konzernchef vorstellte, warf die Nachricht von allen Seiten Fragen auf: *„Lars ... wer?“* Nur wenige Menschen in der Organisation des Telekommunikationsunternehmens wussten, wer Lars Nyberg war, und er selbst besaß keine Telia-Aktien. In der internationalen Geschäftswelt anerkannt zu sein, bedeutet nicht automatisch, dass man in seinem eigenen Land ein Prophet ist, aber ich musste nicht lange recherchieren, um zu erkennen, dass Anders Böös, wie so oft, Recht hatte. Lars Nyberg hatte in einer bejubelten Managementleistung für Philips in seiner Heimat als CEO des US-Hardwareriesen NCR, dem weltweit größten Hersteller von Geldautomaten mit dreißigtausend Mitarbeitenden, innerhalb weniger Jahre eine erfolgreiche Kehrtwende von einem blutenden zu einem profitablen Unternehmen vollzogen. Vor allem aber hatten meine Tentakel erkannt, dass der neue Telia-Chef ein Mann der Entschlossenheit war. Er hatte keine Angst zu zeigen, wer das Sagen hat.

Als ich Lars Nyberg an seinem ersten Tag traf, verirrte er sich in dem siebzigtausend Quadratmeter großen Gebäude in Farsta, dem Hauptsitz von Telia. Er hatte keine Zeit gehabt, auch nur einen Bruchteil der Angestellten zu begrüßen, und kaum das Passwort für seinen Computer bekommen. Aber es dauerte nur zwanzig Sekunden, um zu erkennen, dass er die Bedeutung des Kundendienstes verstanden hatte. Lars Nyberg betonte, dass Service auf seiner Agenda an erster Stelle stehe, und war an meinem Geschäftsmodell so interessiert, dass er mich fragte, ob ich zu verkaufen sei. *„Ich will nicht verkaufen“*, sagte ich. *„Ich will Lieferant sein.“* Lars Nyberg lachte und gab zu, dass ihm meine Angriffsstrategie gefiel, fügte aber hinzu, dass er wahrscheinlich erst einmal seine ersten Sekunden arbeiten müsse. Dreieinhalb Jahre nach meinem ersten Treffen mit Lars Nyberg unterzeichnete ich den Vertrag. Telia war eine glänzende Trophäe in der Vitrine, die ich erobert hatte, weil ich mich festgebissen und durchgehalten hatte. Trotz des Blutgeschmacks auf den endlosen Zielgeraden.

Im Frühjahr 2014 führte das Svenska Dagbladet eine Kampagne unter dem Titel „Unternehmer des Jahrhunderts" durch, bei der eine Jury zusammen mit den Lesern der Zeitung die größten Pioniere des Jahrhunderts wählen sollte. Nachdem 12.388 Schweden ihre Stimme abgegeben hatten, belegte Ingvar Kamprad zu Recht den ersten Platz. Der Erfinder von IKEA gewann vor Ayad al-Saffar, dem Gründer von Klockgrossisten, und Göran Fredrik Göransson, der Göransson Högbo Stål- och Jernverks AB, heute Sandvik, geschaffen hatte. Knapp neben dem Podium standen Ericssons Schöpfer Lars Magnus und Hilda Ericsson, der Dynamitmann Alfred Nobel und Sten-Åke Lindholm mit Biltema. Ich kam auf Platz 28 und war aufrichtig stolz und glücklich. Ich weiß nicht genau, wie ich vor Giganten wie Anders Wall (34) und Axel Wennergren (64) landen konnte, aber es war befriedigend, meinen Nachbarn Bicky Chakraborty zu ärgern, der Elite Hotels gegründet hatte und sich schämte, hinter mir zu liegen (43).

Ich war vor allem begeistert von der Absicht der Liste, Pioniere und Unternehmer zu würdigen. Mit dem schwedischen Tech-Wunder ist es besser geworden, aber die Wahrnehmung eines Unternehmers in unserem Land ist immer noch oft die eines Gauners, der seinen Lebensunterhalt damit verdient, andere abzuzocken. In Schweden ist es akzeptabler, im Lotto zu gewinnen, als durch harte Arbeit zu Erfolg und Geld zu kommen. Unternehmer zu sein ist der Gegenpol davon, ein Zlatan Ibrahimovic oder Peter Forsberg zu sein, die durch Fußball und Eishockey reich geworden sind. Deshalb ist es für uns, die wir in der Branche genau wissen, was es bedeutet, Schweiß und Geduld aufzubringen, ein wenig komisch zu sehen, wie jeder Sportstar kurz nach seiner Karriere versucht, einen neuen Weg als Unternehmer einzuschlagen. Mit Beratern, die nicht immer die hellsten Kerzen auf der Torte sind. Das Geld fliegt davon, Dollarscheine mit Flügeln.

In den USA sind Unternehmer die Rockstars von heute. Mark Zuckerberg, Larry Page und Elon Musk sind auf den Titelseiten von

Finanzzeitungen und Hochglanzmagazinen zu sehen. Hierzulande waren die Politiker nicht daran interessiert, Daniel Ek von Spotify zu treffen, bis Barack Obama es tat.

Als Unternehmer mit einer Geschäftsidee muss man auf die Knie gehen und um Geld betteln. Heute sind die Banken sehr nett und wollen mich als Kundin haben, aber als ich vor zwanzig Jahren mein Unternehmen in Skellefteå gründete, gab es überall nur die kalte Schulter. Wäre mir nicht der Stadtrat Lorentz Andersson zu Hilfe gekommen und hätte mir nicht mit einem Kredit über eine Immobiliengesellschaft geholfen, wäre ich ruiniert gewesen. Dass ich 2008 in die Konzernleitung von Almi Företagspartner eintrat, war in gewisser Weise urkomisch; selbst der staatliche Finanzier, der „die Entwicklung von Unternehmen im Lande fördern“ und „neuen Unternehmen mit Darlehen helfen“ soll, wollte mir kein Geld leihen. Risikokapitalgesellschaften wollen eine Bürgschaft für alles sehen, und die mangelnde Bereitschaft der Kreditinstitute ist ein großes Hindernis für Menschen, die ein Unternehmen aufbauen wollen. Unternehmer zu sein bedeutet, dass du lernen musst, mit den Knien zu zaubern, auf denen du gerade noch zum Betteln herumgerutscht bist.

Als ich Xzakt gegründet hatte und meine Mitarbeitenden die Angestellten von Utfors in deren Büro in Överkalix schulen sollten, waren die Hotels schweineteuer. Die kleinste Hütte verlangte Wucherpreise, und ich hatte kein Geld. Das war zu Zeiten des Telefonbuchs und ich begann bei A. Rief immer weiter an und stellte jedem Einwohner von Norrbotten, der den Hörer abnahm, die gleiche Frage: *„Sie haben nicht zufällig ein Bett frei?“* Schließlich erreichte ich einen alten Mann auf einem Bauernhof, der von Käseherstellung lebte und Kühe hatte: *„Sicher“*, sagte der alte Mann. *„Ihr könnt hier für hundert Kronen wohnen. Aber das beinhaltet Güllegestank und Frühstück.“* Abgemacht.

Im Frühjahr 2015, als ich mit meiner unternehmerischen Leistung für den SvD Affärsbragd nominiert war, wurde ich zu einer Podiumsdiskussion mit Finanzminister Per Bolund, Ulf Kristersson, dem damaligen wirtschaftspolitischen Sprecher der Moderaten-Partei, und Jacob De Geer, dem Gründer des Zahlungsdienstes iZettle, eingeladen. Im Mittelpunkt der Diskussion stand die Frage, wie Politiker und

Banken das Unternehmertum sehen. Jacob De Geer erzählte die Geschichte seiner damaligen Frau, die ein kleines Geschäft für Lesebrillen betrieb und eines Tages von einer Messe nach Hause kam und feststellte, dass sie doppelt so viele Brillen hätte verkaufen können, wenn sie Kartenzahlung hätte entgegennehmen können. Sie erkundigte sich nach einem eigenen Kartenterminal und erfuhr von der Bank, dass es allein für den Anfang zehntausend schwedische Kronen kosten würde. Kann das richtig sein?, dachte Jacob De Geer. In Anbetracht der vielen Kleinunternehmer in unserem Land dachte er, dass es eine weniger komplizierte Möglichkeit geben musste, Zahlungen entgegenzunehmen. Beispielsweise mit dem Smartphone als Kartenleser. 2018 wurde sein iZettle in einem Deal für 19,2 Milliarden Kronen an das US-amerikanische Paypal verkauft.

Der Weg zum Erfolg muss nicht mit einem Geistesblitz beginnen. Wenn jemand anderes die gleiche Idee hat, machen Sie sie besser. Weder Google noch Facebook waren die Ersten, aber sie wurden zu Weltmarktführern, weil andere vor ihnen den Weg geebnet hatten und auf Hindernisse gestoßen waren, die der Zweitplatzierte vermeiden konnte. Als ich beschloss, alles auf den ausgelagerten Kundendienst zu setzen, gab es das Konzept bereits, aber ich beschloss, den Dienst zu verfeinern und die Beste zu werden.

Seit meiner Teilnahme an „Die Höhle der Löwen" erhalte ich wöchentlich mehrere Vorschläge von Leuten, die möchten, dass ich ihre Geschäftsideen bewerte oder besser noch mit Kapital unterstütze. Wenn ich gefragt werde, in welche Branchen ich investiere, lautet die Antwort immer, dass ich mich nicht auf Branchen konzentriere. Für mich sind in der Wirtschaft immer die Menschen hinter dem Unternehmen und den Ideen wichtig. Das Fleisch und Blut. Wenn mich jemand bittet, in ein Unternehmen zu investieren, frage ich immer zuerst, wie viel sie selbst investiert haben. Wenn die Antwort „keine Krone" lautet, werde ich hellhörig. Warum sollte ich ein Risiko eingehen, wenn sie selbst nicht dazu bereit sind? Oft sind es jüngere Leute, vor allem Männer, die mit einer Idee oder einer App kommen und denken, man müsse nur hupen und loslegen. Ohne eine einzige Krone Umsatz und null Kunden. Aber wenn ich eine Person treffe, die so leidenschaftlich ist, dass sie bereit ist, Haus und Heim zu investieren, dann können wir reden.

Man sagt gewöhnlich, dass Frauen weniger risikofreudig sind, und ich kann dem zustimmen. Frauen denken gern zigmal nach, haben alles bis ins kleinste Detail vorbereitet, um den Sprung zu wagen, während sich Männer in riskante Projekte stürzen mit der Einstellung, dass alles unterwegs gelöst werden kann.

In diesem Sinne bin ich ein Mann. Ich mache und schäme mich nicht. Es war wohl kaum Mamas Absicht, als sie mich Papa auf Geschäftstour durch den Westen Göteborgs begleiten ließ, dass meine Geschlechtsidentität als Mädchen-Mädchen weggeschliffen wird. Aber heute bin ich überzeugt, dass mein siebenjähriges Ich auf einem Flohmarkt dazu beigetragen hat, dass ich bei Geschäften völlig furchtlos bin. *„Fünfzig Kronen für ein Jackett? Nee du, einen Fünfer kannst du kriegen."* Ich habe ein Bauchgefühl, aber es sitzt in meinem Kopf und basiert auf Situationen und Szenarien, die ich erlebt habe, und auf den Minen, auf die ich getreten bin. Heute weiß ich, dass neun von zehn Entscheidungen gut laufen und eine schiefgeht. Es ist eine Katastrophe, wenn es knallt, aber es ist besser, als abzuwarten und die Chance nicht zu nutzen. Dann hätte das Ergebnis vielleicht sieben zu drei lauten können. Um zu gewinnen, muss man Risiken eingehen, und für mich sind diejenigen, die es gewagt haben, als die Zahlen am meisten gegen sie sprachen, eine große Inspiration.

Gustaf Douglas, der alles verlor, als er als CEO der Tageszeitung Dagens Nyheter unter demütigenden Umständen gefeuert wurde, begrub die Schande und gründete Latour und machte zusammen mit Melker Schörling Securitas zu einem der größten Börsenerfolge der Neunzigerjahre. Gustaf Douglas hat selbst gesagt, dass er sich *nur deshalb* traute, anders zu investieren und Risiken einzugehen, weil er vor seinem zweiundvierzigsten Geburtstag aus fünf Vorständen und einem CEO-Job gefeuert worden war. Ähnlich bei Erik Penser: Er verlor alles, ließ aber die Schadenfreude der anderen das Adrenalin sein, das ihn wieder an die Spitze brachte. Und Christer Ericsson. Meiner Meinung nach hätte der Gründer von Consafe einen selbstverständlichen Platz auf der Liste der Unternehmer des Jahrhunderts von Svenska

Dagbladet haben müssen. Er wurde nach Erfolgen in der Offshore-Industrie zum Milliardär, ging in Konkurs und wurde wieder Milliardär. Er war der „Golden boy" der schwedischen Wirtschaftswelt, als sein Unternehmen weltweit führend und an der Stockholmer Börse notiert war – und stand völlig im Regen, als die Ölpreise fielen und ihm der Staat und die Banken den Rücken kehrten. Die Zahlen sprachen gegen Christer Ericsson, als er zurückkam und auf breiter Front investierte: Wälder in Südamerika kaufte, eine Hotelkette aufbaute und in die IT-Branche einstieg. Mit der Zeit sollte seine JCE Group AB zehntausend Angestellte auf der ganzen Welt beschäftigen.

Als ich 2016 die Nachricht mitbekam, dass Christer Ericsson während eines Angelausflugs verschwunden war und in den Gewässern vor Marstrand gesucht wurde, verfolgte ich die Berichte mit einem dicken Kloß im Hals. Ich lernte Christer kennen, als ich am Wettbewerb Entrepreneur of the Year teilnahm und er Vorsitzender der nationalen Jury war. Christer, der zwar nicht verbittert war, aber den Verrat nie vergaß, gab mir einen guten Rat, den ich mir zu Herzen nahm: *„Werde deine Gewinne los, Gunilla. Sie machen offensichtlich, dass du gut in dem bist, was du tust."*

Als ich zum Sommer 2007 als Sommermoderatorin angefragt wurde, war er es, der mich dem Schwedischen Rundfunk empfohlen hatte – und als die Sendung ausgestrahlt wurde, mailte er mir, dass er froh sei, dass ich einen weiteren seiner Tipps beherzigt hatte: nicht wie ein Maschinengewehr im Radio zu reden. Mit einem Augenzwinkern fügte er hinzu, dass er selbst nach seiner Sommersendung über tausend Briefe erhalten habe, meist von älteren Damen, und wünschte mir viel Glück für meinen Job und mein Leben als frischgebackene Mutter, die ich damals war. Wie jeder, der diese Reise gemacht hat, wusste er, wie schwierig es ist, die Teile zusammenzubringen.

Unternehmer zu sein ist ein Lebensstil, bei dem du vierundzwanzig Stunden am Tag, sieben Tage die Woche mit deinem Unternehmen lebst. Unternehmer kann man nicht in Teilzeit sein. Seit ich Xzakt Customer Relations im Oktober 2000 gründete, waren wir vierundzwanzig Stunden am Tag, an jedem Feiertag und jede Nacht geöffnet.

Heute, wo mein Betrieb Teil eines globalen Unternehmens mit Kunden in der ganzen Welt ist, haben wir eine Vertriebsorganisation, aber viele Jahre lang war ich die Vertriebsorganisation.

Warum gründete ich dieses Unternehmen? Warum nahm ich nicht einen normalen Job mit Rente und festem Gehalt an?

Unternehmer zu sein bedeutet, nicht zuzuhören, was die Leute um dich herum sagen, zu essen, ohne zu schmecken, eine Nervensäge für das Umfeld zu sein. *„Ich werde schon gestresst, wenn ich dich nur ansehe"*, sagt Alfred, wenn ich im Tunnel verschwinde und nicht mehr zugänglich bin.

Im Dezember 2011 war ich zur „Innovation Convention" in Brüssel eingeladen, einer von der Europäischen Kommission initiierten Veranstaltung mit dem etwas hochtrabenden Ziel, „Europa zu einem innovationsfreundlicheren und wettbewerbsfähigeren Kontinent zu machen". Die Veranstaltung sollte von Kommissionspräsident José Manuel Barroso eröffnet werden, und ich wurde gebeten, eine Masterclass mit jungen Unternehmern zu leiten und eine Rede über meine eigene Karriere zu halten. Die Konferenz mit 1.200 Gästen sollte live vor Schwergewichten wie José Manuel Barroso und Angela Merkel übertragen werden, und die Liste der Redner war auch nicht ohne: Eric Schmidt, ehemaliger CEO von Google, Sam Pitroda, Guru der indischen Telekommunikationsrevolution und Berater von Indira Gandhi in den 1980er-Jahren, die britische Modeikone Vivienne Westwood, Ryanair-Geschäftsführer Michael O'Leary und Claudie Haignere, Frankreichs erste Frau im Weltraum. Zunächst lehnte ich ab. Die Frage hinterließ einen faden Beigeschmack in meinem Mund. Doch dann beschloss ich, mich darauf einzulassen. Es war fast heuchlerisch: *Wie konnte ich Nein sagen, wo ich doch so oft auf der Bühne gestanden und über die Bedeutung des Wagemuts gesprochen hatte?*

Ich war furchtbar nervös, als ich das Mikrofon im Square-Konferenzkomplex auf dem Mont des Arts in Brüssel ergriff und meine Rede mit der Feststellung eröffnete: „Als Unternehmer müssen Sie damit rechnen, als verrückt bezeichnet zu werden." Dann erläuterte ich meine persönliche Meinung darüber, was einen guten Unternehmer auszeichnet:

„Clearly, not the same thing that makes good managers. For good managers tend to come from fairly conventional backgrounds. They're the bright kids everyone knew would do well, born organizers who rise through the ranks to reach the top of large corporations. But the budding entrepreneur is more likely to be an outsider, a troublemaker, a rebel who drops out of college to get a job, then discovers a flair for building companies from nothing, gets bored quickly and moves on."

Das war nicht mein bester Auftritt. Da Alfred besser in Englisch ist, hatte er mir bei der Rede geholfen, und die Rede selbst war perfekt. Vielleicht fühlte ich mich deshalb nicht ganz wohl mit den Worten. Aber immerhin gab es Beifall, als ich im Abschnitt über „troublemakers" eine Diashow von Bill Gates, Richard Branson, Steve Jobs und Michael O'Leary zeigte. Ich war dem CEO von Ryanair noch nie begegnet, aber ich wusste, dass der schlagzeilenfreudige Ire dabei sein würde und dass er im Laufe der Jahre zweifellos für Ärger gesorgt hatte. Nicht zuletzt, als er seine Billigfluglinie gerade in Brüssel startete und in seiner Werbekampagne zwei belgische Kleinodien angriff: die nationale Fluggesellschaft Sabena und den pinkelnden Jungen. Über einem Bild des Manneken Pis schrie die Überschrift: *Pissed off with Sabena's high fares?* Es gab einen Aufschrei und Gerichtsverfahren, und Ryanair wurde der Welt vorgestellt.

Als Michael O'Leary an der Reihe war, das Podium zu betreten, konnte er nicht umhin zu betonen, wie überrascht er war, dass er auf die politische Bühne eingeladen worden war.

„Wie Sie wissen, verbringt die EU die meiste Zeit damit, mich zu verklagen, quälen, kritisieren und verurteilen, weil ich die Flugpreise gesenkt habe und ihren Lieblingsfluggesellschaften Air France, British Airways und Lufthansa das Leben so schwer mache."

Die Konferenz endete mit einem Abendessen, und ich saß am selben Tisch wie José Manuel Barroso, Michael O'Leary und Vivienne Westwood. Die legendäre Modedesignerin, die siebzig Jahre alt war und vor einem Jahr Witwe geworden war, wurde von einem sehr jungen Mann begleitet und trug ein ähnliches Outfit wie Britney Spears im Video zu „Baby one more time": Kniestrümpfe, Sneakers und einen karierten Rock, der weit über den Knien endete. Mitten während des Essens verkündete sie am anderen Ende des Tisches, dass sie keine

Unterhosen trug. Ohne Schlüpfer im EU-Hauptquartier. Aber Vivienne Westwood war nichts gegen Michael O'Leary. Der legendäre Pionier des Billigflugverkehrs zog die Aufmerksamkeit auf sich. Er konnte keine Sekunde stillsitzen, rannte hin und her und auf und ab, fuchtelte mit den Armen und redete un-un-ter-bro-chen. Gehetzt und flamboyant. Er war fantastisch unterhaltsam, aber ich war danach erschöpft und wurde von einer Erkenntnis getroffen: Sehen mich die Leute so?

Oder wie der Moderator der Podiumsdiskussion beim SvD Affärsbragd bemerkte: *„Jetzt ist Jacob de Geer an der Reihe zu sprechen. Er spricht langsamer als seine Vorgängerin. Schön für einen Live-Blogger.“*

20. MUTTER VON VIER

„Hausbesichtigung in Djursholm. Elisabeth wurde autokrank und kotzte mich voll. Das Haus war schön, aber schlechtes Grundstück. Abendessen mit Anders und Lotta Wall und Anders und Kristina Böös. Elisabeth weigerte sich einzuschlafen, schrie laut. Wir tranken Champagner und gute Weine, aßen Zandergratin und Kuchen vom Franzosen. Lotta war fantastisch, hat viele Jahre in New York gelebt und war sehr offen und lustig. Anders Wall ist so ein heftiger Mann, wie kann er achtundsiebzig Jahre alt sein?"

(aus meinem Tagebuch, Herbst 2008)

Michael O'Leary war ein Desperado, aber dass ich das Abendessen in Brüssel mit dem CEO von Ryanair so erlebte, als hätte ich meinen Vorgesetzten mal hundert getroffen, hatte wohl auch mit einem anderen Umstand zu tun: dass mein Gehirn Matsche war und dass ich am nächsten Tag drei Kinder von der Vorschule abholen musste.

Nachdem ich mein erstes Kind, Ludvig, bekommen hatte, begann ich, Kleinkindeltern als Helden zu betrachten. In meinem Fall ging es darum, zwei Superheldenanzüge zu haben, zwischen denen ich blitzschnell wechseln können musste: die Geschäftsfrau, die morgens in einer frisch gebügelten Seidenbluse zur Arbeit ging, und die Mutter, die zum Stillen in einem Jumper mit Kotzflecken nach Hause rannte. Ein paar schnelle Spritzer Seife und Wasser unter die Arme, die Stilleinlagen in den BH, mit der schönen Bluse an den Popo für das letzte Bäuerchen tätscheln, und zurück zu den alten Männern im Konferenzraum. Um dann mit der Bemerkung begrüßt zu werden: *„Entschuldigung, Sie haben da etwas auf dem Rücken."*

Ich würde lügen, wenn ich etwas anderes behaupten würde, als dass es ekelhaft schwer ist, Frau und Unternehmerin zu sein und ein Kind zu bekommen. Außerdem vier in gut sechs Jahren.

Ich hatte drei Windelbabys, die bei Schnee und Novemberdunkelheit zur Vorschule geschoben werden mussten, damit ich um acht Uhr im Vorstand von Cision sitzen und Beschlüsse fassen konnte. Entscheidende Beschlüsse über die Zukunft des milliardenschweren Unternehmens in zahlreichen Ländern.

Eine Krise nach der anderen und endlose Sitzungen. Dann musste

Silvia oder ein Kindermädchen Ludvig draußen halten und ich in den Pausen rauslaufen und stillen. Ich konnte ihn schreien hören, und das Schreien setzte die Milchproduktion in Gang. Ich wollte bei meinem Sohn sein, aber das Problem auf dem Tisch musste gelöst werden.

Ich habe alle meine Kinder gestillt, und meiner Meinung nach ist das Stillen ein ständiger Akt der Gewalt an sich selbst. Eine unschlagbare und großartige Art, eine Bindung zu einem Neugeborenen aufzubauen, wenn es funktioniert. Aber für mich wurde das Stillen zu einem Kampf.

Ich kann gar nicht sagen, wie oft ich vor Besprechungsräumen stand und über die verdammte Milchpumpe geflucht habe oder auf dem Toilettensitz in der Damentoilette zusammengebrochen bin. Ein neues Lächeln aufgesetzt und zurück an den Verhandlungstisch gegangen bin, der süß-saure Geruch der Muttermilch wie eine Aura. Milchstau, Pilzbefall, blutende Wunden, eiternde Wunden, Streptokokken. Ich habe das alles durchgemacht, einfach weil man *muss*.

Ich konnte nie im Mutterschaftsurlaub sein, bei keinem meiner vier Kinder. Das einzige Mal, dass ich nicht direkt zur Arbeit ging, war, weil Ludvig an einem Wochenende geboren wurde. Dann war ich erst am Montag wieder im Büro. Ich habe viel Kritik von anderen, guten Müttern bekommen, weil ich nicht zu Hause bei meinen Kindern war, als sie Babys waren, aber meine Kinder waren stattdessen bei mir. Sie durften bei Vorstandssitzungen, Kundenausschreibungen und Geschäftsessen auf meiner Hüfte sitzen. Mit sechs Monaten hatte Ludvig bereits an mehr Sitzungen teilgenommen als ein durchschnittlicher Erwachsener in seinem ganzen Leben. Er war so oft bei mir, dass der Finanzvorstand meines Unternehmens Visitenkarten drucken ließ: *Ludvig von Platen, Vice President Xzakt.*

„Elisabeth fragt: Mama, kann man mit zwanzig Kinder bekommen? Ich antworte: Ja. Kann man mit neunzehn Kinder bekommen? Ich sage wieder Ja, aber dass es nicht so gut ist. Doch, Mama, sagt sie. Weil man dann länger mit seinen Kindern leben kann. Meine schlaue und kluge Tochter.“

(aus meinem Tagebuch, Dezember 2014)

Als ich meine Tochter in der Vorschule einschulen sollte, hatte ich für denselben Tag ein Mittagessen mit Anders Wall gebucht. Der

Finanzier hatte sich bereit erklärt, die Sommermoderation auf P1 zu machen, nachdem ich dem Schwedischen Rundfunk geholfen hatte, ihn an den Haken zu bekommen. Jetzt sollten wir uns treffen, um verschiedene Zugänge zu seinem Leben und langem Unternehmertum zu besprechen, die zu spannenden Geschichten für die Zuhörer werden könnten. Unmittelbar nachdem Elisabeth ihren ersten schweren Atemzug auf dem Kissen im Schlafsaal der Vorschule getan hatte, sprang ich auf und lief zum Restaurant Wedholms fisk am Nybrokajen für das Treffen mit Anders Wall. Wir sprachen über sein Aufwachsen als Bauernjunge auf einem einfachen Bauernhof in Uppland mit elf Kühen, zwei Pferden und einem Plumpsklo. Über Ronald Reagan und das Weiße Haus, Olof Palme und Percy Barnevik und darüber, wie es war, Schwedens jüngster CEO eines börsennotierten Unternehmens zu werden. Dann kam die Nachricht, dass Elisabeth aufgewacht war, und ich eilte zurück in die Vorschule, legte Puzzles und spielte mit Bauklötzen.

Ich war die ganze Nacht auf, wischte Erbrochenes weg, desinfizierte die Milchpumpe, leerte den Windeleimer. Und dann jeden Morgen: neue persönliche Bestleistung von hundert Metern in Stöckelschuhen zwischen den Sitzungen.

Ich liebe meine Kinder über alles, ohne sie bin ich nichts, aber die Jahre mit vier Kleinen und dazu einem Baby namens Xzakt, das vierundzwanzig Stunden am Tag und jeden Tag meine Aufmerksamkeit forderte, waren wie ein ständiger Nebel. Normalerweise habe ich ein gutes Gedächtnis. Das war während meiner gesamten Laufbahn eine Stärke und ist ein Schlüssel zum Erfolg meiner Unternehmen, aber während der Stillzeit mit drei Windelkindern kam es zur Kernschmelze. Ich vergaß Namen, schloss mich aus, vergaß den Code, ließ den Herd an. Als Gabriel neugeboren war, hatte ich einen Bandscheibenvorfall im vierten und fünften Wirbel meiner Wirbelsäule und konnte nicht aus dem Bett aufstehen. Musste über die Bettkante rollen und würdelos auf allen Vieren landen. Ich kroch in einem Korsett herum, das Gefühl in meinen Beinen verschwand und ich konnte nicht mehr reisen. Der Arzt sagte, ich hätte zwei Möglichkeiten: Operation oder Rehabilitation. Ich hatte bereits eine Sportkarte für das Grand

Hotel, die ich zwar nicht zum Trainieren benutzt hatte, aber ich war hin und wieder dort, um zu saunieren oder zu duschen, und hatte ein Schwimmbecken bemerkt, in das Kinder zu bestimmten Zeiten durften. Wenn ich mich sowieso rehabilitieren musste, konnte ich die Gelegenheit auch nutzen. Wir hatten keine Zeit, die Kinder zum Schwimmunterricht zu bringen, also nahm ich sie mit in den Wellnessbereich des Hotels. Samstags zwei Stunden zwischen acht und zehn Uhr, ein Kind nach dem anderen nach einem festen Zeitplan. Alle meine vier haben im Grand Hotel schwimmen gelernt. Wenn wir an dem Fünf-Sterne-Hotel auf Blasieholmen vorbeigingen, zeigte der kleine Emanuel immer auf das Hotel: *„Guck mal, die Schwimmschule."*

An einem Samstag, als wir ins Grand gingen und Schwimmzüge übten, hatte ich den ganzen Vormittag damit verbracht, Babyflaschen zu sterilisieren, und war mit drei Kindern im Schwimmbecken, als mir einfiel: *„Verdammt, der Herd!"* Alfred, der unserem Zuhause am nächsten war, musste losrennen. Als er die Tür öffnete, sah er nur eine Wolke. Ich hatte unser ganzes Zuhause durch Rauch beschädigt. Die Feuerwehrleute sagten, dass wegen des giftigen Gases keine Kinderlunge in die Wohnung gelassen werden dürfe. Während der Sanierung mussten wir zwei Wochen in einem Hotel verbringen. Dieses Mal fragte eine Erzieherin in der Vorschule, ob es wirklich stimmte, was Elisabeth bei einem Ausflug in Humlegården gesagt hatte. Dass wir im Scandic Anglais *wohnten.*

„Draußen sind heute vierzehn Grad unter null. Ich bin mit Gabriel zu Hause. Silvia und Johan sind mit den Kindern draußen. Sehr nett von ihnen und ein Spaß für die Kinder. War mit Gabriel beim Arzt, er hat ein Herzgeräusch. Wir sind am Freitag zum Astrid-Lindgren-Krankenhaus gefahren. Die Ärzte untersuchten gründlich. Sie fanden ein kleines Loch, aber die Ärzte sagten, es sei völlig harmlos."

(aus meinem Tagebuch, Januar 2010)

Wir waren immer krank. Alle drei Jungen haben Nussallergien, Emanuel verträgt keine Milch und keine Eier, Ludvig hat Asthma und Legasthenie und Elisabeth Legasthenie und Rheuma. Wir hatten Gutscheine für das Astrid-Lindgren-Kinderkrankenhaus für alle Allergieschocks und gerade als du dachtest, *yes*! Als achtundvierzig Stunden seit dem letzten Erbrechen des vierten Kindes vergangen waren und du versuchtest, sie extra früh ins Bett zu bringen. *Das erste Flugzeug nach Skellefteå, die Rede für die IVA-Gala vorbereiten, E-Mails beantworten, die Bank anrufen.* Da entdecktest du es: Läuse. Ein zwei Millimeter großer, blutsaugender Parasit war genau die Kleinigkeit, die das ganze System zum Einsturz bringen konnte.

„Was sind das für schmutzige Leute heutzutage, waschen reiche Leute ihre Kinder nicht?“, sagte Mama. Wir schliefen auf Ziegenfellen in der türkischen Pampa ohne fließendes Wasser und Shampoo, wuchsen auf und gingen zur Schule in einem Vorort von Göteborg, der heute als einer der am stärksten gefährdeten des Landes gilt. Niemand. Hatte. Jemals. Läuse. Meine Kinder gehen auf eine der begehrtesten Schulen des Landes, wo die Eltern ihre Kinder schon am Tag ihrer Geburt auf die Warteliste setzen lassen. Wo die Klassen klein und die Zukunftspläne groß sind, nicht zuletzt bei den Eltern. Aber der Blick auf die Kopfhaut ihrer Sprösslinge scheint nicht so dringend zu sein. Einmal, als ich vor lauter Arbeit unterging und mir um vier Uhr morgens den Läusekamm so oft durch das Haar gezogen hatte, dass meine Haare nur so ins Waschbecken flogen, begrüßte mich am Nachmittag ein neuer Zettel an der Tür der Vorschule: „Krätze.“ Ich googelte es und geriet in Panik. *„Spinnen unter der Haut, die einen auffressen.“* Alle Kinder hatten sie, auch Gabriel, der noch ein Baby war. Sie mussten alle gleichzeitig behandelt werden, und gleichzeitig musste ich mit der Gewerkschaft verhandeln.

Als wir klein waren, wurden wir am Grevegårdsvägen immer zu zweit gebadet, dienstags und freitags war obligatorischer Badetag. Mama hatte eine in der Türkei gekaufte Wurzelbürste, mit der man normalerweise den Schlamm von den Eseln schrubbt. Es kratzte und brannte auf der Haut, dass wir aus Leibeskräften schrien. Heute mache ich das Gleiche mit meinen Kindern, ohne die Wurzelbürste, aber ich schleppe meine Sprösslinge ins Badezimmer.

Gleichzeitig war es für mich in den Kleinkindjahren von Vorteil, Unternehmerin zu sein. Ich bin Chaos gewöhnt, jongliere ständig mit vielen Bällen in der Luft und bin unter Stress die Mutter von Kreativität. Als Elisabeth drei Monate alt war und ein Pressetag für „Die Höhle der Löwen“ mit Interviews und Fotos anstand, hatte ich niemanden, der sich um sie kümmern konnte. Mir war nicht klar, dass es ein ganzer

Tag war, und die TV-Produktion hatte wenig konstruktive Vorschläge. Ich tätigte zwei Anrufe. Der erste ging an meine Freundin Kajsa Dahlberg, Managerin bei McDonald's, die auf Värmdö wohnte und in Mutterschaftsurlaub war. Der zweite Anruf ging an Adena Pickos. Der Typ von der Kurierfirma machte große Augen, als er verstand, dass er ein Baby liefern sollte, aber ich legte Kajsa eine Flasche Wein als Dankeschön in die Babyschale.

Vor dem Muttertag 2010 wurde ich von Expressen gebeten, einen Diskussionsbeitrag über den Mangel an Müttern in der Geschäftswelt zu schreiben. Forbes hatte eine Liste mit den 937 Dollar-Milliardären der Welt präsentiert. In der Liste, die ansonsten voll von neureichen Unternehmern war, waren nur acht Namen – ein Prozent – Mütter, die ihr eigenes Vermögen aufgebaut hatten. Ich schrieb einen Text, der sowohl Resignation als auch Kampfgeist enthielt. Konstatierte, wie sehr es ein Verlust für die Gesellschaft sei, dass die Mutterkraft nicht genutzt werde, und zu welchen Wundern die potenzielle Vielfalt in der Geschäftswelt führen könne. Nannte aber auch ein Beispiel für eine Mutter, die es tatsächlich geschafft hat, Familie und Karriere als Geschäftsfrau unter einen Hut zu bekommen. Margaret Whitman verließ einen guten, hoch bezahlten Job, um bei eBay einzusteigen, das damals ein kleines Unternehmen mit dreißig Mitarbeitenden war, und baute es zu einem globalen Konzern aus. Zeigte, dass es möglich ist, wenn man sich nur traut.

„Liebes Tagebuch, heute bin ich im Bett aufgewacht und habe Papa geweckt, damit wir Hausaufgaben machen konnten. Papa und ich sind Schlitten gefahren. Emanuel hat den ganzen Tag geweint. Es war ein guter, aber auch ein schlechter Tag. Mama, du hattest vielleicht nicht die beste Kindheit, aber du bist die Beste geworden. Kannst du jetzt neue Schlittschuhe kaufen? Liebe Grüße, Gabriel"

(aus meinem Tagebuch, Januar 2019)

Meine Kinder mussten sich daran gewöhnen, dass sie in der Vorschule immer zuerst abgesetzt und zuletzt abgeholt wurden. „Ich komme, bevor es ganz dunkel ist", war ihre Perspektive.

Dass ich mit keinem meiner Kinder in Mutterschaftsurlaub gehen konnte, als sie neugeboren waren, war keine Wahl, die ich getroffen hatte. Ich wollte es, aber jedes Mal gab es eine Katastrophe in meiner

Firma, die die Pläne zunichte machte.

Mit Ludvig verlor ich Djuice, die Telenor-Tochter, die mein größter Vertrag war. Ich war die Einzige, der den Vertrag einziehen konnte, und musste einen Ersatzkunden finden. Als Elisabeth neugeboren war, drehte ich „Die Höhle der Löwen“ und war in die Gruppenleitung von Almi eingetreten, wo ich mehr Kunden gewinnen musste. Mit Gabriel 2009 hatte ich sowohl Alfred als auch mir selbst versprochen, drei Monate freizunehmen. Dann verlor ich Com Hem, den größten Kunden in dieser Zeit. Wir hatten Spitzenqualität geliefert, aber die Buchhalter des Telekommunikationsunternehmens waren nicht an Spitzenqualität interessiert. Sie wollten die Preise drücken. Wir sollten grundsätzlich bei Reklamationen einfach auflegen. Jeden Tag Schriftverkehr. Ich hatte ständig Besprechungen mit Krister Tånneryd, dem Leiter des Kundendienstes von Com Hem, und dem CEO, der mich verhöhnte, als ich während der erniedrigenden Verhandlungen zu weinen anfing. Anstatt zu Hause zu bleiben und mein Baby zu küssen, musste ich sechzig von insgesamt zweihundert Mitarbeitenden in Skellefteå entlassen. Mehr als jeden dritten Mitarbeitenden.

Bei Emanuel war es „der Berater“.

21. DER BERATER

Donnerstag, 19. Januar 2017. Das werde ich nie vergessen. Am Tag zuvor war ich an Blinddarm und Gebärmutter operiert worden, und der Arzt wollte mich eine Woche lang krankschreiben. Stattdessen folgten monatelang Nächte, in denen ich mich schlaflos immer wieder durch den Prozess quälte und mich selbst hinterfragte: *Hätte ich irgendwo vorhersehen können, dass hundert Menschen entlassen werden würden?* Die Antwort lautete damals und auch heute noch: Nein. Denn es ging nicht um das Leistungsverhältnis, um Qualität oder Preise. Sondern um den persönlichen Groll eines einzelnen Mannes gegen eine Frau. Wie ich einen meiner wichtigsten Kunden verlor, ist der schlimmste Knall meiner Karriere.

Ich neige dazu, meine Partnerschaften wie eine Ehe zu betrachten. Man muss geben und nehmen und Respekt zeigen, auch wenn man sich in manchen Fragen nicht einig ist, und in diesem Fall war es eine lange Beziehung. Die ersten vier Jahre mit dem Kunden habe ich als sehr erfolgreich und konstruktiv erlebt, auch wenn es viele interne Umbrüche und Managementwechsel gab. Als das Unternehmen eine neue Chefin präsentierte, dauerte es nur wenige Wochen, bis wir uns beim Mittagessen trafen. Die Frau mit internationalem Glamour in ihrem Lebenslauf war brillant enthusiastisch, erzählte von ihren Ambitionen und Visionen für das Unternehmen und schwärmte während des gesamten Mittagessens. Sie brachte wiederholt ihre Zufriedenheit mit meinem Unternehmen und ihr Engagement für unsere Zusammenarbeit zum Ausdruck. *„Die kleinste Sache, Gunilla, dann kommst du direkt zu mir. Ich bin immer für dich da"*, sagte die neue Managerin und bedauerte, dass sie nicht an der Wohltätigkeitsgala teilnehmen konnte, die ich im Sommer organisieren wollte, um Geld für ein Waisenhaus in Syrien zu sammeln. Sie würde aber auf jeden Fall prüfen, ob das Unternehmen das Projekt unterstützen könne. Schon bei diesem ersten Treffen, und weil sie es selbst ansprach, sagte ich ihr, dass es tatsächlich ein Problem gab. Eine Person in der Organisation, die uns immer wieder in die Quere kam und unsere Zusammenarbeit erschwerte. Die neue Managerin reagierte scharf und sagte, dass sie ein solches Verhalten im

Unternehmen nicht dulden würde.

Im Rahmen einer größeren Umstrukturierung war eine neue Abteilung geschaffen worden, mit deren Leitung ein ehemaliger Berater des Unternehmens betraut worden war. Er hatte gerade seine Stelle angetreten, als er sich im Herbst 2013 per E-Mail als der neue Verantwortliche für unsere Geschäftsbeziehung vorstellte.

Wir wollten eine neue Beschaffung besprechen, und „der Berater" wurde eingeladen, sich mein Unternehmen vor Ort anzusehen. Nur eine Woche später reisten wir gemeinsam von Stockholm nach Skellefteå. Ich war hochschwanger und ging leicht nach hinten gelehnt, aber stolz, als ich unser neues, schönes Büro im Lernia-Gebäude in Hedensbyn zeigte, wohin wir umgezogen waren, nachdem wir aus den Bananenkisten herausgewachsen waren. Ich stellte die talentierten Mitarbeitenden vor und zeigte im Detail, wie jeder von ihnen die Anrufzeiten gemeistert hatte und wie wir uns immer wieder selbst übertrafen. „Der Berater" zeigte null Temperament. Er lief steif und schweigend herum und brummte vor sich hin. Nur einmal während des Besuchs in Norrland zog er die Mundwinkel hoch. Als ein Mitarbeiter der IT-Abteilung ihm erzählte, was er getan hatte, als er von seiner Partnerin betrogen und verlassen worden war und seine Freundin sich weigerte, die gemeinsame Wohnung zu verkaufen. Er hatte eine Anzeige bei Blocket aufgegeben, auf die er mehrere Antworten erhielt, und seine Partnerin geriet in Panik: „Halbe Wohnung zu verkaufen, die andere Hälfte gehört meiner Ex-Freundin." Das fand „der Berater" sehr lustig.

Als wir kurz darauf die Diskussion über die Beschaffung wieder aufnehmen wollten, war es mit dem Lachen vorbei. „Der Berater" kam zur Besprechung und verlangte, dass ich den Preis um zwanzig Prozent reduziere. Ich war verdutzt. Das war Wahnsinn. Ich zählte jeden unvernünftigen Aspekt seiner Forderung auf. Dass ich als Managerin nicht dasselbe Niveau liefern könne, wenn der Preis um zwanzig Prozent gesenkt würde. Dass ich keine Kompromisse bei der Qualität mache und dass ich natürlich von meinen Mitarbeitenden nicht verlangen könne, ihr Gehalt um zwanzig Prozent zu kürzen. Und so ging es weiter. Eine Beschaffung nach der anderen, mehr und mehr, reduzieren, reduzieren. Ich wurde unter Druck gesetzt und gestresst und ging so viele Kompromisse ein, wie ich konnte. Aber nach jedem Mal und noch bevor die Tinte getrocknet war, drohte „der Berater“ damit, den Vertrag wieder zu kündigen. Während er meine Mitarbeitenden als Geiseln hielt und belehrende E-Mails schickte: *„Ich habe das Gefühl, dass wir eine Besprechung brauchen, in der wir Ihnen erklären können, wie Sie rechnen sollen. Ich habe volles Verständnis dafür, dass man sich manchmal verrechnet.“*

Der herablassende Ton und die Erpressung zogen sich über Monate hin, Jahre. Ich ging auf dem Zahnfleisch, als ich ein Treffen mit dem CEO des Unternehmens vereinbarte, bei dem ich direkt heraus fragte: *„Was ist Ihnen wichtiger, Qualität oder Quantität?“* Der CEO hatte keine Ahnung, wer „der Berater“ war, aber wie jeder seriöse Unternehmensleiter kannte er den Net Promoter Score, einen Qualitätsindex, der die Kundenzufriedenheit misst. Er antwortete, ohne mit der Wimper zu zucken: *„Qualität, natürlich.“*

Es standen hundert Menschen auf dem Spiel. Hundert Angestellte, die ich ernährte und die alle, mich eingeschlossen, vom Machtspiel einer Person abhängig waren. Ich bemühte mich daher nach Kräften, dem „Berater“ jedes Mal ruhig und rational zu begegnen und mit ihm zu verhandeln. Er eskalierte jedoch immer weiter in seinem passiv-aggressiven Ton. Als ich auf mein Gespräch mit dem CEO des Unternehmens hinwies und erläuterte, wie er die Qualität zur obersten Priorität für das Unternehmen gemacht hatte, brach die Stimme des Beraters: *„Mit WEM, sagten Sie, haben Sie gesprochen? Mit welchem CEO? Er ist nicht Ihr Stakeholder, ICH bin Ihr Stakeholder!“*

Als „der Berater“ später erfuhr, dass ich auch in ständigem Kontakt mit einem anderen Manager im Unternehmen stand, der mich in allen Situationen unterstützte, rief er Alfred und mich zu einer weiteren Besprechung im Büro. Diesmal mit Verstärkung. Im Raum befand sich ein weiterer Manager aus der Abteilung, der „Hockey-Torwart“, der uns „die Rangfolge im Unternehmen beibringen“ sollte. Die Situation war völlig absurd. Während der „Hockey-Torwart“ herumlief und mit einem Baseballschläger in die Hand klopfte, demonstrierte „der Berater“ die Struktur des Unternehmens auf einem Whiteboard. Er machte einen Ring um seinen eigenen Namen und verbot uns, fortan mit jemand anderem in der Firma zu sprechen. Wenn ich mit einem

Angestellten einen Kaffee trinken wolle, müsse das über ihn laufen. Dann fügte er hinzu: *„Ist das klar, wie war noch mal Ihr Name ... Dagobert Duck?"* Das war die Grenze für die Geschäftsführerin von Xzakt und auch für meinen Mann. Alfred stand auf und ging zur Tür, während ich sitzen blieb. Die Demütigung ging mir durch Mark und Bein. Ein Berater, der weder von Kundenbetreuung noch von Personal etwas verstand, belehrte einen Lieferanten, der auf höchstem Niveau produziert hatte. Alfred stand an der Tür und gab mir ein Zeichen, nachzugeben. *Don't go there.* Aber ich konnte mich nicht zurückhalten. Ich fragte „den Berater", ob er wisse, was den Untergang von Nokia herbeiführte, und beantwortete die Frage selbst: *„Dass sie so größenwahnsinnig wurden, dass sie ihre Lieferanten unter Druck setzten und in die Knie zwangen. Sobald die Zulieferer eine andere Möglichkeit hatten, gingen sie. Das Gleiche wird auch Ihnen passieren."*

Am Ende des Jahres hatte sich der Sturm etwas gelegt. Wir hatten einen neuen Vertrag unterschrieben, „der Berater" war ruhig geblieben und sogar ich begann, an ein bisschen Weihnachtsfrieden mit der Familie zu glauben. Nicht zuletzt nach einer besonders ausgelassenen Telefonkonferenz, bei der die Chefin, zu der ich „mit jedem Problemchen kommen konnte", vor der Geschäftsleitung so nette Worte über Xzakt und über mich gesagt hatte, dass es mir fast peinlich war. Sie war auch besonders froh und dankbar, dass ich die Aufgabe übernommen hatte, die Mentorin ihrer Tochter zu sein. Etwas, für das sie mich während des langen Wochenendes nochmals schriftlich wertschätzte.

Als mein kleiner Bruder Markus am Tag vor Silvester ein Interview mit mir in Di's Leadership-Podcast „Vernunft & Gefühl" auf seiner Facebook-Seite verlinkte und schrieb: *„Meine Schwester, eine Unternehmerin, Mutter, mehrfache Tante, Schwester und wunderbare Person sowie Vorbild für viele. Könnte nicht stolzer sein!"* – hinterließ die Chefin des Telekommunikationsunternehmens einen Kommentar: *„Fantastische, inspirierende Gunilla von Platen. Podcast ist heruntergeladen, damit meine Tochter und ich ihn uns morgen während des Fluges anhören können. Can't wait!"*

Wohin die „jegliche Kleinigkeit und du kommst zu mir"-Chefin unterwegs war, ist unbekannt, aber sie verschwand völlig unter dem Radar in dem falschen Spiel, das sich in den nächsten zwei Wochen zwischen den Mauern ihres Unternehmens abspielen sollte. Ich hatte kein Wort von meinem Kunden gehört, als ich nach dem Dreikönigswochenende eine Einladung des „Beraters“ zu einer Besprechung erhielt: Am 19. Januar im neuen Hauptsitz des Unternehmens. Nur wenige Monate zuvor hatte ich als VIP-Gast an der pompösen Eröffnungsfeier für die wichtigsten Lieferanten und Partner des Unternehmens teilgenommen. Wir waren mit einer exklusiven Führung durch die neuen Räumlichkeiten, einem Essen von Starkoch Björn Frantzén und einer Rede des Vorstandsvorsitzenden bei dem Abendessen verwöhnt worden, bei dem ich den Ehrenplatz neben dem Konzernchef hatte. Jetzt war es ein völlig anderes Szenario. Alfred und ich auf der einen Seite des Tisches und zehn Mann, die meinen Kunden vertraten, auf der anderen Seite, wobei der Mann in der Mitte sofort das Wort ergriff. „Der Berater“ kündigte an, dass er unsere Zusammenarbeit beenden werde. Sie hätten einen anderen Lieferanten „mit besserer Qualität“ gefunden. Der Schock fuhr wie ein Stromschlag durch meinen Körper. Ich war davon überzeugt, dass er weiterhin Druck auf die Preise ausüben würde, aber ich hätte nie gedacht, dass es ihm gelingen würde, uns rauszuschmeißen, angesichts der Art und Weise, wie wir lieferten, der Zufriedenheit aller, die mit uns operativ zusammenarbeiteten, und der Unterstützung, die wir von der Geschäftsführung erhielten. Vor allem aber war es eine Lüge, und jeder am Tisch wusste das. Aber niemand sagte ein Wort. Es gab nur den „Berater“ und mich, so wie es von Anfang an gewesen war. *„Hier geht es nicht um Ihr Unternehmen oder Xzakt“*, sagte ich. *„Hier geht es um Sie und mich. Sie haben mich von der ersten Sekunde an gehasst und alles getan, um mich zu Fall zu bringen. Deshalb haben Sie sich dazu entschieden, hundert unschuldige Menschen zu bestrafen.“*

Ich hatte den Typ Mensch schon einmal getroffen. Unsichere Männer, die mit einer starken weiblichen Führungskraft nicht umgehen können. „Der Berater“ war ein zurückhaltender Nordländer, der eine Gelegenheit sah, seine Macht auszuüben. Er nahm es mir übel, dass es meinem Unternehmen und mir gut ging, und konnte nicht damit umgehen, dass mein Wissen über Service und Kundenbetreuung größer war als seins. Das war ein rotes Tuch.

Für meine Mitarbeitenden und mich war der Vertragsbruch ein

Todesstoß, aber auch für meinen Kunden, der uns für Millionen ausgebildet hatte und nun bei null anfangen musste, war es im wahrsten Sinne des Wortes eine Kapitalvernichtung. Und das alles wegen eines inkompetenten Beamten, dessen Namen niemand kannte.

Als kurz nach dem schlimmsten Schlag meiner Karriere Eva Hamiltons großes Mädelsdinner anstand und ich zuvor eine Fahrgemeinschaft mit der Chefin des Unternehmens vereinbart hatte, sprang sie ins Auto und fragte fröhlich: „*Wie geht es uns? Wie machen wir uns?*" Sie hatte keine Ahnung, was passiert war. Hatte nur Gutes gehört. Als ich dem gesamten Leitungsteam eine E-Mail schickte, in der ich mich für die fantastischen Jahre bedankte und das Ende unserer Zusammenarbeit bedauerte, antwortete der Konzernchef postwendend: „*Schade, dass wir nicht mehr von Ihrer Energie profitieren können. Aber offenbar haben wir einen neuen Partner (wenn es denn ein neuer ist) gefunden, der genauso gut oder besser ist als Sie.*"

Aber von einer Seite herrschte Schweigen. Unmittelbar nach der Hinrichtung im Hauptsitz hatte ich die „ich bin immer da"-Chefin angerufen. Ich hatte sie immer wieder per E-Mail und Telefon kontaktiert, aber ohne Antwort. Nur einmal während des Sturms gab sie ein Lebenszeichen von sich. In einem Facebook-Post, in dem sie mich markierte und ihre Follower aufforderte, Geld für meine Arbeit mit dem Waisenhaus in Damaskus zu spenden: *created and built by the impressive Gunilla von Platen whose compassion is endless.*

Für mich war der Schaden irreparabel. Nicht nur, dass ich vierzig Prozent meines Geschäfts verlor und hundert Mitarbeitende ihren Arbeitsplatz, sondern auch die Tatsache, dass ich nicht einmal mit meinem vierten Kind in Mutterschaftsurlaub gehen konnte, war ein Kummer, der bis heute schwer zu ertragen ist. Mein Freund und Vorbild Gustaf Douglas erzählte in seinen Memoiren „Med blicken på stigen", die übrigens Pflichtlektüre bei der Handelshochschule sein sollten, dass er ein schwarzes Buch hat, in dem er alle sammelt, die ihm im Laufe der Jahre in den Rücken gefallen sind. Ich habe kein Schwarzbuch, aber wenn ich eins hätte, wäre „der Berater", dessen richtiger Name in unserer Familie ein Schimpfwort ist, unter die ersten drei gekommen. Leider ist die Konkurrenz vernichtend.

22. HÄHNE UND SKORPIONE

Ein Skorpion stand hilflos an einem Bach. Wie sollte er, der weder schwimmen noch auf Seerosenblätter springen konnte, auf die andere Seite gelangen? Er bat einen Frosch um Hilfe. Könnte der Frosch ihn hinüberbefördern? Der Frosch zögerte, weil er Angst hatte, gestochen zu werden, aber der Skorpion versicherte ihm, dass sie beide ertrinken würden, wenn er den Frosch sticht. *Wie idiotisch wäre das denn?* Also willigte der Frosch ein, den Skorpion auf seinen Rücken steigen zu lassen, und begann zu schwimmen. Sie hatten die Hälfte der Strecke hinter sich, als der tödliche Stachel zuschlug. Gelähmt und unerbittlich dem Untergang im wirbelnden Wasser entgegen schwimmend, schrie der Frosch: *Warum? Warum hast du das getan?* Darauf antwortete der Skorpion: *Ich konnte nicht anders, das liegt in meiner Natur.*

Die klassische Fabel vom Skorpion und dem Frosch, die unter anderem in Orson Welles' Film „Herr Satan persönlich" erzählt wird, ließe sich auch auf die Wirtschaft übertragen. Die Moral, dass es Teile der eigenen Natur gibt, die man nicht unterdrücken kann, auch wenn die Situation nicht gefährlich ist, habe ich im Berufsleben oft erlebt. Als Ausdruck von Macht.

Als ich heiratete, sagte mein Freund Anders Harrysson in seiner ansonsten vielleicht nicht ganz stringenten Hochzeitsrede, dass er stets bemüht gewesen sei, mich vor all den Männern zu schützen, die im Laufe der Jahre versucht hatten, mich zu betrügen und zu hintergehen. Es gab viele Lacher, und ich hatte überhaupt kein Problem damit, sie zur Feier des festlichen Anlasses auf meine Kosten zuzulassen, weil es offensichtlich als Scherz gemeint war. Aber die Realität war oft alles andere als lustig. Wenn man weiterhin Parallelen zum Tierreich zieht, könnte man die Einleitungsphase jedes neuen großen Geschäfts mit einem Hahnenkampf im Morgengrauen vergleichen. Die aufgeblasenen Hähne auf dem Sumpfmoos, die scharwenzeln und seltsame Luftsprünge machen, mit ihren prächtigen Schwänzen wedeln, um die Hennen dazu zu bringen, sie zu wählen. Die Henne, das Weibchen, ich. Unternehmerin und Investorin mit Kapital zu sein bedeutet, ständig umworben zu werden. In der Regel von Männern, die wie

Auerhähne auf dem Moos zunächst ihre ganze Palette an Schmeicheleien und Tänzen ausspielen. Hast du erst einmal zugesagt und glaubst, alles sei auf dem richtigen Weg, dann knallt es – BAM! Am Verhandlungstisch sind die schönen Lockrufe wie weggeblasen. Dann beginnt die nächste Phase, die ich den Schleifprozess nenne. Plötzlich geht es nur noch darum, dich zu Fall zu bringen. Die Hähne, die gerade noch herumgetänzelt, dich zum Mittagessen eingeladen und dir zugezwinkert haben, wollen jetzt einen Rabatt. Sie reden darüber, wie abhängig du von ihnen bist, sagen, dass sie andere Eisen im Feuer haben, und drohen, sich zurückzuziehen. Entlarven ihre Giftigkeit.

Als ich am 7. November 2015 in mein Tagebuch schrieb: *„Ich habe die Geschäftswelt so satt, sie ist ein zynisches, kaltes und ekelhaftes Spiel"*, war ich nicht nur mitten in den unwürdigen Beschaffungen mit dem „Berater". Ich hatte auch den Verdacht, dass mein neuer Geschäftspartner nicht der war, der er vorgab zu sein.

Alexander Jönsson war mehrmals mit der Bitte um ein Interview an mich herangetreten, und ich hatte jedes Mal abgelehnt. Ich bin wählerisch bei dem, was ich zulasse, aber ich hatte mir auch einige Male seine Interviews angehört und fand, dass er oft schlecht informiert und auf eine Weise schleimig war, die für den Verbraucher unerträglich sein konnte. Aber Alexander Jönsson fragte mich immer wieder an, und als ich mich im Sommer 2015 in einer Situation befand, in der ich mit meinem Waisenhausprojekt in Damaskus Schwierigkeiten hatte, die Menschen zu erreichen, und alle Medienaufmerksamkeit brauchte, die ich bekommen konnte, sagte ich zu. In erster Linie, um über meine Arbeit in Syrien zu sprechen, aber auch, um über meinen eigenen Hintergrund als Einwanderin und andere eher private Angelegenheiten zu berichten. Darauf muss man gefasst sein, wenn man sich auf das Spiel einlässt. Es ist ein Geben und Nehmen. Als das Interview, oder besser gesagt das Gespräch, veröffentlicht wurde, war der Moderator begeistert und posaunte auf seinen sozialen Kanälen von einer großartigen Episode mit einer *fantastischen Frau*, die *sowohl bewegende als auch inspirierende Geschichten* zu erzählen hatte.

Auch ich war zufrieden. Ich durfte lange über die von mir organisierte Benefizgala sprechen und bekam auch einen überraschend guten

Eindruck von Alexander Jönsson. Er wirkte engagiert und ehrlich und war weiterhin charmant und machte mir Komplimente, als die Aufnahme beendet war und wir vor dem Studio standen. Wir hatten uns schon eine ganze Weile unterhalten, als ich plötzlich merkte, dass ich einen Termin hatte und sagte, dass ich losmüsse. Dann hatte er es auf einmal auch eilig. Er stupste mich mit dem Ellbogen in die Seite und betonte, dass es nicht offiziell sei: *Aber ich habe eine Firma, Gunilla. Kannst du sie dir ansehen?* Ob er deshalb so scharf darauf war, mich als Gast im Podcast zu haben, kann ich nicht sagen, aber er brauchte offensichtlich einen Investor. Das Unternehmen, für das er mich gewinnen wollte, war ein Emporkömmling in der Finanzbranche, den er zusammen mit einigen ehemaligen Kollegen gegründet hatte und dessen Ziel es war, hohe Gebühren zu entlarven und dem einzelnen Sparer das Leben leichter zu machen. Über die App des neuen Unternehmens könnten die Menschen ihre persönlichen Finanzen besser im Auge behalten und Änderungen an ihren Ersparnissen vornehmen, ohne ein unterschriebenes physisches Stück Papier einsenden zu müssen. Clever. Mir gefielen das Geschäftsmodell und der Ansatz, und wenn ich mich in einer Sache auskenne, dann in der Finanzbranche. Das wussten Alexander Jönsson und seine Partner natürlich. Ich sah, dass es eine Marktlücke und ein Potenzial für diese Dienstleistung gab. Als ich auf ihn zurückkam, war es mit einem Okay und einer Gegenforderung. Ich sagte, dass ich bereit sei, fünfzehn Prozent der Anteile am Unternehmen zu kaufen, betonte aber: *Wenn ich in das Unternehmen investiere, sollte er sich voll und ganz auf das Unternehmen konzentrieren und nicht auf seine Interviewreihe.* Wir unterzeichneten eine Vereinbarung, wonach Alexander Jönsson Vollzeitmitarbeiter mit Verantwortung für den Vertrieb und die Geschäftsentwicklung sein würde und was von ihm erwartet wurde. Und ich versicherte ihm, dass ich mein Möglichstes tun würde, um das Unternehmen voranzubringen, wie ich es immer tue, wenn ich neue Projekte in Angriff nehme. Als die Fachzeitschriften anriefen, bestätigte ich meine neue Kapitalanlage und antwortete vorlaut, dass ich mich noch nie so sehr bei einer Investition engagiert gefühlt habe. Der CEO des Start-ups kündigte an, dass dies die einzige Finanzierungsrunde sei, die das Unternehmen zu machen gedenke, und war nicht weniger enthusiastisch, als er von den Medien interviewt wurde. Er sagte, es sei ein gutes Gefühl und mache Spaß, mich an Bord zu haben, und pries mein großes Netzwerk und meine wichtigen Kontakte in der Branche. Alexander Jönsson hingegen war schweigsam. Er war gerade dabei, sein Unternehmen zu verkaufen, und wollte das Geschäft in keiner Weise gefährden. Erst im März, fünf Monate nach dem Start unseres Unternehmens und als der Verkauf seines Unternehmens abgeschlossen war, wandte sich Alexander Jönsson an die Medien und bestätigte, dass er einer der Investoren war. Wir feierten mit einem Abendessen am Strandvägen 1, bei dem ich die Rechnung übernahm. Er könne sich kein besseres Team vorstellen, betonte er, und sagte, dass es in diesem speziellen Bereich *unglaublich viel* zu tun gäbe.

Das stimmte. Es gab unglaublich viel zu tun. Aber Alexander Jönsson tat nichts. Woche um Woche verging, und ich fragte ihn, ob er bei seinen Kundentreffen gewesen sei und wie sie gelaufen seien. Die Antwort war jedes Mal die gleiche: *„Ich habe viel zu tun, Gunilla."*

Monat um Monat verging, ein halbes Jahr. Immer noch passierte nichts, und bald meldeten sich große Kunden bei mir, Marketingleiter, die ich vermittelt hatte, und fragten, warum dieser Alexander Jönsson nicht zurückrief oder zu dem vereinbarten Treffen erschien (wenn er bei Riche saß und Frühstück, Mittag- und Abendessen aß).

„Es ist viel los, Gunilla." Das entsprach ganz und gar nicht dem Deal und dem Geschäft, dem ich zugestimmt hatte. Während ich auf die versprochenen Geschäfte wartete und darauf, dass sie entsprechend unserer Vereinbarung in der Aktionärsvereinbarung waren, fuhr Alexander Jönsson in aller Ruhe mit der Profilierung durch seine Interviews fort. Als wir unsere Vereinbarung getroffen hatten und der Cashflow knapp wurde, hatte ich auch ein privates Darlehen in Höhe von 169.000 schwedischen Kronen bereitgestellt, mit dem Versprechen, dass das Geld nach maximal drei Monaten zurückgezahlt würde. Auch von diesem Geld hatte ich nichts gesehen. Im Juli 2016 begann ich, die Geduld zu verlieren.

Hallo,

es gibt viele Wendungen bei Ihnen und es ist schwer nachvollziehbar. An einem Tag sagen Sie, dass Sie ein Almi-Darlehen bewilligt bekommen haben, und jetzt wollen Sie plötzlich Ihre Anteile zu einer niedrigeren Bewertung verkaufen, als vor fast einem Jahr, als ich einstieg.

Sie sagten vor einiger Zeit, dass Northzone an einem Einstieg interessiert sei, was ist daraus geworden? Ich würde gerne sehen, dass echte Investoren einsteigen.

Sie behaupten, Sie hätten große Aktivitäten, viele Verkäufe an Privatkunden usw., aber was ich sehe, ist fast ausschließlich die Arbeit mit dem Podcast, hier verstehe ich nicht, wie Sie das Unternehmen aufbauen wollen, ohne in der Stadt gesehen zu werden, überall gehört zu werden und Unternehmen und Privatkunden wirklich davon zu überzeugen, dass sie auf dem Holzweg sind, wenn sie Ihre Dienstleistungen nicht sofort kaufen. Abgesehen davon, dass Sie sagen, dass die Einnahmen zu einem späteren Zeitpunkt verbucht werden können, gibt es irgendetwas am Verkaufsprozess, das nicht funktioniert? Gibt es etwas, das wir nicht wissen und das dazu führt, dass die Verkäufe ausbleiben? Wir haben so oft in vielen Sitzungen über dieses Thema gesprochen. Sie sprachen davon, dass die Einnahmen mit der Veröffentlichung der App drastisch steigen werden und dass es für Privatkunden viel einfacher sein wird, zahlende Kunden zu werden, aber die Gewinn- und Verlustrechnung und die Bilanz, die ich am 19. Juli für den Monat Juni erhielt, zeigen, dass die Einnahmen stattdessen gesunken sind. Sie sprachen davon, dass Sie sich größeren Unternehmen annähern und dass die Privatkunden einströmen werden, und das hat sich in der letzten Zeile der G- und V-Rechnung ganz und gar nicht gezeigt. Das Fehlen von Berichten und Rückmeldungen ist ein weiterer Faktor, der meine Bedenken bezüglich des Unternehmens leider nicht ausräumen kann. Ich weiß kaum, was bei Ihnen vor sich geht und was Sie tun, was zu einer großen Unsicherheit darüber führt, wie Sie die negativen Zahlen, die Sie melden, umkehren könnten.

Ja, es gibt viel zu klären, und das Wichtigste ist, dass Sie sich an die Vereinbarung halten, die wir gemeinsam getroffen haben, und dass Sie sich auf nichts anderes als Ihre Aufgaben im Unternehmen einlassen, damit der Aufbau des Unternehmens gelingt.

Mit freundlichen Grüßen, Gunilla

Ich fing an, ihren Bluff zu durchschauen. Ich rief Investoren und Kollegen in der Branche an, die angeblich „am Haken“ waren, und erhielt von allen die gleiche Antwort. Nicht am Haken. Im Gegenteil, einige waren skeptisch geworden. Eine mir bekannte Investorin erzählte mir, dass sie schon ähnliche Erfahrungen mit Männern gemacht hatte, und riet mir, aufzupassen. Nach anderthalb Jahren stieg ich aus. Ich war im doppelten Sinne fertig und sagte Alexander Jönsson, dass ich mein Geld sofort zurückhaben wollte.

Er kaufte meine Aktien zurück, und ich bekam mein persönliches Darlehen zurückgezahlt. Rein finanziell gesehen war der Verlust vernachlässigbar. Aber ich hatte unglaublich viel Zeit und Mühe investiert, um diesem Deppen und seinen Freunden Türen zu öffnen. Und sie hatten sich nicht einmal die Mühe gemacht, über die Schwelle zu treten.

Andere Male haben mich die Reinfälle Millionen gekostet. Vor einigen Jahren, als ich an der Anders-Wall-Vorlesung in Uppsala teilnahm, einer schönen Kooperation zwischen der Universität Uppsala und dem Anders Walls Professur für Unternehmertum, wurde ich von einem der größten Immobilieninvestoren des Landes eingeholt. Einer, der seine Verträge *honoriert*. Ein sehr stattlicher Hahnenkamm. Seine Augen leuchteten, als er mir erzählte, dass er etwas ganz, ganz Großartiges vorhabe: *„Gunilla, wir müssen uns sehr bald treffen!"* Es sei dringend, sehr dringend, sagte er. Wir vereinbarten einen Termin, bei dem er kaum stillsitzen konnte, so begeistert war er von der Goldgrube eines Immobiliengeschäfts, das er gefunden hatte und an dem er mich beteiligen wollte. Allein das Grundstück, auf dem das Haus stand, sei zweihundertfünfzig Millionen schwedische Kronen wert, behauptete er (später sprach er von hundertfünfzig Millionen). Wir würden Grundstück *und* Haus für denselben Preis bekommen. *Großartiges Geschäft, dringend, dringend.* Es war kurz vor Weihnachten und das Geschäft musste noch vor dem Wochenende abgeschlossen werden, erklärte er. Alfred war besorgt und wies mehrmals darauf hin, dass ich üblicherweise nicht auf diese Weise Investitionen tätigte. Ich mache immer meine Hausaufgaben, ich bin nicht in Eile. Aber ich konnte wegen des schicken Kamms den Dorn nicht einmal sehen. Wir hatten zu viele gemeinsame Freunde, wir bewegten uns in denselben Kreisen. Es war unmöglich, dass er mich täuschte.

Silvia ließ sich von ihren anderen Pflichten beurlauben, um das Geschäft abzuschließen, und ich legte 7,5 Millionen Kronen in den Topf. Als die Transaktion abgeschlossen und Weihnachten vorbei war und

Silvia begann, sich mit dem detaillierten Plan zu befassen, stellte sich heraus, dass fünfundachtzig Prozent der angeblichen Mieter nicht existierten. Es gab sie nicht. Statt florierender Geschäfte und Büros hatte ich 182.000 Quadratmeter Luft gekauft. Ich sagte ihm, dass ich ihn nie wieder sehen und nicht mehr mit ihm reden wolle, aber auch dieser Wunsch ging schief. Eines Morgens, als ich wenige Zeit später meinen Sohn zur Schule brachte, traf ich ihn vor dem Schulhof, wo er mir aus fünfzehn Metern Entfernung zurief: *„Oooh Gunilla, es ist so schön, dich zu sehen.“* Er gab mir Küsschen, Küsschen auf die Wange und erzählte mir fröhlich von großen und kleinen Dingen und vor allem von sich selbst. Als ob nichts geschehen wäre, ohne Skrupel und ohne Scham. Das war seine Art.

„Sie passen nicht in die Geschäftswelt, Gunilla.“ Ich weiß nicht, wie oft sie das zu mir gesagt hat, Mirka Glaxer, die Retterin von der Kinder- und Jugendpsychiatrie in Västra Frölunda. Die, die mich in meinen Teenagerjahren auffing und weiterhin eine Stütze in meinem Leben war. Nach Veronicas Ermordung und in all den Jahren mit Thomas. Obwohl sie kurz davor war, die Sitzungen abzubrechen, frustriert darüber, dass ich immer wieder in die destruktive Beziehung zurückkehrte.

„Weil Sie keine Psychopathin sind, Gunilla, und das müssen Sie sein, um in der Wirtschaft zu überleben.“ Leider ist das wahrscheinlich wahr. Ich kann in Verhandlungen mit der absoluten Spitze der schwedischen Wirtschaft sitzen, in Vorstandssitzungen mit milliardenschweren Unternehmen und genau das sagen, was ich denke. Ich bin bereit zu zocken und Risiken einzugehen, das ist Teil des Geschäftslebens und Teil des Charmes, so seltsam es auch klingen mag. Wer nicht wettbewerbsorientiert ist, wird kein guter Geschäftsmensch. Aber es fällt mir schwer, zynisch und narzisstisch zu sein. Wenn die Spielregeln so völlig im Widerspruch zu meinen persönlichen Werten stehen, verliere ich. Ich weiß, dass es in der Wirtschaft nur um Geld geht und dass man sich niemals auf Ehre und Moral verlassen kann, sondern nur auf Fakten, aber ich falle trotzdem darauf herein. Ich bin der Frosch. Ich glaube, was die Leute sagen, und kann es trotzdem nicht verstehen: Wie kann man überhaupt auf die Idee kommen, einen anderen Menschen zu zerstören, indem man einen Bankrott vortäuscht?

Es war an einem Montag vor einigen Jahren. Ich hatte eine schwierige Zeit mit einem Kunden hinter mir, als ich Alfred sagte, dass ich einen Spaziergang machen müsse, um einen klaren Kopf zu bekommen. Ich hatte mir selbst versprochen, nicht mit dem Hals über dem Smartphone gebeugt zu gehen, und war ungefähr hundert Meter weit gegangen, als ich dieses Versprechen brach. Ganz oben in meinem Posteingang war eine Nachricht von einer Person, die sich als Anwalt bezeichnete und befahl: *Kontaktieren Sie mich wegen Ihres Geschäftskonkurses*. Spam, dachte ich, löschte die E-Mail und nahm das Tempo wieder auf. Schnelle Schritte, die immer langsamer wurden, und bald ein kalter Schock in meinem Magen: Was *war* das?

Ich suchte die Nachricht im Papierkorb heraus und wählte die Nummer aus der Signatur. Der Absender, der in der Tat ein Rechtsanwalt war, gab an, dass Xzakt Customer Relations für insolvent erklärt worden war, und verwies auf eine Reihe von Paragraphen. Was war das für ein schlechter Scherz? Ich schrie so laut, dass sich die Leute vor mir auf dem Bürgersteig umdrehten. Als der Anwalt feststellte, dass meine Überraschung echt war, dass ich gar nicht bankrott war, schloss er daraus, dass ich Opfer einer Straftat geworden war. *„Haben Sie irgendwelche Feinde?"*

Jemand hatte mein Unternehmen gekapert, Dokumente von Bolagsverket gefälscht und behauptet, ich hätte Schulden in Höhe von mehreren Millionen. Dabei hatte ich keine Schulden, nur Vermögen. Ich hatte einen Umsatz von Hunderten von Millionen. Jemand hatte dann meine Unterschrift gefälscht und sie auf den Konkursantrag gesetzt.

„Sie müssen sofort zur Polizei gehen und Anzeige erstatten und dann morgen früh beim Amtsgericht anklopfen", erklärte der Anwalt. Sonst würden alle meine Bankkonten gesperrt. Kurz vor dem Zahltag. Ich hatte plötzlich Hunderte von Angestellten, die ihre Mieten nicht mehr bezahlen können würden. Ich berief eine Krisensitzung mit meinen Mitarbeitenden ein und teilte die Kunden unter uns auf. Jetzt mussten wir uns schnell um jedes Unternehmen kümmern und ihnen sagen, dass wir *nicht* am Rande des Ruins standen. Aber es gab noch einen anderen drohenden Großbrand, den es zu löschen galt. In dem Moment, in dem ein

Unternehmen für insolvent erklärt wird, geht die Information direkt vom schwedischen Handelsregisteramt an die Medien, und bald würde die Nachricht auf den Finanzseiten der Zeitungen stehen. Es war eine Frage von Stunden. Ich blieb bis zwei Uhr nachts auf und rief alle an: Dagens Industri, Svenska Dagbladet, Dagens Nyheter. Ich erklärte, dass ich Opfer eines Verbrechens sei, und appellierte an alle Redaktionen, die falschen Informationen über meinen Konkurs nicht zu veröffentlichen. Im letzten Moment wurde die Katastrophe gestoppt, aber das Gefühl des Unbehagens verfolgte mich noch lange Zeit. Jemand wollte mich ruinieren, aber es ist ihm nicht ganz gelungen.

Die Aneignung meiner Identität war nicht nur ein Angriff auf mich persönlich, sondern auch eine Erinnerung daran, dass das Gesetz lückenhaft war und nicht richtig funktionierte. Später wurde auch der Securitas-Chef Alf Göransson Opfer eines ähnlichen Betrugs – und als ich die Möglichkeit erhielt, das Problem bei der richtigen Person anzusprechen, ergriff ich sie ohne zu zögern. Stina Billinger hatte im Wirtschaftsministerium mit Mikael Damberg zusammengearbeitet, bevor sie Staatssekretärin von Ibrahim Baylan wurde, und sie traute ihren Ohren nicht, als ich ihr bei einer Veranstaltung meine Geschichte erzählte. Dass so etwas in Schweden passieren könnte. Ich schickte die ganze Dokumentation schwarz auf weiß an Stina Billinger. Später wurde ich von einem Mitarbeiter des schwedischen Handelsregisteramtes kontaktiert, der mir sagte, dass dank meines Hinweises auf die Straftat eine Gesetzesänderung zustande kam. Jemand hatte keinen Erfolg, aber allein, dass jemand mit bösen Absichten versucht hatte, alles, wofür ich so hart gearbeitet hatte, auszulöschen. Ich habe kein schwarzes Buch, aber ich glaube an einen gerechten Gott, und eines Tages wird dieser jemand seine gerechte Strafe bekommen.

23. HEY, HEY KÖNIG

Kurz vor der Geburt meines ersten Kindes, Ludvig, wurde ich gefragt, ob ich ins Schloss kommen und vor dreihundert Börsendirektoren aus der Wirtschaft sprechen könnte. Der König war im Jahr zuvor sechzig Jahre alt geworden und wünschte sich eine Investition in unbekannte Helden des Alltags, weil er *„die zerstörerischen Doku-Soaps satt hatte"*. Er hatte die Stiftung Ungt ledarskap vom schwedischen Pfadfinderrat geschenkt bekommen, und nun sollten die ersten Empfänger bei einer großen Zeremonie im Ballsaal Vita havet des Königspalastes geehrt werden. Viele Leute, die mich nicht kennen, denken, dass ich es liebe, auf der Bühne zu stehen und Reden zu halten, aber das stimmt nicht. Ich habe Vorträge in der Schule gehasst, es war das Schlimmste, was ich kannte.

Als ich im Frühjahr 2007 gefragt wurde, ob ich die Sommermoderation in P1 machen wollte, wollte ich zunächst ablehnen, was ich auch tat. Aber meine Journalisten-Freundin Ing-Cathrin Nilsson überredete mich und sagte, dass ich mir diese Gelegenheit nicht entgehen lassen durfte. Bevor ich zur großen Pressekonferenz mit allen Sommerrednern mit Blumenkranz auf dem Kopf ging, hatte ich ein Treffen mit Mats Qviberg, dem Finanzier, der so stolz auf seinen eigenen Sommervortrag war, dass er ihn auf eine CD hatte brennen und an halb Schweden schicken lassen. Ich war nervös, aber Mats Qviberg beruhigte mich und sagte mir, dass es nur darum ginge, die Produzenten zu bestechen: *„Steck ihnen etwas zu, und sie werden sich bemühen."* Ich saß nachts da und war total gestresst. Als die Deadline näher rückte und das Drehbuch immer noch hohl wie ein Grevékäse war, vereinbarte ich einen Termin mit der Produzentin in der Stadt. Das erste, was sie sagte, als sie das Café betrat, war: *„Gott, was haben Sie für eine schöne Tasche!"* Ich dachte an die Worte von Mats Qviberg und sah meine Chance: *„Finden Sie? Wollen Sie sie haben? Sie können sie haben!"*

Jedes Mal, wenn ich die Radioproduzentin treffe, sagt sie, dass sie meine Tasche noch hat, und ich sage, dass ich das hoffe. Es war eine Gucci und sie wurde nicht auf einem Nachtmarkt in Bangkok gekauft.

Diesmal würden mir weder Markentaschen noch Bestechungsgelder helfen. Denn natürlich hatte ich Ja zum Schloss gesagt. Jetzt hatte ich ein drei Wochen altes Baby an meinen wunden Brustwarzen hängen und war innerlich zwiegespalten. Ich verfluchte mich selbst und all die frischgebackenen Mütter, die es völlig unterlassen hatten, mich über das Kleingedruckte der Mutterschaft zu informieren. Aber ich konnte dem König einfach nicht Nein sagen. Im Anschluss an die Preisverleihung im Schloss sollte ein Seminar über wertebasierte Führung stattfinden, und in diesem Rahmen sollte ich zusammen mit zwei anderen Rednern auftreten. Die eine war Anita Roddick, die Britin, die The Body Shop von einem einzigen Geschäft in Brighton auf über zweitausend Geschäfte in fünfzig Ländern gebracht hat. Sie hatte gerade ihr Lebenswerk für 652 Millionen Pfund an das französische Unternehmen L'Oréal verkauft, und ich dachte später darüber nach, wie unbeständig das Leben ist. Nur vier Monate nach unserem Treffen im Schloss verstarb Dame Anita Roddick an einer schweren Hirnblutung. Hätte ich die Gelegenheit gehabt, sie noch einmal zu treffen, hätte ich ihr sagen können, dass ich später eine Tochter bekam, die verrückt nach den Miniaturflaschen mit Mangoduft aus dem Body Shop war.

Der zweite Redner war der König selbst: Ingvar Kamprad.

Für mich ist der Gründer von IKEA mit Abstand der Größte, den wir in unserem Land je hatten. Der Unternehmer unter den Unternehmern. Als ob ein Klavierschüler im ersten Jahr der Musikschule auf Mozart treffen würde. Die Beschwerden vom Stillen waren wie weggeblasen. Es sollte ein ganzer Tag mit Aktivitäten im Schloss werden, mit Mittag- und Abendessen, und wir Redner waren angewiesen worden, früh zu kommen. Wir wurden durch das Schloss geführt und erhielten vom Hofmarschall eine Einweisung, wie wir uns verhalten sollten, wie wir knicksen und uns verbeugen und wie wir Eure Majestät ansprechen sollten. „*Majestät, Majestät*", sagte Ingvar Kamprad und verbeugte sich so tief, dass seine Nase fast den Boden berührte. Schlichte blaue Krawatte und ein Anzug, der aussah, als hätte er schon eine Weile auf dem Buckel, die gleiche Brille wie immer und genauso natürlich, wie ich ihn mir vorgestellt hatte. Während des Mittagessens wollte Ingvar Kamprad alles über mein Geschäft wissen. Er war aufmerksam und interessiert und sprach lange darüber, wie sich der Markt, auf dem ich tätig war, in Indien entwickelte. Er hatte den Durchblick. Ich erzählte ihm, dass ich sowohl seine zehn Gebote an der Wand aufgehangen als auch seine Strategie umgesetzt hatte, dass jeder im Unternehmen, unabhängig von seiner Position, vor Ort sein muss, um zu sehen, wie die Arbeit im wirklichen Leben gemacht wird. Dass ich für unsere Kunden die Anforderung hatte, dass die Manager aus Stockholm nach Skellefteå kommen und an den Kundenbesprechungen teilnehmen sollten, und Kamprad sagte: *„Gut, gut, so soll es sein.“*

Seine Rede war natürlich fantastisch. Einfach und schnörkellos stand Ingvar Kamprad auf der Bühne und gab in seiner unverwechselbaren småländischen Art jungen aufstrebenden Führungskräften und Unternehmern solide Ratschläge. Angefangen damit, die entscheidenden Beschlüsse selbst zu fassen, bis hin zum Ausgleich der eigenen Unzulänglichkeiten durch Menschen, die nicht so sind wie man selbst. *„Ich habe mein ganzes Leben lang meine Unzulänglichkeiten kompensiert. Das hat zu hunderttausend Angestellten im Unternehmen geführt“*, scherzte der Mann, der eine der erfolgreichsten Marken der Welt aufgebaut hat, und schloss pragmatisch: *„Schlafen Sie nicht am Steuer ein, seien Sie immer unterwegs.“*

Die Wirtschaftsführer in der ersten Reihe lachten und applaudierten. Ein anderes Publikum an einem anderen Ort als einem Ballsaal im Schloss wäre aufgestanden und hätte gepfiffen. Ich auch. Aber ich tat es nicht. Ich stand hinter den Kulissen und zitterte. So nervös und ängstlich ich auch bin, normalerweise verschwindet das, sobald ich auf der Bühne bin. Aber dieses Mal war es anders. Ich war frisch entbunden, mit prallen Brüsten, und das Publikum das undankbarste. Ob das mit dem Börsengang oder den ersten Millionen kommt, sei dahingestellt, aber männliche Wirtschaftsgrößen haben die Angewohnheit, eine zentral platzierte Frau mit einem total versteinerten Gesicht anzuschauen. Im besten Fall ist es völlig ausdruckslos, wahrscheinlicher aber ist es bedächtig. Ich wusste, dass mir die alten Männer in der ersten Reihe nichts schenken würden. Ich war nicht Ingvar Kamprad und außerdem war ich gleich nach Ingvar Kamprad dran. Der Schweiß glitzerte und die Milch in meinen Brüsten drückte. *Warum habe ich keine dunklere Bluse angezogen, wird man das sehen?*

Es war nicht meine beste Rede, aber sie übertraf meine Erwartungen, und als ich die Bühne verließ, klatschte ein Meer von Händen. Aber das ist ein weiteres Merkmal der steinernen Gesichter in der ersten Reihe. Applaus bedeutet nicht zwangsläufig, dass man seine Sache gut gemacht hat, sie sind wohlerzogen genug, um einem Redner trotzdem zu applaudieren. Aber hinterher wurde ich sehr gelobt, sowohl Hans Dalborg als auch Leif Johansson kamen auf mich zu und klopften mir auf die Schulter, allem Anschein nach wirklich beeindruckt.

Das Abendessen nahm ein lustiges Ende und musste vorzeitig abgebrochen werden, weil Ingvar Kamprad zu einer Fernsehaufzeichnung eilen musste. Er, der selten Interviews gab, hatte Lars Adaktusson zugesagt, weil Lars Adaktusson aus Ivla bei Ljungby stammte, etwas mehr als einen Kilometer von Ingvar Kamprads Geburtsort Elmtaryd entfernt. Und so löste er die Tafel auf. Apropos König.

Doch bevor er verschwand, lud mich Ingvar Kamprad ein, ihn und seine Frau Margaretha in ihrer Villa in Épalinges bei Lausanne in der Schweiz zu besuchen. Er sagte, ich könne beim Jäten der Blumenbeete helfen, und ich selbst hatte es plötzlich eilig. Ich musste Ludvig stillen, die Situation wurde immer dringlicher, aber so sehr ich auch in den Gängen und Winkeln des Schlosses herumirrte, ich konnte keine Toilette finden. Wahrscheinlich lag es daran, dass meine Gedanken an diesem Morgen während der Besichtigung mit Hofmarschällen und Möbelmonarchen ganz woanders gewesen waren. Mir wurde klar, dass es nur noch eine Frage von Sekunden war, bis der Hjälmaren-See auf meiner Kleidung erscheinen würde, und ich war gerade dabei, eine lange Steintreppe hinaufzulaufen, als ich mit Carl XVI. Gustaf zusammenstieß. Ich hatte keine Zeit zum Nachdenken, hatte meine Erziehung und die gelernte Majestäterei vergessen, und brachte nur zwei Worte heraus: „*Hey, hey.*“ Der König zuckte zusammen, als ob er einem Verrückten gegenüberstand, erwiderte aber: „*Hoppla, hey, hey, Sie.*“

Dies war leider das erste und einzige Mal, dass ich die Gelegenheit hatte, Ingvar Kamprad zu treffen. Als seine Frau Margaretha ein paar Jahre später an Krebs starb, verkaufte er das Haus in Lausanne und zog zurück nach Småland. Aus dem Beetejäten in der Schweiz wurde nichts, aber als der IKEA-Schöpfer im Sommer 2009 als

Sommermoderator von P1 vorgestellt wurde, war ich es, die dem schwedischen Radio bei seiner Anwerbung geholfen hatte. Es fällt mir schwer, mir vorzustellen, dass Ingvar Kamprad dem Produzenten ein teures Geschenk gemacht hätte, aber das Ergebnis waren neunzig inspirierende Minuten, die er selbst nicht als Sommergespräch, sondern als „einfachen Schnack“ bezeichnete. Eine Plauderei, die man hätte auf CD brennen und an halb Schweden schicken können.

24. VON KÜHLSCHRANK ZU MISERE

Dagobert Duck, quak quak.

Jedes Mal, wenn ich gefragt werde, welche die beste Investition meines Lebens ist, antworte ich „Alfred", mein Mann. Alfred von Platen. Ich war nicht so, wie er sich seine Frau und Lebensgefährtin vorgestellt hatte. Am ersten Abend im Hamburger Börs war Alfred überhaupt nicht daran interessiert, eine neue Beziehung einzugehen, aber *falls*, dann eher mit einem mittelblonden, sportlichen Mädchen, das wie er in der Finanzbranche arbeitete oder vielleicht Maklerin war. Und da stand ich nun, winkend und zu laut redend in roten Lackstiefeln (ich verteidige mich gewöhnlich damit, dass es eine Weihnachtsfeier war).

Als wir heirateten, wollte ich nicht Alfreds Nachnamen annehmen. Zum einen war Gunilla Samuelsson zu diesem Zeitpunkt bereits etabliert, ich war in der Geschäftswelt eine feste Größe geworden. Zum anderen hatte ich während meiner Ehe mit Thomas ein Jahr lang Persson geheißen, und nach dieser Reise durch alle Kreise des Infernos hatte ich mir geschworen, nicht noch einmal auf dieselbe Mine zu treten. Vor allem aber ging es um etwas anderes, das mir wichtig ist: Ich bin kein Silberlöffel und möchte auch nicht als solcher wahrgenommen werden. Ich verallgemeinere nicht und werte nicht jeden Top-Unternehmer ab, der in Reichtum geboren wurde, oder was in dieser Branche üblich ist: gut funktionierende und erfolgreiche Unternehmen übernimmt und Karriere und Erfolg auf einem Erbe aufbaut.

Die Familie Wallenberg, zum Beispiel, jetzt durch Marcus und Jacob. Ich glaube, die Leute sind sich nicht darüber im Klaren, wie wichtig ihr Fußabdruck und ihr Einfluss für Schweden in der Welt sind. Sie können die Türen zu jedem großen Unternehmen öffnen. Als ich mit einer ausländischen Wirtschaftsdelegation in Singapur war und wir ein Unternehmen namens Grab kennenlernen wollten, einen Taxidienst ähnlich Uber aber größer, gab es einen totalen Stillstand. Es spielte keine Rolle, dass die Botschaft darauf hinwies, dass königliche Gäste anwesend waren. Es hieß trotzdem Nein. Dann tätigte Marcus Wallenberg einen Anruf und plötzlich waren wir willkommen. Die fünfte

Generation der Wallenbergs arbeitet hart daran, das Erbe fortzuführen.

Zwei weitere Führungspersönlichkeiten, zu denen ich aufschaue, sind Stefan Persson und Karl-Johan Persson, die H&M auf ein ganz anderes und höheres Niveau gebracht haben als der Gründer. Sie sind auch wirklich hart arbeitende Menschen. Aber ich habe unzählige Male gehört, wie sich Freunde und Kollegen in der Branche beklagen, dass sie, nachdem sie das milliardenschwere Unternehmen ihres Großvaters geerbt haben, „arbeiten müssen". Das heißt, im Vorstand des Unternehmens zu sitzen.

Es ist unendlich viel schwieriger, etwas von Grund auf aufzubauen, als einen Haufen Geld zu verwalten, und wenn es etwas gibt, worauf ich stolz bin, dann ist es, dass ich es geschafft habe, allein.

Ich liebe Alfred seit dem Tag, als er mit seinem Waffenschrank in meine Zweizimmerwohnung in Klarakvarteren einzog, aber sein Nachname war ein rotes Tuch. Den Namen meines Mannes anzunehmen, könnte so aufgefasst werden, als wäre ich mit Familiensilber gefüttert und mir der Platz im Riddarhuset auf dem Silbertablett serviert worden. Danke, aber nein danke. Nach der verregneten Verlobungsreise auf die Azoren führten wir endlose Diskussionen darüber, wie wir und unsere hoffentlich zukünftigen Kinder heißen sollten. Ich kämpfte hartnäckig für einen Doppelnamen und übte immer wieder, ihn zu schreiben: *Gunilla Samuelsson von Platen, Gunilla Samuelsson von Platen, Gunilla Samuelsson von Platen* – merkte aber, wie lang und unhandlich er werden würde. Nicht zuletzt wegen der ständigen Unterschriften auf Verträgen. Samuelsson war wichtig für mich, aber Alfreds Familienname von Platen war wichtiger. Und zwar ganz und gar nicht in dem Sinne, wie man vielleicht denkt oder vorgefasste Meinungen hat. Als der inkompetente „Berater" des Telekommunikationsunternehmens „Dagobert Duck" quakte, mit dem einzigen Ziel, Alfred und mich zu demütigen, hatte er keine Ahnung. Niemand wusste etwas über die Herkunft meines Mannes oder warum es für uns so wichtig war, Ludvig, Elisabeth, Gabriel und Emanuel den Nachnamen ihres Vaters zu geben.

Alfred stammt aus einer Familie, deren adelige Zweige weit zurückreichen und so viele prominente Vorfahren umfassen, dass ich nicht einmal die Namen eines Bruchteils von ihnen kenne. Aber einen kannte ich: Baltzar von Platen, der Schwede und Ingenieur, der in den 1920er-Jahren den Kühlschrank erfand. *Den Kühlschrank!* Baltzar von Platen mit dem Kühlschrank war Alfreds Großvater.

Als Unternehmerin hat mich die Geschichte von Baltzar von Platen fasziniert, denn wie so oft bei Pionieren und Vorreitern handelt es sich um ein missverstandenes und infrage gestelltes Genie.

Baltzar von Platen wurde 1898 geboren und wuchs mit seinen Eltern Philip und Ingeborg von Platen und drei Schwestern in einem wohlhabenden Haus in Ystad auf. Baltzar, der davon träumte, Opernsänger zu werden, hatte es in der Schule schwer. Ständig mit dem Kopf und den Gedanken woanders, wurde er sowohl von den Kindern als auch von den Lehrkräften gehänselt und fiel immer wieder bei Prüfungen durch. Nachdem Baltzar mit Müh und Not einen Abschluss erzielt hatte, schrieb er sich an der Universität Lund ein, um Mathematik, Physik und Astronomie zu studieren, brach aber sein Studium nach nur einem Jahr ab. Hatte sich schon fast aufgegeben, als er beschloss, den Studien noch eine letzte Chance zu geben. Durch einen Umzug nach Stockholm und einen Studienplatz an der Königlichen Technischen Hochschule standen die Sterne plötzlich günstig. An der KTH freundete sich Baltzar von Platen fast sofort mit Carl Munters an, einem Mann aus Dalarna mit einem Gehirn, das wie sein eigenes voller Ideen und Skizzen war. Die beiden Kommilitonen drängten sich in einer Wohnung in der Regeringsgatan, schwänzten die morgendlichen Vorlesungen und experimentierten die ganze Nacht hindurch. 1922, im Alter von vierundzwanzig Jahren, präsentierten Baltzar von Platen und Carl Munters den Prototyp ihres Kühlschranks als Abschlussarbeit. Die Welt schlug Wellen, Unternehmen bewarben sich um die Lizenzrechte und 1925 verkauften die KTH-Studenten das Patent an Wennergrens. Sie erhielten jeweils 560.000 schwedische Kronen und fünfzig schwedische Öre an Lizenzgebühren für jedes verkaufte Exemplar. Es sind selten die Genies, die das Geld bekommen, aber Wennergrens Electrolux hingegen hatte bald eine Million Kühlschränke verkauft und wurde zum Weltmarktführer für Haushaltsgeräte.

Baltzar von Platen, der sich sein ganzes Leben lang um Geld betrogen fühlte, tüftelte weiter und bescherte der Welt wichtige Innovationen. Während des Zweiten Weltkriegs, als der Brennstoff knapp war, erfand er einen Generator, der mit Birkenholz betrieben wurde, und 1958, nachdem er sich eine Nacht lang über den störenden Lärm in der Küche die Haare gerauft hatte, entwickelte er einen tropffreien Wasserhahn. Zu diesem Zeitpunkt hatte Schwedens Erfindersohn, der Großvater meines Mannes, bereits zweimal geheiratet.

Alfreds Großmutter hieß Doris und trug den Nachnamen Fernström, bevor sie sich von Platen erheiratete, und auch sie stammte nicht aus einem Umfeld, in dem sich die Familie um das Essen auf dem Tisch sorgen musste. Doris' Vater, Alfred Kofoed Fernström, wurde auf Bornholm geboren und war Böttcher, der in Blekinge und Skåne auf der Suche nach Eichenholz herumreiste, als er in Karlshamn ein üppiges Granitvorkommen fand und stattdessen in die Steinindustrie einstieg. Das Unternehmen A. K. Fernströms Granitindustrier wurde sehr erfolgreich, umfasste im Laufe der Jahre 489 Steinbrüche in Südschweden und belieferte sowohl das Empire State Building in New York als auch das Kriegsmonument US Marine Corps Memorial in Washington DC mit seinem stolzen Granit.

Doris war eines von fünf Geschwistern. Als ihr Vater 1912 verstarb, übernahm ihre Mutter das Familienunternehmen und schließlich der älteste Sohn Eric. Eric K. Fernström, der fand, dass die Verschiffung von Steinen nach Deutschland lächerlich teuer war, begann, seine eigenen Boote zu kaufen, und bald hatte die Familie auch ein ganzes Schifffahrtsunternehmen, das das größte Tankschiff der Welt umfasste.

Eric K. Fernström und Baltzar von Platen waren beste Freunde, und als der exzentrische Erfinder eines Tages im Garten auftauchte und Doris wie üblich ihrem Bruder zurief: „*Baaaltzar ist hieeer*", antwortete Eric: „*Ich glaube, er ist hier, um dich zu sehen.*" Doris Fernström war acht Jahre jünger als Baltzar von Platen, der bereits verheiratet war, sich scheiden lassen und eine Tochter namens Agneta hatte. Aber all das hielt ihn nicht davon ab, wieder auf die Knie zu gehen. Die

Hochzeit zwischen Baltzar und Doris fand 1930 in Blekinge statt, und sie zogen nach Stockholm. Es waren die Jahre nach dem Kühlschrank, und obwohl Baltzar von Platen durch seine sensationelle Erfindung nicht reich wurde, bedeutete sie einen beachtlichen sozialen Aufstieg.

In der Hauptstadt richteten sich Baltzar und Doris von Platen im Ebba-Brahe-Palast auf Södermalm ein, mit seiner rosafarbenen Fassade und den Wappenschildern in der Pforte. Erbaut vom Industriemagnaten Louis De Geer in den 1640er-Jahren, wurde es von der Gräfin und Hofdame Ebba Brahe übernommen, die eine heiße Liebesaffäre mit König Gustav II. Adolf hatte, sich aber mit dem Feldmarschall Jakob De la Gardie begnügen musste.

Beständig, dass es ausreichte, aber nicht genug.

Als Alfred noch klein war, erzählte ihm seine Großmutter Doris, wie sie zum ersten Mal bei Nordiska Kompaniet in der Hamngatan einkaufte und wie immer darum bat, die Waren nach Hause geschickt zu bekommen;

„Natürlich, welche Adresse?"

„Götgatan 16."

„Tut mir leid, wir liefern nicht in den Süden."

Im selben Jahr, in dem Baltzar von Platen und Carl Munters ihre Lizenzrechte an Electrolux verkauften und die Kühlschränke am Fließband in die Welt hinausgingen, wurde eine weitere schwedische Berühmtheit exportiert. Die Schauspielerin Greta Garbo, die in Amerika an Land gegangen war, um ihr Glück in Hollywood zu suchen, konnte 1925 einen Vertrag mit dem Filmgiganten Metro-Goldwyn-Mayer (MGM) unterzeichnen. Baltzar von Platen war weithin für seinen Kühlschrank bekannt, aber nur wenige wussten von seiner Verbindung zu Garbo. 1938 war die rampenlichtscheue Schauspielerin gefragter denn je, und das nicht nur, weil sie in „Die Kameliendame" die Smaragdrolle ihrer Karriere geliefert hatte. Der Buschfunk besagte, dass Greta Garbo eine Liebesaffäre mit dem weltberühmten polnisch-britischen Dirigenten Leopold Stokowski hatte. Während sich die Weltpresse darum riss, die Hollywood-Romanze aufzudecken, und Paparazzi die Bucht von Neapel entlang fotografierten, nachdem die New York Times gemeldet hatte, dass das Paar auf der Insel Capri gesichtet worden war, rollte wenige Tage vor Mittsommer ein Lincoln Zephyr mit italienischem Kennzeichen in die Götgatan in Stockholm.

Baltzar von Platen, der sein Interesse für Musik ein Leben lang behielt und der, begleitet vom glutroten Nacken seiner Frau Doris, jede Gelegenheit nutzte, um bei Veranstaltungen im Ebba-Brahe-Palast spontan zu singen, war mit Leopold Stokowski befreundet. In der Zeitung Vestkusten, die als Lokalzeitung für die schwedischen Amerikaner in Nordkalifornien diente, wurde am 16. Juni 1938 folgende Notiz veröffentlicht:

Greta Garbo und Stokowski waren kürzlich zu einem französischen Besuch in Stockholm und aßen mit Ing. Baltzar von Platen und seiner Frau in Ebba Brahes altem Palast zu Abend. Ing. von Platen, der Erfinder des Kühlschranks, ist mit Stokowski aus Amerika gut bekannt.

Leopold Stokowski kehrte nach seinem Sommer in Schweden mit der Musik für Walt Disneys „Fantasia“ im Koffer in die Vereinigten Staaten zurück, und Greta Garbo, die eine Auszeit von ihrer Karriere nahm, um Hausfrau in Gnesta zu werden, ging im selben Herbst nach New York zurück. Doris von Platen und Greta Garbo blieben befreundet und tauschten im Laufe der Jahre Briefe über den Atlantik aus.

Doris und Baltzar bekamen zwei Kinder, einen Jungen namens Casimir und ihre Tochter Monica, die 1936 geboren wurde. Monica von Platen wurde die Mutter von Alfred, meine Schwiegermutter. Als meine eigene Mutter ihre Kinder auf einem Steinboden in Zaz zur Welt brachte, wusste mein Vater nicht immer, dass sie die ganze Zeit zu Hause presste. Als Alfreds Mutter auf die Welt kam, waren die Bedingungen völlig anders, aber dennoch auffallend ähnlich. Doris entband, bevor das Recht auf Schmerzlinderung gesetzlich verankert wurde, doch sie hatte eine Hebamme, Lachgas und ein Team von Dienern, die ihr halfen. Sobald das Baby an der Brust lag, wurde ein Dienstmädchen geschickt, um dem Vater mitzuteilen, dass die Geburt abgeschlossen war. Es klopfte leise an der Tür des Labors von Baltzar von Platen:

„Entschuldigen Sie bitte, aber ein Fräulein von Platen ist eingetroffen.“

Der Mann im weißen Kittel antwortete, ohne von seinen Röhrchen aufzusehen:

„Oh, ja, führen Sie sie in die Bibliothek."

Schwedens großer Erfinder, das Genie des Landes. Aber es gibt noch eine andere Geschichte über Baltzar von Platen und seine Familie. Eine, die in den Geschichtsbüchern nicht so sehr hervorgehoben und beschrieben wird, die aber meinen Mann und unsere Familie noch lange nach dem Einzug des Kühlschranks in alle Haushalte beeinflusst.

Als Baltzar von Platen im April 1984 im Alter von sechsundachtzig Jahren verstarb, war Alfred fünfzehn Jahre alt und nahm nicht an der großen Beerdigung teil.

Alfred traf seinen Großvater nur einmal. Er war damals sechs Jahre alt und lebte mit seiner Mutter Monica, seinem Vater Jan-Olof und seinen Geschwistern Casimir und Ebba in einem Haus auf Lidingö. Baltzar war zurück nach Ystad gezogen und war in Stockholm zu Gast in einer Fernsehsendung, nachdem er mit der großen Goldmedaille des IVA für seine *„mehr als fünfzigjährige Tätigkeit als Erfinder und Innovator von Industrieprodukten"* ausgezeichnet worden war.

Es war das erste Mal, dass er bei der Familie seiner Tochter zu Gast war, und Alfred und sein ein Jahr älterer Bruder Casimir waren über alle Maße aufgeregt. Endlich würden sie ihren Großvater kennenlernen! Den Mann mit der runden Brille im Goldrahmen auf der Vitrine, von dem ihre Mutter so stolz erzählt hatte. Der so tüchtig und schlau war und sogar den Kühlschrank erfunden hatte! Sie wollten mit ihm spielen, rissen die Tür zum Gästezimmer auf und stürmten mit ausgestreckten Armen hinein. Der Mann, den sie noch nie gesehen hatten, der aber ihr Großvater war, wurde knallrot im Gesicht und schrie laut auf:

„Lasst mich in Ruhe!"

„Geht weg!"

Als Alfreds Mutter Monica acht Monate alt war, ereilte Ebba Brahes Palast das Schlimmste, was man als Eltern erleben kann. Das gleiche Schicksal, das meine Großmutter achtmal erlitt, meine Oma zweimal und meine Mutter einmal. Das eigene Kind zu begraben. An dem Tag, an dem Baltzars und Doris' Sohn Casimir sechs Jahre alt wurde, starb der Junge an den Folgen einer Lungenentzündung. Das Leben brach zusammen und die Fassade barst. Wahrscheinlich gab es die Risse schon vorher, und erst 1942 erreichte die Katastrophe mit einer Scheidung ihren traurigen Höhepunkt.

Baltzar, der eine neue Frau kennengelernt hatte, zog nach Ystad, und Doris wurde im Niemandsland zurückgelassen. Gedemütigt durch den Verrat und das Verlassenwerden, am Boden zerstört durch die Trauer um ihr verstorbenes Kind, aber auch tief besorgt darüber, was mit ihrem gesellschaftlichen Ansehen geschehen würde. Doris von Platen, in Wohlstand hineingeboren, kannte kein anderes Leben als das der Oberschicht, und dort wollte sie auch bleiben. Wie sollte sie die schändliche Scheidung wiedergutmachen? Sie hatte kein Interesse daran, einen Job anzunehmen, *wie würde das aussehen?* Doris kaufte sich eine Wohnung am Karlaplan in einem Neubauviertel an der De Geersgatan, wohlgemerkt, keine schicke Wohnung aus der Jahrhundertwende. Aber sie rechnete sich aus, dass der Geldbeutel, den sie nach der Scheidung von Baltzar und aus ihrem Elternhaus hatte, für den Rest ihres Lebens reichen würde, wenn sie ihre Karten richtig ausspielte – und die Gegend war wichtig, Östermalm.

Jetzt gab es nur noch die beiden, Doris und Monica, ein dysfunktionales Duo, wie sich herausstellte. Doris war hart zu ihrer Tochter und ließ Monica kaum vor die Tür gehen, kontrollierte, mit wem sie spielen und mit welchen Kindern sie auf keinen Fall gesehen werden durfte. Der Geldbeutel wurde arg in Mitleidenschaft gezogen, aber etwas Geringeres als eine Privatschule kam nicht infrage. Monica wurde auf die Nya Elementarskolan für Mädchen in der Kommendörsgatan in Stockholm geschickt – die Schule, die heute Carlssons Schule heißt und auf die Alfreds und meine Kinder gehen.

Einmal, als wir zum Schulabschluss in der Carlsson-Schule waren, kam die Oma eines Klassenkameraden eines unserer Söhne auf Alfred zu und erzählte, dass sie seine Mutter gekannt hatte. Sie waren in den späten Vierzigerjahren in der gleichen Klasse an der Nya Elementarskolan gewesen, und die Frau bedauerte, dass Monica eine so strenge Erziehung hatte ertragen müssen. Dass sie eine strenge Mutter gehabt hatte und von allen gehänselt worden war, weil sie ein Scheidungskind war. Alfred nickte nur, das war für ihn nichts Neues. Er wusste, dass seine Mutter zweifellos eine lieblose Kindheit gehabt hatte, mit einer Mutter, die ihre Verbitterung an ihrem Kind ausließ, und einem Vater, der nie versuchte, die Beziehung zu seiner Tochter wieder aufzunehmen.

Alfred wusste das. Aber das rechtfertigte nicht die Qualen, die Monica von Platen ihren eigenen Kindern zufügen würde.

Als es vier Monate nach Baltzar von Platens erstem und einzigem Besuch bei der Familie seiner Tochter an der zweistöckigen Villa neben dem Eisenbahnviadukt auf Lidingö klingelte und zwei Damen vom Sozialamt über die Schwelle traten, war die Hölle für Alfred und seine Geschwister bereits Alltag.

Monica von Platen tat mit der Zeit alles, um gegen ihre kontrollierende Mutter zu rebellieren. Als sich ihr die Gelegenheit bot, nahm sie einen Job als Flugbegleiterin bei SAS an und blieb so oft wie möglich weg, flog nach New York und blieb drei Nächte länger. So waren die Flugbegleiterinnen damals organisiert, und das passte perfekt für Monica. Nach außen hin war es ein toller Job, aber nicht für Doris, die jede Gelegenheit nutzte, um ihre Tochter darauf hinzuweisen. Als Monica eines Tages nach Hause kam und ihr erzählte, dass sie einen Mann kennengelernt hatte, platzte ihre Mutter vor Wut.

Jan-Olof Böckman war kein schlechter Kerl. Monicas Freund und schließlich Alfreds Vater war Marketingmanager bei der Ölgesellschaft Gulf, sein Vater Edgar Böckman ein bekannter Designer und künstlerischer Leiter bei Höganäs. Aber in Doris' Augen war es eine schlechte Partie, nicht zuletzt weil Jan-Olof geschieden war und einen Sohn namens Mikael hatte. Um Doris noch mehr zu ärgern, reisten sie über die Meerenge nach Kopenhagen und heirateten standesamtlich. Dann ging es buchstäblich und im übertragenen Sinne los. Jan-Olof Böckman, der in den Sechzigern an der Mitternachtssonnen-Rallye mit Bosse Högberg als Kartenleser teilnahm – dem Boxer, der neben seiner eigenen Karriere auch diejenige der Sängerin Anita Lindblom gegen die Wand fuhr –, war auch PR-Manager für das Gulf Racing Team und hatte, wie Monica, die Welt als seinen Arbeitsplatz. In dieser Hinsicht passten Alfreds Eltern perfekt zusammen.

Rennwagen in Le Mans, Rooftop-Partys in Brooklyn, schöne

Menschen und der Jetset.

Ständig nachgefüllte Gläser.

„Wir bringen euch in ein anderes Haus mit vielen Kindern. Dort ist es wirklich lustig.“

Alfred wurde in jenem Sommer sieben Jahre alt, sein Bruder Casimir war acht und die kleine Ebba anderthalb Jahre alt, als die Tanten vom Sozialamt kamen, um sie abzuholen. Alfred beschrieb, wie sie auf dem Sofa saßen und es wie ein Abenteuer klingen ließen, und dass die undramatische Erfahrung durch die Reaktion oder Nichtreaktion der Eltern verstärkt wurde. Keine Szenen, in denen sie sich in den Weg stellen, kein *„NEHMT UNS NICHT UNSERE KINDER“*. Vielleicht merkten sie selbst, dass es nicht mehr hielt, vielleicht wollten sie sie so schnell wie möglich loswerden, damit sie wieder zueinander finden konnten. Monica von Platen und Jan-Olof Böckman blieben ruhig, als die Behörden ihre Kinder in Obhut nahmen.

Ebba war zu jung, um es zu verstehen, aber für Alfred und Casimir gehörte die Sucht zu ihrem Leben, so lange sie denken konnten. Die verschiedenfarbigen Flaschen am Waschbecken, auf dem Küchentisch, in der Waschküche, die Mama und Papa seltsam und unbeholfen machten. Wie an jenem Weihnachtsabend, als Alfred und Casimir eine Dampfmaschine mit kleinen Brennstofftabletten bekommen hatten, die das Rad im Wassertank zum Drehen brachten, rund, rund, und mitten im faszinierenden Spiel waren, als ihr Vater geradewegs über die Dampfmaschine stürzte und den Druckmesser zerbrach. Die Mutter wurde wütend und grob, nachdem sie aus den Flaschen getrunken hatte. Nicht körperlich gegenüber Alfred, Casimir und Ebba, sondern gegenüber den beiden Hunden der Familie und Mikaels Hamster. Jan-Olofs Sohn aus einer früheren Ehe wohnte manchmal bei ihnen, und Monica machte keinen Hehl daraus, was sie vom Haustier ihres Bonussohnes hielt. Eines Tages, in einem bitterkalten Winter, öffnete sie das Fenster, vor dem der Käfig stand. Als Mikael von der Schule nach Hause kam, lag der Hamster tot im Sägemehl.

Alfred und seine Geschwister wurden im Geneta-Waisenhaus in Södertälje untergebracht, zwei bis vier Kinder in jedem Zimmer mit Etagenbetten. Die Brüder im selben Haus und Ebba in einer Abteilung für sehr kleine Kinder. Manchmal sahen sie ihre kleine Schwester, aber sie spielten nie, und in der Schule wusste jeder, wer die „Waisenhauskinder“ waren. Bei einigen Gelegenheiten kamen Monica und Jan-Olof zu Besuch. Sie waren nicht jedes Mal nüchtern und kamen getrennt. Sobald sie ihre Kinder verloren hatten, reichten sie die Scheidung ein und zogen in getrennte Wohnungen auf Lidingö. Nach etwa einem Jahr, als Alfred die zweite Klasse in Geneta absolviert hatte, tauchte Jan-Olof im Waisenhaus auf und teilte freudig mit, dass er das Sorgerecht zurückerhalten hatte. Was Alfred nie vergessen hat, war, wie er es sagte, dass er „einen Sozialarbeiter bestochen“ hatte. Dagegen sprach, dass Jan-Olof, so gerne er auch trank, ein freundlicher und ehrlicher Mensch war. Sicherlich nicht der Typ für Bestechung. Dafür sprachen die Umstände und die Frage, die Alfred seit jenem Tag beschäftigte: *Wie konnte sein Vater sonst das Sorgerecht zurückbekommen?*

Noch am selben Tag, an dem sie abgeholt wurden, ging es hinaus in die Schären, hoch die Tassen und vollständiges Chaos. Jan-Olof war völlig alkoholisiert. Er machte das Motorboot an einer Tankstelle in Saltsjöbaden fest, von wo aus er leicht ein Taxi zum Systembolaget nehmen und dort seinen Vorrat aufstocken konnte. Die Kinder blieben am Steg. Nach ein oder zwei Wochen schlug das Personal der Tankstelle schließlich Alarm. Neue Zwangsobhut. Die Sachbearbeiterin beim Sozialamt war diesmal eine Frau mittleren Alters, die selbst noch nie Kinder gehabt hatte. Sie zeigte auf das zweijährige Mädchen, das auf der Brücke herumtaumelte, und sagte: *„Ich kann mich um Ebba kümmern.“*

Zwei Jungen im Alter von acht-neun Jahren waren dagegen nichts, um das sich gerissen wurde. Nach einer Reihe von Übergangslösungen wurden Alfred und Casimir zu einer Pflegefamilie nördlich von Uppsala geschickt, zu Lars und Siri. Lars war Arzt und Siri Hausfrau. Sie hatten keine gemeinsamen Kinder, aber Siri hatte einen Sohn namens Mats, der ein paar Jahre älter als Alfred war. Mats war der Junge, der Karlsson im Astrid-Lindgren-Film „Karlsson auf dem Dach“ spielte. *„Ein schöner, weiser und genau richtig dicker Mann in den besten Jahren“* auf der Leinwand. In Wirklichkeit war er etwas anderes. Vielleicht war er von der frühen Öffentlichkeit beeinflusst worden, aber weder der

Kinderschauspieler noch seine Mutter waren im Vergleich mit den beiden Pflegekindern besonders schön. Wenn Lars Bereitschaftsdienst hatte, sprachen Siri und Mats beim Abendessen Französisch, damit Alfred und Casimir sie nicht verstanden.

Alfred besuchte die dritte und vierte Klasse in Östhammar. Nicht ein einziges Mal kam seine Mutter zu Besuch. Aber Jan-Olof kam, einmal. Es war im Frühjahr 1978, und die Jungen freuten sich nicht nur über den Besuch selbst, sondern auch über das Geschenk, das ihr Vater mitbrachte. *Ein Videospiel!* Es war eines der allerersten auf dem Markt, mit Stöcken, die sich auf und ab bewegten, und bei dem man einen hüpfenden Ball fangen musste. Sehr einfach, aber WOW! Alfred und Casimir waren fasziniert von diesem unglaublichen Geschenk und sprachen kaum mit ihrem Vater. Darüber würden sie noch lange nachdenken. Sie waren noch klein und reagierten wie jedes Kind, aber wenn sie es gewusst hätten.

Eine Woche später war ihr Vater tot.

Als mein Schwager Casimir als Erwachsener alle Unterlagen vom Sozialamt anforderte, zeichnete sich ein düsteres Bild der letzten Zeit im Leben ihres Vaters ab. Als Jan-Olof nicht mehr allein zurechtkam, war er zu seinem betagten Vater, dem Designer Edgar Böckman, gezogen, der zu diesem Zeitpunkt über achtzig Jahre alt war. Die Papiere waren voll von Notizen und Notrufen eines gealterten Mannes, der die Behörden anflehte: *Bitte helfen Sie mir, ich schaffe es nicht.*

Alfreds Vater hatte getrunken und Tabletten genommen, als er im Alter von vierundfünfzig Jahren leblos aufgefunden wurde, und als mein Mann viele Jahre später seine kleine Schwester in Saltsjöbaden darauf ansprach, erzählte Ebba, dass auch sie in der letzten Lebenswoche ihres Vaters mit Geschenken bedacht worden war.

Monica war irgendwann in ein Reihenhaus auf Lidingö gezogen und hatte einen neuen Mann kennengelernt. Sie bekam einen Job als Telefonistin im Grand Hotel, und auf den ersten Blick sah alles gut aus, als Alfred in die fünfte Klasse kam und Monica ihre Söhne zurückbekam.

Doch die Realität sah bald anders aus. Schon wenn sie morgens aufwachten, konnte ihre Mutter betrunken sein. Sie befahl Alfred und Casimir, so viel Lärm wie möglich zu machen, und rief den Manager des Grand an, wobei sie theatralisch seufzte: *„Nun, Sie hören den Lärm hier zu Hause, die Kinder sind krank.“* Wenn Alfred und Casmir zur Schule gingen, tanzte ihre Mutter mit leichten Schritten zum Systembolaget. *Vino Tinto, Val de Loire, Briefmarkenweine.*

Sie verlor natürlich ihren Job.

Freitag, Samstag, Dienstag, Donnerstag, jeder Tag war eine Party in Monicas Küche und alle waren eingeladen. Die Nachbarn aus den Reihenhäusern und ihr neuer Mann. Aus der Trunkenheit wurde Streit, Geschrei und Schlägereien, und bald wurde es zur Routine, dass die Polizei beim Tallrisstigen 3 vorbeikam. Als Alfred vierzig und Casimir fünfzehn war, warfen sie Monicas Mann raus, gewaltsam durch die Tür und über den Parkplatz. Sie wussten, dass es nicht seine Schuld war, aber sie konnten die Hölle nicht beenden, wenn er noch im Haus war. Sie verbannten die Nachbarn aus dem Haus und vergruben die Flaschen im Garten. Monica war das egal.

Einmal schluchzte sie: *„Nehmt mir nicht meinen Wein, er ist mein Gold“*, aber die meiste Zeit war sie völlig gleichgültig. Im Schlafzimmer im Obergeschoss waren die Wände weißgestrichene Fasertapete, aber um das Kopfende des Bettes war ein großer brauner Kreis vom Rauch. Monica verließ das Schlafzimmer nur, um auf die Toilette zu gehen oder weitere Getränke zu holen.

Während ihre Söhne ihr Leben in der unteren Etage lebten.

Casimir lernte zu waschen und Alfred konnte Pfannkuchen backen, wenn es Eier und Milch gab, aber das war selten der Fall. Manchmal mussten sie in den Laden gehen und Lebensmittel stehlen.

Das ganze Geld wurde für Alkohol ausgegeben, auch das der Kinder. Alfred und sein Bruder hatten ein paar schwedische Kronen aus dem Nachlass ihres Vaters erhalten, die sie bekommen sollten, wenn sie eines Tages von zu Hause auszogen. Als selbst dieses Geld aufgebraucht und das Portemonnaie leer war, und der Körper nach Schnaps schrie – nur dann konnte sich Monica zusammenreißen. Dann schminkte sich Monica von Platen und ging zum Obervormund und schluchzte; über die Kinder, die immer größer wurden und um neue Kleider und mehr Essen bettelten und die so teuer im Unterhalt waren: *„Makkaroni sind nicht mehr gut genug."*

Sie hatte jedes Mal Erfolg, und nicht ein einziges Mal wurde das Geld für neue Jeans für die Kinder verwendet.

Alfred ging jeden Tag ungeduscht in denselben Kleidern in die Schule, Hosen, die weit über den Knöcheln endeten. *„Du kannst nicht immer die gleichen Sachen anziehen, wie ungepflegt"*, sagten die Mädchen in der Klasse. Der Mensch ist in mancher Hinsicht ein Tier, so auch Kinder. Man konnte sowohl sehen als auch riechen, wie es Alfred ging, was ihn in der Käppala-Schule zu einer dankbaren Beute machte. Jede Pause war ein Spießrutenlauf über den Schulhof mit Schneebällen, Schlagringen, Spuckbällen und dem Nachnamen Böckman, der in das passendere „Bögman!" geändert wurde. *„Schwul-Mann! Schwul-Mann! Schwul-Mann!"*

Aber wenigstens durfte er das Haus verlassen und bekam ein Mittagessen.

Doris von Platen war sich natürlich bewusst, in welche Misere ihre Tochter sich und ihre Kinder gebracht hatte, aber indem sie sich nicht mit dem Thema beschäftigte, musste sie sich auch nicht mit den Antworten auseinandersetzen.

Die Entfernung zwischen Karlaplan auf Östermalm und Tallrisstigen auf Lidingö war größer, als die Blutsbande reichten. Außer für ein paar Wochen in den Sommerferien.

Anfang der 1940er-Jahre, vor der Scheidung von Doris und Baltzar von Platen, hatte Balzar ein Landhaus in Djupdalen, ein paar Kilometer südlich von Stockholm, mit Land und einer Scheune für seine Experimente gekauft. Nach der Scheidung, als der Kühlschrankerfinder mit seiner neuen Liebe nach Blekinge zog, übernahm Alfreds Großmutter das Haus, und für Alfred und Casimir waren die Tage im Dåntorp-Wald in Djupdalen die schönsten ihrer Kindheit.

Doris von Platen war keine Starköchin, aber drei Mahlzeiten am Tag waren für Alfred und seinen Bruder ein solcher Luxus, dass sie die verbalen Zeigefinger hinnahmen: *„Setzt euch aufrecht an den Tisch!" „Messer in die rechte Hand!" „Weg mit den Ellbogen!"*

Streng und kalt, als sie jung waren, aber als Alfred in seine Teenagerjahre kam, rückte seine Großmutter immer näher zu ihren Enkeln. Vielleicht fühlte sie sich schuldig, weil sie so eine schlechte Beziehung zu ihrer eigenen Tochter hatte, aber Doris wurde wärmer und feinfühliger. Sie steckte ihnen einen Groschen zu, wenn sie wusste, dass Monica jeden Pfennig versoffen hatte, und war für sie da. Mit der Zeit wurde sie für Alfred so etwas wie die Mutter, die er nie gehabt hatte. Als die Beschimpfungen auf dem Schulhof am schlimmsten waren und es weder Eier noch Geld für Pfannkuchen gab, durfte Alfred zu seiner Großmutter in die Wohnung in Östermalm ziehen. Aber Doris' Kampf um ein soziales Umfeld und ein makelloses Image vor ihren Freunden war unermüdlich und ewig. Anzüge in den Boutiquen auf dem Karlavägen kaufen, Haare beim Friseur machen lassen, Bridge spielen und einen Drink im Speisesaal von NK nehmen.

Als Doris von Platen im Alter von zweiundneunzig Jahren starb, traf Alfred das sehr hart, und als er die Kisten mit den Briefen von Greta Garbo und den Tagebüchern aus dem Kellerlager am Karlaplan erhielt, wollte er nur eines wissen:

Was machte die Großmutter, als er und seine Geschwister vom Sozialamt abgeholt wurden?

Das Datum aus dem Sommer 1974 enthielt zwei Sätze:

Kinder in Obhut genommen.

Bin auf Golfreise gefahren.

Ich dachte, Alfreds Mutter sei tot. Am Anfang unserer Beziehung vermied er es, über seine Eltern zu sprechen, und wenn er seine Mutter erwähnte, war es „Monica".

Er hatte seine Gefühle schon vor langer Zeit überwunden. Am Tag nach seinem 18. Geburtstag ließ sich Alfred seinen Teil des Erbes vom Vater auszahlen und kaufte mit dem Geld eine halbe Einzimmerwohnung in Stockholm. Großmutter Doris steuerte die andere Hälfte bei.

Er zog von zu Hause aus, kappte die Bande zu seiner zerrütteten Kindheit und änderte seinen verhassten Nachnamen Böckman-Bögman in von Platen.

Seit ihrem sechzigsten Lebensjahr lebte Monica von Platen in verschiedenen Einrichtungen des betreuten Wohnens, in denen Alkohol nicht akzeptiert wurde, aber Jahrzehnte des Missbrauchs hatten unauslöschliche Spuren hinterlassen. Durch ihren Vormund erfuhr Alfred von den Geschichten seiner Mutter, von denen eine unwahrscheinlicher war als die andere. Über das FBI, das sie verfolgte, und die Geschichte mit den Zigaretten. Monica, die mehr als vierzig Jahre lang Unmengen geraucht hatte, täglich mehrere Päckchen, war eines Morgens aufgewacht und hatte auf die rote Prince-Packung auf dem Nachttisch gezeigt: *„Wem gehören die?“* Zack, hörte sie auf zu rauchen und begann stattdessen, Streichholzschachteln zu sammeln.

Mein Mann war nicht sehr daran interessiert, dass ich seine Mutter kennenlerne, und ich hatte auch nicht darauf bestanden, aber als wir unsere Hochzeit planten, fühlte es sich immer angebrachter an. Da saß ich mit den Einladungen für meine gesamte Großfamilie, ich wollte die wenigen verbliebenen Mitglieder von Alfreds Familie kennenlernen. Vielleicht hatte ich die Vorstellung einer Schwiegermutter romantisiert, obwohl Alfred im Auto auf dem Weg zum Krankenhaus in Danderyd deutlich war: *„Mach dir keine Hoffnungen.“*

Monica war in eine psychiatrische Klinik eingewiesen worden, in der sie zeitweise lebte, und ich war erstaunt, wie klein und mager sie war. Sie saß in einem Rollstuhl und schrie uns an, als wir ankamen: *„Ihr wollt nur mein Geld, Hilfe, Hilfe.“* Als Alfred sie bat, damit aufzuhören, und sagte, dass es nur er sei, ihr Sohn, antwortete Monica, dass sie keine Kinder habe.

Dahingegen war sie an mir interessiert. *„Wer sind Sie?“*, fragte Alfreds Mutter, *„Sie sehen nicht aus, als ob Sie aus Schweden kommen.“* Als ich ihr sagte, dass ich syrisch-orthodox bin, stellte sich heraus, dass Monica nach all ihren Reisen um die Welt als Flugbegleiterin viel mehr über meine Kultur wusste als die meisten Schweden. Als wir gingen, rollte sie uns zum Aufzug hinterer und flüsterte: *„Kommen Sie gerne mit Ihrem netten Verlobten wieder.“*

Es sollte ein weiteres Treffen geben. Als ich mit Emanuel schwanger war und die älteren Kinder erfahren hatten, dass sie eine Oma *haben* und sie sehr gerne kennenlernen wollten, machten wir erneut einen Ausflug ins Krankenhaus von Danderyd. Diesmal hatte das Treffen jedoch nichts Milderndes an sich. Alfreds Mutter wurde hysterisch, als sie uns sah, die Kinder hatten Angst, und wir mussten wieder nach Hause fahren. Ein Jahr später stürzte Monica von Platen in der Küche des Pflegeheims so schwer, dass ihr Leben zu Ende war.

Ein paar Monate nachdem Alfred und ich geheiratet hatten und einige Besorgungen machten, wurden wir zufällig von einem Reporter der Metro angehalten, der eine Umfrage machte. Es ging um Romantik, und wir wurden gefragt, in was wir uns beieinander verliebt hatten. Wir kicherten und erzählten, dass wir uns auf einer Kundenparty kennengelernt hatten, dass wir frisch verheiratet waren und ein Kind erwarteten, und Alfred scherzte: *„Wir sind wahrscheinlich das glücklichste Paar der Welt. Am 17. November wird es ein Candlelight-Dinner geben, wenn wir unseren zweiten Jahrestag feiern."*

Die Umfrage wurde am 3. November 2006 in der Metro am oberen Rand einer Seite und unter der Überschrift „Liebespaar des Tages" veröffentlicht.

Am 4. November, dem Tag darauf, wurde Alfred von einem Verwandten angerufen, der fragte: „*Wer* ist Gunilla von Platen?" Der Verwandte hatte das Bild in der Zeitung gesehen, und der Ton war so empört wie damals, als sich mein Mann an seinem achtzehnten Geburtstag dazu entschied, den Nachnamen seiner Mutter anzunehmen.

Ein paar Wochen später wurde auch ich von einer Person kontaktiert, die über meinen Namen gestolpert war, als ich für den Affärsbragd der SvD nominiert wurde:

„Da ich Sie in den verschiedenen Zweigen der Familie von Platen nicht ausfindig machen kann; ich gehöre selbst zum Zweig Ventz-Subzow, einem der beiden Zweige der Familie von Platen, die im 18. Jahrhundert von Rügen in Schwedisch-Pommern nach Schweden kamen. Ich bin der Vizepräsident der Schwedischen von Platen-Vereinigung und bin die Person, die den Überblick über alle anderen Platens in Schweden, Deutschland und anderen Ländern behält. Deshalb frage ich einfach: Mit wem sind Sie verheiratet und wer sind die Eltern Ihres Mannes?"

Alfred hat sich nie dafür interessiert, Teil eines Adels oder dieser Geschichte zu sein. Wie ich hat auch mein Mann Schwierigkeiten mit Leuten, die sich im Erfolg alter Vorfahren sonnen und sich für etwas Besseres halten, weil sie ein Nachkomme sind oder als Name nach ihrem Rang auf einem kupfernen Waffenblech im Riddarhuset hängen.

Aber da ich im Laufe der Jahre für mein Unternehmen Xzakt bekannt geworden bin und mein Name in den Zeitungen in immer bedeutenderen Zusammenhängen erwähnt wurde, ist das Interesse an unserem Nachnamen gewachsen.

Alfred pflegt zu scherzen, dass ich den Bekanntheitsgrad seines Familiennamens in Schweden verdoppelt habe, und diese Aufmerksamkeit ist der von Platen-Gesellschaft nicht verborgen geblieben. Jetzt ist der Ton nicht mehr so entrüstet.

Eine Einladung nach der anderen in ausgefallenen Umschlägen landet in unseren Briefkästen, für Partys und Veranstaltungen und Reisen nach Deutschland. Wir lesen sie nicht einmal, die Einladungen wandern direkt in den Mülleimer.

Es geht nicht nur um das mangelnde Interesse am Adel, es ist der Verrat. Mein Mann und seine Geschwister waren wegen des Alkoholmissbrauchs ihrer Eltern jahrelang Personae non gratae. Alle wussten von den Problemen von Monica von Platen, aber niemand hat sich bemüht, auch nur die Hand auszustrecken. Im Gegenteil, man verschloss die Augen und ließ drei kleine Kinder im totalen Elend aufwachsen. Wo waren damals all die feinen Platens?

Dass Alfred heute so selbstsicher ist, ist angesichts seiner Geschichte ein kleines Wunder. Er kommt aus einer Familie, die in Palästen lebte und alle Möglichkeiten hatte, aber alles verbrannte. Ich aus einer Familie, in der wir als Flüchtlinge bei null anfingen, aber alles taten, um uns im neuen Land ein Leben aufzubauen. So haben wir uns kennengelernt. Wir haben ein gemeinsames Verständnis von Geld, streiten uns nicht über Erziehung und vergessen nie, woher wir kommen und was es bedeutet, nichts zu haben.

Der stärkste, herzlichste und beste Vater, den unsere Kinder haben können.

Alfred, mein einzig wahrer Gefährte.

25. DIE SKELLEFTEÅ-KRANKHEIT

„Was habe ich mit meinem Leben gemacht? Was mache ich hier? Die Leute in dieser Stadt hassen mich."

„Vergiss die Nordländer und komm nach Hause."

Im Spätsommer 2004 erhielt ich die Anfrage, bei „Debatt" im schwedischen Fernsehsender SVT mitzumachen. Damals wurde die Sendung von Lennart Persson moderiert, dem späteren Ehemann der Vorsitzenden der Liberalen Partei, Nyamko Sabuni. Meine erste Reaktion war *auf keinen Fall.* Mein Fokus lag auf dem Geschäft in Skellefteå, auf der Anwerbung von Kunden und Personal, und als ich das letzte Mal an einer Fernsehproduktion teilgenommen hatte, war es nicht besonders gut ausgegangen. TV3 hatte eine Dokumentarserie über erfolgreiche Unternehmerinnen gedreht und wollte meine Führungsqualitäten auf „weibliche Art" darstellen, indem ich mit einer Freundin in der Stadt shoppen gegangen war, um die „weiblichen Bilder" zu unterstreichen. Heute hätte ich so einer albernen Idee, mit einer Freundin in einer Umkleidekabine zu stehen und zu kichern, nicht zugestimmt. Aber das hier war etwas anderes, versicherte der Rechercheur von SVT und erklärte, dass es in der Sendung um die Arbeitseinstellung der Schweden ging. Wie die Arbeitslosigkeit bekämpft werden sollte und Arbeitsplätze ins Ausland verlagert wurden. Die Leute, die ich im Studio treffen sollte, waren Ebba Lindsö, damals die renommierte Geschäftsführerin des Schwedischen Arbeitgeberverbands, ein Vertreter der Linksjugend sowie der damalige Vorsitzende der Volkspartei, Lars Leijonborg, der die Teeküchen mit seiner Aussage aufgewühlt hatte, dass die Schweden drei Stunden mehr pro Woche arbeiten müssten, um den Wohlstand zu sichern.

Ich sollte die Rolle der „Selbstständigen" spielen, und die Tatsache, dass man mich anrief, war nicht überraschend. Zuvor war ich in einem viel beachteten Artikel in Norra Västerbotten erschienen, in dem ich die Arbeitsmoral der Nordländer infrage gestellt hatte, nachdem ich auf eine Anzeige, in der ich zwanzig Mitarbeitende für Xzakt suchte, drei Antworten erhalten hatte. *„Offensichtlich gibt es 944 Jugendliche, die keine Arbeit wollen"*, sagte ich in dem Interview und bezog mich dabei auf eine Schlagzeile in derselben Lokalzeitung, in der behauptet wurde, dass 947 junge Menschen in Skellefteå arbeitslos seien. „*Aber vielleicht ist es zu einfach, zu stigmatisieren.*

Ich habe Informationsgespräche mit Jugendlichen geführt – und die sitzen nur da und gähnen."

Ich war in dem Gespräch völlig ehrlich, als ich zu dem Schluss kam, dass ich Skellefteå nicht verlassen wollte, jedoch vielleicht müsste, und gezwungen wäre, Kunden zur Konkurrenz zu schicken, wenn sich in der Stadt keine Arbeitsbereitschaft einfinden würde. Das brach eine Diskussion vom Zaun.

Ich wusste, dass es sich um ein heikles Thema handelte und dass man jedes Mal, wenn man die Wahrheit über die kaputte Generation sagt, damit rechnen muss, einen Haufen gehässiger Kommentare zurückzubekommen. Aber gleichzeitig war es eine Sache, die mir wirklich am Herzen lag. Also sagte ich zu.

Ich war noch nie live im Fernsehen aufgetreten, hatte nichts zum Anziehen und zitterte, als ich meinem guten Freund Rickard schrieb, dass ich dieses Mal wohl einen Fehler gemacht habe. Aber ich bekam nur aufmunternde Worte zurück: „*Du brauchst nicht nervös zu sein. Du wirst es galant machen, sie haben dich gefragt, weil du du bist.*"

Und es wurde eine gute Debatte. Nachdem ich warm geworden war, sehr warm in dem blauen Jackett, für das ich mich schließlich entschieden hatte (übrigens das gleiche Jackett wie alle Männer im Studio), konnte ich mit meinen Erfahrungen in der Branche mit der Rolle des Arbeitsamtes und der Verantwortung der Eltern punkten. Ich konnte mich nur auf Skellefteå beziehen, weil ich dort mein Geschäft hatte, aber die Diskussion wurde allgemein, und als die hellen Lichter im Studio in Göteborg ausgingen, war ich zufrieden.

Zwei Tage nach der Fernsehsendung war ich zu einem Treffen nach Stockholm gereist und stand in der Schlange bei Seven Eleven, um ein Eis zu kaufen, als ein großer Mann von hinten auf mich zukam und mich gegen das Süßigkeitenregal drängte. Bevor jemand reagieren konnte, zog er sein Hemd hoch und enthüllte eine Operationsnarbe: „*Meinen Sie, ich sollte auch arbeiten? Bin ich vielleicht auch faul, was, WAS?*" Die Kassiererin hinter der Theke kam zu Hilfe und scheuchte den

Mann aus dem Laden heraus, und ich lief ohne Eis weg.

Die Reaktion der Einwohner von Skellefteå war dagegen eher erwartungsgemäß.

Der Vorteil, sich in einer Kleinstadt niederzulassen, ist, dass man den Menschen, die dort leben und arbeiten, näherkommt. Heute, nach zwanzig Jahren in Skellefteå, arbeiten die Kinder des ersten Jahrgangs, den ich Anfang der 2000er-Jahre einstellte, für mich. Es ist ein reines Glücksgefühl, dass ich miterleben durfte, wie so viele talentierte Angestellte wachsen und sich entwickeln und nun entsprießen. Da ich inzwischen tausendmal mit dem Flughafenbus zum Flughafen Skellefteå gefahren bin, habe ich mich mit den Fahrern angefreundet und habe ihre Handynummern. Wenn ich den Bus verpasse, kann ich einfach anrufen:

„Hallo, hier ist Gunilla, ich stehe wieder auf dem Markt und habe den Bus verpasst, kannst du umkehren?“

„Kein Problem!“

Drei Jahre lang war das Stadthotel in Skellefteå mein Zuhause. Ich hatte meine Kleider im Schrank im Hotelzimmer, das ich selbst putzte, und das Viertel zwischen Kanalgatan und Nygatan war mein Vorgarten. Der „Marktplatz der Möglichkeiten“, wie der offizielle Name lautet, den aber jeder Einwohner von Skellefteå kurz und gut „Markt“ nennt. Mit der Bank, dem Systembolaget und „Lyftet“ – der berühmten Skulptur am Brunnen. Ich erinnere mich noch gut an den Stolz des Gemeinderats Lorentz Andersson, als er mir die Statue zum ersten Mal zeigte und sagte, die Leute sollten an ihn denken, wenn sie sie sehen. 2006 brachte ein Christdemokrat im Stadtrat einen Antrag ein, wonach die Granitskulptur auf dem Platz eine „Schande“ und ein „Phallussymbol“ sei, das „an einen unsichtbareren Ort versetzt“ oder besser noch „in den Tiefen des Meeres versenkt“ werden solle. Mit sechzig zu zwei Stimmen beschloss der Rat, dem Antrag nicht nachzukommen.

Natürlich fühlte ich mich der nordländischen Stadt zugehörig, wenn ich sah, wie der Flughafenbus zum Markt zurückkehrte, um mich einzusammeln. Aber es gab mehr Momente, in denen ich vor dem Stadthotel in Skellefteå stand und bei minus zwanzig Grad meine Wimpern zu Eis weinte.

Dann rief ich Veronica an, und sie sagte jedes Mal das Gleiche: *„Vergiss diese Nordländer und komm nach Hause."*

Ich entschied mich, mein Unternehmen in Västerbotten zu gründen, wo der Fluss auf das Meer trifft und wo die Abwanderung jahrzehntelang viel größer gewesen war als die Zuwanderung und der Mangel an Arbeitskräften immer akuter wurde. Skellefteå war ein Ort, den die Menschen auf der Suche nach Glück und Arbeit *verließen*, und ich investierte alles, das ich hatte, in einen Ort, den ich noch nie betreten hatte und wo ich niemanden kannte. Heute ist Xzakt einer der größten privaten Arbeitgeber in der Gemeinde, und die größten Steuereinnahmen kamen bald von mir. Wir sind gewachsen und haben uns weiterentwickelt und den Menschen weiterhin einen Arbeitsplatz geboten. Skellefteå sollte mich für das, was ich für die Stadt getan habe, loben. Stattdessen haben sie, vor allem in den ersten Jahren, alles getan, um mir Steine in den Weg zu legen. Das *Gesetz von Jante*, das ich während meiner Zeit in Skandia kennengelernt hatte, wirkt in Norrland verstärkt. Zum Beispiel bei meinem ersten Treffen mit dem großen Gewerkschaftsboss der Gemeinde, der mit bis zum Bauchnabel aufgeknöpftem Hemd an den Verhandlungstisch kam und demonstrativ seinen Bürostuhl hochschraubte, weil er *sich mir überlegen fühlen wollte*. Wo ich, mit seiner ganzen behaarten Brust auf Gesichtshöhe, erwiderte, dass ich es begrüßen würde, wenn er sein Hemd zuknöpfen und mir Respekt erweisen würde.

Die Männer der Macht in Norrland sind es nicht gewohnt, dass eine Frau kommt und Bedingungen stellt. Wenn die Frau dann auch noch ein junges Mädchen ist, das weder im Dorf aufgewachsen ist noch einen Vater hat, der bei Boliden oder Skellefteå Kraft arbeitet, ist der Weg nach oben besonders steinig. Dann bist du die Glücksjägerin, die sich an den lokalen Arbeitskräften bereichern will.

Komischer Vogel, Stockholmer, Zwielicht.

Die Blicke in der Stadt und das Geflüster, das kein Geflüster war, brannten mir Löcher in den Rücken. Wer war ich, dass ich an einen Ort kam, an dem Landwirtschaft und Schwerindustrie schon immer die wichtigsten Wirtschaftszweige waren? Noch dazu von außen und mit einem Dienstleistungsunternehmen, in dem die Arbeitsgeräte so etwas Verdächtiges wie Telefone und Computer waren. Oder, wie es einer meiner Angestellten nach der SVT-Debattensendung ausdrückte, als die Leserbriefe in den Lokalzeitungen neuen Schwung bekamen: *„Hier in der Stadt zählen nur Winkelschleifer und Eggen, Gunilla.“*

Nur wenige waren daran interessiert, auch nur zu versuchen, mehr darüber herauszufinden, worum es bei einem ausgelagerten, avancierten Kundendienst wirklich geht.

Heute weiß ich, je erfolgreicher ich mit Xzakt bin, desto mehr Leute werden mir den Erfolg übelnehmen, aber es schmerzte trotzdem manchmal, wenn die Einladungen der Gemeinde, Wirtschaft und Politik in Skellefteå ausblieben.

Das Schlimmste war, von den lokalen Medien ständig verdächtigt zu werden, allen voran von Norra Västerbotten (heute Norran).

Ich hatte von Anfang an einen schlechten Start mit Norran. Im ersten Artikel, als die Zeitung berichtete, dass ein neues Unternehmen in der Gegend angesiedelt werden sollte und ich mich aus Rücksicht auf meine Kunden nicht dazu äußern konnte, bevor nicht alles unter Dach und Fach war, entschied sich Norra dafür, einen Blickwinkel zu veröffentlichen, der meinem Unternehmen zwielichtige Geschäfte unterstellte. *Sie arbeiten hinter Gittern und sind sehr verschwiegen darüber, was sie tun.* Das zugehörige Foto wurde durch einen Zaun hindurch aufgenommen. Als ob sie eine Drogenfabrik in der Stadt aufgedeckt hätten und nicht einen zukünftigen großen Arbeitgeber. Die „Gitter“ auf der Rückseite waren ein Schutz, den wir aus versicherungstechnischen Gründen haben mussten, da sich in den Gebäuden diebstahlgefährdete Computer befanden. Schon damals wurde ein Misstrauen gegenüber Xzakt geschaffen, das weiter geschürt wurde und erst nach mehreren Jahren ausgeräumt werden konnte.

Einmal musste ich eine Person nach drei Abmahnungen wegen groben Fehlverhaltens entlassen, und prompt veröffentlichte Norran einen Artikel, in dem die entlassene Frau behauptete, dass sie bei der Arbeit nicht hatte pinkeln dürfen. Dass ich als Arbeitgeberin die Zeit der Toilettenbesuche meiner Angestellten stoppte und blinkende Lichter installiert hatte, die anzeigten, wenn die Zeit um war. Völlig bizarr, eine glatte Lüge. Ich rief den Chefredakteur an und fragte ihn, ob er die Regeln der Presseethik kenne, die besagen, dass man Nachrichtenquellen kritisch gegenüberstehen und sachliche Informationen überprüfen muss, und sagte ihm, dass er herzlich auf einen Besuch eingeladen sei, um selbst zu sehen, ob er blinkende Lichter finden könne. Er ist nie gekommen.

Aber die bösartigen Unterstellungen in der Zeitung gingen weiter. Ständige sogenannte Enthüllungen und anonyme Angriffe ohne Grundlage, Inhalt oder Substanz in dem, was sie angeblich „enthüllten". Mit dem einzigen Ziel, zu diskreditieren und Kontroversen zu erzeugen. Als wir Com Hem als Kunden verloren, riefen die Reporter an und fragten, warum meine Angestellten nichts erfahren hätten, obwohl ich meinen Mitarbeitenden jede Woche Briefe mit Informationen über Besprechungen, Ausschreibungen und sonstige Vorgänge schicke. Als wir 2007 einen Gewinn von siebenundzwanzig Millionen Kronen brutto erzielt hatten, verzerrten die Medien die Kritik der Gewerkschaften und ließen einen ehemaligen Angestellten (natürlich anonym) unwidersprochen über eine hohe Personalfluktuation und niedrige Löhne berichten. Obwohl ich einen Tarifvertrag und Lohnzuschläge hatte und alles vom ersten Tag an nach Vorschrift gemacht wurde. Warum sollte ich ein halbes Jahr in die Ausbildung von Menschen investieren, um sie dann nach elf Monaten zu entlassen? Das wäre ein mieses Geschäft.

Andererseits haben die Menschen sehr unterschiedliche langfristige Vorstellungen von ihrer Arbeit. Manche wollen nur ein paar Monate arbeiten, andere mehrere Jahre, wieder andere ein Leben lang. Manche wollen überhaupt nicht arbeiten.

Heute, nach mehr als fünfundzwanzig Jahren als Vorgesetzte und mit Erfahrungen aus verschiedenen Branchen, weiß ich, dass die jungen Menschen im hohen Norden in Bezug auf ihre Arbeitsmoral leider in guter Gesellschaft mit den übrigen gesunden und arbeitsfähigen Schweden sind. Aber ich weiß auch von der Epidemie mit sehr vagen Symptomen, die meist an einem Mittwoch auftreten und mit einem heiseren Anruf am Morgen beginnen: *„Ich habe Halsschmerzen, ich kann heute nicht arbeiten."*

Die „Skellefteå-Krankheit". Ich fühle mit jeder Person, die wirklich krank ist, und schreibe manchmal Karten, schicke Blumen und Pralinen und drücke die Daumen für eine schnelle Genesung. Aber wenn es immer wieder vorkommt, wenn man ein Muster erkennt und weiß, dass es sich um Betrug handelt, dann werde ich zu einer schwierigen Arbeitgeberin. Einmal rief mich eine Angestellte an und flüsterte ins Telefon, dass sie heiser sei und nicht zur Arbeit kommen könne. Ich sagte ihr, das sei kein Problem, ich hätte eine Schreibarbeit, die sie stattdessen machen könne. Als wir aufgelegt hatten, erfuhr ich von Kollegen, dass sie am Abend zuvor auf einer Party gewesen war. Ich rief sie zurück und sagte ihr, sie hätte zwanzig Minuten Zeit, um ins Büro zu kommen, und siehe da, Fias heisere Stimme funktionierte perfekt. Sich in einer Stadt wie Skellefteå, in der jeder alles über jeden weiß, zu drücken, ist nicht sehr klug, aber es funktioniert, weil das System es zulässt. Ich weiß nicht, wie oft ich einen Arzt angerufen habe, um ihn zu fragen, warum er einen Zweiundzwanzigjährigen wegen Burnout für sechs Monate krankgeschrieben hat, und der Arzt mir sagte, dass er die Person nicht behandelt habe. *„Das war die Krankenschwester."* Die Ärzte haben nicht die Kraft, sich der Situation zu stellen, und schreiben die Patienten einfach krank. Sie sind ja nicht diejenigen, die dafür bezahlen müssen. Ich kann in meiner Rolle als Chefin sicherlich manchmal hart erscheinen, aber man muss auch verstehen, wie sich Faulheit auf mich als Arbeitgeberin auswirkt. Auf mein kleines Unternehmen. Wir werden nicht mit SAS oder Telia gemessen. Ein paar Leute, die das System missbrauchen, können das ganze Unternehmen zerstören. Und das betrifft nicht nur mein Unternehmen und mich, auch die Gemeinde verliert enorme Steuereinnahmen. Skellefteå verliert.

Einmal drohte mir jemand per E-Mail, dass er mich umbringen würde. Dass der Plan nicht sehr ausgeklügelt war, ließ sich daraus ableiten, dass er Zeit und Ort angab, wann und wo die Tötung stattfinden würde. Ich musste also nur auftauchen. Stattdessen ging ich zur Polizeistation in Skellefteå, um die Drohung zu melden, aber zusammen mit dem Polizeibeamten kam ich zu dem Schluss, dass es sich höchstwahrscheinlich um einen Troll handelte, und wir beschlossen, die Ermittlung der IP-Adresse nicht weiter zu verfolgen.

Ich habe gelernt, mit dem Getuschel hinter meinem Rücken und den Leserbriefen in den Zeitungen zu leben, aber nichts, was gesagt oder geschrieben wurde, traf mich so sehr wie die Buchstaben in der Lokalpresse, als ich im Herbst 2006 den Titel Entrepreneur of the Year gewonnen hatte – eine der weltweit wichtigsten Auszeichnungen für Unternehmer, die jährlich von Ernst & Young in über sechzig Ländern organisiert wird. Es begann damit, dass ich den Titel in der Region Nord gewann und zum großen nationalen Finale in Stockholm eingeladen wurde. Alles war groß und prächtig und gut organisiert. Svenska Dagbladet druckte eine sechzehnseitige Sonderbeilage mit Porträts von Profilen aus der Branche, um „Unternehmer hervorzuheben, die andere Unternehmer inspirieren und dazu beitragen können, das Wirtschaftswachstum in Schweden anzukurbeln", und in der wir Regionalgewinner als Anzeigenkunden eingeladen wurden. Peter Settman war ein super professioneller Moderator im Konzerthaus, wo wir elf Finalisten waren, die von einer Jury interviewt wurden.

Ich hatte damals etwa siebzig Angestellte in meinem Unternehmen und im Jahr zuvor einen Umsatz von dreiundvierzig Millionen schwedischen Kronen erzielt. Die Unternehmen, gegen die ich antrat, hatten einen Umsatz von mehreren hundert Millionen, und in diesem Wettbewerb war ich zu klein. Der Gewinner war Thomas Klier aus Värmland, der mit der Herstellung von Schweißpulver sowohl großen Erfolg als auch ein beträchtliches Vermögen erzielt hatte. Stattdessen wurde mir der neu eingeführte Preis „Newcomer des Jahres" verliehen, mit der Begründung der Jury:

Mit Enthusiasmus, großer Tatkraft und persönlicher Risikobereitschaft hat der Newcomer des Jahres ein innovatives Unternehmen geschaffen, das die traditionelle Arbeitsweise der Branche herausfordert. Der Newcomer des Jahres ist umsatzstark, intensiv, konsequent und sehr zielorientiert, was zu einem rasanten Wachstum mit außergewöhnlicher Rentabilität geführt hat.

Ich war so stolz, dass ich fast geplatzt wäre. Sechs Jahre, nachdem ich mich in die Bestrebungen in Norrland gestürzt und ein Unternehmen gegründet hatte, an das nur wenige Menschen glaubten, erhielt ich eine solch ehrenvolle Anerkennung. Das war ein großer Erfolg für mich und für das Unternehmen, und sollte es eigentlich auch für Skellefteå sein.

Doch der Artikel, den Norran veröffentlichte, war genau das Gegenteil. Anstatt das lokale Unternehmen zu würdigen, das einen schönen Preis für Unternehmertum gewonnen hatte, schrieb die Lokalzeitung in Skellefteå einen Text über „den komischen Vogel aus Damaskus". *Günel Anip, die plötzlich zu Gunilla von Platen wurde.* Wie konnte jemand, der in Syrien aufgewachsen ist, über Boliden gewinnen? Es waren nicht nur reine Irrtümer – ich war noch nie in Syrien – sondern vor allem der Ton war unter aller Würde. Als Sahnehäubchen fragte der Verfasser, ob ich nicht die Warnungen darüber gehört hätte, dass Ehrungen ein Fluch sein könnten, und zog einen schrecklichen Vergleich mit Anna Lindh. Was meinten sie damit? Dass ich ermordet werden würde wie Anna Lindh? Ernst & Young war wütend und kaufte eine ganze Seite in Norran mit der Schlagzeile „Herzlichen Glückwunsch Gunilla", aber das spielte keine Rolle. Ich war völlig am Boden zerstört. Eine anonyme Person, die Drohungen ausspricht, ist eine Sache, aber dieses Mal war es ein Journalist, dessen Artikel von einem Chefredakteur genehmigt worden war. Kein Troll aus dem Sumpf. Und wo mein Verbrechen darin bestand, dass ich im größten Unternehmerwettbewerb der Welt ausgezeichnet worden war. Alfred versteckte die Zeitung und sagte mir, ich solle sie nie wieder lesen, was ich auch nicht tat. Aber ich rief erneut bei Norran an und stellte eine These auf: *Wenn ich ein Mann, Schwede und in vierter Generation in Skellefteå ansässig gewesen wäre, hättet ihr mich geehrt.* Ich bekam die Antwort:

Ja, aber das sind Sie nun einmal nicht.

26. TRUMP UND ANNIE LÖÖF

Im Herbst 2016 wurde ich von einer PR-Agentur eingeladen, die Präsidentschaftswahlen in den USA vor Ort zu verfolgen. Ich schnappte sofort zu wie eine Kobra. Wer konnte schon Nein dazu sagen, dieses historische Ereignis mitzuerleben, das kurz bevorstand und das das politische System der USA bereits in seinen Grundfesten erschüttert hatte, egal wie es ausgehen würde? Ich reiste in Begleitung von Martin Gelins Buch „Der längste Kampf – Hillary Clintons Aufstieg zur Macht" und Marie und Tomas Ledin. Ich bin sehr entzückt von Marie Ledin. Abgesehen davon, dass sie das Erbe der Plattenfirma ihres Vaters Stikkan Anderson ehrenvoll verwaltet hat, ist sie völlig unprätentiös, gibt nicht an und ist immer sie selbst. Marie hat vor zwanzig Jahren mit dem Rauchen aufgehört, kaut aber immer noch wie wild auf Nikotinkaugummis herum. Wenn sie bei der Verleihung des Polarpreises neben dem König sitzt, geht der Kaugummi rein und raus.

Als wir in den USA ankamen, kaufte ich mir als Erstes ein T-Shirt mit der Aufschrift *„Madam President"*, denn die Kandidatin der Demokraten war meine Frau. Wie viele andere in der Welt freute ich mich darauf, das Glasdach des Weißen Hauses in Washington in tausend Stücke zerspringen zu sehen. Weniger als achtundvierzig Stunden vor Öffnung der Wahllokale kamen wir in der ehemaligen Industriestadt Cleveland am Lake Eire in Ohio an, um den Sieg von Hillary Clinton mit eigenen Augen zu sehen. Auf Instagram postete ich ein Bild von Frau Ledin und mir mit der Bildunterschrift: *„Marie und ich arbeiten heute Abend hart in Cleveland, um Trump zu stoppen."* Als wir im Stadion ankamen, war es fast leer, nur ein paar tausend Menschen im Innenraum. Ein Prominenter nach dem anderen trat auf, um der Menge einzuheizen, darunter auch Basketball-Legende LeBron James, der eine glanzlose Rede darüber hielt, wie wichtig es für Kinder sei, sich wichtig zu fühlen, und wie *president Hillary Clinton can make their dreams become a reality.* Als Hillary selbst auf der Kanzel stand, warf sie ein Halsbonbon ein und sprach eine Viertelstunde lang über die Erhöhung des Mindestlohns und die Schaffung von mehr Arbeitsplätzen. Dann war es vorbei. Ich war irritiert und fühlte mich dumm in meinem Hillary-Shirt inmitten von abgenutzten „stronger toghether"-Plakaten. *Yeah right.* Am nächsten Tag fuhren wir zu einer Trump-Kundgebung im Bundesstaat Pennsylvania – und wurden mit einem totalen Chaos konfrontiert. Es war die Rede von fünfzigtausend Teilnehmenden. Die Wähler hatten vier Stunden lang Schlange gestanden, um einen Blick auf den republikanischen Präsidentschaftskandidaten zu erhaschen, und die Polizei schickte Leute aus Sicherheitsgründen nach Hause. Auch für uns war es Stillstand. Doch als unsere Gruppe, wie Hunderte andere, von dem Hangar, in dem Trump auftreten sollte, weggedrängt wurde, drängte ich mich vor und schob mich Schritt für Schritt durch die Menge. Ich weigerte mich, ein Nein als Antwort zu akzeptieren, und zog vor dem Wachmann am Eingang mein gesamtes Register: *„please, please"*, *„den ganzen Weg aus Schweden"*, *„ich mache nur ein Foto"*. Dann war ich drin. Es war Donald Trumps sechster Wahlkampfstopp, er machte im Endspurt durchschnittlich zwei mehr pro Tag als seine Gegnerin, und anders als Hillary Clinton ging er direkt auf die Bühne, ohne Prominente und Pomp, und predigte eine Stunde lang. Ohne Skript. Man kann viel über diesen alten Mann sagen, aber es war sehr beeindruckend. In diesem Moment und inmitten der euphorischen Menge war für mich klar: *Er wird die Wahl gewinnen.*

Wir verfolgten die eigentliche Wahl in der schwedischen Botschaft in Washington zusammen mit anderen anwesenden Landsleuten, darunter der ehemalige Chefredakteur und Generalkonsul in New York, Olle Wästberg, die Journalistin Britt-Marie Mattsson – die über mehr Präsidentschaftswahlen berichtet hat, als man an den Fingern abzählen kann – und die Moderaten-Politiker Carl Bildt und Tomas Tobé. Als ich sagte, dass Trump gewinnen würde, lachten sie alle über mich. Carl Bildt versprach, einen Besen zu fressen.

Selbst als die Wahlergebnisse von Staat zu Staat durchsickerten, konnte die blaugelbe Versammlung nicht glauben, was geschah, und tat es weiterhin nonchalant und unisono ab: *„Das sind natürliche Gebiete, gleich wirst du es sehen."*

Und das taten wir auch. Trump gewann unter anderem dank eines Überraschungssieges in Pennsylvania. Die Welt bebte. Carl Bildt fraß keinen Besen, aber die Stimmung in der schwedischen Botschaft in

Washington war total deprimierend. Das Ehepaar Ledin und ich gingen weiter zu einem Pub, wo wir zwei Engländer trafen, die auf Trumps Sieg anstießen. Denn, *Holy Jesus*, wie sie es ausdrückten, wie schön, dass die Welt für einen Moment die Scheiße mit dem Brexit vergessen konnte.

Ich würde mich nicht als Trump-Anhängerin bezeichnen, aber ich kann verstehen, warum die Leute für Donald Trump stimmten. Ein Präsident der Unzufriedenen, der das richtige Timing und die richtige Rhetorik fand, indem er notwendige Veränderungen für das Land durchsetzte, anstatt wie Hillary Clinton naiv zu behaupten, dass die beste Zeit noch bevorstünde. Aus finanzieller Sicht wurde Trump zum Idol der Wall Street. Im Gegensatz zu den Abstürzen und Einbrüchen, vor denen während des Wahlkampfs gewarnt worden war, erreichte der Aktienmarkt einen Rekordwert von siebzig Prozent.

Ich werde es nicht mehr tragen, aber ich habe das Hillary-Shirt als Andenken in meinem Kleiderschrank. Natürlich wäre es cool, eine weibliche Präsidentin oder Ministerpräsidentin zu haben, aber ich bin überzeugt, dass ich beides in meinem Leben erleben werde. Für mich ist es jedoch wichtiger, dass es die kompetenteste Frau ist, als *dass* es eine Frau ist. Im Nachhinein betrachtet war Hillary Clinton zu selbstsicher und hatte zu viel Unrat im Gepäck. Es war geradezu peinlich, wie sie mit den Affären ihres Mannes Bill „Ich hatte keine sexuellen Beziehungen zu dieser Frau, Miss Lewinsky" Clinton umging. Die Tatsache, dass sie in den sauren Apfel biss, anstatt ihren betrügerischen Ehemann zu verjagen, war Demütigung auf höchstem Niveau. Was für ein weibliches Vorbild ist das? Ich glaube nicht daran, dass die Leute nach Hillarys Sturz und während Trumps Präsidentschaft Obama wieder skandierten. Ich würde niemals für Michelle Obama stimmen, nur weil sie eine Frau ist. Es reicht nicht aus, gefällig zu sein und gute Reden halten zu können. Ein Politiker in der höchsten Position *sollte* die gleiche Kompetenz haben wie ein Geschäftsführer eines Unternehmens, aber meiner Meinung nach haben wir damit in der schwedischen Innenpolitik ein Dilemma. Annie Lööf von der Zentrumspartei hat sich im Laufe der Jahre zu einem Vollblutprofi in politischen Debatten entwickelt und viele jüngere Wähler, hauptsächlich Frauen, für sich gewinnen können. Die Art und Weise, wie Annie Lööf das Machtspiel während des Regierungschaos nach der Wahl 2018 meisterte, war wirklich beeindruckend. Ebba Busch Thor von den Christdemokraten ist ebenfalls ein Naturtalent auf dem Podium und traut sich, die schwierigen Fragen zu stellen. Zwei Parteivorsitzende, die sich ihre Positionen und Wähler verdient haben. Was ich aber generell vermisse und von den heutigen Politikern fordere, ist ein stärkerer Bezug zur Realität.

Ich wünsche mir einen Ministerpräsidenten, mit dem ich mich wohlfühle und von dem ich weiß, dass er das Beste für das Land tun wird, und der qualifiziert ist. Die Tatsache, dass nicht mehr gewählte Repräsentanten eine akademische Ausbildung oder Berufserfahrung haben, ist ein ernsthaftes Armutszeugnis für die gesamte Regierung. Wie können wir darauf vertrauen, dass diejenigen, die Entscheidungen treffen, wissen, wovon sie reden, und die Konsequenzen ihrer Entscheidungen erkennen können, wenn sie selbst noch nie einen Job hatten? Eine Politikerin, die ich in dieser Hinsicht respektiere, ist Elisabeth Svantesson. Die erste Vizevorsitzende der Moderaten-Partei, die ich privat kennengelernt habe, trat mit siebenundzwanzig Jahren in die Politik ein, nachdem sie mehrere Berufe ausgeübt und hart studiert hatte, um Diplomkauffrau zu werden, während sie Kinder bekam. Auch sie kommt aus schwierigen Verhältnissen, denn in ihrer Familie gab es psychische Erkrankungen und ständige finanzielle Belastungen. Elisabeth hat mir erzählt, wie ihre Familie, wenn die anderen in Urlaub fuhren, Ausflüge zum Arlanda-Flughafen machte, um die startenden und landenden Flugzeuge zu beobachten. Ich würde lieber die schlauen Köpfe unseres Landes holen, ihnen das dreifache Gehalt geben und sie die Politik machen lassen. Denn in der Politik geht es nicht um Visionen, sondern darum, umsetzbare Entscheidungen zu treffen, und dafür zu sorgen, dass sie auch umgesetzt werden.

Als das Bündnis der bürgerlichen Parteien die Wahl zum zweiten Mal gewonnen hatte und sich in der Mitte der Amtszeit befand (in seliger Unkenntnis einer bevorstehenden Wahlniederlage), wurde ich zum „Zukunftstag" der Moderaten-Partei eingeladen, auf dem sowohl Minister des Regierungssitzes Rosenbad als auch Kommunalpolitiker vertreten waren. Der Programmpunkt, an dem ich teilnehmen sollte, stand unter der Frage „Arbeitsplätze und Arbeitsmarkt – wie kann das Unternehmertum im Land gefördert werden?" und wurde von der damaligen Fraktionsvorsitzenden der Partei im Parlament, Anna Kinberg Batra, geleitet. Eine weitere Rednerin war die Sozialdemokratin Annika Strandhäll, damalige Vorsitzende der Gewerkschaft Vision. Ich befand mich mitten in der Auseinandersetzung mit der Gewerkschaft in Trollhättan, die mich lieber blockierte, als meine Angestellten in geteilten Schichten arbeiten zu lassen, und ich sprach Annika Strandhäll darauf an. Sie wies darauf hin, dass der gesamte Landkreis nach demselben Modell strukturiert sei, *wo ist das Problem?* Ich fand sie für eine Gewerkschaftsvertreterin ungewöhnlich vernünftig.

In meiner Rede konzentrierte ich mich jedoch voll und ganz auf die Probleme mit dem Kündigungsschutzgesetz (KSchG). Ich machte deutlich, dass ich das Gesetz in seiner damaligen Form schädlich für die Wirtschaft hielt, dass das KSchG Unternehmertum behinderte und dass das Arbeitsrecht flexibler sein müsse, um jungen Menschen und Einwanderern Arbeitsplätze zu bieten. Nach meinem Vortrag stand ich mit dem damaligen Ministerpräsidenten Fredrik Reinfeldt und Finanzminister Anders Borg zusammen und bedrängte Letzteren weiter zum KSchG. Anders Borg krümmte sich und murmelte: *„Mm Gunilla, aber damit gewinnt man keine Wahlen."* Kaum hatte das Bündnis die Schlacht verloren und der Finanzminister seinen Posten verlassen, hieß es auf der Titelseite von Dagens Industri: „KSchG ist schädlich." Der Aufruf in der Zeitung war unterschrieben – von Anders Borg. Ich sah rot. Acht Jahre lang hatte er die ultimative Macht gehabt, die Änderung umzusetzen, aber er hatte sich entschieden, passiv zu bleiben, *weil man mit einem unpopulären und schwierigen Thema keine Wahlen gewinnt.*

Als Führungskraft in der Wirtschaft hat man keinen Honig um Münder zu schmieren, wenn man nicht liefert, fliegt man raus, und dasselbe sollte auch in der Politik öfter gelten.

Generell sollte enger zwischen Politik und Wirtschaft zusammengearbeitet werden. P. G. Gyllenhammar von Volvo und Olof Palme hatten einen engen Draht zueinander, und so wie sich die Wirtschaft der Politik anpassen muss, müssen die Verantwortlichen in Rosenbad auf die Wirtschaft hören.

Als ich klein war, war ich Sozi. Als die Sozialdemokraten 1982 die Wahl gewannen, schrieb ich mit acht Ausrufezeichen in mein Tagebuch: *JAAAA, die Sozis haben gewonnen, ich bin sooooo glücklich!!!!!!!!* Bei Familie Samuelsson in Grevegården drehte sich alles um Olof Palme, und als auf dem Sveavägen die Schüsse fielen und der Ministerpräsident ermordet wurde, war die Trauer groß.

Heute sitze ich in der Integrationskommission der Moderaten-Partei, unter anderem mit dem Spotify-Gründer Martin Lorentzon und dem Schriftsteller Mauricio Rojas. Ich wurde nach der Wahl 2018 gefragt und sagte Ja, weil ich selbst die Erfahrung gemacht habe, Zuwanderin zu sein, aber ich halte das Thema auch für das wichtigste der nächsten Jahre. Nicht einmal meine eigenen Kinder wissen, was ich wähle, aber ich bin keine Sozialdemokratin und auch sonst niemand in meiner Familie. Die sozialistische Ideologie ist auf dem Papier schön, aber in der Realität funktioniert sie nicht. Es ist nicht so, dass ich eine kaltherzige Kapitalistin bin, wie viele andere in der Geschäftswelt, ich bin ehrenamtlich tätig, seit ich meinen ersten Pfennig verdient habe, und habe in meinem Leben noch nie eine Steuerplanung gemacht. Vor vielen Jahren wies mich mein Buchhalter darauf hin, dass es ein Doppelbesteuerungsabkommen zwischen Schweden und Peru gibt und dass wir niedrigere Steuern bekommen könnten, wenn wir eine Briefkastenfirma einrichteten, aber für mich war das völlig undenkbar. Genauso unattraktiv wie damals, als Silvia und mir während der großen Flüchtlingswelle nach Schweden 2015 viel Geld für die Vermietung einer unserer Immobilien an Asylsuchende angeboten wurde. Ich möchte in den Spiegel schauen können und bin nicht daran interessiert, der nächste Bert Karlsson zu werden.

Natürlich möchte ich für diejenigen da sein, die schwächer sind, und es sollte nicht so sein wie in den USA. Selbstverständlich sollte es ein Sicherheitsnetz für diejenigen geben, die nicht arbeiten können, aber ich glaube an einen Menschen, der sein Leben selbst in die Hand nimmt und immer sein Bestes gibt. Das Problem ist, dass Schweden heute von einer Politik und einem System regiert wird, die es den Menschen ermöglichen, sich zu drücken.

Ich respektiere und schätze aber auch gute Sozialdemokraten. Wie zum Beispiel Göran Persson, auch wenn es mir immer noch schwerfällt, das zuzugeben. In der Vergangenheit hat die Swedbank landesweit ihren „Zukunftstag“ organisiert, zu dem Politiker und Geschäftsführer eingeladen wurden, um Reden zu halten, und in einem Jahr, als ich dort als Kundin und in Begleitung des Kommunalrats Bert Öhlund von Skellefteå war, war Göran Persson einer der Redner. Das war lange bevor der ehemalige sozialdemokratische General die Bank stürmte und übernahm, und ich hatte ehrlich gesagt keine hohen Erwartungen. Wir saßen ganz vorne und hatten eine fantastische Rede von Carl-Henric Svanberg gehört, als Göran Persson an der Reihe war. Ich seufzte so laut, dass man es möglicherweise ein paar Reihen weiter hinten hören konnte. *Aufgeblasener alter Mann.* Aber dann öffnete Göran Persson seinen Mund und war absolut brillant. Ein großartiger Rhetoriker, der alle in den Schatten stellte. Ich erinnere mich, dass ich dort saß und erstaunt darüber war, wie gut er war. Ein ähnliches Gefühl wie bei Trump in Pennsylvania.

27. FRAU IM SAUNACLUB

Eines meiner ersten Treffen, bei dem ich verkaufen sollte, war mit den Kirchengemeinden von Uppsala, und zu der Gemeinde, mit der ich mich treffen sollte, gehörten der Bischof und ein Priester. Es war ein schöner Frühlingstag und ich hatte mich, meiner Meinung nach, sehr bedacht gekleidet. Ganz in Weiß. Die Farbe der Unschuld, perfekt. Mitten in der Sitzung, in einem Raum voller Menschen, spürte ich, wie es auf dem Stuhl warm wurde. Ich schaute nach unten und stellte fest, dass meine weiße Hose blutverschmiert war. Als sich der Bischof und der Priester und alle anderen am Tisch auf den Weg zum anschließenden Mittagessen in einem Restaurant in der Stadt machten, blieb ich zurück und tat so, als würde ich mir einige wichtige Punkte der Sitzung notieren. Im Nacken so rot wie im Schritt meiner Hose. Mit dem Computer über den Oberschenkeln ging ich rückwärts raus und stellte auf der Damentoilette fest, dass es nicht ausreichte, nur mit ein bisschen Papier zu tupfen. Ich zog meine Hose aus, spülte sie in Seife und kaltem Wasser aus, trocknete sie unter dem Händetrockner und machte eine „Binde" aus Toilettenpapier. Immer noch durchnässt und durchsichtig bis auf den Schlüpfer, ging ich zum Pfarrer und Bischof und dem Rest der Gemeinde und erzählte eine Geschichte über den bescheuerten Wasserhahn, der es geschafft hatte, mich vollzuspritzen. *Fragen Sie nicht, ha ha. Was für ein Tollpatsch man manchmal ist, ha ha.*

Die Menstruation ist die natürlichste Sache der Welt, aber nicht in meinem Zusammenhang. Wahrscheinlich hat auch Mamas Reaktion Spuren hinterlassen, als ich im Alter von vierzehn Jahren stammelte, dass ich wahrscheinlich Krebs habe, und sie daraufhin keine Augenbraue hochzog und damit signalisierte, dass dies kein Thema für eine Diskussion war. Ich konnte nicht einmal mit meinen Schwestern offen und frei über unsere Blutungen sprechen. Es war eine ständige Heimlichtuerei mit den Binden (*„kein Tampon, nie ein Tampon"*), aber auch in der Sphäre, die ich als Erwachsene betrat, war die Menstruation kein natürliches Gesprächsthema.

Manchmal denke ich, dass ich so viel Zeit in traditionell männlichen Umgebungen verbracht habe, dass ich wie ein Mann geworden bin, ein

Mann bin. Zumindest nicht wie eine typische Frau. In der Geschäftswelt habe ich mit den Männern immer viel mehr zu besprechen als mit ihren Partnerinnen. Wir reden darüber, wer gestiegen und wer gesunken ist, über Aktienkurse, die ich im Schlaf aufsagen kann. Ich kann es riechen, wenn ein Vorstand die Geduld mit einem CEO verliert, und weiß, wie man eine millionenschwere Übernahme verhandelt. Aber wenn Sie mich nach Yogastellungen fragen oder danach, wie man ein Kinderzimmer einrichtet, läuft es mir kalt den Rücken herunter. Das kann ich nicht!

Eine Zeit lang dachten Alfred und ich darüber nach, ein Haus zu kaufen, und zwei Jahre lang besichtigten wir jedes Scheidungshaus nördlich von Stockholm. Eines Tages wurde ich in einem der wohlhabenderen Viertel abgesetzt, um herumzulaufen und *„die Atmosphäre zu spüren"*. Es dauerte nicht lange. Nach vierzig Minuten kehrte ich nach Hause zurück und sagte meinem Mann *„niemals"*. Das war nicht möglich. Die Häuser waren so schön, mit Schaukeln in den Apfelbäumen und Doppelgaragen wie in den Fantasiehäusern meiner Kindheit in Näset. Aber es schien mir völlig undenkbar, dass ich mich in einem Viertel voller Hausfrauen natürlich fühlen würde. Worüber sollte ich mich mit ihnen über die Hecke hinweg unterhalten? *„Ich werde stattdessen mit ihren Ehemännern diskutieren, und die werden mich noch mehr ausschließen"*, jammerte ich Alfred zu, und wir kauften stattdessen ein Wochenendhaus.

Wir sehen eindeutig und erfreulicherweise, dass sich Frauen in schwedischen börsennotierten Unternehmen etabliert haben, aber nach wie vor liegt die Verantwortung von Frauen hauptsächlich in Stabsfunktionen wie Personal, Kommunikation oder Administration. Führungspositionen mit Ergebnisverantwortung sind nach wie vor eine Männerbastion, und in der Risikokapitalbranche herrscht teilweise Militärjargon. Eine Frau, die investiert, Unternehmen besitzt und operative Geschäftsführerin ist, ist in der Wirtschaft immer noch eine Anomalie. Jemand, den man nicht ernst nehmen sollte.

Heute, nach zwei Jahrzehnten als Unternehmerin auf einer Bühne, auf der ich zunehmend an die Öffentlichkeit trete, weiß man in der Branche, wer ich bin und mit welchen Unternehmen ich zusammenarbeite, aber in der Vergangenheit, als ich mich in verschiedenen Kontexten in der Wirtschaft bewegte, ging das schief. Wenn ich, wie üblich, auf ein hohes Tier eines Unternehmens zuging, mich vorstellte und anfing, über das Geschäft zu sprechen, dauerte es höchstens eine halbe Minute, bis die Bemerkung gemacht wurde. Dicht gefolgt von einem zerstreuten Nicken und Murmeln: *„Aha, und was macht Ihr Mann?"*

Als ich antwortete, dass mein Mann für mich arbeitet, herrschte Schweigen, und es war besonders lustig, wenn Alfred dabei war und vortreten konnte: *„Ja, ich arbeite für meine Frau und ich habe die toughste Chefin der Welt."*

Als wir unser erstes Kind bekamen, sprang nicht nur meine jüngere Schwester Silvia ein, um mich in der Firma zu entlasten, sondern Alfred begann auch in der Kundenbetreuung von Xzakt zu arbeiten. Das war der Plan und die Taktik, um das Familienleben mit meiner Karriere zu vereinbaren, da ich mich mit meinem Unternehmen in einer entscheidenden Phase befand, während ich gleichzeitig Mutter wurde. Wir wollten mit einem Büro in Gävle und schließlich in Turku expandieren, ich saß im Vorstand des börsennotierten Unternehmens Cision und war in den Vorstand von Almi eingetreten, wo Anna Hallberg Finanzchefin war, die später Ministerin für Außenhandel wurde.

Ich stellte meinen Mann ein, weil er mein Mann war, aber Alfred war ein Mitarbeiter, den ich aufgrund seiner Verdienste und Qualifikationen ohnehin hätte einstellen können.

Der Vater meiner Kinder machte aus verständlichen Gründen keine einzige Hausaufgabe, als er in Misshandlungen und verschiedenen Pflegefamilien aufwuchs. Alfred hatte miserable Noten in der Grundschule und schloss den Vertriebs- und Bürozweig des Gymnasiums mit 4,0 ab. Eine Sechs in Mathematik. Als er den Kontakt zu seiner Mutter abbrach, in eine eigene Wohnung zog und eine dreijährige Wirtschaftsausbildung bei der Erwachsenenbildungsstätte „Komvux" begann, bekam er eine Eins in Mathe.

Neben der Verbesserung aller seiner Noten entwickelte Alfred ein Interesse für Aktien. Der Enkel von Baltzar von Platen ging in die Buchhandlung und kaufte einen Block mit Millimeterquadraten, setzte sich vor den Videotext und begann, für jeden Tag, an dem der Schlusskurs bekannt gegeben wurde, eine Zeile auszufüllen. Um die Aktie zu verstehen, musste er wissen, wie sie lebte. Und Alfred verstand.

Bevor er sich ganz der Finanzbranche zuwandte, arbeitete mein Mann in den späten Achtzigerjahren eine Zeit lang für Pryltorget bei Svenska Dagbladet, einem Pionier der Tagespresse für private Kauf- und Verkaufsanzeigen und einem Arbeitsplatz, an dem jeder annahm, er sei mit „Buster" verwandt. Der Journalist Gustaf „Buster" von Platen hatte bei Svenska Dagbladet als Chefredakteur, der die Zeitung vor dem Sterben bewahrte, einen bleibenden Eindruck hinterlassen, und sowohl Reporter als auch Verkäufer schlossen daraus, dass Alfred den Job durch seinen legendären „Verwandten" bekommen hatte. Ständig wurde über die Schreibtische hinweg und an der Kaffeemaschine gerufen: *„Grüß Buster!"*

Im gleichen Gebäude wie das Svenska Dagbladet befand sich damals eine SEB-Bank, und als Alfred eines Tages nach der Arbeit Geld abholen wollte und sich auswies, kam die Bankangestellte zu demselben Schluss. *„Gut, dass Sie gekommen sind, Buster war gestern hier und hat das hier vergessen"*, sagte die Frau und schob einen Umschlag mit privaten Urlaubsfotos von Buster von Platen durch die Luke.

Als ich 2004 im Hamburger Börs meinen inneren Drang zum Weglaufen unterdrückte und mich in den Mann im rosa Hemd verliebte, hatte Alfred die Online-Zeitung Dagens Finans gegründet, deren Chefredakteur er war, und war Aktienchef bei der Emissionsagentur Mangold Fondskommission geworden. Indem er in einer Zeit der Ungewissheit, in der die Unternehmen in alphabetischer Reihenfolge Mitarbeitende entließen, angeboten hatte, umsonst zu arbeiten. Alfred sagte: *„Ich werde einen Monat lang ohne Bezahlung arbeiten. Wenn Sie zufrieden sind und einen weiteren Monat wollen, zahlen Sie für anderthalb Monate. No hard feelings, brechen Sie ab, wann Sie wollen."*

Ich wollte, dass er Xzakt als stellvertretender Geschäftsführer beitritt, aber Alfred war kompromisslos. Er wollte bei null anfangen, ganz unten, und nahm zunächst an einem Schulungsprogramm teil. Um das Geschäft zu lernen, aber vor allem, um den Respekt meiner Angestellten zu gewinnen. Alfred kannte die Kultur und das *Gesetz von Jante* im

Norden sehr gut und wusste, dass es nicht einfach sein würde, als gebürtiger Stockholmer, der auch noch mit der Chefin verheiratet ist, im Kaffeezimmer in Skellefteå einen Platz einzunehmen. Ich war noch ängstlicher. Da ich wusste, dass die Nordländer wie karelische Bärenhunde auf der Jagd jeden Makel erschnüffeln würden, rannte ich im Büro herum und „verkaufte" Alfred, bevor er anfing. Ich erzählte den Jungs, dass mein Mann genau wie sie jagte, und bekam zur Antwort: *„Schmetterlinge auf Djurgården also?"* Ich vergaß jedoch, ihn an die Bedeutung der Skellefteå-Kleidung zu erinnern: Jeans und Hemd oder ein schönerer Pullover. Alfred kam also in einem Anzug, einem pastellfarbenen Hemd und einem Taschentuch in der Brusttasche zur Arbeit.

Er arbeitete bei ständigem Gegenwind und bekam keinen Zentimeter geschenkt. Schon gar nicht von mir. Da ich befürchtete, das Personal könnte denken, ich würde meine bessere Hälfte bevorzugen, tat ich genau das Gegenteil. Wenn Alfred einen Fehler mit einem Kunden machte, wurde ihm das vor allen Leuten und ohne Pardon gesagt. Bei der Arbeit war er ein Angestellter und ich war nicht seine Frau, sondern seine strenge Anforderungsstellerin. Anfang 2008, als ich mit Elisabeth schwanger war, stieg Alfred auf und wurde CEO von Xzakt. Meine Rolle wurde in die einer Vorstandsvorsitzenden umgewandelt, was bedeutete, dass ich mehr Zeit zum Stillen hatte und unter anderem zu „Die Höhle der Löwen" zusagen konnte. Wir ergänzten uns hervorragend in unseren unterschiedlichen Funktionen und Stärken; ich, die keine Hindernisse sieht, mit jedem reden kann und einfach macht. Er steht für Struktur, Personalplanung und Follow-up. Ich spürte die Geschäfte auf, fasste Fuß und Alfred schloss ab und führte durch. Vor allem war es eine Erleichterung, die Verhandlungen mit der Gewerkschaft loszuwerden, die beinahe meinen Tod bedeutet hätten. Alfred wurde nicht ein einziger Stuhl nachgeworfen.

Als wir das Büro in Gävle mit hundertfünfzig Angestellten eröffneten, übernahm mein Mann die volle Verantwortung für die Etablierung. Als er am 18. Juli 2008 wie üblich um sechs Uhr morgens auf dem Bahnsteig stand, um den Morgenzug nach Gävle zu nehmen, und ich anrief, um zu sagen, dass das Wasser geplatzt sei, antwortete Alfred: „Welches Wasser, welcher Hahn?"

Mit Elisabeth und schließlich zwei weiteren Söhnen übernahm er große Verantwortung sowohl für das Unternehmen als auch für die Elternschaft.

Wir hatten uns gegenseitig versprochen, als wir das Projekt eingingen, dass es unsere Ehe nicht beeinträchtigen würde, und in den ersten Jahren klappte es auch gut, aber mit der Zeit begannen die Reibereien am Arbeitsplatz über die Schwelle unseres gemeinsamen Zuhauses zu schwappen. Es wurde unmöglich, die Rollen auseinanderzuhalten. Als wir abends die Kinder ins Bett gebracht hatten und ich mit dem Computer auf dem Schoß saß und Alfred fragte, ob er die letzte Sache mit der Gewerkschaft geklärt habe, schüttelte er den Kopf und sagte, er habe Feierabend: „*Schick mir eine E-Mail und ich lese sie morgen.*"

Für uns war es nie eine Frage der Eifersucht oder der Sorge, dass der eine den anderen betrügt. Es gibt nur eine Bedrohung für unsere Beziehung, und das sind mein Job und die Vorurteile, die mit meiner Berufswahl einhergehen.

Als Alfred von seiner steilen Karriere als Börsenhändler zurücktrat, um in den Kundendienst im Unternehmen seiner Frau einzusteigen, fragten ihn die Leute unverblümt, ob er krank im Kopf sei: „*Gibst du deine Karriere auf, um für deine Frau in Norrland zu arbeiten?!*"

Dass er als Mann einen Schritt zurücktrat und etwas Wichtiges für die Familie tat, war äußerst umstritten. Das Gegenteil ist nach Schema F völlig normal.

Männer an der Spitze der Geschäftswelt, insbesondere in privaten börsennotierten Unternehmen, haben das meiste Vermögen, die meisten Kinder, die geringste Elternzeit und die meisten Hausfrauen. Ich habe gelesen, dass dreiundzwanzig Prozent der schwedischen Spitzenmanager einen nicht berufstätigen Partner haben, verglichen mit drei Prozent der Allgemeinbevölkerung. Und ich habe es schon oft erlebt: Frauen mit guten, hochbezahlten Jobs machen einen Schritt zurück, wenn sie heiraten. In dem Moment, in dem ihnen ein Diamantring an den Finger gesteckt wird, verwandeln sie sich von einer Streberin, die immer leidenschaftlich gerne gearbeitet hat, in eine Ehefrau, die gerne zu Hause ist.

Während die Männer der Wirtschaftselite in traditionellen

Familienstrukturen leben, in denen die Frau die Verantwortung für Haus und Kinder übernimmt, sind die Frauen an der Spitze der Geschäftswelt oft alleinstehend oder haben, wenn sie verheiratet sind, einen unterstützenden Mann ohne Minderwertigkeitskomplexe an ihrer Seite. Ich würde sagen, dass dies eine Voraussetzung ist.

Die Frau, die erfolgreiches Unternehmertum mit einem Familienleben verbinden will, muss einen Partner haben, der nicht nur hundertprozentig hinter ihr steht, sondern auch in seiner eigenen Karriere einen Schritt zurück macht. Ohne dies als Verlust für die Menschlichkeit oder Männlichkeit zu sehen.

Antonia Ax:son Johnson, die zwei monumentale Krisen im Familienimperium gemeistert hat, hat zwar ihre Kinder mit einem früheren Ehemann, lebt und arbeitet aber seit über fünfunddreißig Jahren mit ihrem jetzigen Ehemann, der sie von ganzem Herzen unterstützt. Ich glaube auch nicht, dass Cristina Stenbecks Lebensgefährte ein Problem damit hat, dass es die Frau in der Familie ist, die das meiste Geld einbringt. Zuverlässige, unprätentiöse Männer, die mit den Erfolgen und dem Gehalt der Frau umgehen können, wachsen nicht auf Bäumen. Alfred hebt mich auf, wenn ich untergehe, und baut mich auf, wenn ich abstürze, nie mit einem „ich hab‘s dir ja gesagt“.

Er weiß inzwischen, und nicht zuletzt nach sieben Jahren als CEO von Xzakt, dass ich umso mehr Projekte finde, je mehr er mich entlastet. Dass die Entlastung selbst eher eine Verschiebung der Arbeitslast ist. Aber er weiß auch, dass hundertfünfzig Prozent Arbeit meine Komfortzone ist und hat nie versucht, sie mir wegzunehmen. Der Job ist mein Spa und mein Yoga.

Alfred ist keine „Hausfrau“, aber für die Kinder ist Mama die Chefin bei der Arbeit und Papa der Boss zu Hause. Ich kümmere mich um die Infrastruktur und mache die meisten Klassengespräche, aber Alfred ist besser bei Filmabenden, bei den Hausaufgaben und darin, die Handschuhe ins richtige Fach zu legen, paarweise mit Namensschild versehen. Ohne darin ein Prestige zu sehen.

Aber nur weil ich in einer Männerwelt lebe und arbeite, will ich nicht wie ein Mann aussehen. Ich kenne Frauen in der Geschäftswelt, die früher weite Jacketts, Hosen mit Bügelfalte und flache Schuhe trugen, um sich Respekt zu verschaffen, oder eher um zu zeigen, dass sie in derselben Welt leben. Ich habe hohe Absätze und Röcke getragen, seit ich fünfzehn Jahre alt war und im Sommer bei der Bank arbeitete. In der vierten Klasse fing ich an, mir die Nägel zu lackieren, und plante bereits am Montag, was ich am nächsten Sonntag in der Kirche tragen würde. Wir hatten kein Geld für mehrere Wechselklamotten, also mussten wir erfinderisch sein. Einmal ging ich im Judoanzug meines Bruders mit einem Gürtel drumherum in die Schule und sagte, das sei der letzte Schrei, und als wir in der Mittelstufe Nähunterricht bekamen, sorgte ich dafür, dass ich mich bei der Lehrerin gut stellte, damit ich Stoffreste mit nach Hause nehmen und meine eigenen Kreationen machen konnte. Auch heute noch ist Kleidung für mich von großem Interesse und nicht zuletzt ein Arbeitsmittel. Da ich meine Unternehmen bei großen offiziellen Anlässen vertrete, werde ich manchmal von professionellen Stylisten angesprochen, die mir ihre Hilfe anbieten, aber ich sage immer Nein. Ich weiß genau, was ich will und worin ich mich bequem fühle. Feminin *und* Business, das ist für mich kein Widerspruch, aber ich mag es, gut auszusehen. Das habe ich von meinem Papa.

Isa Samuelsson hat nie Namensschilder in die Handschuhe geklebt oder ein einziges Pausenbrot für unsere Klassenfahrten eingepackt. Und wie sollte er bei den Hausaufgaben helfen? Es waren wir Kinder, die unseren Eltern vorlesen und ihnen die Sprache beibringen mussten. Ich kann mich nicht daran erinnern, dass Papa ein einziges Mal mit uns gespielt hätte. In der Vierzimmerwohnung außerhalb Göteborgs gab es einfach keinen Platz zum Spielen, und die Rollenverteilung war nicht anders als bei der heutigen Wirtschaftsspitze: Die Frau kochte, kümmerte sich um den Haushalt und zog die Kinder groß. Die Aufgabe des Mannes war es, für die Familie zu sorgen und „Dinge zu erledigen".

Mein Vater saß nicht den ganzen Tag in der Kirche und trank Kaffee wie viele andere in der syrisch-orthodoxen Gemeinde oder lag mit einer Dose Bier in der Hand auf dem Sofa vor Tipsextra wie die Väter einiger meiner schwedischen Freunde. Wenn er mit den Ordnern bei Esselte fertig war und am Schrebergarten vorbeiging, gab es immer einen tropfenden Wasserhahn oder einen kaputten Kochtopf, der repariert werden musste. Und dann musste er sich rasieren. Vielleicht war die Prozedur das Eitelste, was zu Hause am Grevegårdsvägen stattfand. Silvia, unsere jüngeren Brüder und ich standen im Kreis und sahen ehrfürchtig zu, wie unser Vater seine Pinsel, Messer und Cremes aufreihte und mit langen, langsamen Bewegungen die scharfe Klinge an seinen Hals führte. Patsch-patsch-patsch! Er beendete die Zeremonie, indem er sich Zitronenwasser, das ihm ein Verwandter in der Türkei geschenkt hatte, auf die Wangen tätschelte. Papa liebte es, sich schick zu machen, und sagte immer vor Weihnachten oder seinem Geburtstag, als wir angefangen hatten, Geld zu verdienen: *„Kauft ein Paar schöne Socken!"* Zur Arbeit ging er in einem dunkelblauen Anzug, einer Weste mit einem Monokel in der Tasche und einer Baskenmütze auf dem Kopf. Immer eine Baskenmütze. Eitel und wohlriechend. Papas Seite des Badezimmerschranks war überfüllt mit Rasierzeug, Parfüms und Lotionen. Auf Mamas Seite lagen ein Kamm und ein paar Haarspangen.

Selbst trage ich auch selten Make-up. Meine Freundin Gun Nowak, der das FACE Stockholm gehört, sagt immer, dass sie es mir beibringen wird und schickt mich zu verschiedenen Schminkkursen. Wenn ich dort weggehe, habe ich bereits vergessen, was Concealer und Foundation waren und in welcher Reihenfolge. Wimperntusche, etwas Lippenstift und Rouge, fertig.

Wenn ich mich ein bisschen extra schminke, sagen meine Kinder, dass ich nicht mehr aussehe wie ihre Mama. Und als ich in der Jury für „Die Höhle der Löwen" saß und die Fernsehproduktion auf mehr Farbe, dunklere Augen und schärfere Gesichtszüge bestand, fand ich selbst, dass ich aussah wie Dracula.

28. DIE JUNGS AN DER WALL STREET

Als die unverwechselbare Melodie zwischen den Betonhäusern ertönte, stand ich schon an der Wiese bereit. Der alte Mann mit dem Eiswagen wusste, was ich wollte. Eine Packung Knatte-Eis am Stiel. Ich wusste, wer sie garantiert kaufen würde, und steuerte zuerst die Treppenhäuser an. Nicht beim Plaudern hängenbleiben, die Ware abliefern und abrechnen, ein kleines Extra für den Service. Schnell weiter zum nächsten. Zwanzig Eis für neun Kronen, die ich für je eine Krone an die Nachbarn im Hof verkaufte, bedeuteten einen Gewinn von elf Kronen. Keine schlechte Dividende für eine Viertelstunde Arbeit. Aber ich musste schnell rennen, bevor das Eis schmolz.

Lass es Gott nicht sehen, schon gar nicht Mama.

Wir waren über die Feiertage zwischen den Jahren nach Israel gereist, und ich befand mich auf dem heiligen Tempelberg in Jerusalem an dem Felsen, an dem Abraham laut dem Buch Genesis um ein Haar seinen Sohn Isaak geopfert hätte, als er von Gott geprüft wurde. Der Blick auf die Klagemauer war gewaltig und der Rauch stieg auf, aber ich konnte nichts sehen, hören oder riechen. Ich stand mit meinem Telefon am Ohr und feilschte mit meinem Banker. Es handelte sich um Proact-Aktien, und ich musste schnell handeln, *jetzt*. Trotz oder gerade wegen meiner Blasphemie verpasste ich den Zug und verlor eine Menge Geld. Das ärgert mich noch heute.

Genauso wichtig wie das Rasieren war für meinen Papa das Verfolgen des Weltgeschehens und der Politik. Jeden Abend, wenn die Nachrichten liefen, winkte er von seiner Ecke des roten Sofas aus: *„Beeil dich Gunilla, es fängt an!“* Meistens war ich es, die dolmetschen musste. Am Anfang, als ich selbst noch mit den schwedischen Substantiven zu kämpfen hatte und auch keine Ahnung hatte, wer Ullsten und Fälldin waren, von denen die Männer im Fernsehstudio sprachen, dachte ich mir anhand der Bilder eigene Geschichten aus. Papa fragte dann: *„Stimmt das wirklich, das sagen sie?“* und ich nickte: *„Ja, das sagen sie.“* Natürlich durchschaute er mich, und meine Karriere als Nachrichtensprecherin war ziemlich kurz. Aber ich klebte vor dem Fernseher. Nicht wegen der Berichte aus dem Parlament, sondern wegen der Bilder von der Wall Street. Ich hatte noch nie etwas Faszinierenderes gesehen. Harte Kerle, die sich an ihren Schreibtischen mit Hamburgern vollstopften, keiften und rannten, dass der Schweiß floss, mit je einem Telefon in jeder Hand. Sie bewegten Wertpapiere mit derselben Hand, mit der sie gerade fettige Burger gegessen hatten. Physische Scheine waren die Aktienzertifikate von damals, und die Börse wurde über einen einzigen Monitor verfolgt. Völliges Chaos, pure Magie. Ich wollte werden wie sie, wenn ich erwachsen war.

An jenem schwarzen Montag im Oktober 1987, als im New Yorker Finanzdistrikt eine regelrechte Panik ausbrach und der Dow Jones an einem einzigen Tag um 22,6 Prozent fiel und der Wert der Stockholmer Börse um vierzig Prozent sank, verfolgte ich das Drama mit Papa vor den Nachrichten – und kaufte im folgenden Sommer meine erste Aktie. Ich war sechzehn Jahre alt und hatte während meines Sommerjobs bei der Bank in Landala viel über Wertpapiere gelernt, und es war auch die SE-Banken, in die ich die erste Investition meines Lebens tätigte. Der Aktienkurs war zusammengebrochen und eine SEB-Aktie war so viel wert wie ein Hotdog. Alle rieten mir vom Kauf ab, aber ich dachte, schlimmer kann es nicht werden, zumal die Aktien so billig waren, dass sogar ich sie mir leisten konnte: 7,50 schwedische Kronen pro Stück. Ich habe sie immer noch, und heute sind sie um etwa zwanzigtausend Prozent gestiegen.

Mein nächstes großes Aktienerlebnis war keine so süße Geschichte, und das sagte ich ihm auch, als wir uns in Tel Aviv begegneten: Johan Staël von Holstein. An demselben Neujahrswochenende, an dem ich auf dem heiligen Berg gestanden und an der Börse gehandelt hatte, traf ich meinen ehemaligen Gott in Israel. Fünfzehn Jahre nach dem IT-Crash beschlossen wir, zusammen einen Kaffee zu trinken, und als wir bezahlen wollten, scherzte ich mit Johan Staël von Holstein, dass er die Rechnung übernehmen solle: *„Du warst mein Idol, und ich habe deswegen viele Millionen verloren.“*

Icon, Framfab, Boxman, Spray, Boo.com.

Die Aktien waren heiß begehrt. Plötzlich waren IT-Unternehmen höher bewertet als alte Industrieunternehmen wie SKF und Volvo, und eine Erfolgsgeschichte übertraf die andere. Spray wuchs innerhalb einer Viertelstunde von einer kleinen Freundesgruppe auf über zweihundert Angestellte an, und Icon MediaLab startete wie eine Rakete und hatte einen CEO von selten gesehener Kühnheit. Als Icon zweihundertachtzig Angestellte in acht Ländern beschäftigte, sagte Johan Staël von Holstein, er rechne damit, in den nächsten zehn Jahren tausend Angestellte zu haben, und *„im Jahr 2000 werden wir Schwedens größtes Medienunternehmen sein"*. Johan Staël von Holsteins persönliches Ziel war es, vierhundert Millionen schwedische Kronen zu verdienen und vor seinem vierzigsten Geburtstag in Rente zu gehen.

In einer anderen Zeitung erzählte ein anderer mutiger junger Mann in einem orangefarbenen Helly-Hansen-Pullover, dass Steve Jobs und Alexander der Große seine Idole seien und dass das Ziel für die Angestellten darin bestehe, wie die schwedische Fußballnationalmannschaft zu werden:

„Es ist überhaupt nicht sexy, in der Mannschaft zu sein, es geht um zwei Trainingseinheiten am Tag, um den Verzicht auf Alkohol, wenn die anderen saufen. Wir müssen schlauer arbeiten als die anderen. Wenn sie genauso schlau sind, werden wir sie zu Tode arbeiten, mehr und länger arbeiten."

„Macht das so viel Spaß?", fragte der Journalist von Svenska Dagbladet.

„Nein, aber man gewinnt", antwortete Jonas Birgersson. In drei Jahren war seine Zukunftsfabrik Framfab zu einem der größten europäischen Internet-Beratungsunternehmen mit dreitausend Angestellten in dreizehn Ländern herangewachsen.

Die IT-Begeisterung kannte keine Grenzen, und jeder wollte ein Stück vom Kuchen. Auch ich. Ich stürzte mich auf die Artikel in den Wirtschaftsmagazinen über Johan Staël von Holstein und Jonas Birgersson und kaufte Aktien von jedem Unternehmen, das ein I und ein T in seiner Geschäftsbeschreibung hatte.

Als im März 2000 die unheilvolle Schlagzeile in Dagens Industri lautete: „Wall Street hat genug von E-Commerce-Unternehmen" und das Unterdeck zu wackeln begann, hatte ich weder Schwimmweste noch Rettungsring zur Hand. Ich hatte bis dahin zwei Millionen angespart, alles auf den Internet-Boom gesetzt und verlor ebenso viel, als der Crash kam. Aber es ging nicht nur um überbewertete

Unternehmen, die wie Steine zu Boden fielen und deren Aktien bald so viel wert waren wie eine Briefmarke. Ich war in meiner Anlagestrategie zu naiv gewesen und hatte mich zu sehr an meinem klugen kleinen Bruder orientiert.

Kristian war fünfzehn, als er sein eigenes IT-Unternehmen gründete. Mit einundzwanzig hatte er die meisten Microsoft-Zertifizierungen in Europa und wurde zum Händeschütteln mit Bill Gates eingeladen. Ende der Neunzigerjahre, als die IT-Blase noch steil aufstieg, entdeckte Kristian, dass er mit dem Kauf von Derivaten, also Optionsscheinen, viel mehr Geld verdienen konnte. Es handelte sich um ein neues und komplexes Instrument mit hohem Risiko, aber auch dem Potenzial für viel Geld. Wenn es gut lief, lief es brutal gut; wenn du scheitertest, war alles vorbei. Es konnte genügen, dass sich der Aktienkurs nur eine gewisse Strecke in die falsche Richtung bewegte, und du verlorst hundert Prozent des eingesetzten Kapitals. Anfangs lief es für meinen kleinen Bruder hervorragend, er hatte viel Geld verdient und genoss das Leben. Im nächsten Moment musste er bei Mama einziehen und Lunchboxen mitnehmen, außerdem hatte er hohe Schulden.

Regel Nummer eins und zwei: Kaufe niemals Aktien mit Geld, das du nicht hast, und beteilige dich nicht an Unternehmen, die du nicht verstehst. Aus dem Fehler mit der IT-Havarie lernte ich, immer zu versuchen, die Person, die das Unternehmen leitet, kennenzulernen und bei der Recherche keine Kompromisse einzugehen.

Im November 2018, nach elf großartigen Jahren, trat Alfred als CEO von Xzakt zurück. Wir waren fertig mit der Zusammenarbeit und Alfred wollte zu dem zurückkehren, was der Sauerstoff in seinem Herzen und seiner Seele war, seit er achtzehn Jahre alt war und mit seinem Raster vor dem Videotext gesessen hatte. Heute ist er hauptberuflicher Trader, sitzt zu Hause vor zwei Bildschirmen und handelt.

Wir wetteifern gegeneinander. Dabei geht es nicht um das Geld unterm Strich, sondern darum, wer die besten Unternehmen zum Investieren findet.

Diejenigen, die in der Regel das meiste Geld mit Aktien verdienen, sind – abgesehen von reinen Experten – alte Witwen. Die Witwen haben die Aktien geerbt und wissen vielleicht nicht, was sie damit anfangen sollen. Die Wirtschaft geht auf und ab, aber die Aktien bleiben unangetastet, und nach ein paar Jahren hat sich ihr Wert vervielfacht.

Ich mache natürlich das Gegenteil.

Ich verlasse Meetings, prüfe die Börse, rufe die Bank an, kaufe, gehe wieder in Meetings, prüfe die Börse, verkaufe. Ich schlafe mit dem Telefon in der Hand ein und wache damit in der Hand auf. Ein vernünftiger Mensch würde sich damit begnügen, das Portfolio während der Berichtszeiträume zu überwachen, aber mein Kontrollbedürfnis bedeutet, dass ich *ständig* nachschauen *muss*. Wenn ich morgens die Augen öffne und der Aktienmarkt um zehn Prozent gefallen ist, wird das kein guter Tag, aber es schreckt mich nicht mehr wie früher ab, in dieser Situation mehr zu kaufen. Der Zeithorizont für die Investitionen, die ich betrachte, ist unendlich, ich möchte, dass sie Generationen überdauern.

Mitte der 2000er-Jahre kaufte ich mithilfe meines Freundes Fredrik Eklund Immobilien in New York, die ich im Laufe der Jahre vermietete. Als ich 2009 in den USA war, um einen neuen Mieter zu treffen, wollte Alfred, dass ich in den Apple Store gehe und ein iPad kaufe. Ich war skeptisch, was für ein Blödsinn, ich hatte keine Zeit. Aber als ich den Laden in der Fifth Avenue am Central Park betrat, war ich hin und weg. Holy wow! Die Verkäufer kamen mir auf Rollschuhen mit einem Million-Dollar-Lächeln entgegen und fragten: „*How can I help you?*“ Ich rief Alfred an und sagte: „*Ich werde Apple-Aktien kaufen.*“ Nein, nein, sagte Alfred, ptroo, sagte mein Banker. Steve Jobs hatte Krebs, der Tech-Gigant befand sich im Umbruch, die Finanzkrise hatte das Unternehmen an den Rand des Abgrunds getrieben. Überall um mich herum wurden mahnende Finger gehoben, aber ich kaufte trotzdem. Zehn Jahre später war der Aktienkurs um 846 Prozent gestiegen, und Apple war das erste amerikanische Unternehmen mit einem Marktwert von tausend Milliarden Dollar.

Recherche und Fakten, aber ich habe gelernt, mein Bauchgefühl nicht zu unterschätzen, denn mein Bauchgefühl basiert auf früheren Erfahrungen, und beim Aktienhandel kannst du nur dir selbst vertrauen.

Die Leute bei der Bank sind transaktionsorientiert, sie wollen, dass du verkaufst und kaufst und das Geld umdrehst. Wenn sie Stars im Aktienhandel wären, säßen sie nicht in der Bank, sondern in einem Familienbüro.

Wenn du eine Aktie gefunden hast, die dir gefällt, bewahre einen kühlen Kopf und halte daran fest, auch wenn der Kurs sinkt. Versuch nicht, den Höchststand zu erreichen, sondern kauf stattdessen am Tiefpunkt nach.

Gute Aktien steigen weiter, während Aktien, die schon immer schlecht waren, weiter fallen. Oder wie ich zu sagen pflege: Schlechte Aktien sind wie schlechte Männer. Wenn sie schon immer schlecht waren, werden sie auch weiterhin schlecht sein. Beiß in den sauren Apfel und verkaufe, wenn es so weit ist. Bewahre die Aktie gut auf.

29. EIN ROTER FERRARI

Ich hatte einen Traum, eigentlich zwei. Der erste entstand, als ich sieben Jahre alt war und bei Maria auf dem Bett saß und ihre Samstagssüßigkeiten nicht probieren durfte. Ich malte mir aus, dass ich so reich werden würde, dass ich den ganzen Süßwarenladen in Frölunda aufkaufen könnte, und sie würde kein Stück bekommen.

In der zweiten Geschichte ging es um einen roten Sportwagen.

Ich mochte Geschwindigkeit und starke Motoren schon immer. Mein Bruder kannte einen Lamborghini-Händler in Kinna bei Borås, und als ich anfing, bei Skandia Geld zu verdienen, fuhr ich immer nach Kinna, um den Lack zu streicheln und den Innenraum einzuatmen. Jedes Mal fuhr ich den gleichen Weg mit meinem Audi zurück. *Was glaubte ich, wer ich war? Was würde Mama sagen? Meine Angestellten?* Es war unmöglich.

Ähnlich reagierte mein Instinkt, als ich viele Jahre später ein Angebot von einer Großbank erhielt, in die Toskana zu fahren und Ferrari-Autos zu testen. *Wie würde das aussehen? Was glaubte ich, wer ich war? Wie viele Lämmer?* Die Kosten für die Veranstaltung betrugen fünftausend pro Person, und den Flug mussten wir selbst bezahlen. Eine beträchtliche Summe, aber nach reiflicher Überlegung beschlossen Alfred und ich, die Reise zu einem ehelichen Abenteuer zu machen. Nur er und ich ohne die Kinder. Als die Rechnung eintraf, belief sie sich auf fünftausend *Euro* pro Person. Ich wäre fast krepiert, doppelt, wenn man bedenkt, wie die Dinge liefen. Wir durften fünf verschiedene Modelle Probe fahren, eines teurer als das andere, und erhielten klare Anweisungen zu den Gesetzen und Vorschriften in Italien und zu den Leistungen der Versicherung. Ich hatte noch nie einen Sportwagen dieses Kalibers gefahren und war sehr aufgeregt, denn ich wollte ein gutes Preis-Leistungs-Verhältnis, wenn ich schon die Gelegenheit dazu hatte. Allerdings hatte ich die Kombination aus kleinen, engen toskanischen Dörfern und einem breiten, niedrigen Biest mit achthundert Pferdestärken nicht wirklich berechnet. Es ging zwar nicht wahnsinnig schnell, dafür war es eindeutig zu eng, und die endgültige Rechnung belief sich auf weit über zehntausend Euro.

Für mich war es nie ein Ziel, Unternehmen aufzubauen, um reich zu werden. Es ging mir immer darum, die Beste zu sein. Wenn du gut bist, kommt das Geld als Belohnung, jede zusätzliche Null auf dem Konto ist der Beweis für harte Arbeit. Meine erste Million verdiente ich bei Skandia, als ich zweiundzwanzig Jahre alt war und ein Grundgehalt von zehntausend Kronen pro Monat hatte, der Rest war Provision. Eine Vision zu verwirklichen und etwas Dauerhaftes aufzubauen, ist wichtiger als ein schnelles Auto oder eine Gucci-Handtasche. Geld bringt jedoch ein Gefühl von Freiheit und Sicherheit mit sich. Ich weiß, dass ich immer etwas zu essen für meine Kinder und mich auf dem Tisch haben werde. Ich kann mir sowohl den Süßwarenladen als auch einen roten Ferrari kaufen, aber jedes Mal, wenn ich auch nur daran denke, schlägt mir das *Gesetz von Jante* wie eine Keule auf den Kopf. Jante und meine Erziehung, Hand in Hand durch das Leben.

Denn ich weiß auch, was es heißt, nichts zu haben. Wie es ist, neun Geschwister zu sein und sich zwei Packungen Rallye-Eis in drei Geschmacksrichtungen zu teilen, wo jeder Birne wollte. Das Weiße der Wassermelone zu nagen, danebenzustehen und zuzusehen. Als wir klein waren, gab es bei Volvo einmal im Jahr eine Veranstaltung namens „Arbeitertag", bei der die Angestellten der Autofabrik mit ihren Familien einen ganzen Tag im Vergnügungspark Liseberg verbringen konnten. Wir hatten einen Verwandten, der bei Volvo arbeitete, und er nahm uns mit. Während die anderen Kinder für Zuckerwatte und Popcorn Schlange standen, hatte Mama für uns ein Lunchpaket mit Piroggen gemacht, und die Chancen, auf das Karussell zu kommen, waren gering. Jede Gruppe erhielt freien Eintritt und drei Fahrgutscheine, was uns nicht ausreichte. Die Fahrtgutscheine wurden nach einem fortlaufenden Plan verteilt, und wenn man keine Fahrt bekam, musste man einfach hoffen und auf das nächste Jahr oder das übernächste warten. Aber es war einfach toll, nach Liseberg zu kommen und all die Achterbahnen zu sehen.

Mit vierundzwanzig kaufte ich ein Haus mit meinem eigenen Geld und kaum einer Hypothek, und drei Jahre später verlor ich durch den IT-Crash alles und stand vor dem Nichts. Ich habe investiert und gewonnen, aber ich habe auch alles verloren und war mehrmals kurz vor dem Bankrott. Vor allem habe ich gesehen, wie viele wohlhabende Menschen vom Geld geblendet wurden und ihren Sportwagen zu Schrott gefahren haben.

„Warum fliegen Sie nicht Business Class?“ ist eine Frage, die ich oft höre. Warum sollte ich das tun? Es ist ein lausiges Geschäft. Wenn ich mit einer Geschäftsdelegation ans andere Ende der Welt fliege, nehme ich vielleicht ein Upgrade, um arbeiten zu können, aber ich möchte meine Kinder nicht dazu erziehen, dass sie denken, das Leben sei eine Business Class, in der man in dicken Stühlen sitzt und Coca-Cola am laufenden Band bestellt, ohne den Wert zu verstehen. Als mein ältester Sohn Ludvig vier Jahre alt war, wollte er eine Spiderman-Figur aus dem Teknikmagasinet für neunundfünfzig schwedische Kronen haben. Er stand vor dem Schaufenster und zog an meinem Mantel, bettelte und flehte. Ich machte ihm klar, dass ich ihm die Figur nicht einfach so kaufen würde, egal wie sehr er bettelte und Tränen herausdrückte. Er musste das Geld selbst ersparen. Wir legten einen Plan fest, wie das funktionieren sollte. Damals befand sich Xzakt in einem Bürohotel am Strandvägen, wo wir Kaffeemaschinen mit Münzeinwurf hatten, die von Zeit zu Zeit geleert werden mussten. Ludvig kam ins Büro, sortierte die Münzen in Rollen ein und bekam dafür fünf Kronen pro Stunde. Ich schrieb eine Lohnabrechnung: *Für Ludvig von Platen, fünf Kronen für eine Stunde Arbeit.* Das Mädchen an der Rezeption setzte ihre Signatur darunter. Das war groß für ihn, und er wurde ermutigt, mehr eigenes Geld zu verdienen. So haben wir das mit allen Kindern fortgesetzt. Sie fragen mich immer, wie ich als Kind Geld verdient habe, und ich erzähle ihnen von den armseligen Zeichnungen, die ich an die Nachbarn in Grevegården verkauft habe, von den Kokos-Schokokuchen an den Tanzkapellenabenden, Maiblumen und Lucia-Umzügen. Zwei Kronen hier, ein Fünfer dort. Vor ein paar Jahren, als wir unser Stockholmer Büro in die Eriksbergsgatan verlegt hatten, klopfte es eines Abends an der Tür. Ein Kollege namens Jacob öffnete und ein Mädchen stand da und fragte: *„Hallo, haben Sie Pfanddosen?“ „Nein, nein“*, sagte Jacob, *„wir kümmern uns selbst darum“*, und schloss die Tür. Aber das Mädchen gab nicht auf und klopfte erneut: *„Hallo, haben Sie Pfanddosen?“* Es war meine Tochter Elisabeth, die im Treppenhaus herumging und Dosen sammelte. Beim nächsten Mal rief eine Nachbarin an und fragte, ob es mein Mädchen sei, das auf dem Bürgersteig stehe und Handcremes verkaufe. *„Ich hoffe, es ist gutes Zeug, denn ich habe bei ihr gekauft.“* Das war es. Sie hatte meine teuren Cremes genommen, sie mit ihrer eigenen Lotion aus dem Body Shop gemischt und in Tupperware-Dosen abgefüllt. Darüber konnte ich nicht wütend sein, ich war stolz. Sie verstand etwas von Marketing, und als Elternteil sollst du diese Leidenschaft nicht zerstören. Du sollst deine Kinder ermutigen, Geld zu verdienen, und nicht denken, dass es Schrott ist und peinlich, wenn sie einen Flohmarkt veranstalten oder Weihnachtszeitschriften verkaufen wollen. Lass sie selbst entdecken, dass in diesen Katalogen heutzutage nur noch Müll ist. Ich habe den Kindern beigebracht, dass sie nicht nur kaufen und kaufen sollen, sondern dass sie den Wert des Geldes kennenlernen sollen.

Ich persönlich liebe es, Schnäppchen zu machen. Ich könnte hundert Milliarden auf der Bank haben, ich würde immer noch nach Schnäppchen suchen. Windeln und Feuchttücher habe ich immer bei Lidl gekauft, weil die Eigenmarke von Lidl sowohl preislich als auch qualitativ besser ist als Libero, und natürlich nutze ich den Fünfzig-Kronen-Gutschein von ICA. Heutzutage wird der Rabatt auf die Mitgliedskarte geladen, aber ich reiße die Rabattcoupons heraus, wenn sie zu Hause in den Werbeprospekten auftauchen. Und ich feilsche immer. Die Kinder und Alfred haben sich daran gewöhnen müssen, aber sie machen noch immer einen Schritt zurück und schämen sich, wenn ich im Supermarkt stehe und versuche, die Milch mit kurzem Ablaufdatum günstiger zu bekommen. Seit ich laufen und sprechen gelernt habe, mache ich so lange weiter, bis ich ein „Nein“ bekomme.

Einmal, als wir Silvester auf Mallorca feierten und ich erfuhr, dass es in den Geschäften in Palma einen Ausverkauf gab, sagte ich zu Alfred: *„Gib mir zwei Stunden.“* Ich ging in das Kaufhaus El Corte Inglés und kaufte ein; das und das und das. Drei Kleider, drei Paar Schuhe und eine neue Tasche. Alles zum halben Preis! Ich wusste, dass man beim Bezahlen an der Kasse einen zusätzlichen Rabattcoupon erhielt, also ging ich sieben Mal durch die Kasse. Ich bezahlte ein Kleidungsstück nach dem anderen und beendete den Vorgang mit einer achten

Kassenrunde, um die zehn Prozent Tourismussteuer abzuziehen.

Wie damals, als ich sieben Jahre alt war und auf der Dänemarkfähre zur Kasse ging, um für jede Runde eine Tafel Schokolade zu bekommen.

Gleich und doch ganz anders.

Das Leben ist ungerecht, es gibt keine Shortcuts. Das präge ich meinen Kindern fest ein. Denn heute weiß ich, dass ich meiner Kindheit zu verdanken habe, wer ich bin und was ich habe. Ich hätte diesen Weg nie eingeschlagen, wenn ich nicht die Triebkräfte von damals mitbekommen hätte. Aber damals hatte ich keine andere Wahl.

Als meine Tochter eines Nachmittags von der Schule nach Hause kam und mir erzählte, dass sie auf dem Schulhof Kommentare bekommen hatte, weil sie Fake-Uggs und keine echten Uggs trug, war ich wütend. Wer kauft schon einem Kind, das über Nacht fünf Zentimeter wächst, ein Paar Schuhe für 2.500 Kronen? Niemals, sagte ich, und erzählte ihr, wie ich als Kind mitten im Sommer im Laden eine Aladdin-Pralinenschachtel im Angebot fand und so glücklich war. Ich verpackte sie für mich selbst und hob sie bis Weihnachten auf, und als ich das Geschenk und die Schachtel fünf Monate später öffnete, krochen Würmer in den Pralinen. Neunmal sagte ich Nein zu Elisabeth; beim zehnten Mal stand ein Paar Uggs im Flur.

Es ist ein ständiger innerer Kampf, den ich mit mir selbst führe.

Wenn ich diesen Ferrari kaufen würde, müsste ich mich damit abfinden, dass das Auto in der Sekunde, in der ich den Schlüssel zum ersten Mal umdrehe, von neu zu gebraucht wird und vierhunderttausend Kronen an Wert verliert. Das ist Geld, das ich stattdessen für Wohltätigkeitsprojekte in Indien ausgeben kann. Der Konflikt zwischen dem, was ich habe, und dem, wovon ich nicht einmal träumen kann.

Ich möchte, dass sich meine Kinder genauso abmühen und lernen, wie ich es musste. Aber ich will nicht, dass sie in der Schule gehänselt werden, weil sie keinen Sony Walkman oder kein Nintendo-Spiel haben, so wie ich gehänselt wurde. Oder auf dem Bett eines Freundes sitzen und ihm oder ihr dabei zusehen, wie sie Samstagssüßigkeiten mampfen, ohne ihnen etwas davon anzubieten. Auch heute, als

Erwachsene, horte ich noch immer Süßigkeiten, ich habe in jedem Schrank und in jedem Winkel Verstecke, mit denen Alfred mich aufzieht. Ihm hingegen geht zu Hause nie das Brot aus. Wahrscheinlich sind das Folgen unserer Kindheit.

Einmal, als ich von der Diabetes-Gala nach Hause kam und bestürzt darüber war, wie gefährlich Süßigkeiten sind, machte ich sowohl meinem Mann als auch meinen Kindern klar, dass es mit der Zuckersucht vorbei ist. Ich verhängte ein totales Verbot von Süßigkeiten für mindestens sechs Monate. Am darauffolgenden Freitag, als es Zeit war, es sich vor dem Fernseher gemütlich zu machen, brachte ich eine ganze Tragetasche voller Süßigkeiten mit nach Hause. Konsequenz und Inkonsequenz.

Wir teilen uns die Rechnungen zu Hause, mal nimmt Alfred den Stapel, mal ich. Es gibt nie Streit. Auch nicht, als wir nicht viel Geld hatten. Ich finde es nur natürlich, dass das Familienmitglied, das am meisten Geld verdient, auch am meisten beiträgt. Wenn mir ein Geschäft gelingt, dann gelingt es mir um der Familie willen und weil Alfred einen großen Beitrag an der Heimatfront geleistet hat. Wenn wir mit der ganzen sechsköpfigen Familie in einen schönen Urlaub fahren, zahle natürlich ich. Alfred hat nie ein marktübliches Gehalt genommen. Als er bei mir in der Kundenbetreuung von Xzakt anfing, hatte er ein niedrigeres Gehalt als die meisten anderen, aber das war beabsichtigt. Damit er sich hocharbeiten konnte. Dann hat er natürlich eine Rente bekommen und eine Beteiligung an der Firma. Schon als wir anfingen zusammenzuleben und Alfred in meine Zweizimmerwohnung im Klara-Viertel eingezogen war, verlangte er einen Ehevertrag und sagte: *„Ich möchte nicht, dass jemand denkt, ich hätte dich des Geldes wegen genommen.“*

Es ist Zusammenarbeit und Zusammenspiel, und während ich mich zurückhalte, wenn die Kinder mit ihren kleinen Fingern auf Dinge im Schaufenster zeigen, die sie haben wollen, kann ich Alfred mit kindlicher Begeisterung beschenken. Wenn ich weit vor Weihnachten etwas kaufe, kann ich mich kaum halten, weil ich so neugierig bin, was er wohl davon halten wird. So darf er das Geschenk immer frühzeitig öffnen, mit dem Hinweis: *„Das ist dein Weihnachtsgeschenk, nur damit du es* *weißt.*“ Wenn dann Weihnachten kommt, wäre es sehr traurig, wenn er nichts bekäme, also kaufe ich ihm noch etwas.

Mir selbst fällt es schwer, Geschenke anzunehmen und mich einladen zu lassen. Als ich mit dem Aufbau meines Unternehmens in Skellefteå zu kämpfen hatte und zwei Jahre lang kein Gehalt beziehen konnte und mir Äpfel vom Frühstücksbuffet im Hotel in die Handtasche steckte, um sie zu Mittag zu essen, hatten mehrere meiner Brüder ein Einkommen und boten mir an, mir Geld zu leihen. Aber ich sagte jedes Mal Nein. Aus Angst, mich zu verschulden. Als meine besten Freundinnen einen Junggesellinnenabschied für mich organisierten, hatte ich Angst, dass sie Geld für mich ausgeben müssten. Sobald ich dachte, dass niemand hinsah, schlich ich mich im Restaurant an die Kellnerin heran und versuchte, ihr meine Karte zuzustecken, und meine Freundinnen schrien, ich solle mich sofort hinsetzen.

Wenn Alfred mir ein Weihnachtsgeschenk macht, winkt er immer mit der Quittung, noch bevor ich mein Päckchen geöffnet habe, und sagt: *„Ich weiß, dass du es umtauschen wirst.*“ Er kennt mich und weiß, dass ich nicht spielen kann, und wenn ich die Quittung sehe, werde ich noch verzweifelter.

Es ist viel einfacher zu geben als zu nehmen.

30. GERICHTSVERHANDLUNG

Es war ein ungewöhnlich ruhiger Tag im Büro, ich aß gerade mit Silvia zu Mittag, als der Anruf kam. Es war Stig. Mein erstes Gefühl war Sorge, *Marcus*! Was, wenn ihm etwas zugestoßen war? Aber die Worte sprudelten aus Veronicas Vater heraus: *„Sie haben ihn erwischt, sie haben You Lin verhaftet!"*

Er lachte und weinte, und ich musste mich an einer Wand stützen. *Was passiert da, passiert das wirklich?* Elf Jahre und acht Monate nach dem Tag, an dem meine beste Freundin kaltblütig erstochen wurde, war Veronicas Mörder vielleicht endlich gefasst worden. Stig hatte nicht den vollen Überblick, und ich war zu geschockt, um die Details zu erfassen, aber ich schnappte Bruchstücke wie „London" und „ausgeliefert" auf. You Lin, der international gesucht worden und in Abwesenheit inhaftiert war, war bei einer Ausweiskontrolle an einem britischen Flughafen angehalten und dank eines europäischen Haftbefehls festgenommen worden. Das war im November 2014 und er sollte zur weiteren Ermittlung und Anklage nach Schweden und Göteborg gebracht werden. Die Medien berichteten, dass die Aufklärung des Mordes an Veronica Lin immer näher rückte, und Kriminologieprofessor Leif GW Persson kommentierte in Expressen, warum sich der Kaisernachfahre geweigert hatte, früher nach Schweden zu kommen, um seinen Namen reinzuwaschen: *„Er weiß, dass er im Knast landen wird, egal was er behauptet. Das könnte der einfache Grund sein"*, sagte Leif GW Persson. Ich beendete das Telefonat mit Stig und hyperventilierte. Ich konnte nicht gerade stehen; an Mittagessen war nicht mehr zu denken. Ich war natürlich froh und erleichtert, dass er verhaftet wurde, aber gleichzeitig hatte ich Angst vor dem nächsten Schritt. *Wie sollten wir damit umgehen, dass die alten Wunden wieder aufgerissen wurden?* Wie sollten wir es schaffen, von den dreiundzwanzig Messerstichen auf ihrer Kleidung und den Blutspuren auf ihrem Rucksack im Hausflur zu erfahren, die laut der technischen Untersuchung der Polizei das Ergebnis einer besonders rücksichtslosen Gewalttat waren. Von ihrer anhaltenden Todesangst und wie sie versucht hatte zu fliehen, ein Stockwerk unter demjenigen, in dem ihre Mutter das Abendessen zubereitete? Wie würden Miriam, Stig und Veronicas Schwestern mit dem Prozess fertig werden? Und der kleine Marcus. Er war kaum vier Jahre alt gewesen und mit einer Pyjamahose auf dem Kopf herumgerannt, als das Treppenhaus in Högsbo mit Polizeiband abgeriegelt und die Leiche seiner toten Mutter herausgetragen wurde. Jetzt war Veronicas Sohn fünfzehn Jahre alt und würde alles verstehen. Er würde in allen Einzelheiten erfahren, was über ein Jahrzehnt lang ein fester Bestandteil der Abendzeitungsbeilagen über ungeklärte Frauenmorde gewesen war. Der Fall der jungen Chalmeristin und des chinesischen Milliardärs, die für mein Patenkind Marcus jedoch etwas ganz anderes waren: seine Mutter und sein Vater. Und was wäre, wenn You Lin noch einmal durch das Netz schlüpfen würde? *Würden wir es aushalten, ein weiteres Mal enttäuscht zu werden?*

Bereits im November 2005, zweieinhalb Jahre nach dem Doppelmord in Frölunda, wurde Veronicas Ex-Mann in China verhaftet, und eine schwedische Delegation von Polizeiermittlern war zum Verhör vor Ort. Einer von ihnen war Inspektor Peter Thylén von der Ermittlungseinheit in Göteborg, der den Medien bildlich beschrieb, wie You Lin in seinem schönen Büro in seinem schönen Anzug gesessen und über die schwedische Gerechtigkeit gelacht hatte, *„aber das tut er nicht mehr“*. In den Medien wurde es als diplomatisches Spiel beschrieben: Wenn You Lin in China verurteilt würde, drohte ihm die Todesstrafe, aber die schwedischen Behörden wollten, dass er für ein Verfahren in dem Land ausgeliefert wird, in dem die Straftaten begangen worden waren. Sollte dies nicht der Fall sein, müsste der chinesische Staatsapparat versprechen, You Lin nicht hinzurichten, erklärte Inspektor Peter Thylén gegenüber GT – überzeugt davon, dass die Chinesen ein solches Versprechen einhalten würden: *„Man kann hinterfragen, ob man einer Diktatur vertrauen kann. Aber ich glaube nicht, dass China, das in zwei Jahren die Olympischen Spiele ausrichtet und die Augen der Welt auf sich gerichtet hat, uns etwas versprechen und ihn dann trotzdem erschießen würde.“*

Es wurde nicht geschossen. Keine Verhandlung. Keine Verurteilung.

Die schwedische Polizei hatte You Lins Geld und Macht unterschätzt. Fünf Anwälte später war er so frei wie seit dem Frühjahr 2003, als er verdächtigt wurde, einen Auftragskiller für den Mord an meiner besten Freundin angeheuert zu haben. Er konnte weiterhin über die schwedische Justiz lachen.

Ich ging alle möglichen und unmöglichen Szenarien mit meinem älteren Bruder Edip durch, der es, wie zwölf Jahre zuvor, auf sich genommen hatte, Veronicas Familie in dem bevorstehenden Gerichtsverfahren zu unterstützen. Edip war hoffnungsvoll und wies darauf hin, dass die Situation dieses Mal völlig anders war; die Ermittlungen waren besser geführt worden, die DNA-Technologie war viel ausgefeilter und für You Lin waren neue belastende Informationen ans Licht gekommen.

Nach der Verhaftung in Großbritannien berichtete Aftonbladet, dass Veronicas Ex-Mann nicht nur verdächtigt wurde, an den Morden an Veronica und ihrem Nachbarn Qingzhong Tang, der vor dem Haus begraben gefunden worden war, beteiligt zu sein – sondern auch an einem dritten Fall. You Lins Sekretärin, die er geheiratet hatte, als er auf dem Papier noch mit Veronica verheiratet war, wurde im Februar 2013 auf der thailändischen Insel Koh Samui tot aufgefunden. You Lin behauptete, seine Frau sei ertrunken, aber die gerichtsmedizinische Untersuchung ergab, dass sie höchstwahrscheinlich getötet worden war. Der Verdacht fiel auf den Ehemann, und eine Voruntersuchung wurde in Thailand eingeleitet, aber da hatte You Lin das Land bereits verlassen.

Als der Prozess in Schweden näher rückte, schrieben die Angehörigen von You Lins toter Sekretärin einen Brief an Veronicas Familie und an den Staatsanwalt und boten an, für ihre Reise und Unterkunft in Schweden zu bezahlen, wenn sie kommen und persönlich gegen You Lin aussagen könnten, *to help prosecutor and the court to know about the truth to not let Lin You to escape the crime of murder.*

Göteborgs Amtsgericht Abteilung 3
Fall Nr.: B 3104-03
Angeklagter: You Lin, 19630521
Freiheitsberaubung: Inhaftiert
Chinesischer Staatsangehöriger

„Die Ermittlungen und Analysen haben im Wesentlichen Folgendes über den Mord an Veronica Lin ergeben. Sie wurde am Abend des 19. März 2003 ermordet in der Wohnung aufgefunden, wurde aber höchstwahrscheinlich am Nachmittag des 18. März ermordet. Veronica Lin ging freiwillig in die Wohnung und wurde plötzlich im Schlafzimmer und im Flur mit mehreren Stichen angegriffen, hauptsächlich in den vorderen und hinteren Oberkörper, vermutlich mit einem Messer. Sie versuchte, zur Wohnungstür zu fliehen, wurde aber im Flur zu Boden gebracht, wo sie gefunden wurde. Die Schuhspuren in Veronica Lins Blut deuten darauf hin, dass nur eine Person den Mord beging."

„Am 30. April 2003 wurde Qingzhong Tang ermordet und unter dem Balkon seiner Wohnung, in der Veronica Lin ermordet worden war, begraben aufgefunden. Die Polizei wurde von einem Nachbarn gerufen, dessen Hunde die Stelle markiert hatten. Das Grab war flach, an den tiefsten Stellen 26-27 cm. Das Grab war in den Mutterboden eingegraben. Auf dem Grab befand sich viel verdorrtes Gras. Qingzhong Tang war in eine rote Decke und ein Laken eingehüllt sowie mit Paketband umwickelt. Eine Plastiktüte war über seinen Kopf gezogen. Seine Knöchel waren mit Paketband umwickelt. Eines der Handgelenke war mit durchgeschnittenem Paketband umwickelt, was darauf hindeuten könnte, dass die Handgelenke zusammengebunden waren, bevor er ins Grab gelegt wurde. Die Leiche befand sich in einem Zustand fortgeschrittener Verwesung. Die Leiche wies mehrere Stichwunden auf, vor allem am Oberkörper, sowie eine größere Schnittwunde am Nacken. Der größte Teil der Stirn, Nase und Lippen war weggeschnitten worden."

Die Hauptverhandlung, die über das ganze Frühjahr 2016 vor dem Göteborger Amtsgericht stattfand, war eine unerbittliche Angelegenheit. Veronicas Eltern waren an vierzig Tagen im Gerichtssaal anwesend und mussten sich die Einzelheiten der Vorgehensweise des Mörders anhören und sich an die Qualen erinnern lassen, die ihre Tochter in ihren letzten Stunden erlebt hatte.

Ich wurde in den Medien als „Kindheitsfreundin" bezeichnet und zitterte am ganzen Körper, als ich meine Aussage online vom Amtsgericht Attunda in Sollentuna aus machte, wo ich den Prozess als Videokonferenz verfolgte. Aber ich schaffte es, meine Version vorzutragen, ohne zusammenzubrechen, und über die Angst zu sprechen, die meine beste Freundin in ihrer Beziehung zu dem Mann, den sie geheiratet hatte, erlebt hatte. Ich musste You Lin nicht direkt in die Augen sehen, aber ich glaubte naiv, dass er Reue empfinden würde, wenn er mich sah und hörte – genauso wie ich dachte, dass er Reue empfinden würde, wenn er Veronicas Eltern im Gerichtssaal sah. Aber er schaute nicht einmal auf den Bildschirm, als ich aussagte.

Als das Urteil am 4. Mai 2016 im Göteborger Amtsgericht verkündet wurde, liefen die Tränen wie Flüße über die Wangen. You Lin wurde vom Mord an Qingzhong Tang freigesprochen, aber wegen Anstiftung zum Mord an Veronica verurteilt. Das Urteil war das härteste. Lebenslange Haft und Ausweisung mit Rückkehrverbot. You Lin musste außerdem eine Entschädigung in Höhe von 660.000 schwedischen Kronen an Marcus zahlen. Die Summe war ein Hohn. War es ein Pflaster für eine verlorene und tief vermisste Mutter? Eine geliebte Tochter, eine liebe Freundin und eine junge Frau, die es liebte zu tanzen. Aber natürlich war das Urteil vor allem eine unbeschreibliche Erleichterung. Nach über dreizehn Jahren und Tausenden von angsterfüllten Nächten würde der Gerechtigkeit Genüge getan werden. Dachten wir.

Hier kommt die Entscheidung, die wir nicht wollten, was bedeutet, dass der ganze Fall neu verhandelt werden muss.

Die Nachricht des Anwalts an Veronicas Familie drei Wochen nach der Verurteilung zu lebenslanger Haft war ein Schlag, der den Boden unter uns allen erschütterte. You Lins Verteidigung hatte sich auf einen Interessenskonflikt berufen, und der gesamte Prozess musste neu verhandelt werden. Ein Geschworener hatte den Tatort mit seinem Handy fotografiert und auf Twitter Nachrichtenartikel über den Prozess verlinkt, wo er seine persönlichen Gedanken über You Lins Glaubwürdigkeit mitteilte. Vor dem Amtsgericht Göteborg wurden neue Termine anberaumt, und der Prozess verlief im Grunde genauso wie zuvor, mit einer Ausnahme: Anstatt Zeugen und Kläger erneut aufzurufen, wurden die Aussagen im Gerichtssaal von Tonbändern abgespielt. Ich weiß noch, dass ich das seltsam fand, aber ich konnte es trotzdem nicht glauben. Der Schlag traf mich mitten ins Herz, als im September 2016 angekündigt wurde:

„Es gibt zwar eine Reihe von belastenden Umständen, die auf eine Mitschuld

You Lins an den Morden hindeuten, doch lassen sich diese auch auf andere Weise erklären.“

Es spielte keine Rolle, dass ich hörte, wie die Leute um mich herum die Bedeutung mit ihren Lippen formulierten, oder dass ich selbst tausendmal las, was im Urteil stand. Das Amtsgericht war der Ansicht, dass die Staatsanwaltschaft nicht beweisen konnte, dass You Lin den Mord an Veronica angeordnet hatte, und das war für mich nicht nachvollziehbar. Wie konnten zwei ähnliche Verfahren mit denselben Beweisen so unterschiedlich ausgehen? Wie konnte ein Geschworener während eines Prozesses tweeten? Wie konnte eine Person, die gerade wegen Mordes zu lebenslanger Haft verurteilt worden war, in der nächsten Sekunde wieder als freier Mann auf dem ersten Flug nach Osten sitzen?

Veronica, Veronica lass dein langes Haar herunter
Und schau deinem Freund in die Augen und sag ihm, er darf
Und schlafe in seinen Armen ein und wache dann glücklich auf
Wenn der Tag anbricht.

Als ich am 22. April 2003 am weißen Holzsarg in der Stensjökyrkan in Mölndal stand und Cornelis Vreeswijks Text hörte und das gerahmte Foto von Veronica in einem gestrickten Wollpullover mit vor Leben strahlenden Augen und roten Lippen sah, schwor ich mir, dass wir alles tun würden, um ihren Mörder zu fassen.

Bis heute arbeiten die schwedischen Behörden daran, eine Verhandlung am Berufungsgericht zu erwirken. Die Nachricht, die wir erhalten, lautet, dass es einen neuen Prozess geben wird, aber die chinesischen Behörden haben You Lin die Vorladung nicht zugestellt. Die Tatsache, dass die Person, die uns Veronica genommen hat, immer noch auf freiem Fuß ist, ist eine Wunde, die ich bis zu meinem eigenen Tod mit mir tragen werde. Aber heute denke ich vor allem an den Kummer. Dass Veronica nicht erleben konnte, wie ihr Sohn zu dem feinen jungen Mann heranwuchs, der er heute ist. Dass sie Marcus nicht als Blumenkind im Minianzug mit Fliege auf Alfreds und meiner Hochzeit sehen konnte. Dass sie nicht miterleben konnte, wie ich, die alles in meine Karriere investierte und „wahrscheinlich keine Kinder haben würde“, schließlich vier bekam und dass ich meine Tochter nach meiner besten Freundin benannte.

Elisabeth Frida Veronica.

31. ICH AUCH

Ich sah ihn bei der vornehmen Gala. Er war mit seiner Frau dort, die trotz der Gerüchte der letzten Jahre immer noch dieselbe war. Einer der herausragendsten Finanziers und mächtigsten Investoren Schwedens. Ich weiß noch, wie ich jeden zweiten Tag in Dagens Industri auf den Börsenseiten über ihn las, über das neueste Geschäft, die neuen Erfolge, das Vermögen. Kurz nach dem Galaabend, an dem er alles tat, um zu verhindern, dass sich unsere Umlaufbahnen trafen, las ich ein Interview, in dem er seine Freude darüber zum Ausdruck brachte, dass seine Kinder trotz des finanziellen Überflusses, der ihnen serviert wurde, keineswegs verwöhnt waren. Und das war der Verdienst seiner Frau. Sie war fantastisch. Ein großer Teil des Erfolges.

Wie sehr dachte er an seine Frau, als er sich in meinem Flur die Hose aufknöpfte?

Ich pendelte wöchentlich nach Skellefteå und leitete mein Unternehmen erst seit ein paar Jahren, als ich ein Meeting mit ihm zustandebrachte. Mein Unternehmen hatte einen Umsatz von etwa vierzig Millionen schwedischen Kronen, in dieser Hinsicht war ich also ein Neuling. Er hingegen war damals bereits ein Gigant unter den Giganten. Ich war begeistert und aufgeregt, als ich das letzte Stück zu seinem Büro bei Stureplan halb ging, halb lief. Ihn auf die Kundenliste zu setzen, wäre ein riesiger Gewinn. *Narcissus.*

Es war ein Freitagnachmittag und ich hatte meine Präsentation akribisch vorbereitet. Ich war aufgeregt und doch zuversichtlich; ich konnte das, und ich wollte die Chance nutzen. Da nicht der Geschäftsführer oder Konzernchef die Entscheidung trifft, ist es normal, dass bei einer Präsentation, einem Pitch, auch Handlanger anwesend sind. Als ich zur Tür hereinkam, reagierte ich sofort darauf, wie überraschend und ungewöhnlich es war, dass niemand sonst da war. Nur er und ich in einem großen, geräumigen Konferenzraum, einander gegenüber, vor meiner Powerpoint. Ich legte sofort los. Manchmal sind fünf Minuten wirklich fünf Minuten, und ich wollte keine Sekunde vergeuden. Ich erzählte ihm von den Dienstleistungen von Xzakt, wie wir sein Geschäft ankurbeln könnten, von meinem professionellen

Personal und unseren beeindruckenden durchschnittlichen Bearbeitungszeiten. Mittendrin unterbrach er mich. *„Sind Sie verheiratet?“*

Ich tat so, als würde ich es nicht hören, lachte und redete noch schneller weiter: über die Kapazitätserweiterung, die Schulung der Angestellten, die technische Umsetzung.

„Sind Sie verheiratet, Gunilla?“

„Haben Sie einen Freund?“

„Wohnen Sie in Stockholm?“

„Sind Sie oft in Stockholm?“

Er saß zurückgelehnt mit vor der Brust verschränkten Armen und schaute nicht einmal auf meine Präsentation, hatte vermutlich kein Wort von dem gehört, was ich sagte.

Die Demütigung war enorm. Ich hatte zu diesem Mann aufgeschaut, war fasziniert von seiner Erfolgsgeschichte und wollte sagen: *„Nein, aber Sie sind es, verheiratet, seit langem? Und wie viele Kinder haben Sie jetzt, zwei? Drei? Vier?“*

Aber ich tat es nicht. Ich biss mir auf die Innenseite der Wange und lächelte höflich, als er mir die Hand schüttelte, sich für das Treffen bedankte und mich bat, ihm die Präsentation per E-Mail zu schicken. Am selben Nachmittag, als ich wie üblich am Hötorget vorbeiging, um zu sehen, ob die Blumenhändler heruntergesetzte Sträuße verkauften, rief eine private Nummer auf meinem Mobiltelefon an. Es war er, *Narcissus.*

Er wollte sich nur für eine professionelle Präsentation und ein ergiebiges Treffen bedanken, sagte er. Ich hatte kaum Zeit, eine stammelnde Floskel darüber zu formulieren, wie sehr ich seine freundlichen Worte zu schätzen wusste, als sich herausstellte, dass er noch ein anderes Anliegen hatte: *„Ich dachte, wir sollten uns treffen. Vielleicht auf einen Drink.“* Ich sollte eigentlich das ganze Wochenende in Stockholm sein, kam aber trotz des Schocks zu mir und sagte, dass das nicht ginge. Ich sagte, dass ich in Skellefteå wohnte und *leider* zurückreisen musste: *„Aber danke für den Anruf, schönes Wochenende.“* Zitternde Finger und rasende Gedanken. Was war da gerade passiert? Am nächsten Tag ein weiterer Anruf von der gleichen privaten Nummer und mit dem gleichen Anliegen: *„Ich dachte, wir sollten uns treffen.“* Und so ging es weiter.

Es konnte um ein Uhr in der Nacht sein, zwei, manchmal früh am Morgen, aber meistens spät am Abend und jedes Mal mit der gleichen Frage, die keine Frage war. *Ich dachte, wir sollten uns treffen.* Als er während meiner Präsentation mit verschränkten Armen dasaß und sich auf Dinge konzentrierte, die nichts mit meiner beruflichen Tätigkeit zu tun hatten, hatte ich ihm gesagt, dass ich nicht verheiratet sei, aber dass ich mich mit jemandem traf. Was auch stimmte. Wir hatten uns nur ein paar Mal getroffen, aber der betreffende Mann erfuhr von den Anrufen und fand die Aufmerksamkeit des anderen vernünftigerweise auch nicht gut, also beschlossen wir, dass er den Hörer abnehmen würde, wenn „private Nummer" anrief. Die Einladungen wurden mir allmählich unangenehm, und ich war verwirrt. Es handelte sich hier um einen mächtigen Mann, der in der Finanzwelt auf einem Piedestal saß und über den ich in den Zeitungen mit Faszination gelesen hatte – was, wenn die Leute davon wüssten? Was würde passieren, wenn ich davon erzählen würde? Verheiratet und alles. Als das Telefon wieder klingelte, ging der Mann, den ich datete, ran. Er war während des kurzen Gesprächs höflich, beendete es aber mit einem scharfen Ton: *„Hören Sie auf, meine Freundin zu terrorisieren."*

Ich dachte, er hätte danach aufgegeben. Es vergingen einige Wochen und ich hatte keinen Pieps mehr gehört. Wieder an einem Freitag, als ich den letzten Flug aus Skellefteå genommen hatte und wie immer rennen musste, um den Bus nicht zu verpassen. Ich wusste, dass ich vor zehn Uhr auf der Couch einschlafen würde, aber ich dachte, ich würde wenigstens versuchen, ein Unterhaltungsprogramm im Fernsehen zu gucken, als es an der Tür klingelte. Ich hatte kein Guckloch und wollte nicht ins Treppenhaus rufen, um die Nachbarn nicht zu stören, also öffnete ich die Tür einen Spalt. Und da stand er, Narcissus, mit einer Flasche Champagner in der Hand.

Die kurzweilige Beziehung, die ich mit dem Mann gehabt hatte, der ans Telefon gegangen war, war vorbei, aber ich log und sagte, ich hätte einen Freund und er sei gerade auf dem Weg zu mir nach Hause. Ich stammelte, dass er so erfolgreich sei, dass er jede bekommen könne, aber ich sei sowieso nicht interessiert. Dann kam die Frage, die sich direkt an mich richtete, obwohl es nicht um mich und schon gar nicht um das Geschäft ging.

„Aber was soll ich machen? Ich bin so verdammt geil."

Also knöpfte er seine Hose auf, öffnete seinen Hosenschlitz und fing an, sich in meinem Flur zu befummeln.

„Weiß jemand, wie der Stand ist?"

Einige Jahre später nahm ich an einer Veranstaltung mit einer Reihe von einflussreichen Geschäftsführern des Landes teil, als das Gesprächsthema auf Narcissus und seine neueste Eroberung kam. *Wie viele Punkte?* Ich saß still da, mitten unter ihnen und doch unsichtbar. Vielleicht hatten sie vergessen, dass ich da war, oder vielleicht war es ihnen egal, als sie anfingen, über die Liste zu sprechen. Es stellte sich heraus, dass es in der Geschäftswelt eine Rangliste gab, in der die Frauen auf einer Skala bewertet wurden, fünf oder zehn Punkte, abhängig von verschiedenen Attributen. Narcissus' aktuelle war wahrscheinlich eine Fünf, wurden sie sich einig. Einer der Firmenchefs bemerkte mit einer Mischung aus Bestürzung und Faszination, dass er nicht verstehen könne, wie andere Zeit für außereheliche Eskapaden hätten. Er sei vollauf damit beschäftigt, seiner Frau treu zu sein, sagte er und erntete damit den lautesten Lacher des Abends.

Ich war erschüttert, aber irgendwie doch nicht.

Dass Männer in Machtpositionen ihren ganz eigenen moralischen Kompass haben, habe ich sowohl von der Seitenlinie aus gesehen als auch am eigenen Leib erfahren müssen. Meine erste Weihnachtsfeier bei Skandia, als ich zwanzig war und ein hochrangiger und viel älterer Direktor den Stehblues mit seiner Hand fest auf mein Kreuz gedrückt tanzte, und die Kollegen kicherten, *dieses Jahr war wohl Gunilla an der Reihe*. Denn das tat er immer bei jedem Betriebsfest, wählte die neue Junge aus. Oder er, der Chef, der, als wir bei einer Konferenz in den Stockholmer Schären übernachteten, zur Rezeption ging und das junge Mädchen hinter dem Tresen überredete, dass er die Schlüsselkarte für mein Zimmer bekommen sollte, *weil er ja bezahlte*. Und der, als ich ankam, nackt auf meinem Bett lag.

Der Konzernchef, der auf einer Firmenfeier einen Filzstift zückte und begann, eine gelähmte junge Frau zu bemalen; hier, hier und hier, markierte mit roten Linien quer über ihren Körper die Stellen, die sie von einem Schönheitschirurgen richten lassen sollte.

Das fünfunddreißigjährige hohe Tier, das sich über den Verhandlungstisch beugte und sagte: „Gunilla, Sie bekommen zwei Alternativen zur Auswahl: *„Entweder heiraten Sie mich oder Sie machen mich zum Partner“*, der CEO, mit dem ich den Vertrag einfach unterschreiben sollte, easy peasy, der aber auf sein Hotel zeigte und fragte, wie ich das belohnen würde.

Ich auch. *Me too.* Als sich der inzwischen historische Hashtag im Herbst 2017 auf der ganzen Welt zu verbreiten begann, war der Durchbruch enorm, nicht zuletzt in Schweden. Zeugenberichte von Belästigung und Übergriffen, die jahrzehntelang unter den Teppich gekehrt und totgeschwiegen worden waren, wurden ans Licht gebracht und wuchsen zu einem kollektiven Gebrüll an, das die Schallmauer durchbrach. Zehntausende Frauen jeden Alters und aus allen Branchen berichteten von ihren Erfahrungen mit sexuellen Übergriffen und Machtmissbrauch am Arbeitsplatz. In der Kulturszene wurde der rote Teppich zu einer schwarzen Revolution, als mehr als siebenhundert Schauspielerinnen die Wahrheit über die so genannten männlichen Genies erzählten, und aus der Politik kam der Aufruf „In den Korridoren der Macht“ mit 1.693 Unterschriften. In meiner eigenen Branche gab es ein leises Gemurmel. Als die Wirtschaftswebsite Breakit die Betroffenen der Wirtschaft sammelte, standen nur vierundzwanzig Namen auf der Liste. Das heißt aber nicht, dass es keine Belästigungen gab oder gibt.

Die Metoo-Bewegung war aus Sicht der Geschlechtergleichstellung extrem wichtig. Ich las die Aussagen und war von jeder Frau, die Opfer geworden war, berührt, aber als ich gebeten wurde, in Interviews Fragen zu beantworten oder an Appellen teilzunehmen, sagte ich Nein. Ich schwieg weiterhin in der Öffentlichkeit. Das lag zum einen daran, dass ich das Gefühl hatte, dass Zusammenhänge verzerrt waren, dass vor allem jüngere Frauen übertrieben und sich zu größeren Opfern machten, als sie waren, und zum anderen daran, dass der Lynchmob und die Namenslisten in den sozialen Medien dem Aufstand die Kraft nahmen. Ich glaube nicht an die Hexenverbrennung als Strafe, egal ob es sich um Männer oder Frauen handelt, die auf den Scheiterhaufen geworfen werden.

Aber vor allem hatte es mit meiner eigenen Erziehung und meinem Hintergrund zu tun. Ich stamme aus einer Kultur, in der es sozusagen Teil des Geschlechtervertrags ist, dass ein Mann seine Macht durch verbale und körperliche Angriffe auf die Integrität und den Körper einer Frau demonstrieren kann, ohne dass dies irgendwelche Konsequenzen hat. Meine Oma wurde blind geschlagen, als sie sich gegen einen Mann wehrte, meiner Mama wurde in den Kopf geschossen, als sie dasselbe tat. In der syrisch-orthodoxen Gemeinschaft gelten die Bedingungen der Männer, aber das gleiche patriarchalische Muster ist auch im Geschäftsleben vorherrschend. Dass es während der Metoo-Phase bei einem Flüstern blieb, liegt daran, dass das Problem in der Geschäftswelt strukturell ist, es ist schwierig, einzelne schwarze Schafe am Arbeitsplatz auszumachen.

Ich kenne starke Frauen in der Geschäftswelt, die gezwungen wurden, ihre männlichen Kollegen in einen Pornoclub zu begleiten und neben ihnen zu sitzen und wegzuschauen, weil das die Kultur war. In gewissem Maße ist das immer noch so. Man hatte gehofft, dass die Männer, die die Unternehmen der Zukunft und die Start-ups gründen, moderner sind, aber die Tech-Jungs sind die neuen Kerle. Ich weiß, was auf Partys und in den Fluren passiert. Vielleicht ist das genetisch bedingt?

Soweit ich weiß, wurden während Metoo viele PR-Berater beauftragt, Spuren zu verwischen und Krisenpläne für namhafte Unternehmen zu erstellen, wie sie mit dem Skandal umgehen und den Schaden minimieren können, wenn die Informationen öffentlich würden. Intern, innerhalb der Firmenmauern, zogen die öffentlich bekannt gewordenen Verfehlungen jedoch keinerlei Konsequenzen nach sich. Der Konzernchef, der den Körper einer jungen Frau mit leichter Hand bemalte, ist immer noch Konzernchef. Der CEO eines großen Kreditinstituts, der im ganzen Unternehmen dafür bekannt war, sich an Frauen im Plural zu vergehen, und der auf Überwachungskameras beim Sex mit einer Angestellten in der Garage erwischt wurde, wurde wegen Sexsucht in Behandlung geschickt und war nach ein paar Wochen wieder gut gelaunt bei der Arbeit. Der Grund, warum sich Frauen in der Wirtschaft in der Debatte nicht äußerten, war, dass sie nichts zu gewinnen hatten, wenn sie ihre Geschichte erzählten. Nur alles zu verlieren.

Als die Nachrichtenagentur Bloomberg die Auswirkungen von Metoo auf die Wall Street in den USA untersuchte, stellte sie fest, dass die ohnehin schon von Männern dominierte Finanzbranche nach dem Aufschrei noch stärker nach Geschlechtern getrennt wurde. Männer vermieden es, mit Kolleginnen zu essen, drückten sich vor Einzelgesprächen mit Berufsschwestern und warteten lieber auf den nächsten Fahrstuhl, als sich zwischen die Kolleginnen zu drängen – und minimierten so jeden Verdacht auf sexuelle Belästigung. So wie US-Vizepräsident Mike Pence, der behauptete, dass er nie mit einer anderen Frau als seiner Ehefrau zu Abend gegessen habe, um nichts *zu gefährden*. Absolut verheerend und eine Entwicklung, die langfristig dazu führt, dass Frauen von wichtigen Arbeitsplätzen und Vorstandsetagen ausgeschlossen werden.

An wen hätte ich mich wenden sollen? Bei Xzakt war ich die alleinige Eigentümerin, Geschäftsführerin und Managerin. Ich hatte keine Personalabteilung, an die ich mich hätte wenden können, keine Sicherheitsbeauftragte und kein Frauennetzwerk. Der Erfolg meines Unternehmens und die Arbeitsplätze meiner Angestellten hingen von meiner Fähigkeit ab, Geschäfte abzuschließen. Hätte ich angefangen, Zeugenaussagen über verschiedene hohe Tiere in der Geschäftswelt zu verbreiten, wäre das gnadenlos auf mich zurückgefallen – und wer war ich, dass ich im Eherat urteilen konnte? Man kann moralische Zweifel an der Tatsache haben, dass die Männer tatsächlich fast immer verheiratet waren, aber die Menschen in ihrem Umfeld haben keinen Einblick in die Struktur dieser Beziehung. Männer in hohen Positionen in der Geschäftswelt sind immer verheiratet, und wenn sie nicht verheiratet sind, haben sie gerade ihre Frau verlassen, um stattdessen ihre Geliebte zu heiraten.

Studien haben gezeigt, dass Männer beruflich erfolgreicher sind, wenn sie eine Familie an ihrer Seite haben, aber genauso wie die Ehe für den Mann einen Status darstellt, bietet sie der Frau andere Lebensbedingungen und ein soziales Ansehen. Die Ehepartnerinnen wissen oft, was außerhalb der Ehe vor sich geht, und nehmen es in Kauf. Es gehört sozusagen zum Hausfrauenleben, zu den Spa-Reisen nach Zürich und zur prächtigen Villa.

Die Tatsache, dass ich mich nicht geäußert habe, als Metoo die Welt traf, bedeutet nicht, dass ich die Belästigung akzeptiert und zugelassen habe. Als mein Chef während einer Konferenz in den Schären nackt auf meinem Bett lag und ich gezwungen war, beim Hotelzimmer einer Kollegin anzuklopfen und mit ihr Kopf an Fuß im Bett zu schlafen, war das der Anfang vom Ende unserer Zusammenarbeit. Der Blumenstrauß, der am nächsten Tag ins Büro geliefert wurde, landete direkt im Mülleimer. Ein anderes Mal, als ein anderer Chef vorschlug, die Gehaltsverhandlung in meinem Hotelzimmer zu führen, hatte dies zur Folge, dass ich den Arbeitsvertrag nicht unterzeichnete.

Jedes Mal, wenn ich wusste, dass mich das zurückwerfen könnte, schüttete ich ihnen trotzdem das Getränk ins Gesicht. Schubste sie mit offener Hose durch die Tür hinaus.

Als mein Unternehmen immer besser lief und ich mehr Erfolg und Aufmerksamkeit in den Medien hatte, traf ich auf die Männer, die mich für etwas anderes hielten. Heute werde ich zu den gleichen Bedingungen wie sie eingeladen. Ich habe genauso viel Macht oder mehr als viele von ihnen, und es ist fast rührend zu sehen, wie sie Spießrutenläufe laufen, um bei verschiedenen öffentlichen Veranstaltungen mit ihren Ehefrauen neben sich nicht konfrontiert zu werden. Sie wissen genau, was sie getan haben und was ich gesehen habe. *Narcissus*. Ich war nicht beeindruckt.

32. STILNOX

„Die Kinder sind in der Nacht mehrmals aufgewacht. Ich schlafe überhaupt nicht, ich höre jeden kleinen Piep. Der Alltag ist extrem intensiv. Es ist völlig idiotisch. Ich habe mein Geld verdient und arbeite wie ein Schwein. Warum? Ich bin mich selbst und meinen ewigen Leistungsdruck so satt."

(aus meinem Tagebuch, Herbst 2009)

Ich wachte in einem weißen Licht auf und versuchte, das zu tun, was die Krankenschwester sagte: meinen Arm auszustrecken, damit sie den Blutdruck messen konnte. Aber wie? Ich konnte meine Glieder nicht kontrollieren, mein Herz pochte wie ein Ardennerpferd in einem wilden Licht hinter meinen Rippen, mein Kopf drohte zu explodieren. *Ist das der Moment?* Die Strafe dafür, dass ich nicht zugehört hatte. Es war das zweite Mal innerhalb von einigen Wochen, dass ich mit tauben Armen und Herzklopfen in Sophiahemmet eingeliefert wurde, und dieses Mal war der Arzt noch grimmiger. Ein „falscher Herzinfarkt" hat die gleichen Enzyme und biochemischen Auswirkungen wie ein echter Herzinfarkt und kann zum Beispiel jemanden treffen, der eine harte Spinning-Session im Fitnessstudio absolviert hat. Der Unterschied war, dass ich meine körperliche Leistungsfähigkeit im Fitnessstudio nicht überschätzt hatte. Ich hatte einen ganz normalen Arbeitstag hinter mir. *„Jetzt ist es ernst, Gunilla"*, wiederholte der Arzt. Ich dachte an andere Male, bei denen mein Körper alarmiert und meine Beine mich im Stich gelassen hatten. In Skellefteå, als ich mit ein paar Kollegen ein Glas Wein trinken ging und mir schwarz vor Augen wurde und ich auf zwei Paar Schultern ins Hotelzimmer geführt werden musste. Oder als ich Utfors als Kunden verloren hatte und der Mann, der mein Partner sein sollte, verschwunden war und ich in dem Einzelzimmer im Stadthotel auf dem Boden lag und wie von Spasmen geschüttelt wurde. Damals dachte ich ernsthaft, ich würde sterben. Der Arzt verschrieb mir eine sechsmonatige Krankschreibung, und ich antwortete wie immer: *„Ich höre, was Sie sagen, aber ich habe ein Unternehmen zu führen."*

Manchmal treffe ich Unternehmer, die glauben, es gäbe Abkürzungen zum Erfolg, meist junge Typen, die nicht verstehen, was es braucht. Es hilft nicht, nur ein cooles Produkt oder eine brillante Idee auf dem Papier zu haben. Du musst leidenschaftlich sein und bereit, härter zu arbeiten als alle anderen. Schau dir Bill Gates oder Steve Jobs an, sie waren fast manisch. Ich war auch schon manisch. Seit dem ersten Tag, an dem ich als Neunzehnjährige das Skandia-Gebäude in Heden in Göteborg betrat, habe ich für meinen Job gelebt, *liefern, leisten, mehr und mehr, besser und schneller*. Niemals stillstehen. Mehrere Jahre lang war ich von sieben Uhr morgens bis Mitternacht im Büro, jeden Tag und jede Nacht. Intensive Arbeit, kein Surfen auf Hemnet oder Solitär spielen, wenn niemand hinsah. Zwei Äpfel vom Hotelfrühstück zum Mittagessen. Ich habe nie Urlaub gehabt, nie Sommer- oder Osterferien genommen, mich nie krankgemeldet. Nicht nach der Abtreibung mit Thomas, nicht nach der Fehlgeburt, nicht als sie den Blinddarm entfernten oder die Gebärmutter operierten, kein einziges Mal. Ich bin direkt von der Anästhesie ins Büro gefahren. Es gibt immer ein Geschäft an Land zu ziehen, Brände zu löschen, Kunden zu umwerben und das nächste Meeting in einer Viertelstunde. Lauf Gunilla, lauf! Ich kann nicht gehen, ich bin immer auf der Jagd, rede zu schnell und habe es eilig, obwohl ich es nicht eilig habe. Mein Gehirn ist wie eine Popcornmaschine, ich muss erledigen, nur das, *später*.

„Ich sehe dich, mach das Smartphone aus“, sagt Alfred, wenn ich nachts im Bett liege und versuche, das Leuchten meines Smartphones unter der Bettdecke zu verbergen. Ich kann es nicht ertragen, einen Rückstand zu haben, und muss jede E-Mail bearbeiten, bevor ich ins Bett gehe, etwa hundert am Tag, von denen die Hälfte einfach nur inspiriert werden wollen, mit mir zu Mittag essen oder mich als Mentorin haben wollen. Eine Mutter aus der Schule der Kinder, die ich kaum kenne, schreibt, dass sie gerne den Job wechseln möchte und fragt, ob ich *mit meinem Netzwerk* „ein paar Fäden ziehen“ kann. Die jungen Hähne, die jedes Jahr Anfang Juni ihre Federn ausbreiten und herumstolzieren und mich fragen, ob ich sie bei Brilliant Minds einschleusen kann. Warum ich? Lasst mich in Ruhe. Ruft Daniel Ek an, nicht mich. Besorg dir deinen eigenen Lebenslauf und eigene Kontakte.

So antworte ich nicht. Ich schreibe jedem persönlich und freundlich, hinterlasse Herzen in den Kommentarfeldern der sozialen Medien, mache Mut und ziehe Fäden.

Möchte allen helfen
kann nicht mehr
will
einfach nur
schlafen

Ich erinnere mich daran, als ich von Margaret Thatcher und ihren Powernaps hörte. Jeden Tag befahl die eiserne Lady ihren Assistenten, sie zwischen 14.30 und 15.30 Uhr unter keinen Umständen zu stören, denn dann war „snoozingtime“. Auf diese Weise schöpfte Großbritanniens dienstälteste Premierministerin der Nachkriegszeit Kraft, um den Job und das Leben zu meistern. Das Gleiche gilt für Bill Clinton und Winston Churchill, die jede Gelegenheit für ein Nickerchen nutzten. Ich habe nie tagsüber geschlafen, selbst wenn ich hohes Fieber hatte oder nachts zwei Kinder gestillt habe. Wenn andere auf Langstreckenflügen nach Asien schnarchen oder mit offenem Mund schlafen, ist eine einzige Person wach. Wenn es am schlimmsten war, schlief ich im Durchschnitt zwei Stunden, mit Unterbrechung, nicht zwei Stunden am Stück, zehn Minuten hier, zwanzig dort.

Ich bekam Tabletten gegen den Schlafmangel, Stilnox, aber sie halfen nicht. Ich wachte trotzdem mitten in der Nacht auf, und dann war es noch schlimmer, wach zu liegen. Mein Bruder Kristian, der eine IT-Firma gegründet und Bill Gates kennengelernt hat, wurde schließlich Arzt, und er sagt, dass Drogen bei mir nicht wirken. Es ist technisch einfach nicht möglich, dass ein Körper, der ständig auf Hochtouren läuft, plötzlich in den Schlafmodus wechselt. Ich nehme nicht gerne Tabletten, aus dem gleichen Grund, aus dem ich mit Alkohol vorsichtig bin. Manchmal, wenn etwas vorgefallen ist, das mich zu Boden wirft, werde ich gefragt, warum ich mich nicht betrinke, wie es andere in dieser Situation vielleicht getan hätten. Die Antwort liegt zum Teil in der Frage: weil ich aus erster Hand erfahren habe, wie schnell und brutal es sein kann, wenn der Alkohol überhand nimmt; nicht zuletzt in der Beziehung zu Thomas und Alfreds Geschichte, aber auch bei Branchenkollegen und Freunden der Familie. Für mich war Alkohol noch nie die Lösung oder das Betäubungsmittel, egal ob ich um Millionen betrogen wurde oder auf einem Bahnsteig in Skövde festsaß.

Im Mai 2018 wurde ich zusammen mit drei anderen Investoren zur Teilnahme an einer Veranstaltung namens „Zug der Löwen“ *(Draktåget)* eingeladen. Während einer Zugfahrt zwischen Stockholm und Göteborg sollte ich zusammen mit Sven Hagströmer, Lena Apler, der Gründerin der Collector Bank, und Mattias Miksche von Stardoll auf die Pitches von acht unbekannten Unternehmern für Geschäftskonzepte antworten. Wie „Die Höhle der Löwen“, nur auf Schienen und in Echtzeit. Mit von der Partie waren auch der ehemalige Finanzminister Anders Borg als Anlageberater und Dominika Peczynski, deren PR-Agentur hinter der Veranstaltung stand. Eine Flut von Bewerbungen war eingegangen, und man erwartete in Göteborg eine massive Pressepräsenz, so der Geschäftsführer der Eisenbahngesellschaft. Es ging total in die Binsen. Der Zug blieb in Skövde stecken und Stunden vergingen, ohne dass wir uns auch nur einen Meter bewegten. Als es drei Uhr nachmittags war, ging Dominika Peczynski ins Bistro, kaufte jede verfügbare Flasche Champagner und sagte: *„In der Medienbranche, Gunilla, lässt man die Korken beim Mittagessen knallen.“* Ich wollte nicht Korken knallen lassen und Sekt trinken. Ich wollte nach Göteborg und schließlich nach Hause kommen. Am nächsten Tag musste ich mich einer Darmspiegelung und einer Konisation unterziehen, und ich konnte nicht in einem Zugwaggon mit Sauerstoffmangel festsitzen. Schließlich blieb mir nichts anderes übrig, als auf meinem Smartphone die Nummer einer Person zu wählen, mit der ich bis heute in Kontakt geblieben bin. Ich rief Anders Jivegård an, Veronicas Schwager, der uns während der Schulzeit als Flugbegleiterinnen jobben ließ. Nach einer halben Stunde war Anders mit seinem Privatflugzeug da, und ich konnte Anders Borg, Dominika Peczynski und den anderen zum Abschied winken. Wir haben Krebs in der Familie, und mein Gewebetest hatte Veränderungen in der Gebärmutter angezeigt. Ich wollte den Arzttermin auf keinen Fall verpassen und unabhängig davon nicht in Skövde festsitzen und am helllichten Tag Champagner trinken.

Liegen meine männlichen Kollegen auch wegen geschäftlicher Misserfolge oder unnachgiebigen Gewerkschaften schlaflos wach? Wahrscheinlich nicht. Sie empfinden nicht den gleichen Stress und haben kein Problem damit, ihr Telefon auszuschalten, sie melden sich bestenfalls am nächsten Tag. So sollte man es machen. Oder wie es der amerikanische Geschäftsmann Warren Buffett ausdrückte, der von vielen als der beste Investor der Welt angesehen wird: „*You will continue to suffer if you have an emotional reaction to everything that is said to you. True power is observing things with logic. True power is restraint. If words control you that means everyone else can control you. Breathe and allow things to pass.*"

Atmen und die Dinge vorbeiziehen lassen. Aber *wie*?

Als ich in meinen Teenagerjahren unter einer Essstörung litt, war das eine Reaktion des Gehirns oder eher ein Protest gegen die unerbittliche Beurteilung meines Körpers durch mein Umfeld. Es ging nie darum, dass ich mich übergewichtig fühlte, ich war *der Lauch, die Bohnenstange*, und vielleicht war es deshalb „leichter" für mich als für viele andere, die an dieser teuflischen Krankheit leiden, wieder normal zu essen. Mirka Glaxer von der Kinder- und Jugendpsychiatrie in Västra Frölunda war eine wichtige Stütze, als es mir gelang, nach jahrelanger Bulimie die Kontrolle wiederzuerlangen, und sie war auch noch für mich da, nachdem ich Göteborg verlassen hatte. In Skellefteå und schließlich in Stockholm erhielt ich die Beratungsunterstützung von Mirka oft per E-Mail:

„Hallo Gunilla, ich habe hier ein paar Fragen für Sie, die Sie am besten für sich selbst beantworten:

- Was sind die Vor- und Nachteile des Lebens, das Sie jetzt führen?
- Welches andere Leben würden Sie gerne haben?
- Was brauchen Sie, um es zu bekommen?
- Kennen Sie jemanden, der das Leben lebt, wie Sie es gerne hätten?
- Wissen Sie, wie diese Person es macht?

Geben Sie sich Zeit, darüber nachzudenken.

Viele Grüße

Mirka

PS: Es ist nicht einfach, sein Leben zu ändern. Das wissen Sie bereits."

Vor ein paar Jahren war ich wirklich in Schwierigkeiten. Als ich mit Emanuel nicht in Elternzeit gehen konnte, obwohl ich Alfred, mir selbst und meinem Tagebuch versprochen hatte, dass es dieses Mal anders sein würde, führte das zu einem Zusammenbruch, der neu und beängstigender war als jedes stressige Ereignis mit Herzrasen. Zum ersten Mal in meinem Leben wurde ich depressiv. Über das Gesundheitsamt bekam ich Kontakt zu einem kognitiven Verhaltenstrainer, der mir helfen sollte, mein Leben in den Griff zu bekommen – ein Leben, das krass gesagt bedeutete, mich nicht zu Tode zu arbeiten. Meine erste Aufgabe bestand darin, mein Mobiltelefon für eine halbe Stunde auszuschalten und dann die Zeit zu steigern. Ich geriet in Panik; nicht 24/7 die Kontrolle zu haben, war an sich schon ein großer Stressfaktor.

Als ich meinen Bandscheibenvorfall rehabilitieren musste und mein Smartphone nicht mit ins Schwimmbecken nehmen konnte, lief ich alle fünf Minuten zum Spind in der Umkleidekabine und schaute nach. Sehr kontraproduktiv.

Warum kann ich nie ein schlechtes Angebot annehmen? Warum kann ich mich nicht mit „Okay" zufriedengeben?

Ich habe während meiner gesamten Zeit als Unternehmerin Angst gehabt. Ich übernahm die Verantwortung und war von jedem Personalproblem emotional betroffen, und mit der Ankunft der Kinder in meinem Leben stiegen die Angst und das Gefühl, nie genug zu sein, nie Zeit zu haben, immer am falschen Ort zu sein.

„Wache mit der Angst auf, dass die Kinder nach Göteborg gehen. Ludvig ist so glücklich über seine kleine Schwester, er nennt sie ‚Lillan', die Kleine. Sie sind so süß. Als der Zug ankommt, breche ich zusammen. Gehe nach Hause und räume auf. Anders Böös und Cecilia Lager kommen zum Abendessen. Die beiden sind sehr enge Freunde geworden. Alfred und ich haben eine sehr harte Zeit hinter uns, extrem viel bei der Arbeit."

(aus meinem Tagebuch, Januar 2009)

„Wir waren heute in den Opernkeller eingeladen, Erik Adelsohn gab eine Party mit Thema ‚Abitur'. Zweihundertfünfzig Leute. Ich landete am Erwachsenentisch mit Carl Bildt, Fred Wennerholm, seiner Frau Cecilia, Ulf und Lena, Mats Hanzon und Magnus Härenstam. Wir hatten eine wirklich gute Zeit. Ich habe viel mit Carl Bildt gesprochen. Er hat einen fünfjährigen Sohn, den er vor lauter Arbeit kaum sieht. Nicht gut, bekomme selbst ein schlechtes Gewissen."

(aus meinem Tagebuch, Mai 2009)

„Mir war übel wegen der Kopfschmerzen, das ist wirklich die härteste

Herausforderung, die ich durchgemacht habe. Ich will den Kindern genügen, allen gleichermaßen. Fühle mich als Mensch erschöpft. Wir haben keine funktionierende Infrastruktur, alles bricht zusammen.

Denke viel darüber nach, ob ich das Richtige tue. Was will ich eigentlich? Schaffe ich das mit meinen Schlafproblemen und meiner Angst, nicht mehr Zeit mit den Kindern zu haben?"

(aus meinem Tagebuch, November 2014)

Habe ich meine Kinder vernachlässigt? Mache ich das? Es gibt nur wenige Dinge, die ich pathetischer finde als alte Männer auf dem Sterbebett oder Stars in Schlössern im Fernsehen, die über ihr Bedauern im Leben sprechen, immer das Gleiche: dass sie nicht mehr Zeit mit ihren Kindern hatten und dass sie ihren Job priorisiert haben. Ich habe Schulabschlussfeiern und Reitvorstellungen verpasst, ich wurde vom Kindergartenpersonal angerufen, weil ich vergessen hatte, die Kinder vor der Schließzeit abzuholen. Sowohl mein Mann Alfred als auch meine Kinder mussten sich daran gewöhnen, dass eine Person am Esstisch plötzlich in einen Tunnel geht und erst wieder herauskommt, wenn das Dringendste geklärt ist. Das ist keine Eigenschaft, auf die ich stolz bin, ganz im Gegenteil. Aber ich habe mich nie von meinen Kindern abgewandt. Als ich mit keinem meiner vier Kinder in Elternzeit gehen konnte, weil mit jedem Neugeborenen eine zeitlich besonders unpassende Krise in der Firma auftrat, waren die Kinder stattdessen mit bei der Arbeit, und ich war immer Klassenmutti für zwei gleichzeitig. Wenn auf der Elternversammlung die Frage kommt und alle Hausfrauen anfangen, auf ihren Smartphones zu scrollen oder zufällig etwas Spannendes in den Bäumen vor dem Klassenzimmer entdecken, sage ich immer Ja. Ich war immer erreichbar und nahbar, auch wenn die geografische Entfernung manchmal groß war. Aber die schiere Angst, die Kinder zu vernachlässigen, hat mich dazu gebracht, mich noch mehr anzustrengen, noch schneller zu rennen, noch weniger zu schlafen und stattdessen nachts aufzubleiben und zu arbeiten. Der Einsatz war immer hoch, und er ging immer auf Kosten meiner selbst.

„Sitze im Flugzeug nach Hanoi, hatte die ganze Woche Angst, Alfred und die Kinder zu verlassen. Die Woche ging schnell vorbei und ich erhielt die beunruhigende Nachricht, dass ich neue Zellveränderungen in der Gebärmutter habe, was

mich beunruhigt, nervös macht und einen großen Klumpen in meinem Magen verursacht. Fühlt sich überhaupt nicht gut an. Gestern war ich in der Tele 2-Arena, um Swedish House Mafia zu sehen, mein Freund Steve Angello hatte mich eingeladen. Mir war vorher schwindelig, wollte nicht hingehen, aber ich zwang mich, mich aufzurappeln. Ich war vorher im Sophiahemmet gewesen und habe mehr Tests gemacht.“

(aus meinem Tagebuch, Mai 2019)

Obwohl die Warnlichter blinkten, habe ich weiter gejagt. Visitenkarten mussten rein. Wie bei einer Gelegenheit, als ich mit neununddreißig Grad Fieber ein Kleid anzog und zum Winterdinner der Familie Wallenberg im Grand Hôtel ging. Bei reichhaltigen Hors d'œuvre plauderte ich, lächelte und knüpfte Kontakte, ohne auch nur eine Sekunde lang die Kälte im Inneren der Hülle zu zeigen. Zu Hause angekommen, setzte ich Alfreds Jagd-Gehörschutz auf und schlief ein.

Die Tatsache, dass ich meine Erfolge nicht sah und würdigte und mich stattdessen bei jeder Gelegenheit auf die Probleme konzentrierte, zwang mich dazu, mich ständig zu verbessern. Dass ich mich weigerte, ein Nein als Antwort zu akzeptieren, und schamlos den zehnten Anruf tätigte, führte mein Unternehmen durch schwierige Krisen und zu ehrenvollen Auszeichnungen. *Aber wie gut muss ich werden?* Ich habe schon lange bewiesen, dass ich es kann, aber ich bin trotzdem nicht zufrieden. Ich habe für meine Geschäfte gelebt, bin im Streben nach Erfolg fast gestürzt und fand das in Ordnung. Heute ist es schwieriger, so zu denken, denn ich habe jetzt Kinder und bin nicht mehr zwanzig, ich spüre es selbst. Ich verkaufe keinen Kundenservice, ich verkaufe mich selbst. All die stundenlangen Abendessen, bei denen es immer schwieriger wird, sich die Namen der Gäste am Tisch zu merken, all die durchwachten Nächte auf langen Flügen und roten Teppichen. Zehen lecken, um einen Fuß hineinzubekommen, ein Selfie mit einem Botschafter machen, obwohl ich lieber zu Hause bei meiner Familie wäre.

Muss weiter.
Den Sprung wagen.
Aber kann ich das?
Mein fünftes Kind verkaufen.

33. NEUE ANGEBOTE

Es war ein paar Tage vor Mittsommer und ich hetzte eilig durch unser Landhaus. Die Kinder wollten baden und mussten beaufsichtigt werden, und Alfred versuchte, das Heringsessen für Freitag zu planen, ohne eine einzige vernünftige Antwort zu bekommen. Ich weiß nicht, wie oft ich Anders Böös und Gustaf Slettengren anrief, den Finanzberater, der so großzügig war, mir im Prozess zu helfen: *Ist es hundertprozentig sicher? Gibt es etwas, das das Ganze zu Fall bringen kann?*

Ich war an Enttäuschungen gewöhnt und wusste aus Erfahrung, dass kein Geschäft abgeschlossen ist, bevor die Tinte nicht getrocknet ist. Ich hatte sogar einmal erlebt, dass ein Kunde starb, bevor der Vertrag unterzeichnet war. Es handelte sich um einen großen Automobilhersteller, und alles wurde am Freitag abgeschlossen. Als wir am Montag unterschreiben wollten, war die Person über das Wochenende verstorben, und wir mussten das ganze Verfahren noch einmal von vorne beginnen. Diesmal lag die Quelle meiner Verletzbarkeit jedoch viel tiefer und auf der linken Seite meiner Brust. Es gab kein Gewerkschaftsgezänk, keinen Kunden, der versuchte, die Preise auf ein beschämendes Niveau zu drücken, oder eine plötzliche Epidemie der „Skellefteå-Krankheit“. Es war nicht die Sorge, dass das Geschäft scheitern könnte, sondern das Geschäft selbst. Ich war dabei, mein fünftes Kind zu veräußern.

Ich war schon dreimal kurz davor gewesen, Xzakt zu verkaufen, aber jedes Mal war das Geschäft auf mehr oder weniger spektakuläre Weise gescheitert. Schon 2005, als ich einen Umsatz von etwa neununddreißig Millionen hatte, wurde ich zum ersten Mal angesprochen. Ich war keine Profitmaschine, aber mein Unternehmen war profitabel und gut geführt, und es gab mehrere Interessenten. Zusammen mit dem Finanzinstitut ABG Sundal Collier, das sich auf den Verkauf von Unternehmen spezialisiert hat, wurde ein professioneller Beschaffungsprozess durchgeführt, ein so genannter „Teaser“, bei dem das Terrain sondiert wird und man von einer Longlist zu einer Shortlist von Spekulanten kommt. Eines der Unternehmen, die mich am eifrigsten umwarben, war das in London ansässige Unternehmen Palamon

Capital Partners, die größte Pensionsgesellschaft des Vereinigten Königreichs und eine der führenden Private-Equity-Firmen in Europa mit vielen Milliarden in ihrem Fonds. Sie schauten sich mein kleines Unternehmen an, weil sie sahen, dass es skalierbar war und über eine Plattform verfügte, die man in ganz Europa einführen konnte. Ein anderer Spekulant war die Investmentgesellschaft Latour mit Gustaf Douglas und Melker Schörling als Hauptaktionäre. Zu den Verhandlungen wurde mein guter Freund Mats Hanzon geschickt. Ich hatte großen Respekt vor Mats Hanzon und dem Unternehmen und war bereit, Latour einen Preisnachlass zu gewähren, befürchtete aber, dass die operative Unterstützung nicht ausreichen würde. Weder Gustaf Douglas noch Melker Schörling waren junge Hüpfer, und ich brauchte Leute, die die Ärmel hochkrempeln und mit anpacken konnten. Ich befürchtete, dass mein Unternehmen zu klein war, als dass sich die hohen Tiere ausreichend engagieren könnten. Zusammen mit meinen Beratern entschied ich, dass Palamon der richtige Käufer mit dem besten Angebot war; sie würden fünfundsiebzig Prozent des Unternehmens besitzen und ich 25. Wir befanden uns in der Endphase. Alles, was noch zu tun war, war, das Geschäft abzuschließen, und genau das wollten wir tun, als ich von meiner Verlobungsreise mit Alfred nach Hause kam und direkt in den Besprechungsraum zurückkehrte.

Was hast du da am Finger? Was ist das für ein Ring?

Der Ton am Verhandlungstisch war ein völlig anderer. Anstatt die letzten Details der Transaktion zu besprechen, zeigten der Schwede, der Amerikaner und der Italiener – die drei Männer, mit denen ich vom ersten Tag an verhandelt hatte – auf meinen linken Ringfinger und stellten meine Verlobung in Frage. *Wer ist er? Wird er akzeptieren, dass Sie achtzig Stunden pro Woche arbeiten? Wie denken Sie über Kinder?* Plötzlich stellten meine künftigen Geschäftspartner nicht nur mein Privatleben infrage, sie verlangten auch, dass ich in den nächsten Jahren nicht schwanger werde, und behaupteten, der Ring an meinem Finger sei der Beweis dafür, dass ich *wie andere Frauen würde.* Das hieß: kein Interesse an Arbeit und Karriere und mit dem Fokus voll und ganz auf dem Familienleben. Ich war verdutzt und bebte vor Wut. Ich erklärte, dass ich keine Hausfrau war und es auch nie sein würde, dass ich mit oder ohne Verlobten die Beste und Größte sein und dass ich mein Unternehmen nach Europa bringen wollte. Aber dass ich es ohne sie tun musste. Ich konnte keine Partner haben, die ein so veraltetes Frauenbild hatten. Wir zerstritten uns, ich trat vom Deal zurück, und sie kauften stattdessen die Espresso-House-Kette. Ich nahm die Gespräche mit den zwei früheren Interessenten Intrum und Lindorff wieder auf, entschied aber, dass es zu früh war, mein Baby loszulassen. Ich wollte weiter an Xzakt arbeiten, und wieder einmal war es Anders Böös, der mich zum Nachdenken brachte: „Gunilla, wo willst du ein so schönes Unternehmen wie dein eigenes finden, in das du dein Geld investieren kannst? Die beste Rendite bekommst du bei dir selbst. Mach alleine weiter und baue dein Unternehmen aus", sagte Anders Böös.

Nach der Geburt meines ersten Kindes im Jahr 2007 und einigen turbulenten Jahren mit meinem Unternehmen wurde ich erneut von der Inkassofirma Intrum Justitia angesprochen, aber selbst da fühlte ich mich noch nicht bereit. Später jedoch schon, als ich von einem der renommiertesten Risikokapitalgeber des Landes angesprochen wurde. Ich hatte zwar noch nie persönlich mit ihm zu tun gehabt, aber ich kannte seinen Werdegang sehr gut, als wir uns zum Frühstück in Östermalm trafen, um über Geschäfte zu sprechen. Ich hatte alles vorbereitet, um ein Angebot für ein großes Unternehmen abzugeben, als der Risikokapitalgeber aus allen Rohren feuerte und sagte, er wolle mit mir zusammen das Geschäft abschließen. Ich zögerte, wurde sogar von meinem nahen Umfeld gewarnt, aber selbst da konnte ich den gut versteckten Dorn unter dem Federkleid nicht erahnen. Wir begannen unsere Zusammenarbeit, trafen uns mit dem CEO des betreffenden Unternehmens und ließen Anwälte rund um die Uhr am Kleingedruckten und an der Vorbereitung der Transaktion arbeiten. Am Freitag trafen wir uns in meinem Büro in Stockholm, und am Samstag sagte der Risikokapitalgeber: *„Alles ist unter Kontrolle, Gunilla!"* Es gab keinerlei Zweifel. Am Montag, als wir das Geschäft abschließen wollten, trat der Risikokapitalgeber in den Raum und sagte, er habe über das Wochenende nachgedacht und beschlossen, dass er es anders machen wolle. Er wollte das Unternehmen selbst übernehmen und stahl mir das Geschäft, das ich ihm auf dem Silbertablett serviert hatte, direkt unter der

Nase weg.

Was mache ich nun? Soll ich wirklich? Mein Leben, so viele Jahre lang.

Es war unmöglich, still zu sitzen und ein Mittsommeressen mit Kartoffeln und Erdbeerkuchen zu planen. Jetzt war es real. Ich hatte eine Woche lang nicht geschlafen, ich hatte eine Gastritis und wälzte mich hin und her. Zugleich war alles völlig geheim. Auf das Verraten großer Geschäfte steht eine Gefängnisstrafe, und außer Alfred und Anders Böös wussten nur mein IT-Manager Fredrik Lithén und einer der schärfsten Banker Schwedens, was passieren würde. Die Tatsache, dass Gustaf Slettengren, der es gewohnt ist, milliardenschwere Geschäfte abzuschließen, sich einschaltete und mir half, die Angebote der reichen Kapitalgesellschaft zu interpretieren, war absolut entscheidend dafür, dass die Nachricht am 27. Juni 2017 die Medien erreichte: *Gunilla von Platen verkauft ihr Lebenswerk.*

Schon am Tag zuvor hatte ich die E-Mail an meine Mitarbeitenden geschickt:

„Vor siebzehn Jahren beschloss ich, mich selbstständig zu machen und sah eine Marktlücke im Kundenservice, wo man sich auf das Kundenerlebnis konzentrieren konnte. Und genau das haben wir bei Xzakt in all den Jahren getan, was uns einen Vorteil gegenüber unseren Mitbewerbern verschafft und uns zum besten Unternehmen in der Branche gemacht hat.

Während meiner siebzehn Jahre hatte ich die Ehre, mit großartigen Kunden und Kollegen zusammenzuarbeiten, und viele von ihnen sind zu Freunden fürs Leben geworden. Der heutige Tag ist ein neuer magischer Meilenstein in der Geschichte von Xzakt, an dem ich zusammen mit Altor Partner von Transcom werde und Xzakt damit die Möglichkeit erhält, mit Unternehmen in ganz Europa zusammenzuarbeiten, wenn unsere Kunden dies wünschen. Xzakt wird nun ein Schwesterunternehmen von Transcom und wir können so unsere erfolgreichen Prozesse in neue Zusammenhänge bringen und dazu beitragen, dass beide Unternehmen weltweit führend im Kundenservice werden. Wir freuen uns sehr auf die Zusammenarbeit mit dem talentierten Team von Altor und Transcom! Mit freundlichen Sommergrüßen, Gunilla.“

Im Frühjahr desselben Jahres hatte die Risikokapitalgesellschaft Altor das Kundendienstunternehmen Transcom mit einem Umsatz von sechs Milliarden Kronen an der Börse aufgekauft, und ich wusste, dass Altor gut darin war, große Unternehmen auf die nächste Stufe zu bringen. Gleichzeitig war das Unternehmen, das ich im Alter von achtundzwanzig Jahren in Skellefteå gegründet hatte, auf einen Umsatz von über hundert Millionen Kronen angewachsen. Es war ein perfect match. Xzakt und Transcom wurden zu Schwesterunternehmen, und ich zum ersten Mal Minderheitseigentümerin. Als ich die Transaktion durchführte, verkaufte ich zunächst hundert Prozent des Unternehmens an Altor und reinvestierte dann die Hälfte des Betrags, der nach dem Abzug von Optionen und Bankkrediten übrig blieb, wieder in das gemeinsame Unternehmen. Die Leute gratulierten mir und standen mit Sektflaschen an, sogar Alfred, der kein großer Partylöwe ist, wollte feiern, und einer war wohl losgelaufen und hatte sich diesen verlockenden Sportwagen gekauft. Aber selbst an dem Tag, an dem ich das Geschäft meines Lebens abschloss, konnte ich keinen Sieg verbuchen. Ich hatte mein gesamtes Kapital in das Geschäft gesteckt, es *musste* gut werden. Wenn ein Unternehmen an eine Risikokapitalgesellschaft verkauft wird, schafft es der Unternehmer selten, im Geschäft zu bleiben, in neunzig Prozent der Fälle verlässt der Gründer das Schiff, aber ich konnte Xzakt nicht ganz loslassen. Zum einen, weil es mein Opus magnum war, und zum anderen, weil ich Teil der Reise sein und sehen wollte, wie sich die beiden Unternehmen im Zusammenspiel entwickeln würden. Ich wollte dem neuen großen Team meine Geschäftsmodelle beibringen und wieder einmal allen das Maul stopfen, die sagten, ich würde es falsch machen: *„Süße, das kannst du im Kleinen machen. Du kannst zweihundert Millionen Umsatz machen, aber du wirst dein Unternehmen nie außerhalb Skandinaviens aufbauen können.“*

Ich war neun Jahre alt, als meine Klassenkameraden behaupteten, ich hätte mir ausgedacht, wie viele Maiblumen ich verkauft hatte. Ich war zweiundzwanzig, als meine Kollegen bei Skandia zu den Chefs rannten und sagten, ich würde betrügen, nachdem ich alle Verkaufsrekorde des Unternehmens gebrochen hatte. Als ich achtundzwanzig war und beschloss, einen Kundendienst von Weltklasse aufzubauen, wetteten die Jungs in der Branche, wie viele Monate es dauern würde, bis ich pleite gehen würde. Als Xzakt siebzehn Jahre später aufgekauft wurde, war es ein Unternehmen mit einem einzigartigen

Geschäftsmodell, das Weltklasse-Profitabilität brachte.

Heute bearbeiten meine beiden Unternehmen Xzakt und Transcom zusammen 1,5 Millionen Anfragen pro Tag für zweihundert nordische und internationale Kunden. Im Rahmen der Transaktion mit Altor entschied ich, mich aus allen externen Unternehmen zurückzuziehen, um mich ganz auf Transcom und Xzakt und unsere neuen gemeinsamen Akquisitionen zu konzentrieren. Einer meiner treuesten Kunden sagte, als die Transaktion abgeschlossen war, dass sie dachten, ich würde aufhören, aber so leicht werden sie mich nicht los. Ich kümmere mich weiterhin um die schwedischen Unternehmen, aber die meiste Zeit verbringe ich mit Transcom. Es ist ein größerer Apparat, und ich habe viel in das Unternehmen investiert, außerdem war es ein neuer Impuls für mich, mit jungen, talentierten Menschen zu arbeiten, die Stars in der digitalen Entwicklung und künstlichen Intelligenz sind.

Nachdem ich siebzehn Jahre lang auf mich allein gestellt war, ist es schön, Partner zu haben, mit denen ich die Verantwortung teilen kann, auch wenn mein Einfluss geringer ist. Ich vereinbarte von Anfang an mit meinen Partnern, dass ich keine operative Geschäftsführerin oder Marketingleiterin sein werde, und seit Anfang 2019 besteht meine Rolle hauptsächlich darin, Türen zu Geschäften zu öffnen, die jemand anderes im Unternehmen dann übernimmt. Weil ich die CEO-Rolle nicht übernommen habe, kann ich nicht einfach reinkommen und mit der Hand auf den Tisch hauen, auch wenn ich das manchmal möchte. Ich gebe ehrlich zu, dass es manchmal frustrierend war, in der Organisation zu sitzen, ohne Einfluss auf die Arbeit nehmen zu können, und auch mit Partnern zu tun zu haben, die anders denken. Es gibt einen großen Unterschied zwischen inhabergeführten Unternehmen und Risikokapitalgebern. Für mich geht es um Kultur und Menschen und für sie nur um Zahlen, oder wie Melker Schörling sagte, als er Securitas und Assa Abloy kaufte: Obwohl es sich um gigantische Unternehmen handelte, war es wichtig, die große Masse in kleinere Teile zu zerlegen, in denen jede Einheit als eigenständiges Unternehmen funktionierte, und jedem Mitarbeiter das Gefühl zu vermitteln, *„das ist mein Unternehmen"*.

Nach der Fusion zogen Xzakt und Transcom in neue gemeinsame

Räumlichkeiten in der Hälsingegatan in Stockholm, aber für mich war das zu schwierig. Ich konnte es nicht ertragen, still zuzusehen, wie die verschiedenen Kulturen aufeinandertrafen. Um allen Beteiligten und nicht zuletzt mir selbst Frustration zu ersparen, richtete ich mit Silvia ein Familienbüro im Anna-Whitlock-Gebäude in der Eriksbergsgatan ein. Ich treffe mich mit Kunden und Eigentümern in der Zentrale, habe aber meinen Arbeitsalltag aus dem Krisenherd hinaus verlegt. Jetzt muss ich nicht bei jeder Entscheidung auf den Händen sitzen oder mir selbst einen Maulkorb verpassen, was nicht gerade meine Stärke ist. Die Löwin in der Höhle.

34. OMAS HAND

Ein Brief kam in einem goldenen Umschlag an. Ich dachte, es sei eine Einladung zu einer schicken Gala, aber es war ein handgeschriebener Bettelbrief. Eine Frau aus dem Norden des Landes schrieb, dass sie krankgeschrieben sei und achtzigtausend schwedische Kronen für ein Auto benötige. Wahrscheinlich haben die Leute mitbekommen, dass ich philanthropisch arbeite und Risiken eingehe, aber ich bin genauso wenig bereit, einer unbekannten Frau ein Auto zu sponsern, wie ich es war, als ich gebeten wurde, Geld für ein Gemälde für den Geburtstag der Königin zu spenden. Meine Wohltätigkeitsprojekte sind echt. Seit ich anfing, Geld zu verdienen, spendete ich an verschiedene Wohltätigkeitsorganisationen wie die Heilsarmee, Ärzte ohne Grenzen, SOS-Kinderdörfer, UNICEF und die Stiftung „Min stora dag“ *(Mein großer Tag)*. Als ich zum ersten Mal Mutter wurde, ging ich noch einen Schritt weiter. Douglas Roos hatte einen Artikel in Dagens Nyheter über die Kinder auf den Straßen von St. Petersburg gelesen und rief mich an: *„Gunnsan, du m u s s t das lesen, wir müssen etwas tun!“* Das war 2006, bevor der Bandit und Kommunikationsmanager Johan af Donner 7,6 Millionen Kronen vom Roten Kreuz veruntreute und den Ruf der gesamten Institution gefährdete. Doch mehrere Medienrecherchen sollten später zeigen, wie wenig von dem gespendeten Geld dem eigentlichen wohltätigen Zweck zugutegekommen – und wie viel in der Verwaltung und in fetten Gehältern für die Chefs verloren gegangen war. Wie bei der Gala der Krebsstiftung, bei der kaum ein Pfennig an die bedürftigen Kranken geht, während der Generalsekretär der gemeinnützigen Wohltätigkeitsorganisation ein Jahresgehalt von weit über einer Million Kronen bezieht. Heuchelei auf hohem, oder besser gesagt, niedrigem Niveau. Ich wollte es anders machen und gründete zusammen mit Douglas Roos und Mats Qviberg die „Stiftung 100 Prozent“, deren Name das Ziel beschrieb: Hundert Prozent der gesammelten Gelder sollten an die Organisation gehen, und wir als Stifter übernahmen alle Verwaltungskosten. Als ich ein Kind durch eine Eileiterschwangerschaft verloren hatte und mit Ludvig erneut schwanger war, reisten Douglas Roos und ich nach St. Petersburg, um Kontakte zu Hilfsorganisationen zu knüpfen, Waisenhäuser zu besuchen und die Kleinen zu treffen, die in Unterführungen Klebstoff schnüffelten. Ich war noch nie zuvor in Russland gewesen und erlebte ein böses Erwachen. Nicht nur durch das Elend der Straßenkinder, das ich nur langsam wieder abschütteln konnte, sondern auch durch die Konfrontation mit dem sogenannten Sicherheitsnetz. Anfangs waren alle phänomenal nett und hilfsbereit, verteilten Wodka in Trinkgläsern auf dem Verhandlungstisch und luden mich mit meinem schwangeren Bauch ein, mit ihnen anzustoßen. Bis es Zeit war, wirklich zu verhandeln. Dann hieß es von allen Seiten: *What's in it for me?* Uns wurde klar, dass wir halb Russland würden bestechen müssen und dass das Geld wahrscheinlich trotzdem in den falschen Taschen landen würde. Die Herausforderungen in St. Petersburg waren zu groß, aber immerhin konnten wir zwei Waisenhäuser in Lettland unterstützen, bevor böse Zungen zu sprechen begannen. Es wurde kritisiert, dass unsere Stiftung kein Treuhandkonto hatte (Kosten, die wir bewusst einsparen wollten), und als Douglas Roos den Jahresabschlussbericht zwei Tage zu spät einreichte, erschien in Dagens Industri eine Seite über *die drei Profile in der Wirtschaft, die auf den Jahresabschlussbericht pfiffen.* Ich könnte mehrere hochrangige Persönlichkeiten aus der Wirtschaft aufzählen, bei denen es bei der Wohltätigkeit eher darum geht, ihre eigene Marke zu waschen, bei denen das Engagement eher auf Eigeninteresse als auf echter Wohltätigkeit beruht. „Philanthropen", die in der Öffentlichkeit herzzerreißend über die hungernden Kinder sprechen, aber wenn es darauf ankommt, den Kaviar wählen. Die „Stiftung 100 Prozent" war eine hundertprozentig genuine Initiative.

Als ich auf „Hand in Hand" aufmerksam wurde, stand für mich sofort fest, dass ich mich engagieren wollte. Die gemeinnützige Organisation ist in den bedürftigsten Teilen Afrikas und Südasiens tätig und setzt auf Hilfe zur Selbsthilfe für Frauen als Weg aus der Armut. Indem die Organisation Frauen in Unternehmertum schult, sie zu Entrepreneurinnen macht und ihnen Mikrokredite gewährt, verbessert sie die Chancen ganzer Familien, da die Frauen jeden Pfennig in ihre Kinder investieren. Eigene Studien von „Hand in Hand" zeigen, dass nur 36

Prozent der Männer ihre Kredite zurückzahlen, während die Quote bei den Frauen bei 99,5 Prozent liegt. Eine tragische Erklärung ist wahrscheinlich der ungleiche soziale Druck. Eine Frau, die sich nicht benimmt, wird von der Gemeinschaft geächtet, während ein Mann weiterhin das Familieneinkommen versaufen und die Kinder verhungern lassen kann, ohne dass dies hinterfragt wird. Etwa ein Jahr, nachdem ich „Hand in Hand" mit 250.000 schwedischen Kronen aus den Mitteln meines Unternehmens Xzakt unterstützt hatte und Dagens Industri ein Projekt in einem der Tausenden von armen Dörfern im Bundesstaat Tamil Nadu starten wollte, wurde ich zusammen mit anderen Spendern zu einer Reise nach Indien eingeladen. Es war Februar 2009 und Elisabeth war erst sechs Monate alt, aber ich konnte nicht Nein sagen. Bald fand ich mich in einem Bus in der indischen Landschaft wieder, zusammen mit „Höhle der Löwen"-Kollege Sven Hagströmer, Mariana Burenstam Linder, Niklas Storåkers und Charlotte Bohman, die den Vorsitz von „Hand in Hand" von Percy Barnevik übernommen hatte. Und der Chefredakteurin von Di, Gunilla Herlitz, die die Delegation leiten und die Patenschaft für „ihr Dorf" offiziell einweihen sollte. Das Treffen mit den etwa tausend Einwohnern von Kunnavakkam war ein Schlag in die Magengrube. Kastenlose Familien, die in Lehmhütten lebten und ihre Bedürfnisse im Freien verrichteten, ohne Abwassersystem im Dorf und mit einem entsprechenden Gestank.

Die Frauen, die sieben Tage die Woche in der Seidenfabrik für ein paar Pfennige arbeiteten, hatten in Verzweiflung ihre Kinder an Zuhälter verkauft, zu einem immer höheren Zinssatz, sodass sie es sich nicht leisten konnten, ihre Kinder zurückzukaufen. Der Einsatz von Dagens Industri und uns vor Ort sollte unter anderem den Frauen helfen, ihre Kinder zurückzukaufen. Ich weinte auf der ganzen Reise. Es waren Frauen, die alles verloren hatten, aber immer noch einen Stolz hatten, der mich zu Tränen rührte. Jeden Tag rief ich Alfred an und sagte ihm, dass ich nicht nach Hause kommen würde. Wie konnte ich in ein Flugzeug steigen und die Kinder, die Frauen und das Elend zurücklassen? Jedes Mal antwortete mein Mann das Gleiche: *„Wenn du nach Hause kommst und noch härter arbeitest, kannst du hunderttausend Menschen helfen."*

Als der Krieg in Syrien im Frühjahr 2014 eskalierte und sich die Berichte aus dem Epizentrum der Hölle in der ganzen Welt verbreiteten, gingen mir die blutigen Augenzeugenberichte auf eine Art und Weise unter die Haut, dass sie sich nicht mehr abschütteln ließen. Jeder Tag war ein neuer Tag des Terrors, der Entführungen und Gasangriffe, und für mich ging es nicht um anonyme zivile Opfer in den Zweiundzwanzig-Uhr-Nachrichten. Die Notrufe kamen von den Verwandten und Freunden meiner Familie. Eines Tages rief mich Jacquline, die mit Elias aus Syrien verheiratet ist, schreiend aus Göteborg an. Konnte mir kaum erzählen, was mit dem Neffen ihres Mannes geschehen war. Der Junge namens Kawmi studierte an der Universität in Damaskus, war aber an diesem Tag auf dem Weg zu seinen Eltern in der Stadt Hasaki am Euphrat-Zufluss Khabur, einem vom Islamischen Staat (IS) streng kontrollierten Gebiet im Nordosten Syriens. Kawmi hatte seine Studienbücher und ein herzhaftes Mittagessen eingepackt und war weniger als zwanzig Kilometer von seinem Elternhaus entfernt, als der Bus in Dayr al-Zawr angehalten wurde. Herein stürmten IS-Soldaten mit erhobenen Kalaschnikow-Waffen. Sie wussten genau, wonach sie suchten, und begannen, die Passagiere zu sortieren. Kawmi, der ganz hinten saß und ein goldenes Kreuz um den Hals trug, wurde aus dem Bus gezerrt und auf den Knien in den Staub gedrückt. Dort musste er mitansehen, wie die Soldaten einer schwangeren Frau in den Bauch traten und schrien: *„Konvertiere oder stirb!"* Die schwangere Christin „entschied" sich für den Tod, und der Neffe meines Schwagers, der sich ebenfalls weigerte, zum Islam zu konvertieren, wurde von den IS-Kräften verschleppt. Als Kawmis Eltern ihre Verwandten in Schweden kontaktierten, war ein Kampf nicht nur um die Befreiung des Jungen, sondern auch gegen die Zeit in vollem Gange. Die Entführer schickten Bilder von Kawmi, wie er gefoltert wurde, und forderten umgerechnet zweihunderttausend schwedische Kronen Lösegeld. Es dauerte acht Tage, um das Geld mithilfe von Verwandten in Europa aufzubringen, und je ein Onkel von beiden Seiten der Familie wurde geschickt, um den jungen Studenten aus dem IS-Lager nach Hause zu holen. Kawmi war bis zur Unkenntlichkeit ausgepeitscht worden, hatte schwere Verbrennungen durch Stromstöße erlitten und ein Auge herausgeschnitten bekommen.

Das war Monate nach Emanuels Geburt. Ich war voller Hormone und konnte mein Baby kaum an meine Brust legen. Ich fühlte mich so unwohl angesichts der Berichte aus Syrien. Eine niedergebrannte syrisch-orthodoxe Kirche, deren Fenster zu Einschusslöchern geworden waren, zweihundertzwanzig entführte Assyrer und ein weiteres ehemals christliches Dorf in den Händen des Islamischen Staates. Mehrere hunderttausend Menschen, die vor der Terrororganisation flohen: Syrer, Assyrer und Armenier. Vertriebene Christen in einer ethnisch-religiösen Säuberung, die diesmal sogar die damalige Außenministerin Margot Wallström beim Namen nennen würde. Genozid. *Oma.*

Hundert Jahre nach Seyfo, das die Mutter meines Vaters, Chmouni, wie durch ein Wunder überlebt hatte, bei dem aber zwischen 800.000 und 1,5 Millionen Christen während des Zusammenbruchs des Osmanischen Reiches ermordet worden waren, geschah es erneut. 2015 war 1915, und dieses Mal konnte die ganze Welt sehen, was in Syrien und im Irak geschah. Doch ich hatte das Gefühl, dass alle wegschauten. Die Menschen schienen sich nicht viel daraus zu machen, und ich wurde beinahe verrückt. Das war, bevor der leblose Körper des dreijährigen syrischen Jungen Alan Kurdi am Strand des Mittelmeers angespült wurde und die Welt wachrüttelte. Ich kontaktierte mehrere schwedische Minister, um zu erfahren, was Schweden unternahm, was ich tun konnte, aber ich erhielt keine Antwort. Überall sagten die Leute: „*Es ist gut, dass du dich kümmerst, Gunilla*", ohne mehr als das zu sagen.

Ich setzte mich mit dem Journalisten Nuri Kino in Verbindung, dessen investigative Berichte ich verfolgt hatte – unter anderem in Svenska Dagbladet und Expressen und nicht zuletzt für A Demand for Action (ein Netzwerk, das sich für die Beendigung des Völkermordes in Syrien und im Irak einsetzt und das Nuri Kino mitgegründet hat). Er reagierte freundlich auf meine Nachricht auf Facebook, sagte aber, er könne nichts mit mir gemeinsam unternehmen, und berief sich auf seine Unabhängigkeit als Journalist. Als ich im Mai 2015 erfuhr, dass das Oberhaupt der syrisch-orthodoxen Kirche mit Sitz in Damaskus zum ersten Mal seit achtundzwanzig Jahren Schweden besuchen würde, dachte ich: Jetzt. Jetzt oder nie. Der Patriarch sollte an einem

Gottesdienst in der syrisch-orthodoxen Kirche St. Jacobs in Södertälje teilnehmen sowie Ministerpräsident Stefan Löfven und den König treffen. Ich gab nicht auf, bis mein Name auf der Liste stand. Es war Nuri Kino, der mir durch seine Kontakte die Tür öffnete, und auch für mich war es das erste Mal in Södertälje, als ich für meine Minuten mit Moran Mor Ignatius Ephräm II. Karim dorthin fuhr. Ich kam direkt zur Sache und fragte, was ich für die Kriegsopfer in Syrien tun könne. Der Patriarch antwortete, dass es tatsächlich etwas Konkretes gäbe. In Saidna außerhalb von Damaskus gab es ein verlassenes Grundstück. Eine belgische Hilfsorganisation hatte das Grundstück gekauft, um dort ein Waisenhaus zu bauen, das Geld aber für andere Dinge ausgegeben. Nun wurden die Kinder vorübergehend in einem Nonnenkloster untergebracht. Ich könnte das Grundstück übernehmen, sagte der Patriarch, für eine schwedische Krone. *Eilig, eilig.*

Genau so mache ich keine Geschäfte, aber dieses Mal gab es keinen anderen Weg. Ich entschied mich auf der Stelle. Ich würde eine sichere Zone für die kleinsten Opfer des Krieges errichten, und das Projekt würde nach der Beschreibung des Patriarchen über die Waisenkinder benannt werden: „*All these little angels*".

Little Angel.

Eine Krone würde allenfalls für ein paar Nägel reichen. Es brauchte Geld, viel Geld, und die Situation war kritisch. Nach einigem Hin- und Herrechnen kamen wir auf ein Budget von 8,5 Millionen schwedischen Kronen mit jährlichen Betriebskosten von etwa 600.000 Kronen. Damit konnte Little Angel hundertdreißig Kindern aus Syrien und dem Irak, die ihre Familien im Krieg verloren hatten, Unterkunft, Verpflegung und Schulbildung bieten. Nuri Kino, der sich von den Bildern und Augenzeugenberichten verzweifelter Menschen nicht mehr losreißen konnte, schloss sich dem Waisenhausprojekt an. Eine unschätzbare Hilfe, nicht nur wegen seines Wissens und seiner Kontakte, sondern auch wegen seines Enthusiasmus, der das meiste übertraf, was ich bisher erlebt hatte. Wir diskutierten hin und her, wie wir das Geld aufbringen könnten, und nach einem inspirierenden Treffen mit Thony Andersson, dem Mitbegründer der Operakällaren Foundations und Organisator mehrerer UNICEF-Galas, beschloss ich: Ich würde meine eigene Benefizgala veranstalten. Ich hörte selbst, wie es klang, als ich es laut aussprach. War das überhaupt möglich? Wo fängt man an? Wie sollte ich die Zeit dafür finden? Juni, Juli, August. Den ganzen Sommer über arbeitete ich von morgens bis abends und konzentrierte mich nur auf die Gala. Alfred und die Kinder waren frustriert, aber ich war nicht zu bremsen. Ich war die hartnäckigste Bettlerin in Stockholm und erledigte alle Anrufe für die Auktion selbst und hatte bald: einen Flug mit Avicii im Privatflugzeug, PT-Stunden im Grand Hotel, einen Sponsorenscheck von Postkodlotteriet über vierhunderttausend Kronen und eine Führung durch den Vatikan mit einer Audienz bei einem Kardinal. Jetzt brauchte ich nur noch Leute, die das Geld aufbringen konnten, und selbst dafür hatte ich einen Plan.

Durch meine Position in der Geschäftswelt hatte ich im Laufe der Jahre viele Leute an der Macht kennengelernt, und jetzt war payback time. Ich beschloss, jede Person in meinem Kontaktbuch unter Druck zu setzen, telefonierte, verschickte E-Mails und schrieb in Chats auf Facebook und Instagram. Überall dasselbe. Es sei zwar eine „nette Initiative, aber", mal sehen, vielleicht. Erst die Zusage der Vorsitzenden der Zentrumspartei, Annie Lööf, brachte die Sache ins Rollen.

Als das Grand Hotel am 20. August seine Pforten für die Little Angel-Gala öffnete, waren hundert Börsenchefs, eine Reihe von Top-Politikern und Ministern sowie mehrere Vertreter der Medienelite anwesend. TV4-Moderatorin Jenny Strömstedt war Conférencieuse, Dagens Nyheter-Chefredakteur Peter Wolodarski und seine Frau waren Gäste, und Tove Lifvendahl von Svenska Dagbladet schrieb einen fantastischen Leitartikel. Sanna Nielsen sang wie ein Engel, und von den insgesamt fast vierhundert zahlenden Gästen verließ niemand das Grand Hotel unberührt. Am allerwenigsten ich. Ich hatte so hart gearbeitet, so viel gewollt, alles vor mir gesehen. Als ich im Wintergarten des Grand stand und auf das Meer von Menschen blickte, war ich überwältigt. Auch meine Geschwister saßen an den Tischen. Ich wusste, dass ich mich bei allen bedanken und ein paar Worte sagen musste, aber meine Kehle war wie zugeschnürt. Mein Atem sprengte meine Brust. All die Male, die ich gesprochen hatte und aufgetreten war; im EU-Hauptquartier in Brüssel, in Schlössern und Präsidentenpalästen, aber nie war es so persönlich gewesen. Meine Stimme brach, als ich genau das sagte. Dass es vielleicht nicht alle wussten, aber dass ich selbst ein Kind gewesen war, das fliehen musste, ohne zu wissen, was es erwartete:

„Meine acht Geschwister und ich hatten Glück. Wir hatten eine Mutter, die übernatürliche Kräfte erlangte und es schaffte, uns alle an einen Ort zu retten, von dem wir nie zu träumen gewagt hätten."

„Jetzt haben wir alle die Möglichkeit, dazu beizutragen, dass noch mehr Kinder die gleiche Chance bekommen, die meine Geschwister und ich bekamen. Eine zweite Chance im Leben."

Das Geld floss in Strömen. Die Teilnahme- und Verpflegungsgebühr erwirtschaftete bereits einen beträchtlichen Überschuss, und in dieser Hinsicht war ich kompromisslos gewesen. Wie immer gibt es Leute, die glauben, dass ihre bloße Anwesenheit ein Geschenk ist, und die daran gewöhnt sind, an Prominentenveranstaltungen mit Kanapees teilzunehmen, und auch ihnen sagte ich zu, als sie fragten. Sie wären sehr willkommen, wenn sie bezahlten. Sogar für die Sicherheitsleute von Annie Lööf wurde bezahlt. Einer meiner Geschäftsfreunde heimste die Führung durch den Vatikan für 250.000 Kronen ein, und als alle alle Auktionsausrufe gemacht und die SMS-Geschenke weiter eingetrudelt waren, hatten wir die Traumgrenze von vier Millionen Kronen überschritten.

Im Frühjahr 2020 werden die ersten Kinder in das Little Angels-Waisenhaus in Damaskus einziehen können. Vier Jahre, nachdem ich eine Krone für das Grundstück bezahlt hatte, hatten wir ohne Vermittler acht Millionen Kronen gesammelt.

Ich war nicht allein, Anna Qviberg Engebretsen und Douglas Roos waren eine unschätzbare Hilfe, und Silvia arbeitete – wie so oft – hart, um unser Ziel zu erreichen. Davon wollte ich eigentlich erzählen, als ich im August 2019 erfuhr, dass der Patriarch Moran Mor Ignatius Ephräm II. Karim erneut Schweden besuchen würde. Diesmal anlässlich einer internationalen Jugendkonferenz im Sportzentrum Bosön auf Lidingö. Ich fuhr hin. Ich informierte das Oberhaupt der syrisch-orthodoxen Kirche über die Fortschritte von Little Angel, und er gab mir einen Lagebericht zurück. Der Patriarch beschrieb, dass die

Menschen in den Orten Syriens, in denen die Kämpfe abgeklungen waren, zwar langsam begonnen hatten, ihr Leben wieder aufzubauen, dass die Lage aber immer noch prekär war. Die Wirtschaft des Landes war nach acht Jahren Bürgerkrieg im Keller, große Gebiete waren ohne grundlegende Infrastruktur wie Strom, und eine Gruppe von Menschen habe es besonders schwer, so der Patriarch. Die Älteren.

Bevor ich Bosön verließ, hatte ich mich entschlossen. Ich wusste, dass es noch ein Stück ungenutztes Land gab, und wenn es einmal funktioniert hatte, konnte es wieder funktionieren. Ich würde ein Altenheim neben dem Waisenhaus bauen. Es gibt keine bessere Kombination von Menschen. Kinder und Alte Seite an Seite.

Wie meine Oma und ich, geliebte stolze Oma.

Ich halte deine Hand und springe.

35. DER INNERE KREIS

Ich war zu einem privaten Abendessen etwas außerhalb von Stockholm eingeladen, das später endete als für mich üblich. Es war nach Mitternacht, als Carl Philip und Sofia anboten, mich zurück in die Stadt zu fahren. Es war dunkel und kaum ein Auto auf den Straßen. Das war, bevor sie ihre Jungs bekamen, und Sofia und ich saßen auf der Rückbank und sprachen über den Abend, das Essen, die Leute und die Begegnungen. Carl Philip saß am Steuer. Plötzlich fuhr von hinten ein Polizeiauto mit heulenden Sirenen heran und forderte uns auf, anzuhalten. Der Prinz, der nicht dafür bekannt ist, dass er bei Fahrten auf der Rennstrecke Eier unter dem Gaspedal hat, war sich sicher, dass er nicht zu schnell gefahren war. Trotzdem wurden wir im Auto nervös, wie man es eben ist, wenn man mitten in der Nacht von dröhnendem Blaulicht angehalten wird. Als Carl Philip das Fenster herunterkurbelte und die uniformierten Polizeibeamten fragte, wie er behilflich sein könne, brachen sie in Gelächter aus: *„Sie sind es also. Wir haben einen Tipp bekommen, dass Königliches auf den Straßen unterwegs ist und dachten, es sei Zlatan.“*

An die Situation dachte ich noch im April 2018, als ich zusammen mit Jacob Wallenberg den Kaiserpalast in Tokio betrat, um mit Japans Premierminister Shinzo Abe und unserem eigenen Königspaar zu Abend zu essen, *wie sich das Ganze entwickelt hat.* Japan und Schweden feierten hundertfünfzig Jahre diplomatische Beziehungen (gerade die Familie Wallenberg hatte die Geschäftsbeziehung begonnen), und neben König Carl Gustaf, Königin Silvia und der Regierung, vertreten durch Ibrahim Baylan und Ann Linde, nahm eine rekordverdächtige Wirtschaftsdelegation am Staatsbesuch teil. Einundsiebzig schwedische Unternehmen und zweihundert Führungspersönlichkeiten waren auf dem Japan-Sweden Business Summit anwesend, und zum inneren Kreis gehörten neben mir als Vertreterin von Transcom auch Jacob Wallenberg von Investor, Jan-Olof Jacke, CEO des schwedischen Arbeitgeberverbands Svenskt Näringsliv, Carl-Henric Svanberg, der Vorstandsvorsitzende von Volvo, Håkan Buskhe, der Konzernchef von Saab, und Larry Leksell, der Haupteigentümer von Elekta. Ich war noch nie in Japan gewesen, und der Kaiserpalast in Tokio war wirklich ein Erlebnis. Man servierte uns rohen Fisch mit Augen, die uns von den Tellern aus anstarrten, und nicht einmal die Königin durfte so stehen, wie sie wollte, *aufrecht und in Reih und Glied!* In der schwedischen Delegation gab es ungewöhnlich viele Frauen, und als die Japaner das Ungleichgewicht bemerkten, schickten sie eine kleine Geisha herein, die beim Fototermin ganz vorne stehen sollte. Wie üblich gab es ein hohes Tempo und ein volles Programm. Wohl wissend, dass die Bilder in der Presse sowie in meinen eigenen sozialen Kanälen zu einem erhöhten Glamour-Faktor beitragen, bedeutet die Repräsentation im Ausland aber auch Treffen von morgens bis abends, Vorträge und Workshops – und für mich eine wichtige Gelegenheit, Kontakte zu knüpfen. Ziel ist es, auf der Heimreise immer mindestens einen potenziellen neuen Deal im Koffer zu haben. Ein paar der Abende in Japan waren aber doch entspannter. Nachdem das offizielle Programm abgeklungen war, übernahm eine Gruppe von uns die Bar des Hotels, in dem wir untergebracht waren. Der König, die Königin und etwa ein Dutzend Wirtschaftsführer amüsierten und unterhielten sich wie ganz normale Menschen.

Hey, hey.
nilla6@hotmail.com
Ich heiße, wie Sie wollen.

Wenn Carl-Henric Svanberg nicht zugestimmt hätte, Kunde zu werden, als ich ohne Visitenkarte und ohne den Namen meines Unternehmens aus Skellefteå anreiste, wäre der Start von Xzakt ganz anders verlaufen. Oder wenn die Delegation von Investor einen Rückzieher gemacht hätte, als sie am 1. Oktober 2000 auf den indischen Flohmarkt traf, der mein Büro war. Als ich Investor ins Boot holte, löste das einen Dominoeffekt aus: Ich bekam mehrere Kunden in anderen Unternehmen, an denen Wallenberg beteiligt war.

Jacob Wallenberg ist heute eine große Inspiration, hält brillante Reden und ist auf wunderbare Weise outspoken. Das sage ich ihm oft: *„Wenn ich groß bin, möchte ich wie Sie sein.“*

Es gab keine Reise in die Schweiz, um mit Ingvar Kamprad Blumenbeete zu jäten, aber einige Jahre, nachdem ich dem König auf der

Treppe des Palastes begegnet war, trafen wir uns bei einer privaten Geburtstagsfeier – gerade in Lausanne, und es stellte sich heraus, dass sich der König auch an unsere nicht ganz so rühmliche erste Begegnung erinnerte: *„Sie sind es, hey, hey"*, sagte der König.

Heute bin ich stolz auf meine Herkunft, ich sehe meine türkischen Wurzeln und meine Kindheit in Grevegården als Vorteil und nicht als die Strafe, als die ich sie viele Jahre lang gesehen habe. Ich kann mich mit Reinigungskräften genauso gut unterhalten wie mit den Spitzenleuten der Geschäftswelt und verfüge über ein Kontaktbuch, das beträchtlich wuchs, als Xzakt Mitte der 2000er-Jahre dreimal von Dagens Industri zum Gazellenunternehmen ernannt wurde und die Einladungen aus dem besten Saal der Geschäftswelt, der Königliche Akademie der Ingenieurwissenschaften (IVA), reinprasselten. Als Facebook die Höchstgrenze von fünftausend Freunden festlegte, musste ich ein zweites Konto anlegen, wo ich bald über zweitausend zusätzliche Freunde hatte. Mächtige Wirtschaftsführer und Politiker, aber auch Mirka Glaxer, meine Retterin von der Kinder- und Jugendpsychiatrie, die Gymnasiallehrerin Cecilia Stripple Inghammar, die mich bei sich zu Hause wohnen ließ, als der Streit mit meiner Familie am schlimmsten war, und natürlich Veronicas Familie.

Im Umfeld der königlichen Familie zu arbeiten, war nie ein Ziel oder etwas, das ich anstrebte, aber als ich im Februar 2015 gefragt wurde, ob ich Botschafterin für Prinz Daniels Fellowship werden wolle, war es für mich selbstverständlich, Ja zu sagen.

Meiner Meinung nach sind die Förderung des Unternehmertums und die Ermutigung von Kindern und Jugendlichen, zu träumen und es zu wagen, in eine unternehmerische Zukunft zu investieren, eine hervorragende Möglichkeit, einen prominenten Titel sinnvoll zu nutzen. Prinz Daniel leistet bei unseren Besuchen an Gymnasien und Universitäten in ganz Schweden echte, harte und inspirierende Arbeit, und ich sehe dies als einen Austausch. Ich wäre keine Botschafterin, wenn der Prinz nicht auch von mir profitieren würde. Wir haben beide eine Reise gemacht, die die Schüler, die wir treffen, inspirieren kann. Ich, die streitsüchtige Einwanderin aus der Vorstadt, die ein Unternehmen aus dem Nichts aufbaute, und er, der Fitnesstrainer aus Ockelbo, der

Schwedens Prinz Daniel wurde.

Als ich Daniel Westling zum ersten Mal traf, war er der Haupteigentümer des Gesundheitsstudios Balance in der Lästmakargatan in Stockholm. Ich war gefragt worden, ob ich einen Telemarketing-Auftrag übernehmen könnte, um den Umsatz von Balance zu steigern, und wir trafen uns unverbindlich. Der Daniel, den ich damals kennenlernte, war ein junger, etwas schüchterner, bodenständiger Typ. Ich kam zu dem Schluss, dass ich unter den gegebenen Umständen nicht auf Topniveau liefern konnte, und es kam damals zu keiner Zusammenarbeit. Heute, wenn ich mit Prinz Daniels Fellowship nach Luleå oder mit dem Kronprinzenpaar zu einem Staatsbesuch nach Vietnam reise, hat Prinz Daniel eine ganz andere Autorität und Sicherheit – aber ist immer noch derselbe bodenständige Typ. Für mich ist es wie mit dem Christentum: Ich glaube nicht an einen alten Mann, der auf einer Wolke sitzt, oder an einen Retter, der über das Wasser geht, sondern daran, dass man andere so behandelt, wie man selbst behandelt werden möchte. Menschen mit Größenwahn sind das Schlimmste, das ich kenne. Diejenigen, die du auf dem Weg nach oben triffst, triffst du auch auf dem Weg nach unten, und leider gibt es viele Prominente in der Wirtschaftsbranche, denen sowohl Macht als auch Geld zu Kopf gestiegen sind.

Zum Beispiel den Typen, der oft als „einer der erfolgreichsten Unternehmer der schwedischen Wirtschaft" bezeichnet wird, der auf den Bühnen steht und charmante Monologe hält – aber hinter der Bühne stehen drei Leute bereit, um ihn wegzureißen, bevor er jemanden beleidigen oder im Vorbeigehen einen Hintern anfassen kann. Oder den Typen, der meine Angestellten anrief und terrorisierte, bis sie weinten. Tickende Bomben der Unverschämtheit und Selbstgerechtigkeit, Männer mit eigenen Regeln, die glauben, sie seien Gott.

Wie die Direktoren von Skandia.

Ich war stolz darauf, für Schwedens prestigeträchtigste Versicherungsgesellschaft zu arbeiten. Egal, wie hart ich Tag und Nacht arbeitete, mit Unterstützung oder Gegenwind, ging ich mit geradem Rücken zur Arbeit in der Sten Sturegatan in Göteborg. Auch mein Papa fand, dass es ein toller Arbeitsplatz war. Er sagte es mir damals nicht, aber ich ließ mir später erzählen, wie er an dem braunen Backsteingebäude auf Heden vorbeispazierte und völlig Fremden auf der Straße zeigte: *„Meine Tochter arbeitet dort.“*

Anfang 2003, als ich die Versicherungsbranche verlassen hatte und gerade dabei war, Xzakt zu erweitern, wurde ich von Lars-Eric Petersson, dem CEO von Skandia, kontaktiert, der später den Posten von Björn Wolrath übernehmen sollte. Zu dem Zeitpunkt sondierte ich an zwei Standorten das Terrain für eine Niederlassung: Visby auf Gotland und Mönsterås bei Kalmar. Lars-Eric Petersson, der aus Mönsterås stammte, wollte ein gutes Wort für seine alte Heimatstadt einlegen und lud mich in sein Büro ein. In all den Jahren, in denen ich für Skandia arbeitete, war Göteborg mein Dreh- und Angelpunkt; in die Zentrale in Stockholm bin ich nicht geflüchtet, aber ich nahm natürlich an Sitzungen im „Skandia-Haus“ am Sveavägen 44 teil. Unter der Leitung von Pehr Gyllenhammar dem Älteren in den 1960er-Jahren wurde es als das modernste Bürogebäude Schwedens bezeichnet. Ich fand es immer besonders schön, Eishockeyspieler von Västra Frölunda mit Skandia-Werbung auf der Hose zu sehen – das Ölgemälde, Andy Warhols letztes Werk, das an Västra Frölunda gespendet wurde, als die Mannschaft finanziell angeschlagen war. Dann streckte ich meinen Rücken umso gerader.

Als ich durch die Tür trat, um Lars-Eric Petersson zu treffen, merkte ich, dass sich die Atmosphäre in der Firmenzentrale verändert hatte. Ich wurde von der Sekretärin des CEO abgeholt, die mich schnell zu einem Aufzug schob, den ich in meiner langen Zeit im Unternehmen noch nie gesehen hatte und der, wie sich herausstellte, nur im sechsten und siebten Stock hielt. *„Mein Gott, es muss gut laufen für Skandia“*, war mein erster Gedanke, als ich in der Chefetage ausstieg, direkt in den Luxus eines Restaurants, einer Bar und Kunstwerken überall.

Lars-Eric Petersson war sowohl freundlich als auch entgegenkommend, er wollte ja Mönsterås verkaufen, und als ich das Meeting verließ, hatte er mir mehrere gute Kontakte an die Hand gegeben. Unter anderem Anders Harrysson, der frühere CEO des amerikanischen

Computerunternehmens Sun Microsystem, der ein guter Freund und eine Stütze werden sollte, als er wie Ulf Adelsohn meinem advisory board beitrat.

Ich verabschiedete mich und fuhr mit dem Aufzug wieder nach unten.

Dem Goldaufzug.

Nur etwa einen Monat nach meinem Treffen mit Lars-Eric Petersson kam es zu einem der schmutzigsten Skandale in der schwedischen Wirtschaft überhaupt. Es begann im März 2003, als der Vorstand einen unabhängigen Untersuchungsausschuss einsetzte, um eine Reihe merkwürdiger Transaktionen zwischen Skandia Liv und der Muttergesellschaft Skandia zu untersuchen – und setzte sich fort mit Schlagzeilen in der Presse, die von Tag zu Tag schwärzer wurden: über millionenschwere Überweisungen zwischen Stiftungen in verschiedenen Steuerparadiesen, ausufernde Bonusprogramme mit Vergütungen von mehr als vier Milliarden Kronen für eine Reihe von Spitzenmanagern und luxuriös renovierte Wohnungen auf Kosten der Rentensparer. Abgesehen von der Verschönerung der eigenen dreihundert Quadratmeter großen Wohnungen der Manager am Strandvägen waren zwanzig Millionen schwedische Kronen dafür verwendet worden, um ihren Nachwuchs mit attraktiven Wohnungen an schönen Adressen auszustatten, vorzugsweise solchen, die bald in Eigentumswohnungen umgewandelt werden sollten. Wohnungen, die den bewährten Aktionären von Skandia gehörten. Es war ein beispielloser Betrug, der nach Ansicht des unabhängigen Untersuchungsausschusses von Skandia auf systematische und gewiefte Weise verheimlicht worden war. Lars-Eric Petersson, der in einer lächerlichen Kehrtwendung anbot, sein eigenes Gehalt auf eine schwedische Krone zu reduzieren, wurde gefeuert und wegen grober Untreue zu zwei Jahren Gefängnis verurteilt. Gegen das Urteil wurde Berufung eingelegt, und Lars-Eric Petersson wurde nach viermaliger Verhandlung freigesprochen. Derjenige, der die Hauptlast zu tragen hatte, war der Personaldirektor, der zu achtzehn Monaten Gefängnis verurteilt wurde, weil er Skandia die Kosten für neun luxuriös renovierte Privatwohnungen hatte zahlen lassen. Als die Affäre aufgeklärt wurde, lebten die ehemaligen Skandia-Direktoren komfortabel in schwedischen Villen und an schicken Adressen in London und der Schweiz.

Für eines der renommiertesten börsennotierten Unternehmen und die älteste Versicherungsgesellschaft des Landes war der Schlag jedoch irreparabel. Skandia wurde von einem erstaunlichen weltweiten Erfolg in den späten Neunzigerjahren zu einem skandalumwitterten und verachteten Unternehmen, das schließlich an ausländische Eigentümer verkauft wurde. So stolz ich auch war, als ich die beste Verkäuferin des Unternehmens seit seinen Anfängen 1855 wurde, so sehr fühlte ich mich von den Skandalen persönlich betroffen. Ich, die immer loyal gewesen war und meine Ersparnisse bei Skandia gelassen hatte, verlegte mein Geld. Die Gerichtsverfahren kosteten den schwedischen Staat Hunderte von Millionen an Gebühren für Anwälte, Staatsanwälte, Polizisten und Geschworene, aber das Traurigste war die Art und Weise, wie die kleinen Sparer abgezockt wurden. Eine Kultur des Betrugs, geschaffen von geschwindigkeitsblinden Männern mit einer so verzerrten Sichtweise ihrer eigenen Vortrefflichkeit, dass sie sich sogar der absurden Entschädigung für *würdig* hielten.

Der Aufzug zum sechsten und siebten Stockwerk war das Symbol der Macht.

Lars-Eric Petersson hatte die Seilwinde als eine seiner ersten Maßnahmen in Auftrag gegeben, als er im Sveavägen einzog, damit sich die Geschäftsführung und der Vorstand nicht unter die „gewöhnlichen Skandia-Mitarbeitenden" mischen mussten. Es wurde behauptet, dass Jacob Wallenberg einmal im selben Aufzug wie der Hausmeister gelandet war und dass Lars-Eric Petersson dies als äußerst unbequem empfunden hatte.

So konnten sie es nicht haben.

Ich habe noch immer große Angst, wenn ich bergab fahre, aber ich fahre Ski. Heute ist es meine Tochter Elisabeth, die meine Beine entknotet, wenn ich im Hang stürze und den ganzen Weg hinunterpurzle. Ich habe keinen Jagdschein und friere mir im Wald immer noch die Zehen ab, aber ich habe mir eine wasserdichte Hose gekauft, mit der ich manchmal auf die Treibjagd gehe. Jedes Jahr im Oktober nehmen Alfred und ich an einer großen Jagdgesellschaft mit schwedischen und internationalen Gästen teil, und im Herbst 2018 waren wir das Gastgeberpaar. Am ersten Abend gab es eine Flusskrebsparty mit lustigen Hüten und am zweiten ein Smoking-Dinner mit langem Kleid auf dem Stensnäs-Hof in Mörrum – wo ich fünfzehn Jahre zuvor so viel Angst vor den Hunden gehabt hatte, dass ich mich nicht hineintraute.

Alfreds Cousine zweiten Grades und Doris von Platens Nichte Elisabeth Fernström Edholm, die ich zum ersten Mal traf, als ich ein Elefant im Chalet in Verbier von ihr und ihrem Ehemann Per Edholm war, ist die Eigentümerin des Anwesens und heute sind Elisabeth und Per wie Großeltern für unsere Kinder. Die einzigen Verwandten, die für Alfred und seine Geschwister übrigblieben, als die feine Familie auseinanderbrach.

Vor einigen Jahren erhielt Elisabeth Fernström Edholm das Wildlife Estates-Diplom (verliehen von der European Landowners' Organization) für ihre Fähigkeit, die Natur, Jagd und Kulturgebäude des Hofes gut zu erhalten – eine Auszeichnung, für die sie sich bei Tage bedankte, dem 85-Jährigen, der sechzig Jahre lang auf dem Hof Gras gemäht, Schnee geschippt und Laub geharkt hatte. Ein Vorbild zu sein, die richtigen Werte zu vermitteln und sich nie von einem Mann unterkriegen zu lassen, der deine Kleidung im Schrank austauscht, ist das Wichtigste, was ich meiner eigenen Tochter mitgeben kann. Natürlich tat es mir manchmal im Herzen weh, wenn Elisabeth im Dunkeln vor der Vorschule am Tor stand und fragte, warum ich immer als letzte von allen Müttern komme. Ich war alles andere als überzeugt, als ich mich sagen hörte: *„Weil ich eine Unternehmerin bin, Liebling, ich habe ein Geschäft zu führen."*

Jetzt, wo meine Tochter zwölf Jahre alt wird, sagt sie mir, dass sie sich selbst versorgen und ihr eigenes Geld verdienen will, und fügt hinzu: *„Und Mama, ich werde erfolgreicher sein als du!"*

Das habe ich nie gesagt. Es war undenkbar. Als ich meinen Vater zum ersten Mal in ein Restaurant einlud, war ich dreißig Jahre alt. Als die Rechnung kam und er fragte, wie viel es kosten würde, und ich ihm sagte, er solle sich keine Mühe machen, drängte er weiter. Als er die Summe sah, fasste er sich an die Stirn und rief: *„Nein, nein, für das Geld hätten wir ein ganzes Lamm kaufen können."*

Mama würde nie fragen. Sie hat nie ein Wort über meinen beruflichen Erfolg verloren, sie ist an materiellen Dingen völlig uninteressiert und spricht nicht über Geld. Als ich mit meinem ersten Gehalt nach Hause kam und am Küchentisch darüber jammerte, wie viel davon an Steuern verloren ging, sagte sie mir, ich solle dankbar für das sein, was ich habe. Wenn ich ihr erzählte, dass ich ein großes Geschäft gemacht hatte, sagte sie: *„Warum, wofür brauchst du es? Kümmere dich lieber um deine Kinder.“*

Das waren in ihren Augen die falschen Prioritäten, immer falsch. Nichts, was ich tat, beeindruckte sie jemals, dabei war jeder Schritt, den ich machte, für ihre Zustimmung.

Alles für meine Mutter.

36. VERSÖHNUNG

Ich stand im Bus der Linie 2 mit meinen vier Kindern und ausgebreiteten Armen wie eine Krake, damit keines von ihnen herausfiel, als sich die Türen öffneten, und um das Gleichgewicht auf den hohen Schuhen zu halten, als mein Mobiltelefon klingelte. Emanuel hatte sich in den Kinderwagen gezwängt und machte so viel Lärm, dass ich ungefähr jedes vierte Wort der Frau am Telefon hörte: *Medaille ... Ingvar Kamprad ... Einfluss als Eigentümerin ... gesellschaftlicher Beitrag ... Gustav III. ... Riddarhuset ... der Prinz.*

Ich trug einen zu warmen Mantel, der Schweiß lief mir zwischen meinen Schulterblättern herunter, und ich musste mit dem Projekt beginnen, das Quartett in den Berufsverkehr zu bringen. Dies war nicht der richtige Zeitpunkt für Anekdoten über Könige und Ritter, also fragte ich etwas irritiert:

„Okay, aber was hat das mit mir zu tun?"

„Dieses Jahr wollen wir Ihnen die Auszeichnung verleihen."

Ich hatte die Wirtschaftsmedaille der Königlichen Patriotischen Gesellschaft erhalten – eine Auszeichnung, die auf das Jahr 1772 zurückgeht und deren Zweck es ist, wie die Frau am Telefon erklärte, Geschäftsleute und Unternehmer zu ehren, die die schwedische Wirtschaft über einen langen Zeitraum hinweg vorangebracht und Arbeitsplätze geschaffen haben und „deren verdienstvoller Einfluss als Eigentümer andere inspiriert hat". Neben Ingvar Kamprad hatten bereits Stefan Persson, Gert Wingårdh, Carl-Johan Bonnier, Rune Andersson und Efva Attling das Ehrendiplom erhalten.

Ich stieg nicht aus dem Bus aus. Ich fuhr drei Haltestellen weiter und klammerte mich so sehr an den Haltegriff, dass meine Knöchel weiß wurden, als ich die Nummer wählte, und dachte *„jetzt, jetzt"*. Mama schwieg ein paar Sekunden, bevor sie antwortete: *„Ja, ja, aber Gabriella ist erkältet, du solltest deine Schwägerin anrufen und fragen, wie es ihr geht."* Klick.

Es tut weh, wenn ich daran denke, dass ich mich an kein einziges Mal erinnern kann, dass ich als Kind von meinen Eltern Liebe und Bestätigung erhielt, dass ich meine Augen schließen aber nie Papas

Blick vergessen kann, als ich unverheiratet auszog und er sagte, dass ich nicht wieder willkommen sei. Mama, die jahrelang wegschaute, wenn sie mit mir sprach. Wie ich für sie nicht existierte und darauf reagierte, indem ich mich noch stärker von den Familienzwängen befreite. Im Herbst 2004, dem ersten Weihnachten ohne Veronica, konfrontierte ich meine Mama. Ich rief sie eines späten Abends allein im Büro an und stellte ihr ein Ultimatum: Wenn sie nicht anfinge, mit mir zu reden, würde ich sie nie wieder sehen wollen. Nach dem Schweigen gab es diesmal kein Klicken, nur drei Worte: *„Komm nach Hause."*

Wir saßen auf der bestickten Tagesdecke im Schlafzimmer am Påskvägen in Påvelund, und ich musste mein ganzes Körpergewicht einsetzen, um ihre Schultern vom Zittern abzuhalten. Es war das erste Mal, dass ich meine Mama so weinen sah und hörte, wie sie die Worte in den Mund nahm. Sie liebte mich natürlich. Aber sie hatte solche Angst gehabt, dass mir in all der Neuheit etwas zustoßen würde. So wild, aufgeschlossen und unbekümmert assimiliert, während sie am Herd stand, um zu lernen, wie die Platten funktionieren. Seile an die Seiten der Betten band, damit wir nicht herausfallen konnten. Während ich hinaus in die Kastanien und den Beton rannte, in Windeseile die Sprache lernte und blonde Freundinnen mit Flaschenböden als Brillen fand, kämpfte meine Mama damit, in der Gesellschaft und in Gregården akzeptiert zu werden. Unsere Nachbarn im dritten Stock mit einem Jungen namens Peter, der mit Samuel spielte, zum Beispiel. Wenn Mama einkaufen gewesen war, half ihr Peters Vater mit den Tüten die Treppe hinauf. Peters Mutter hingegen schaute sie nicht einmal an – während vierzehn Jahren auf derselben Etage wurde jedes „Hallo" mit einem abgewandten Blick beantwortet. Doch eines Tages kam Mama aus der Waschküche und brachte gerade einen Einkaufswagen voller frisch gemangelter Bettwäsche herein, als die Nachbarin aus dem dritten Stock vor der Tür stand, weil sie sich ausgesperrt hatte. *„Kannst du mich reinlassen?"* Die ersten Worte. Mama antwortete, dass sie das selbstverständlich könne: *„Aber übrigens,* kannst *du sprechen?"* Draußen in der Kälte fragte sie Peters Mutter, ob sie sie für weniger würdig halte, weil sie schwarze Haare habe, und dann öffnete sie die Tür: *„Von nun an grüßen wir uns gegenseitig."* Nicht ich war das große Opfer, sie war es.

Auf der bestickten Tagesdecke lagen wir uns in den Armen und fingen an, unsere Beziehung von Grund auf neu aufzubauen.

Im Mai 2018 verstarb mein Papa an den Folgen mehrerer Hirnblutungen. Wir hielten abwechselnd Wache am Krankenhausbett im Sahlgrenska, und ich dachte, als ich sah, wie meine Mama seine durchsichtige Hand nahm und flüsterte: *„Jetzt kommst du zu Mama Chmouni, lass los“* – dass Mama wahrscheinlich auf ihre eigene Art zu lieben gelernt hatte, wie sie gesagt hatte. *Du hast dein ganzes Leben Zeit, Gunilla.* Wir wickelten seinen erloschenen Körper in Oma-rote Seide, und ich war erstaunt, wie ungewöhnlich der Kontrast zu seiner blassen Farbe war. Papa war das ganze Jahr über zimtbraun, sie hingegen war weiß wie ein Laken. Papa hatte nie einen Fuß in die Waschküche gesetzt oder gewusst, wie man ein Ei brät. Wenn Mama jeden Tag um fünfzehn Uhr anfing, das Abendessen für oft fünfzehn bis zwanzig Gäste mit Ehefrauen, Schwägerinnen und Enkelkindern zuzubereiten, ging er in den Schrebergarten und trank mit den Männern in der Sonne Kaffee aus der Thermoskanne. Als die neun Kinder ausgeflogen waren und sie sowohl Oma als auch Großmutter bis zu ihrem Tod versorgen musste, hatte sie ein weiteres Kind zu versorgen. Papa hatte fünfzehn Jahre lang an Blutgerinnseln gelitten, und fünfzehn Jahre lang hatte Mama ihn zu Hause gepflegt. Sie backte weiterhin jeden Morgen Brot, fütterte ihn, kümmerte sich um seine Hygiene und kam auf schnellen Füßen angerannt, wenn er nachts ihren Namen rief.

Papa war am 23. April 2015 krank, als ich in einer stattlichen Zeremonie im Riddarhuset das Diplom aus der Hand von Prinz Daniel erhielt. Aber mein Mann stand an meiner Seite, Alfred von Platen, mit gemischten Gefühlen in der Adelshochburg.

Aber Papa war stolz und sagte: *„Ist es eine echte Medaille, was ist sie wert?“* – und ich sollte als Erwachsene auch eine Bestätigung meiner Mama bekommen. Nicht durch die Königliche Wirtschaftsmedaille, obwohl sie überzeugt war, dass es dem König und Silvia zu verdanken war, dass unser Kleinbus am 19. Juni 1976 nach Schweden einreisen durfte. Auch nicht durch das Treffen mit dem Patriarchen, der laut Mama Gott am nächsten kommt. *Aber trotzdem nicht so groß.*

An dem Tag, an dem ich Ludvig zur Welt brachte, kam sie mit dem Zug aus Göteborg und Alfred holte sie am Hauptbahnhof ab. Es war ihr erster Besuch in Stockholm, sie hatte mich noch nie irgendwo besucht. Erst als ich vierunddreißig Jahre alt und selbst Mutter geworden war. Als ich nach der schrecklichen Geburt aus der Entbindungsstation kam und nicht wusste, wie ich ein Neugeborenes halten oder stillen sollte, setzte sich meine Mutter neben mich und zeigte mir, wie ich Ludvig an die Brust legen sollte. Nahm ihn in den Arm, wenn er in der Nacht weinte, und säuberte den Stumpf der Nabelschnur. Sie, die neun Babys geboren und eines verloren und Windeln aus Mörtelsand hergestellt hatte, beruhigte mich und brachte mir jeden Kniff bei.

Drei Tage lang war sie zu Besuch, aber sie blieb darüber hinaus. Die Umarmungen, nach denen ich mich als Kind gesehnt habe, schenkt Mama all ihren Enkelkindern.

Die Ehrenkultur ist ein Gift, das auch heute noch das Leben vieler Frauen zerstört, und ich werde nie mit allem versöhnt sein, aber ich verstehe heute besser, warum die Dinge zwischen Mama und mir so gelaufen sind, wie sie gelaufen sind. Warum sie mit schwarzer Kleidung zu meiner Hochzeit mit Thomas kam und die Toilette bewachte, als ich mich vor Angst übergab. Sogar, warum sie so hart und kontrollierend war. Wie hätte sie sonst die große Schar von Jung und Alt unter Kontrolle halten sollen? Die ganze Verantwortung lag immer bei ihr, und das sagte sie auch nach meinem Ultimatum; dass sie wusste, dass wir als Einwanderer in einem neuen Land nichts geschenkt bekommen würden. Dass wir lernen und gut in der Schule sein sollten, *nicht spielen*, war, um uns die besten Bedingungen zu bieten.

Heute haben alle meine Geschwister einen Abschluss und einen akademischen Hintergrund, außer mir, die ein Jurastudium begann, um nicht Verkäuferin zu werden, und dann doch abbrach, um genau dies zu tun. Von neun machten sich acht selbstständig:

Anders eröffnete einen Kebab-Laden, sobald wir unsere Aufenthaltsgenehmigung erhielten, und betreibt heute sieben Cafés in Göteborg.

Edip, das Familienoberhaupt, das alles beiseiteschob, um sich des

Mordes an meiner besten Freundin anzunehmen, ist ein renommierter Anwalt.

Jacquline, die in allen Fächern Bestnoten hatte und mich in den Schlaf wog, wenn ich vor Angst die Augen nicht schließen konnte, machte eine Ausbildung zur Krankenschwester und hat immer noch das größte Herz von allen.

Samuel, der Schnellste im Gemüsebeet, wurde schwedischer Karatemeister und erlangte einen Abschluss in Immobilienwirtschaft, bevor er ein Café eröffnete. Vor kurzem eröffnete er in Göteborg sein 20. Café.

Silvia, mein kleiner Zipfel, ist weiterhin meine Partnerin im Immobiliengeschäft und sitzt in zwanzig verschiedenen Firmenvorständen.

Munir, der beinahe zu Boden fiel, als unsere Mutter neben der Badewanne angeschossen wurde, machte eine Ausbildung zum Zahntechniker und leitete seine eigene Klinik, bevor auch er in die Café-Kette Le Pain Français einstieg.

Kristian, der unter Mamas Protest im Sahlgrenska-Krankenhaus geboren wurde, wurde der jüngste Professor für Orthopädie in Schweden, nachdem er Bill Gates die Hand geschüttelt hatte. International anerkannt nach Projekten mit Freddie Fu, dem Chirurgen, der das Knie von Zlatan Ibrahimović rettete.

Markus, der verwöhnte kleine Junge, der die Haut auf der Milch aus der Badewanne bekam und zehn Jahre alt war, als ich ihn als Reinigungskraft bei Skandia einstellte, wurde (wahrscheinlich dank der fetten Milch) ein hundertneunzig Zentimeter großer Basketballspieler am College in den USA. Später studierte er an der Handelshochschule und ist an Le Pain Français beteiligt.

Nicht schlecht von zwei Analphabeten, die weder lesen noch schreiben konnten.

Als Mama vor einigen Jahren wegen eines Bandscheibenvorfalls operiert wurde und ihren Rücken im Schwimmbad rehabilitieren musste, begann sie, Schwimmzüge mit ihren Armen zu machen. Einen ganzen Monat lang wagte sie es nicht, die Füße vom Boden zu nehmen. Heute geht sie dreimal pro Woche schwimmen und fährt mit dem Bus zum Kulturhuset auf dem Frölunda-Marktplatz, das inzwischen so abgenutzt ist, dass es kaum noch steht. Wo ich mich mit Tipp-Ex zum Schwimmtraining durchmogeln und aufhören musste, als mein Körper nicht mehr für das hautenge Nylon geeignet war, steht Mama im Badeanzug in der Umkleidekabine und lässt die Schwedinnen ihr langes, schönes Haar anfassen. In Hose und Strickjacke wie die anderen.

Ich wuchs in einer Kultur auf, in der das Wort des Mannes Gesetz war und in der Frauen schon als kleine Mädchen ihren Platz kennen mussten. Im Heiligtum der Kirche nicht die Zehen berühren, nicht ins Zeltlager und aufs College gehen, oder als Unverheiratete Kinder bekommen. Mama, die davon träumte, den Führerschein zu machen, aber von allen Männern in der Familie geblockt wurde.

Äußerlich ein Patriarchat, in Wirklichkeit aber ein Matriarchat. Die Frauen in der Familie waren die Starken. Oma, die aus den Tiefen eines Brunnens heraus zusah, wie ihre Familie ausgelöscht wurde, aber aufstand und weiter für ihre eigenen und die Rechte aller Frauen eintrat. Mama, die keine andere Wahl hatte, als jeden Tag für ihre Familie zu kämpfen, ohne jemals klein beizugeben. *Nicht so werden wie sie.*

Heute weiß ich, dass alle Eigenschaften, die mich zu der gemacht haben, die ich bin, und die zu allem beigetragen haben, was ich geschaffen habe, von ihr stammen: die Tatkraft, der Wille und die Tatsache, dass ich niemals aufgebe, egal wie düster die Dinge auch erscheinen mögen.

Meine Mama wurde mit fünf Kugeln angeschossen und überlebte alles.

Für viele Familien, die in den 1970er-Jahren aus der Unterdrückung der Türkei flohen, lebt die Hoffnung weiter, eines Tages zurückkehren zu können. Zurückzureisen und das wiederherzustellen, was vom mesopotamischen Land ihrer Vorfahren übriggeblieben ist. Unser Papa starb mit diesem Traum an dem Ort, an dem er auch unsere gefälschten Ausweise aufbewahrte. Am Herzen. Im Frühjahr 2019 begannen meine ältesten Brüder, unsere Wurzeln zu erforschen. Über einen Priester erhielten sie Bilder aus Zaz, bei denen sich mir der Magen umdrehte. Das einfache kleine Haus, das unser Zuhause war, ist jetzt buchstäblich nur noch ein Haufen Steine. Mor Dimet – die Kirche, in der sich Oma Chmouni während Seyfo vor den Mördern versteckte und in der wir jeden Sonntag in schicken Kleidern in einer Reihe saßen – war stark beschädigt, mit großen Rissen in Bögen und Dach. Aber die Wände standen noch. Es waren Anders und Edip, die die Initiative ergriffen, sie leiten das Projekt und haben Architekten beauftragt, weil unsere Familie jetzt versucht, die Kirche in Zaz wieder aufzubauen.

Ich habe mich noch nicht getraut und weiß nicht, ob ich es jemals tun werde, aber es wird ein lebenslanges Ziel sein: eines Tages den Schritt zu wagen und die Reise zurück zu den Maulbeerbäumen in meinem Geburtsdorf zu machen. Ich werde den staubigen Weg zu Mor Dimet gehen und vier weiße Lilien auf die Mauer legen, die noch steht.

Eine für meine Oma, eine für Mama und eine für Veronica. Die vierte für meine vier Kinder und meinen Mann Alfred. Weil sie ausharren und da sind, wenn ich mal wieder *nur noch schnell muss.*

Dann kaufe ich mir vielleicht, vielleicht einen roten Ferrari.

Ausgewählte Literatur:

Englund, Peter, Stridens skönhet och sorg 1915, Natur & Kultur, 2015

Douglas, Gustaf, Hallvarsson, Mats, Med blicken på stigen, Albert Bonniers Förlag, 2016

Gorek, Jacques, J. Gorek aus Karboran, Nsibin, 2015

Liljeroth, Lena, Rojas, Mauricio, Svenska främlingar. Att älska Sverige med dess fel och brister. Om immigrare och deras möjligheter, Gedins, 1997.

Svenska von Platen-föreningen zusammengestellt von Björkman, Lars G, Ätten von Platen under 1900-talet, 1990.

Dokumentarfilme:

Seyfo 1915 - Der assyrische Völkermord, Assyrian National Association in Södertalje, Aziz Said, TV4, 2016.

Die Skandia-Affäre, P3, Anton Berg, 2008

Zitate:

S. 104, S. 106-107 Göteborgs-Posten 20. März 2003

S. 109 Tidningarnas Telegrambyrå 20. März 2003

S. 167-168: http://nyaidun.se/anna-whitlock/

S. 171: Michael O'Leary auf der Innovation Convention 2011 - Brüssel, https://www.youtube.com/watch?v=p4HYSsrlcq8

S. 264: "Veronica", Text und Musik Cornelis Vreeswijk, © 1968 Multitone AB, verwaltet von Warner Chappell Music Scandinavia AB, veröffentlicht mit der Genehmigung von Notfabriken Music Publishing AB.

Links:

Zentrum für bibliographische Studien und Forschung https://cdnc.ucr.edu https://popularhistoria.se/teknik/uppfinningar/uppfinnare/

baltzar-von-platen-gab-uns-kälte www.filmstadenskultur.se http://mikaelnyberg.nu/1994/08/01/en-man-med-ansvar/ https://www.stockholmstories.se/tag/ebba-brahes-palats/

https://www.tekniskamuseet.se/lar-dig-mer/svenska-uppfinnre-och-innovatoren/baltzar-von-platen-kuehlschrank/